Helmut Fend

GESELLSCHAFTLICHE BEDINGUNGEN SCHULISCHER SOZIALISATION

Soziologie der Schule I

Die vorliegende Arbeit ist im Rahmen der Forschungstätigkeit des Zentrum I Bildungsforschung der Universität Konstanz entstanden. Die Forschungsarbeit des Zentrum I - seit 1969 auch von der Deutschen Forschungsgemeinschaft als Sonderforschungsbereich 23 gefördert - wird in einzelnen Projektgruppen durchgeführt und ist interdisziplinär angelegt, hier arbeiten vor allem Erziehungswissenschaftler, Politikwissenschaftler, Psychologen, Soziologen und Sprachwissenschaftler zusammen.

Am Schluß dieses Bandes befindet sich ein Hinweis auf weitere Veröffentlichungen des Zentrum I Bildungsforschung

Helmut Fend

Gesellschaftliche Bedingungen schulischer Sozialisation

Soziologie der Schule I

Beltz Verlag · Weinheim und Basel 1974

ISBN 3 407 51071 3

Gesamtherstellung: Beltz, Offsetdruck, 6944 Hemsbach über Weinheim
Printed in Germany

Inhaltsverzeichnis

Einleitung

Schulen sind Institutionen der gesellschaftlich kontrollierten und veranstalteten Sozialisation. Die Analyse der Bedingungen, Verlaufsformen und Auswirkungen dieser Sozialisationsprozesse muß die Aufgabe einer Soziologie der Schule sein.

Die Darstellung schulischer Sozialisationsprozesse mit der Untersuchung des Verhältnisses von Schulsystem und Gesellschaft zu beginnen, hat vor allem einen Grund. Er ergibt sich aus der Überzeugung, daß innerschulische Prozesse nicht zu verstehen sind, wenn ihre Funktionen für schulexterne Bereiche, für den Produktionssektor, für die Sozialstruktur und für das politische System unberücksichtigt bleiben. Nur von einem gesamtgesellschaftlichen und historisch orientierten Ansatz her läßt sich der Stellenwert schulischer Sozialisationsprozesse bestimmen.

Die Behandlung dieses Problems bedarf heute besonderer Sorgfalt, da die Abstraktheit und Komplexität des Gegenstandsbereichs für Ideologismen und Dogmatismen anfällig macht, die etwa in Behauptungen zum Ausdruck kommen, jede Identifikation mit Zielen von Bildungsinstitutionen beinhalte eine Identifikation mit kapitalistischen Verwertungsinteressen oder die Befürwortung der freiheitlich-demokratischen Ordnung bedeute notwendig eine Sanktionierung kapitalistischer Produktionsverhältnisse. Solche Dogmatismen äußern sich auch im naiven Beharren auf rein humanistischen und individualistischen Funktionen des Schulsystems.

Die stark emotional geladene Polarisierung in den Ansichten über die gesellschaftliche Bedeutung des Schulsystems, die heute quer durch die Trägerschaft des Schulsystems geht und zu einer Spaltung zwischen Gruppen zu führen droht, wobei die einen zu Mitteln reaktionär-restriktiver Politik wie „Berufsverbot" greifen und die andern Strategien subversiv-revolutionärer Aktionen befürworten, hat gewichtige Folgen für die wissenschaftlich orientierte Behandlung dieses Problems. Viele Wissenschaftler mögen zu der Lösung neigen, sich mit politischen Strömungen zu identifizieren und in der Sicherheit einer zustimmenden Bezugsgruppe Befriedigung finden. Dies kann bei der einen Gruppe dazu führen, daß die analytische Kraft marxistischer Konzepte emotional abgelehnt und deshalb nicht fruchtbar gemacht wird.

Marxistisch orientierte Analytiker stehen in der Gefahr, durch eine pauschale Diffamierung und Vernachlässigung „bürgerlicher" Erkenntnistraditionen in einseitigen Erklärungsansätzen verhaftet zu bleiben. Im Extremfall werden beide Gruppen gegenseitig kommunikationsunfähig und die wissenschaftliche Auseinandersetzung wird zur bloßen Positionsbehauptung.

Die vorliegende Arbeit ist ein Versuch, am konkreten Problem der gesellschaftlichen Bedeutung des Schulsystems einem solchen Zustand vorzubeugen. Ein solcher Versuch muß nicht notwendig in einem unverbindlichen „sowohl-als-auch"-Standpunkt enden, auch wenn ein vorschnelles Engagement immer wieder von den prüfenden Fragen aufgehalten wird, welche sozialen Phänomene nun für diese oder jene Interpretation sprechen. In diesen prüfenden Fragen dokumentiert sich m. E. die kritische Rolle der Wissenschaft im politischen Auseinandersetzungsprozeß der Gegenwart. Wie der einzelne die immer vorhandenen Lücken zwischen Erkenntnis und Handlung schließt, muß seiner politischen Entscheidung vorbehalten bleiben.

Die vorliegende Arbeit beansprucht deshalb nicht, konsequent zu bestimmten politischen Positionen zu führen. Sie kann nur einen Ausschnitt im derzeit laufenden Diskussionsprozeß bilden und die Erkenntnisgrundlage dafür verbreitern.

Drei Grundhaltungen bilden den Kern des politischen Ergebnisses der Analyse: eine kritische Haltung gegenüber den kapitalistischen Produktionsverhältnissen, die jedoch nur zu einer partiellen Determination politischer Verhältnisse führen, ein Engagement für soziale Gleichheit und Gerechtigkeit und ein Engagement für einen an Individualrechten sowie an kollektiven Anliegen orientierten Rechtsstaat.

Die Analyse der wirtschaftlichen, sozialen und politischen Funktionen schulischer Sozialisationsprozesse fordert zur Explikation solcher politischer Grundhaltungen heraus. Die Diskussion der letzten Jahre hat eine Haltung des interesselosen Erkennens als fraglich erscheinen lassen. Allerdings scheint manchmal der Fehlschluß impliziert zu sein, die höchste Tugend bestehe in der Identifikation mit einem einzigen, offengelegten Interesse und der rationale Nachvollzug von Erkenntnissen auf der Basis anderer Interessen sei unmöglich, so daß gegenseitige Erkenntniskorrekturen ausgeschlossen werden.

Die vorliegende Arbeit soll einen Beitrag leisten, die Diskussion um die gesellschaftlichen Funktionen schulischer Sozialisationsprozesse sowohl aus der ideologischen Naivität als auch aus der politischen Verkrampfung zu lösen. Dabei muten wir dem Leser einen langen Weg zu. Er beginnt mit einer Analyse der gesellschaftlichen und individuellen Funktionen des Sozialisationsprozesses im allgemeinen sowie einem Aufriß der Reichweite sozialisationstheoretischer Fragestellungen. Im Hauptteil der Arbeit wird der erste Schritt in der Analyse schulischer Sozialisationsprozesse vollzogen: die Darstellung der gesamtgesellschaftlichen Bedingungen schulischer Sozialisationsprozesse. Diese Fragestellung gliedert sich in zwei Problemkomplexe auf: welche gesellschaftlichen Funktionen haben schulinterne Prozesse und welche gesellschaftlichen Kontrollen sichern die Funktionserfüllung? Methodisch kann u. a. an der gesellschaftlichen Kontrolle des Schulsystems abgelesen werden, welche Funktionen es erfüllt.

Wie beim Überblick über sozialisationstheoretische Fragestellungen deutlich werden wird, müssen dieser Arbeit, wie geplant, weitere folgen. Eine zweite Arbeit soll in historisch-kritischer und sozialwissenschaftlicher Perspektive den schulischen Sozialisationskontext analysieren und dabei besonders den Bereich der manifesten und veranstalteten Sozialisation, also die expliziten Bildungsziele und Unterrichtsprozesse, untersuchen. Dabei müßte vor allem auf die versteckt ablaufenden Sozialisationsprozesse in der Schule geachtet werden. Es ist geplant, alle folgenden Arbeiten — wie die vorliegende — so zu gestalten, daß sie getrennt lesbar sind.

Das grundlegende Ziel aller dieser Arbeiten besteht darin, sozialwissenschaftlich fundierte Orientierungsmaßstäbe zu vermitteln und damit zu einem neuen, politisch reflektierten Selbstverständnis der Trägerschaft des Schulsystems beizutragen. Vielleicht ist dieser Orientierungsprozeß heute ebenso wichtig wie die Schulung in unterrichtstechnischen Fertigkeiten. Dazu muß man jedoch die Mühe auf sich nehmen, sich in fundamentale soziologische und politökonomische Kategorien einzuarbeiten, die in dieser Arbeit anhand des Bildungswesens erarbeitet werden sollen.

Ich möchte an dieser Stelle nicht versäumen, darauf hinzuweisen, daß diese Arbeit im Rahmen meiner Tätigkeit im Sonderforschungsbereich Bildungsforschung an der Universität Konstanz entstanden ist. Diese Institution beschäftigt sich empirisch und theoretisch mit dem Problem der Sozialisation in Bildungsinstitutionen. Diesem Diskussionskontext, insbesondere dem Projekt, in welchem ich beschäftigt bin, verdanke ich sehr viel.

1. Sozialisationstheoretische Orientierungen

In diesem einleitenden Teil werden einige Grundprobleme einer Sozialisationstheorie behandelt. Wer daran weniger interessiert ist, der sollte die Lektüre dieser Arbeit mit dem nächsten Kapitel beginnen.
Das Ziel dieses einleitenden Teiles besteht darin, positivistische Verkürzungen in der Untersuchung von Sozialisationsprozessen aufzubrechen, die sich aus der alleinigen Konzentration auf die Erfassung kausaler Abhängigkeiten zwischen Variablen der Umwelt und Reaktionsweisen des Individuums ergeben. Solche Verkürzungen werden bei der Untersuchung von Sozialisationsprozessen in Bildungsinstitutionen besonders deutlich. Ein tieferes Verständnis solcher Sozialisationsprozesse verlangt zumindest zweierlei: einmal eine kritische Explikation des Selbstverständnisses der Träger von Bildungsinstitutionen und zum andern eine Untersuchung der Funktionen schulischer Sozialisationsprozesse. Beiden Forderungen liegt die Überzeugung zugrunde, daß eine historische Orientierung in der Sozialisationsforschung unerläßlich ist.
Ein zweites Anliegen ergibt sich aus der Gegenüberstellung gesamtgesellschaftlicher Analysen des Sozialisationsprozesses mit individualistischen Modellen. Der Versuch zu deren Vermittlung schlägt sich in der These von der Doppelfunktion des Sozialisationsprozesses nieder.
Wir beginnen die Begründung dieser Forderungen mit einer Darstellung der Grundzüge sozialisationstheoretischer Modelle.

1.1 Zur Doppelfunktion des Sozialisationsprozesses: Reproduktion der Gesellschaft und Aufbau der Persönlichkeit

Die Thematik der Sozialisationsforschung bilden die *generationsbedingten Reproduktionsprobleme der Gesellschaft.* Der Begriff „generationsbedingt“ nimmt auf den Sachverhalt Bezug, daß sich soziale Systeme über Zeiträume, die länger sind als die Lebensspanne eines Individuums, nur dadurch erhalten können, daß bei den jeweiligen Trägern dieser sozialen Systeme die für die

Konstitution des Systems notwendigen Merkmale gewährleistet sind. Um eine Reproduktion des sozialen Systems zu erreichen, erfordert dieser Austausch, daß die nachfolgende Generation im Prozeß ihres Heranwachsens in einer Weise beeinflußt wird, daß die dabei gelernten Verhaltensweisen, Orientierungen und Qualifikationen zu einer Erhaltung des sozialen Systems beitragen[1].

Der Begriff der Reproduktion ist insofern problematisch, als er die Vorstellung nahelegt, es gehe im Prozeß der Sozialisation um eine möglichst genaue Wiederherstellung der sozialen Verhältnisse in der neuen Generation. Diese Vorstellung soll hier zurückgewiesen werden, indem der Begriff der Reproduktion formal in dem Sinne gefaßt wird, als es im Sozialisationsprozeß in jedem Falle darum geht, über Lernprozesse Individuen zu befähigen, sich in geregelten sozialen Beziehungen zu organisieren und zu Trägern sozialer Systeme zu werden. Wie sehr sich ein soziales System zwischen verschiedenen Generationen gewandelt hat — möglicherweise unter dem Einfluß von Sozialisationsprozessen — und von welchem Standpunkt aus dieser Wandel als erwünscht oder unerwünscht erscheint, wird durch die Feststellung nicht vorweggenommen, daß dem Sozialisationsprozeß das gesellschaftliche Grundproblem der Selbstreproduktion zugrundeliegt.

Im folgenden soll gezeigt werden, welche Folgen eine Konzeption des Sozialisationsprozesses hat, die sowohl von den Erfordernissen der Reproduktion sozialer Systeme als auch von den Lernfähigkeiten und Lernbedürftigkeiten des Individuums ausgeht. Wir konzentrieren uns auf die Folgen für die Interpretation von Erscheinungsformen im Sozialisationsbereich und richten unser Augenmerk dabei auf die Problematik der alleinigen Herleitung dieser Erscheinungsformen von Interessen der Gesellschaft oder von anthropologischen Gegebenheiten des menschlichen Organismus. Dabei wehren wir uns gleichzeitig gegen eine Trivialisierung des Sozialisationskonzeptes, die darin besteht, in elementaristischen Analysen nur Beziehungen zwischen Sozialisanden und Sozialisatoren herzustellen. Auf den folgenden Seiten soll das später zu kritisierende traditionelle Verhältnis des Sozialisationsprozesses referiert werden.

Das Problem der Reproduktion der Gesellschaft kann als Teilproblem der allgemeineren soziologischen Fragestellung aufgefaßt werden, wie soziales Zusammenleben möglich ist, wie in Gesellschaften Konsensus geschaffen aber auch Abweichung produziert wird. Die Stabilität, Kontinuität und Selbsterhaltung eines sozialen Systems ist insbesondere dadurch immer gefährdet,

1 Von diesem Modus der Reproduktion wird hier jener abgegrenzt, der nicht über die Lernprozesse der Heranwachsenden läuft: z. B. die Reproduktion von Eigentumsverteilungen über Vererbungsgesetze.

daß deren Träger biologisch ausgetauscht werden müssen, d. h., daß fortlaufend neue Mitglieder in die sozialen Systeme zu integrieren sind, deren Bewußtseinsstand, Bedürfnissysteme und Handlungsmuster erst durch einen langen Prozeß der sozialen Beeinflussung und komplementär dazu durch Lernprozesse aufgebaut werden müssen. Diese Gefährdung eröffnet zugleich Chancen des sozialen Wandels, wenn man bestimmte Gesellschaftsformen für unerwünscht erachtet und genügend Macht besitzt, um in Sozialisationsagenturen Zugang zur sozialen Beeinflussung der heranwachsenden Generation zu bekommen. Dann könnte die Jugend als Hoffnung zur sozialen Erneuerung der Gesellschaft angesehen werden.

Die Sozialisationsforschung untersucht, wie im gesellschaftlichen Prozeß der Reproduktion das Individuum als soziales Wesen entsteht und welche Rückwirkungen dieser Prozeß auf die Bewahrung oder Veränderung der Gesellschaft und ihrer Subgruppen hat.

Ihr empirisches Vorgehen ist pragmatischer. Sie konzentriert sich meist auf ein Verhaltenssystem, z. B. auf Aggression, auf Selbständigkeit, auf Leistungsmotivation, auf religiöses Verhalten oder auf politisches Verhalten. Ihre erste Frage lautet nun meist, wie diese Verhaltenssysteme in der Biographie eines Individuums entstehen und sich verändern. Daran schließt sich die Suche nach den Beeinflussungsquellen, z. B. in der Familie, in der Altersgruppe und in der Schule an. In einem nächsten Schritt wird nach den Mechanismen gefragt, die Sozialisationseffekte vermitteln, z. B. Lernprozesse oder psychodynamische Prozesse wie Identifikation. In einem Satz läßt sich dieses Programm so formulieren: *Wer lernt was von wem nach welchen Mechanismen und mit welchen Konsequenzen?*

Die vielen Sozialisationsdefinitionen, die vom Lernen der Rollenerwartungen, vom Lernen der Normen und Werte, vom Erwerb sozialer Kompetenzen usw. sprechen, unterscheiden sich meist nur in der Betonung jener Inhalte, die für das Weiterbestehen der Gesellschaft und ihrer Kultur als zentral angesehen werden. Jede Gesellschaft ist für ihr Weiterbestehen über mehrere Generationen darauf angewiesen, daß ihre Mitglieder gemeinsame Symbole lernen und ein gemeinsames Kommunikationsmedium (Sprache) haben. Soziales Zusammenleben erfordert gleichzeitig, daß gemeinsame Vorstellungen darüber bestehen, wie wichtige Situationen zu interpretieren sind und mit welchen Mitteln Probleme bewältigt werden können. Gesellschaftliches Zusammenleben macht eine Arbeitsteilung notwendig, die wiederum erfordert, daß einzelne Mitglieder ihre Rollen auszuüben in der Lage sind und sich gegenseitig auf die Ausübung komplementärer Rollen verlassen können. Diese Kompetenzen und gemeinsamen Orientierungen werden im Prozeß der Sozialisation erworben.

Es wird meist davon ausgegangen, daß die Erwachsenen diese Kompetenzen und gemeinsamen Orientierungen bereits besitzen, so daß der Sozialisationsprozeß nur eine zunehmende Kovarianz zwischen den Erwartungen von Eltern, Lehrern usw. und den Verhaltensweisen und Orientierungen der heranwachsenden Generation notwendig macht.

Zunehmende Kovarianz bedeutet zunehmende Übereinstimmung und zunehmende Konformität. Nach diesem Denkschema ist das Verhalten des Kindes die Meßgröße, die Erwartungen einer sozialen Bezugsperson bilden die Bezugsgröße, an der die Sozialisiertheit gemessen wird. Der Sozialisationsprozeß kann dabei als Lernprozeß aufgefaßt werden, in welchem insbesondere Normen, Werte und Interpretationsmuster sowie Haltungen von sozialen Interaktionspartnern übernommen werden. Dieser Lernprozeß mündet in einen nicht näher spezifizierten Zustand der Übereinstimmung mit Erwartungen einer sozialen Bezugsgruppe, zur zufriedenstellenden Rollendurchführung, zur Übereinstimmung des Verhaltens der Kinder mit dem kulturspezifischen Wunschbild der Erwachsenen usw. und damit zu einer Reproduktion sozialer Verhältnisse.

Autoren, die auf Konformitätskriterien für Sozialisiertheit verzichten, sprechen davon, daß im Sozialisationsprozeß stabile Reaktionsschemata gegenüber der sozialen Umwelt aufgebaut werden (vgl. *Zigler* and *Child* 1969), daß sich Person-Umwelt-Bezüge herausbilden, daß Strategien der Reaktion gegenüber sozialen Anforderungen sich etablieren, oder daß soziales Handeln, im Sinne von *Max Weber*, also soziales Handeln, das in seiner Sinnstruktur die Erwartungen anderer berücksichtigt, aufgebaut wird.

Erweiterungen dieser Modelle suchen in erster Linie Systematisierungen jener kulturellen Inhalte und sozialen Erwartungen, die im Prozeß der Sozialisation von Heranwachsenden erworben werden. So wird davon gesprochen, daß soziale Erwartungen um Merkmale wie Alter und Geschlecht gruppiert sind. In diesem Fall spricht man z. B. vom Lernen von Rollenerwartungen. Diese Rollenerwartungen selber können als ein kompliziertes System gedacht werden, das Menschen zueinander in geregelte Beziehungen setzt. Wird die Sozialstruktur einer Gesellschaft mit diesem System von Rollen und Rollenerwartungen identifiziert, dann läßt sich davon sprechen, daß im Prozeß der Sozialisation die Sozialstruktur einer Gesellschaft internalisiert wird. Sozialisation bedeutet in dieser allgemeinsten Perspektive, daß das Individuum über das Lernen von Rollenerwartungen ein handlungsfähiges soziales Wesen wird, und daß es zweitens zum Träger gesellschaftlicher Rollensysteme wird und über diese Prozesse zur Reproduktion der Gesellschaft beiträgt.

Würde man bei einer solchen Charakterisierung des Sozialisationsprozesses stehen bleiben, so käme dies einer Trivialisierung des Sozialisationskonzeptes gleich. Ein adäquates Verständnis des Sozialisationsprozesses verlangt theoretische Konzepte zumindest über zwei Bereiche:

1. über die organische Ausstattung des Menschen bei seiner Geburt, über die Reifungs- und Entwicklungsprozesse im Laufe seiner Biographie und über die Art, wie menschliches Verhalten reguliert wird. Autoren wie *Portmann, Lorenz, Plessner, Gehlen* und andere haben hier sehr viel vorgearbeitet. Insbesondere die vergleichende Verhaltensforschung macht deutlich, wie wenig programmiert — in der Form von Instinktmechanismen — das Verhalten des Menschen ist und wie sehr er auf eine kulturelle Umwandlung und auf Lernprozesse angewiesen ist.
2. Eine adäquate Konzeption des Sozialisationsprozesses verlangt theoretische Konzepte über den Zielzustand, in den ein Kind „hineinwächst". Dieser Zielzustand ist durch die entsprechenden sozialen und kulturellen Verhältnisse der jeweiligen Gesellschaft und ihrer Subsysteme gekennzeichnet. Eine Einsicht in den Sozialisationsprozeß setzt damit ein gesellschaftstheoretisches Modell voraus.

Eine Erklärung konkreter Sozialisationsprozesse würde zusätzlich verlangen, daß die jeweiligen sozialen Beeinflussungsprozesse (bzw. „social control") und die korrespondierenden Lernprozesse analysiert werden.

Die beiden oben formulierten Ausgangspunkte für das Verständnis des Sozialisationsprozesses, der Ausgangspunkt von der Persönlichkeit und der Ausgangspunkt vom sozialen System, in das hinein sozialisiert wird, machen in Ansätzen eine wichtige These deutlich, die uns in dieser Arbeit durchgehend begleiten wird: die These von der *Doppelfunktion des Sozialisationsprozesses.* Sie besagt, daß der Sozialisationsprozeß gleichzeitig für das Individuum und für die Gesellschaft wichtige Funktionen erfüllt. Er macht einerseits das Individuum handlungsfähig und das soziale System über Generationen funktionsfähig und überlebensfähig. Diese These besagt jedoch nicht, daß im Sozialisationsprozeß in jedem Falle ein harmonisches Verhältnis zwischen Individuum und Gesellschaft hergestellt wird, daß das Wohl des Individuums mit dem Wohl der Gesellschaft jeweils identisch ist, oder daß durch den Sozialisationsprozeß eine solche Identität hergestellt wird. Auf diese Problematik müssen wir später noch zu sprechen kommen. Hier interessieren uns primär die theoretischen Implikationen einer solchen Aussage, die insgesamt auf eine Darstellung des dialektischen Verhältnisses zwischen Individuum und Gesellschaft hinauslaufen. Bevor wir dieses dialektische Verhältnis im Rahmen verschiedener theoretischer Ansätze darstellen, sei hier eine Zusammenfassung der Aussagen versucht, die unabhängig von speziellen theoretischen Traditionen über das Problem der Sozialisation gemacht werden können[2].

---

2 Die folgende Zusammenfassung ist stark durch Ausführung von *Peter Frey* (1971 a, 1971 b) inspiriert, der im Rahmen des Sonderforschungsbereichs 22 „Sozialisa-

a) Sozialisationsprozesse sind überall dort zu finden, wo Individuen sich in sozialen Systemen normativen Erwartungen und kulturellen Symbolsystemen gegenüberstehen. Sozialisationsprozesse finden also nicht abstrakt in die Gesellschaft statt, sondern sie werden durch konkrete soziale Bezugssysteme vermittelt. Von einem *„sozialen System“* soll gesprochen werden, wenn den regelhaften sozialen Interaktionen von Individuen koordinierte Erwartungsmuster zugrunde liegen. In hochorganisierten sozialen Systemen wird die Koordination der Erwartungen von überindividuellen Zielen her geleitet: in der Produktionssphäre von der Erzeugung bestimmter Produkte und in Schulsystemen von der Organisation von Lernprozessen. Rollen können als *Erwartungsbündel* definiert werden, die um soziale Positionen gruppiert sind.

b) Die Sozialisationsprozesse laufen im Rahmen der Interaktionen zwischen den Mitgliedern eines sozialen Systems ab. Sie laufen also, mikrosoziologisch oder sozialpsychologisch gesprochen, über Interaktions- und Kommunikationsprozesse. Daraus ergibt sich die Forderung, eine Reihe von interaktionsspezifischen Aspekten des Sozialisationsprozesses zu beachten. Dazu würde z. B. gehören, die Bedeutung der gemeinsamen Symbole zu berücksichtigen und auf die Gegenseitigkeit der Beeinflussung von zwei Interaktionspartnern zu achten.

c) Sozialisationsprozesse sind dort deutlich sichtbar, wo sich Diskrepanzen zwischen individuellen Verhaltenstendenzen und normativen Erwartungen von sozialen Bezugspersonen zeigen. Vom Ende eines Sozialisationsprozesses kann dann gesprochen werden, wenn sich die Diskrepanz zwischen individuellen Standards und sozialen Standards verringert. Diese Feststellung besagt nicht, daß innerhalb eines sozialen Bezugssystems oppositionelle Haltungen nicht entstehen können und daß diese oppositionellen Haltungen aus der Sicht eines anderen normativen und sozialen Bezugssystems nicht als legitimer und wünschenswerter erscheinen können. Die typische Sozialisationssituation ist durch die Diskrepanz zwischen Bezugsgröße und Meßgröße gekennzeichnet. Besonders deutlich wird dies beim Kleinkind, wo anfangs die Meßgröße, das Verhalten, fast ausschließlich von den biologischen Funktionen des Organismus determiniert wird. Aber schon mit dem Tag der Geburt setzen Prozesse ein, welche das Verhaltensspektrum des Kindes nach bestimmten Bezugsgrößen seiner Umwelt modulieren (vgl. *Frey* 1971, 26).
Eine elementare Sozialisationssequenz sieht nach dieser Konzeption wie auf Abbildung 1 aus:

---

tions- und Kommunikationsforschung“ versucht hat, ein theoretisches Rahmenmodell der Sozialisation zu entwerfen.

Abb. 1: Schema einer elementaren Sozialisationssequenz

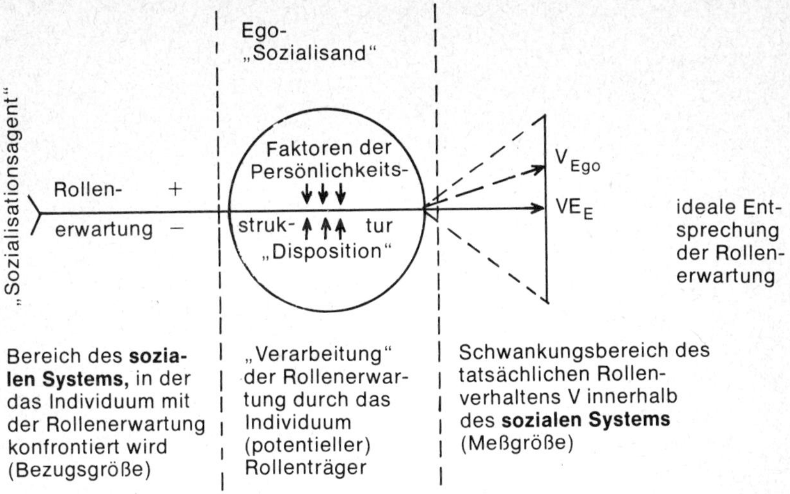

Quelle: FREY 1971 b, 38

Der Sozialisationsprozeß verläuft meist konfliktreich, da in unserer Kultur ein Individuum mehreren sozialen Bezugssystemen ausgesetzt ist, deren Bezugsgrößen, d. h. deren normative Erwartungsstrukturen, nicht übereinstimmen. Eine Sozialisation in das eine Bezugssystem kann daher eine Desozialisation in einem anderen bedeuten.

d) Der Begriff der Sozialisation sollte nicht notwendig mit dem theoretischen Modell der Rollen gekoppelt sein. Das Konzept der Rolle stellt nur eine Möglichkeit dar, die sozialen Erwartungen und normativen Anforderungen an ein Individuum zu bündeln, und damit das Problem des Lernens von Kultur und das Problem der Systemintegration auf ein konkreteres Niveau zu transformieren. In der empirischen Analyse wird sich meist zeigen, daß weniger die um eine Position gruppierten Erwartungen relevant sind, d. h. daß weniger diese Vorstellung von um Positionen gruppierte normative Erwartungsbündel wichtig ist, sondern vielmehr die spezifische *inhaltliche Analyse der Anforderungen und Meinungsmuster,* denen ein Individuum in unterschiedlichen sozialen Bezugssystemen begegnet. Damit soll jedoch nicht ausgeschlossen werden, den zentralen Aspekt des Sozialisationsprozesses in der Perspektive von Erwartungen eines Interaktionspartners und Verhaltensentsprechungen des anderen zu sehen. Deshalb kann auch das Schema von *Frey* hier sinnvoll eingebaut werden, ohne daß die rollentheoretischen Annahmen mitvollzogen werden.

Abb. 2: Konformität und Abweichung im Sozialisationsprozeß.

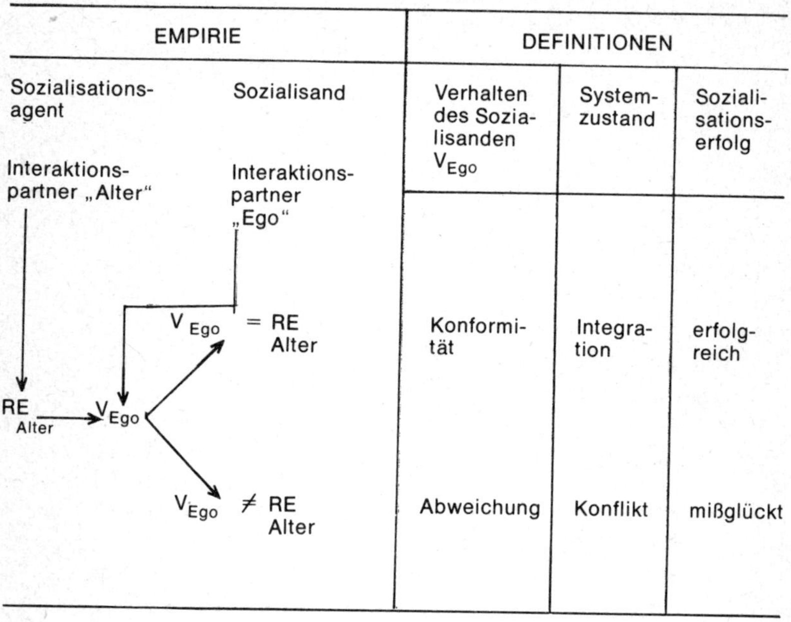

RE: Rollenerwartung
V: Verhalten

Quelle: Nach FREY 1971 b, 40

Auf diesem Hintergrund könnte folgende Definition von Sozialisation ihren Sinn gewinnen: Sozialisation bezeichnet den Prozeß des Aufbaus von Verhaltensdispositionen und der Eingliederung eines Individuums in die Gesellschaft oder in eine ihrer Gruppen über den Prozeß des Lernens der Normen, Werte, Symbolsysteme und Interpretationssysteme der jeweiligen Gruppe und Gesellschaft. Gemäß dieser Definition verkörpert die Sozialisationsforschung die Vereinigung verschiedener Perspektiven. Der Sozialisationsprozeß wird als Lernprozeß aufgefaßt (1); als zentrale Inhalte dieses Lernprozesses gelten Werte- und Normensysteme sowie die im Hintergrund stehenden Symbol- und Interpretationssysteme (2); das Lernen dieser Inhalte wird immer auf die sozialen Erwartungen und Beeinflussungen einzelner sozialer Systeme, die untereinander in einem Zusammenhang stehen, bezogen (3); die normativen Erwartungsstrukturen sind auf dem Hintergrund von sozialen Systemproblemen und deren sozio-ökonomischen Basis zu sehen (4). Das Lernen dieser Inhalte ist ferner auf die Bedürfnis- und Triebstrukturen sowie auf den konkreten kognitiven Apparat und die genetische Ausrüstung eines Individuums zu beziehen (5).

Diese Orientierungspunkte sozialisationstheoretischer Konzeptionen repräsentieren in etwa den kleinsten theoretischen Nenner für die Analyse von Phänomenen im Sozialisationsbereich. Bei ihnen stehen zu bleiben ist unbefriedigend, da sie noch jenseits der zentralen theoretischen Fragen formuliert sind und die kontroversen wissenschaftstheoretischen und normativen Implikationen nicht explizit berücksichtigen. Auf diese Implikationen soll hier zuerst eingegangen werden. Anschließend diskutieren wir die zentralen theoretischen Probleme, die Sozialisationskonzeptionen zugrundeliegen.

1.1.1 Normative Implikationen: die Konformitätsdiskussion

Wie in allen sozialwissenschaftlichen Konzeptionen besteht auch auf dem Gebiet sozialisationstheoretischer Ansätze die Gefahr, durch die theoretische Darstellung implizit Rechtfertigungen für soziale Verhältnisse zu schaffen. Im Bereich der Sozialisation tauchen folgende faktische Behauptungen, die als normative Unterstellungen fungieren können, häufig auf:

1. Im Prozeß der Sozialisation werden Komplementaritäten aufgebaut: einmal Komplementaritäten zwischen Rechten und Pflichten, die Interaktionspartner sich gegenseitig auferlegen und zum anderen Komplementaritäten zwischen individuellen Bedürfnissen und sozialen Notwendigkeiten, wobei letztere als Instrumente der Sicherung von Systemerfordernissen interpretiert werden.
2. Das Ergebnis des Sozialisationsprozesses ist Normkonformität, also eine Entsprechung zwischen sozialer Rollenerwartung und individuellem Rollenverhalten.

Wenn ein Sozialisationsmodell diese Implikationen enthält, dann soll es *affirmativ* genannt werden. Die wichtigste Kritik solcher affirmativer Modelle stammt von *Habermas* (1968). Er zählt die Rollentheorie und damit weite Bereiche der soziologischen Theorienbildung zu den affirmativen Konzeptionen, indem er nachweist, daß ihnen Integrationstheoreme und Konformitätstheoreme zugrundeliegen. Das Integrationstheorem unterstellt, daß das Ergebnis des Sozialisationsprozesses in der Herstellung einer solchen sozialen

Situation besteht, in welcher durch komplementäre Rollenerwartungen zwischen Interaktionspartnern eine gegenseitige Bedürfnisbefriedigung erfolgt. Eine solche Annahme impliziert ein Gleichgewichtsverhältnis, in dem beide Partner gleich viel geben und bekommen. Liegen solche Gleichgewichtsverhältnisse nicht vor — und alles, was wir über Machtverhältnisse in der Gesellschaft wissen, legt dies nahe — dann besteht die Gefahr, daß die Bedürfnisse des einen Interaktionspartners auf Kosten des anderen befriedigt werden, daß also Repression und Unterdrückung vorliegen. Eine Rollentheorie mit den obigen Gleichgewichtsannahmen steht in der Gefahr, auf Grund der theoretischen Grundorientierung den sozialen Problemen der Unterdrückung wenig Aufmerksamkeit zu widmen. Im Rahmen rollentheoretischer Sozialisationsmodelle ist verständlicherweise der Analyse repressiver Momente im Sozialisationsprozeß wenig Aufmerksamkeit geschenkt worden.

Das Konformitätstheorem bezieht sich auf die Identität zwischen Rollenerwartung und Rollenentsprechung, welche unausgesprochen als Ideal für das perfekte Funktionieren sozialer Systeme angesehen wird.

Ein solches Theorem, das in der Rollentheorie nicht unüblich ist, kann einmal durch eine empirisch-theoretische Kritik zurückgewiesen werden. Es berücksichtigt weder die in der sozialpsychologischen Konformitätsforschung übliche Unterscheidung von „private acceptance" und „public compliance" (vgl. *Kiesler* 1969), noch berücksichtigt es den Sachverhalt, daß Normen aus unterschiedlichen Motiven entsprochen werden kann. Normen können internalisierter Bestandteil der Wertstruktur eines Individuums sein, rein gewohnheitsmäßige Habitualisierungen darstellen oder in ein instrumentales Beziehungsgefüge der individuellen Handlungsorientierung eingebaut sein. Im Rahmen des symbolischen Interaktionismus wäre gegen ein Konformitätstheorem einzuwenden, daß es die differenzierten Formen und Indeterminiertheiten sozialer Kommunikation unterschlägt und Probleme der individuellen Rolleninterpretation nicht berücksichtigt. Das Konformitätstheorem impliziert ferner eine Unterschätzung des Widerstandes, den die Sozialisanden ihren Sozialisatoren entgegensetzen können, ein Widerstand, der die Notwendigkeit der gegenseitigen Koordination von Erwartungen als zentraler erscheinen läßt als die Erzielung einer Übereinstimmung mit fixierten sozialen Erwartungen. Nach diesem letzten Argument ließe sich der Sozialisationsprozeß vermutlich zutreffender als Prozeß charakterisieren, indem die Sozialisanden zunehmend mehr Einfluß auf ihre eigene Sozialisation nehmen und gewinnen, denn als Prozeß der zunehmenden Konformität der Heranwachsenden.

Insgesamt läßt diese Kritik den Schluß zu, daß eine Sozialisationskonzeption, die die problemlose Konformität der Sozialisanden mit den Sozialisatoren als eine empirisch fruchtbare und zutreffende Charakterisierung des Sozialisationsprozesses versteht, einen Grenzfall im Sozialisationsprozeß zur Regel

erhebt. Ihr wäre der Vorwurf zu machen, daß sie von einer differenzierten Analyse des Aufbaus sozialen Handelns absieht und von der Analyse individueller Unterschiede und Abweichungen ablenkt.
Eine konformitätsorientierte Sozialisationskonzeption gerät unter ideologiekritischer Perspektive in den Verdacht, legitimatorische Beiträge zur Stabilisierung des gesellschaftlichen Status quo zu leisten, indem sie die Übereinstimmung mit den bestehenden gesellschaftlichen Normen, Werten und Interpretationssystemen als theoretischen Bezugspunkt ihrer Analyse wählt.
Erkenntnistheoretische und sozialpolitische Interessen können nicht nur konformitätsorientierten Sozialisationsmodellen unterstellt werden, sondern auch deren Kritikern, die m. E. heute aus zwei Interessenlagen argumentieren können. Bei einer Ablehnung der derzeitigen gesellschaftlichen Verhältnisse oder bei einer nur partiellen Unterstützung des Status quo müssen Konformitätsmodelle fraglich werden, da sie die Stabilisierung der derzeitigen Verhältnisse implizieren. Die „linke Kritik" an der „bürgerlichen Sozialisationstheorie" hat hier ihre Wurzeln. Konsequenterweise wird die ausdrückliche Sozialisation zur Opposition und zur Fähigkeit, die sozialen Verhältnisse zu ändern, zum zentralen Ausgangspunkt der Analyse.
Als Hintergrund dieser Position, die man die *kritisch-gesellschaftstheoretische* nennen könnte, dienen Gesellschaftsmodelle, in denen Normen, Werte und Interpretationsmuster als legitimierender Überbau der polit-ökonomischen Basis verstanden werden.
Der zweiten Position, von der her Konformitätsmodelle kritisiert werden, liegt ein Idealmodell von Gesellschaft und Persönlichkeit zugrunde, das man das *liberale* nennen könnte. Auch die Kritik von *Habermas* wäre hier einzuordnen. Das erkenntnisleitende Interesse äußert sich hier in der Suche nach *individuellen Freiheitsräumen* und Befreiungsmöglichkeiten von gesellschaftlichen Zwängen. Solche lassen sich dort finden, wo an das Individuum mehrere Erwartungen gestellt werden. Multiple Erwartungssysteme eröffnen nicht nur Wahlmöglichkeiten; sie eröffnen auch die Chance, über einzelne Erwartungen zu reflektieren und sie damit zu relativieren. Freiheitsspielräume ergeben sich zusätzlich aus der Notwendigkeit, die Rollenerwartungen zu interpretieren und ihnen eine subjektive Bedeutung beizumessen.
Solche Konzeptionen lenken den Blick auf andere Sozialisationsprozesse als auf die der Entstehung normkonformen Verhaltens. Hier wird die Entstehung der Fähigkeit, Rollenambiguitäten zu ertragen, eine Identität auszubilden und persönliche Autonomie zu gewinnen, zentral. Das Gesellschaftsmodell, das eine solche Konzeption impliziert, ist insbesondere durch die Annahme pluralistischer Erwartungssysteme charakterisiert.
Die liberale Konzeption des Sozialisationsprozesses, der die theoretische Tradition des symbolischen Interaktionismus nahesteht, erfährt von der

kritisch-gesellschaftstheoretischen Konzeption zwei Einwände: einmal verbleibe sie im Bereich des ideell-kulturellen und damit ohne Bezug zur sozioökonomischen Basis; ihr Verhältnis zum Problem Norm-Situation sei naiv. Zum anderen liege ihr ein naives Pluralismus-Modell von Gesellschaft zugrunde, in dessen Rahmen es unmöglich ist, den Zusammenhang zwischen Normensystemen und Herrschaftsstrukturen analytisch darzustellen.
Diese Kritiken machen die Bedeutung einsichtig, die einer *Explikation der impliziten Gesellschafts- und Persönlichkeitsmodelle zukommt.* Gleichzeitig verweisen sie auf die Notwendigkeit, die normativen Annahmen und Legitimitätsüberlegungen stärker zu beachten, als dies bislang in der Sozialisationsforschung üblich war. Würde die Sozialisationsforschung die Explikation ihrer normativen Grundlagen als Teil ihres Geschäftes verstehen, dann könnte es gelingen, sie stärker als bisher an sozialphilosophische Traditionen und an aktuelle politische Auseinandersetzungen heranzuführen.

1.1.2 Wissenschaftstheoretische Implikationen

Zwei Probleme von Sozialisationstheorien, die auf wissenschaftstheoretischen Vorentscheidungen beruhen, scheinen mir diskussionsbedürftig.

1. Die auf vielfältigen Variablenmodellen beruhenden sozialisationstheoretischen Untersuchungen erwecken den Eindruck, daß der Sozialisationsbereich als Untersuchungsfeld konzipiert wird, der in ähnlicher Weise wie der Bereich der Natur strukturiert ist und analog untersucht werden kann. Die hermeneutische Tradition in der Analyse menschlichen Handelns macht uns darauf aufmerksam, daß soziale Phänomene in einem anderen Sinne verstehbar sind als Phänomene der Natur. Im Bereich der Natur genügt es, funktionale Abhängigkeiten zu finden, Mechanismen zu entdecken und Einzelphänomene durch Zurückführung auf allgemeine Gesetzmäßigkeiten zu erklären. Im biologischen Bereich finden wir zusätzlich zweckmäßige Beziehungen, z. B. die veränderte Dichte von Fellen bei verschiedenen Tierarten je nach der Jahreszeit. Sie schützt den Körper des Tieres vor zu großen Außentemperaturen und hilft, einen physiologisch notwendigen Soll-Wert der Körpertemperatur zu stabilisieren.
Im Gegenstandsbereich der Sozialwissenschaften, im Humanbereich, liegen die Verhältnisse anders. Hier gibt es nicht nur *Zweckmäßigkeiten* im obigen Sinn, sondern zusätzlich bewußte *Zwecktätigkeit* (vgl. *Habermas* 1970) des Menschen. Die Phänomene sind hier nicht naturmäßig vorgegeben, sie stellen vielmehr menschliche Schöpfungen dar. Von daher ergibt sich ein erster Ansatzpunkt für ein Verständnis sozialer Phänomene, das bei einer engen

positivistischen Position nicht möglich ist. Dieser Ansatz besteht im Versuch, eine soziale Institution, z. B. die Sozialisationsinstanz Schule, dadurch zu *verstehen*, daß auf die Absichten ihrer Gründer und Träger zurückgegangen und damit von ihrem Sinn her entschlüsselt wird. Eine solche Rekonstruktion könnte im Begriffsschema von Ziel-Mittel-Relationen erfolgen. Für welche Ziele galten Schulen als geeignete Mittel der Realisation? In einer anderen Terminologie könnte man von *Problemen* sprechen, die durch die betreffenden Institutionen gelöst werden sollen. Institutionen könnte man dann als *Problemlösungskonzeptionen* oder Problemlösungsstrategien interpretieren. Wir werden diese Terminologie wählen, um nicht die Behauptung zu unterstellen, die die Terminologie der Ziel-Mittel-Relationen nahelegt, bei der Schaffung von Institutionen handle es sich immer um Prozesse von hohem Planungs- und Rationalitätsgrad[3].

Eine solche Konzeption des Gegenstandsbereiches der Sozialisationsforschung hat u. U. gewichtige methodologische Konsequenzen. Einmal müßte als Folge der obigen Grundthese die Stellung des Sozialwissenschaftlers in einem historischen Kommunikationskontext genauer analysiert werden. Insbesondere wäre zu untersuchen, welches kulturspezifische bzw. klassenspezifische Vorverständnis des Sozialisationsprozesses empirischen Untersuchungen zugrundeliegt. Dieser Frage könnte nachgegangen werden, wenn einmal die impliziten Annahmen bei der Konstruktion eines Fragebogens untersucht würden. Dabei könnte sich ergeben, daß die Ähnlichkeit des Kommunikationskontextes zwischen dem Forscher und seinen Probanden ein wichtiger Faktor für die Konstruktion von Fragebogen und für die Interpretation der Daten darstellt.

Eine zweite Konsequenz muß hier erwähnt werden. Wenn der Sozialisationsbereich ein von Menschen geschaffener ist, dann muß sich eine empirische Untersuchung dieses Bereiches dessen bewußt sein, daß sie nur *historisch realisierte soziale Phänomene* erfaßt, aber keine Aussagen über *potentiell realisierbare Sozialisationsprozesse* machen kann. Wenn der Sozialisationsbereich von Menschen geschaffen und beeinflußbar ist, dann stellt sich die

3 Diese Begriffsbildungen verweisen bereits auf einige zentrale Strategien der Rekonstruktion des Selbstverständnisses. Es wäre jeweils zu fragen:
— Was wird an der Realität als Problem definiert?
— Welche Annahmen und „Theorien" liegen den Realitäts- (bzw. Situations-) definitionen zugrunde?
— Welche Ziele, Normen, Werte werden als Antizipationen von idealen Zuständen formuliert und verfolgt?
— Welche Annahmen über adäquate Mittel der Problemlösung werden formuliert?
— Wie wird das Ergebnis der eigenen Problemlösungsversuche festgestellt und bewertet?

Frage, ob die entscheidenden Erkenntnisgewinne nicht dadurch zu erreichen wären, daß ein neuer Sozialisationskontext geschaffen wird und in begleitender Untersuchung theoretisch aufbereitet wird. In diesem Zusammenhang wäre der methodologische Stellenwert der „action research" zu diskutieren.

2. Ein methodologisches Verfahren, das Sozialisationsprozesse durch eine Rekonstruktion des Selbstverständnisses seiner Träger erklärt, stößt dort auf Grenzen, wo die entscheidenden Zusammenhänge nicht verbalisierbar im Bewußtsein von Personen repräsentiert sind, oder wo bewußte Verstellungen bzw. unbewußte, psychodynamisch bedingte Verzerrungen es problematisch erscheinen lassen, die Aussagen von Individuen als nicht übersteigbaren Daten- bzw. Interpretationshorizont zu wählen.

Die Sozialisationsforschung war immer bemüht, neben der Systematisierung der Bewußtseinslagen und Interessen von Individuen deren Genese und Konsequenzen darzustellen. Sie hat auch nicht versäumt, Variationen in den Bewußtseinslagen und Interessen auf individuelle und soziale Faktoren zurückzuführen, sei es auf Schichtzugehörigkeit, auf Intelligenz oder auf andere Persönlichkeitsmerkmale. Dabei ist die Sozialisationsforschung meist stehen geblieben, ohne somit einen Schritt zu vollziehen, den wir hier für bedeutsam halten: *die Analyse des Sinnes unterschiedlicher Sozialisationsprozesse.* Unter Sinn soll die instrumentale Bedeutung verstanden werden, die einem Sozialisationsprozeß für die Aufrechterhaltung oder Veränderung eines angegebenen Zustandes zukommt.

In dieser Definition ist der Begriff „Sinn" gleichbedeutend mit der in den Sozialwissenschaften häufigen Verwendung des Begriffes *Funktion.* Wir können somit allgemeiner formulieren: *aus dem spezifischen Charakter sozialer Phänomene als zielgerichteter Phänomene ergibt sich die Notwendigkeit, die Zusammenhänge von Einheiten im sozialen Bereich nicht nur kausal, sondern auch funktional zu interpretieren.*

Einige Forschungstraditionen praktizieren dieses Vorgehen auch für den Bereich der Sozialisation. Die Psychoanalyse überschreitet gezielt den Bewußtseinshorizont der Individuen und versucht, deren Verhalten aus der Aufrechterhaltung eines bestimmten Zustandes heraus zu verstehen: z. B. vom „Ziel" her, untolerierbare Erfahrungen zu unterdrücken und den prekären Schein des eigenen Ideal-Bildes aufrecht zu erhalten. Im Bereich der Sozialisationsforschung ist für diese Form der Interpretation die Arbeit von *Richter* (1969) vorbildlich geworden. In dieser Arbeit werden bestimmte neurotisierende Verhaltensweisen der Eltern z. B. von deren Bemühen her erklärt, ein Substitut für eigene unerfüllte Wünsche zu finden. Hier liegt das funktionalistische Erklärungsschema vor: es wird ein Soll-Zustand bestimmt, den in diesem Fall eine Person erreichen will. Dieser Soll-Zustand ist nicht im Bewußtsein des Individuums repräsentiert. Sein Verhalten ist jedoch auf die Erreichung dieses Soll-Zustandes ausgerichtet. Diese Charakterisierung funktionaler Interpretationsmuster legt eine Verallgemeinerung nahe: wenn die Persönlichkeit als Analyseeinheit gewählt wird, dann sollen alle jene Interpretationsmuster als funktional charakterisiert werden, die Soll-Zustände unterstellen, welche nicht im Bewußtsein des Individuums repräsentiert sein müssen, die aber dennoch Handlungsweisen aktivieren. In diesem Sinne könnten alle Theorien, die Gleichgewichts- bzw. Konsistenzannahmen enthalten, zu den funktionalen Interpretationsmustern gezählt werden.

Um von funktionalen Interpretationsmustern sprechen zu können, müssen einige weitere Annahmen gemacht werden. Soll-Zustände werden erstens immer angesichts „widriger" externer oder interner Umstände aufrecht erhalten. Sie müssen jeweils identifiziert werden, um die Spannungen zwischen Ist- und Soll-Zuständen als Handlungsdynamik zu entdecken. Es bedarf zweitens einer Identifikation jener Handlungsmuster, die als Problemlösungen für die Aufrechterhaltung eines Soll-Zustandes dienen.

Solche Interpretationsstrategien gehen in eine systemtheoretische Analyse der Persönlichkeit über, nach der untersucht wird, zu welchen Adaptionen an mehr oder weniger veränderbare Umstände ein Individuum bei Aufrechterhaltung bestimmter Soll-Zustände tendiert. Der Sozialisationsprozeß ist nach dieser Perspektive auf den Aufbau von wünschenswerten oder zumindest von tolerablen Adaptionen an interne und externe Umstände ausgerichtet.

Bisher haben wir die *Persönlichkeit als Analyseeinheit* zugrunde gelegt. Bekannter sind uns funktionale Analysen für die *Analyseeinheit sozialer Systeme.*

In drei soziologischen Forschungstraditionen ist es üblich, soziale Systeme als zielgerichtete Einheiten zu analysieren: in der strukturell-funktionalistischen Analyse, im Rahmen der Systemtheorie und im Rahmen der marxistischen Analyse. Diese drei Ansätze zeigen insofern formale Ähnlichkeiten, als jeweils globale gesellschaftliche Systeme zum Ausgangspunkt gewählt und Subeinheiten identifiziert werden, die zur Erhaltung bestimmter Merkmale des Systems beitragen. Gleichzeitig werden jene externen Bedingungen angegeben, die eine dauernde Gefährdung der Erhaltung des Gesamtsystems bedeuten. Neben dieser formalen Ähnlichkeit bestehen beachtliche inhaltliche Unterschiede, insbesondere solche zwischen dem marxistischen Ansatz und den übrigen. Während die strukturell-funktionalistische Analyse und die Systemtheorie das Funktionieren sozialer Systeme jenseits historischer Bedingungen untersuchen, konzentriert sich die marxistische Analyse gerade auf den historischen Prozeß der Umwandlung von Gesellschaft. Zudem unterstellt die strukturell-funktionalistische Analyse Parson'scher Prägung Gleich-

gewichtsannahmen und betont die integrierende Bedeutung der normativen Strukturen einer Gesellschaft in einer Weise, daß die affirmativen politischen Konsequenzen einer solchen Theorie offen zutage treten.
In der marxistischen Analyse kapitalistischer Gesellschaften hingegen wird ein Grundwiderspruch, der zwischen der privaten Aneignung und der vergesellschafteten Produktion, zum Ausgangspunkt gewählt. Dieser Widerspruch generiert Systemprobleme und zwingt zur Einrichtung von systemerhaltenden Strategien und Problemlösungen, zum Aufbau selbstkorrektiver Mechanismen, deren Funktion es ist, die selbstnegatorischen Tendenzen des Systems jeweils an kritischen Punkten abzustoppen oder in die Latenz zu verdrängen (*Offe* 1972, 25).
Unabhängig von den konkreten inhaltlichen Unterschieden haben alle diese Ansätze den Vorzug, Interpretationsmuster zu liefern, die es gestatten, die *sozialen Funktionen des Sozialisationsprozesses zu analysieren.* Dadurch wird die Gefahr vermieden, den Sozialisationsprozeß als einen naturhaft ablaufenden Prozeß zu interpretieren. Es wird vielmehr deutlich, *daß der Sozialisationsprozeß nicht nur einen subjektiven Sinn im Rahmen des Selbstverständnisses der Beteiligten besitzt, sondern gleichzeitig einen objektiven Sinn hat, der sich im Rahmen funktionalistischer Modelle konstruieren läßt.* Die Darstellung der sozialen Funktionen schulischer Sozialisationsprozesse bildet die Hauptaufgabe dieser Arbeit.

1.1.3 Zentrale theoretische Probleme einer Sozialisationstheorie

Nach der obigen Konzeption sind *Erscheinungsformen im Sozialisationsbereich als Problemlösungen für Systemprobleme der Persönlichkeit und der Gesellschaft zu interpretieren.* Daraus ergibt sich die Doppelfunktion des Sozialisationsprozesses und das entscheidende Argument gegen eine alleinige Herleitung der Erscheinungsformen im Sozialisationsbereich aus gesellschaftlichen Bedingungen.
Eine Zusammenstellung der „funktionale requisites" von *Inkeles* (1968, 83) kann dies verdeutlichen.

Hier sind solche „functional requisites" aufgeführt, die in jeder Gesellschaft wichtig sind. Der erste Komplex von Erfordernissen bezieht sich direkt auf das physische Überleben, auf Ernährung, auf Schutz vor den Gefahren der Natur. Damit die Gesellschaft dieses Ziel erreicht, müssen ihre Mitglieder bestimmte Fähigkeiten, Fähigkeiten zum Hausbau, zur Jagd, zum Ackerbau usw. erwerben. Ähnlich fundamental ist die Schaffung von Möglichkeiten der biologischen Reproduktion.

Abb. 3: Parallel Themes in the Functional Requisites of Any Social System and the Socialization of Any Individual

REQUISITES FOR CONTINUED FUNCTIONING OF SOCIETY	ELEMENTS OF THE PERSONAL SYSTEM DEVELOPED IN ANY ADEQUATE SOCIALIZATION
1. Provision for adequate physiological relationship to physical setting	Information and motor skills (aptitudes)
2. Role differentiation and role assignement	Self-system; personal identity
3. Shared, learned, symbolic modes of communication	Language skills; cognitive content
4. Shared cognitive orientations	Attitudes, opinions, idea systems
5. Shared articulated goals	Values
6. Regulation of choice of means	Ego development; self-system
7. Regulation of affective expression	Affective modes of functioning
8. Effective control of disruptive forms of behavior	Modes of moral functioning

Eine zweite Gruppe von Erfordernissen bezieht sich auf die interne Differenzierung, z. B. in der Form einer Arbeitsteilung oder auf Subgruppen wie Familien, Verwandtschaften, religiöse Gemeinschaften usw. Eine minimale Voraussetzung für die Erhaltung solcher Differenzierungen besteht in der Fähigkeit der Individuen, loyal gegenüber bestimmten Gruppen zu sein und mit anderen kooperieren zu können. Dieses Muster von sozialen Bindungen und Beziehungen wird im Prozeß der Sozialisation erworben. Die weiteren Erfordernisse beziehen sich auf die Mittel der gegenseitigen Verständigung, auf gemeinsame Symbole, auf eine Welt gemeinsamer Bedeutungen und auf ein bestimmtes Maß an gemeinsamen Zielen, die im Individuum als kognitive Repräsentationen (cognitive map) und Wertsysteme im Prozeß der Sozialisation aufgebaut werden. Ferner erscheint es notwendig, daß der Mensch dabei Kontrollsysteme erwirbt: Kontrollen des Ausdrucks von Gefühlen, Kontrollen von Impulsen, die zu zerstörerischem Verhalten führen könnten. Zwei Hauptziele des Sozialisationsprozesses als Problemlösungen für individuelle Systemprobleme scheinen hier durch: *Bedürfniskontrolle* und *Bedeutungsaufbau.*
Die obige Charakterisierung der sozialen Systemprobleme durch *Inkeles,* z. B. Probleme, die sich aus der Arbeitsteilung ergeben und Probleme der gemeinsamen Zielorientierungen, für welche dann Sozialisationsprozesse

Problemlösungen bieten, verweist auf die Problematik einer *ahistorischen Konzeption von Gesellschaft. Inkeles* versucht eben jene sozialen Funktionen des Sozialisationsprozesses zu eruieren, die in *jeder* Gesellschaft zu finden sind. Dieses Erkenntnisinteresse lenkt sehr leicht vom Bemühen ab, die spezifischen historischen Funktionen des Sozialisationsprozesses zu analysieren. Die marxistische Analyse versucht eben dies zu leisten. Sie geht vom konkreten historischen Stand der Vergesellschaftung aus. Das Hauptargument würde dabei so lauten: die gegenwärtige Gesellschaftsform westlicher Staaten ist durch den weiter wirksamen Widerspruch zwischen privater Aneignung und vergesellschafteter Produktion gekennzeichnet. Dieser Widerspruch generiert das Problem der Legitimation bestehender Herrschaftsverhältnisse, die sich aus dem Besitz von Produktionsmitteln ergeben. Der kulturelle Überbau hat nun die Aufgabe, das Legitimationsproblem zu lösen und systemsprengende Konflikte, die sich aus der Loyalitätskündigung ergeben könnten, abzufangen und in die Latenz zu verdrängen. Dies zeigt sich am deutlichsten im Bereich der veranstalteten Sozialisation, im Bereich des Bildungssystems der Gesellschaft.

Eine historische Analyse der Funktionen des Sozialisationsprozesses müßte versuchen, die Funktionen der Hauptinstanzen der Sozialisation, der Familie und der Schule für die gesellschaftlichen Bereiche der Produktion, der Politik und der Sozialisation selber zu untersuchen.

Für das Bildungssystem wird sich dabei ergeben, daß es drei Hauptfunktionen für schulexterne Bereiche erfüllt: einmal die Reproduktion von Arbeitsvermögen, also die Herstellung jener fachlichen und überfachlichen *Qualifikationen*, die für die Aufrechterhaltung und Fortentwicklung des Arbeitsprozesses erforderlich sind; zum andern die *Reproduktion der Sozialstruktur* im Sinne der Rekrutierung zukünftiger Positionsinhaber und der Wiederherstellung einer Klassen- bzw. Schichtstruktur von Generation zu Generation und drittens die *Legitimation* politischer Herrschaftsverhältnisse im Sinne der Herstellung von Massenloyalität über die Internalisierung legitimationsfähiger normativer Strukturen.

Fassen wir zusammen: Bisher sind zwei theoretische Ansätze charakterisiert worden, die helfen können, die zu beobachtende empiristische Neigung der Sozialisationsforschung zu überwinden. Es ist auf die Bedeutung des subjektiven Sinnes des Sozialisationsprozesses, auf die Bedeutung des Selbstverständnisses als steuernden Faktor hingewiesen worden (hermeneutischer Ansatz). Eine Übersteigung dieses Ansatzes scheint im Rahmen einer Analyse der sozialen Funktionen des Sozialisationsprozesses möglich. Die Funktionsanalyse erlaubt schließlich eine Verbindung zur Eingangsthese von der Doppelfunktion des Sozialisationsprozesses (funktionalistischer Ansatz).

In der Gegenüberstellung dieser Ansätze entsteht jenes theoretische Spannungsfeld, in dem sich eine Sozialisationstheorie heute bewähren muß. Dabei können sich theoretische Grundpositionen herauskristallisieren, die Verkürzungen in der Analyse des Sozialisationsbereichs zur Folge haben. Wir sprechen von einer *idealistischen Position*, wenn Normen, Werte, Interpretationsmuster und Wissenssysteme — also die ideellen Strukturen einer Gesellschaft — die letzten sozialen Bezugspunkte bilden, auf die der Sozialisationsprozeß ausgerichtet ist. Idealistisch soll diese Position dann heißen, wenn der Bezug zwischen Norm und Situation, die Beziehung zwischen Systemproblemen als objektiven Bedingungen und Normen als gesellschaftsspezifischen Problemlösungen nicht systematisch in die Analyse des Sozialisationsprozesses eingeht. Eine solche Position muß in einen kulturellen Relativismus verfallen, da sie keine Bezugspunkte für die Erklärung von Normen mehr besitzt. Eine *objektivistische Position* liegt dann vor, wenn unterstellt wird, die Erscheinungsformen im Sozialisationsbereich allein aus deren funktionaler Bedeutung für die sozioökonomischen und ökologischen Grundverhältnisse einer Gesellschaft herleiten zu können. Eine solche Position muß in einem Dogmatismus erstarren, da sie die Vielfalt der Sozialisationsphänomene und die Vielfalt ihrer Bedingungen nicht mehr in den Blick bekommt, ja im Extrem deren empirische Erforschung für überflüssig halten muß. Das Selbstverständnis der am Sozialisationsprozeß Beteiligten wird zum bloßen Epiphänomen und im Falle der eklatanten Nichtübereinstimmung mit den theoretisch postulierten Bewußtseinsstrukturen zum „falschen Bewußtsein". Schließlich liegt die Gefahr der *„teleological fallacy"* nahe, wenn die Funktionsanalyse die konkrete Analyse von Kontroll- und Vermittlungsmechanismen ersetzt.

Die Problematik dieser Positionen ergibt sich aus ihrem verkürzten Verhältnis zu zwei Grundproblemen einer Sozialisationstheorie, die hier abschließend skizziert werden sollen. Das erste bezieht sich auf das meist *ungeklärte Verhältnis zwischen Selbstverständnis und objektiver Funktion*, oder mit anderen Worten, von objektivem und subjektivem Sinn. Das zweite Problem besteht aus *impliziten Vorstellungen über das dialektische Verhältnis von Individuum und Gesellschaft.*

1. Unter Selbstverständnis sollen hier die — sozialisationstheoretisch besonders relevanten — Normen, Werte und Interpretationsmuster verstanden werden. Ein Teil dieses Selbstverständnisses bezieht sich auf dieselben Sachverhalte, die auch in der Funktionsanalyse behandelt werden: auf die Ziele des Sozialisationsprozesses, etwa in der Form elterlicher Erziehungsziele oder schulischer Bildungsziele.

Die kritische Frage, die sich angesichts der Funktionsanalyse stellt, lautet, ob diesem Selbstverständnis nicht eine periphere Bedeutung zukomme, ja ob es

methodologisch nicht gerechtfertigt wäre, auf dessen Erhebung und Darstellung zu verzichten.
Dies scheint aus zwei Gründen nicht gerechtfertigt. Einmal verlangt die Funktionsanalyse — zur Vermeidung der „teleological fallacy" — eine Untersuchung der *Vermittlungsformen* bzw. der *Vermittlungsmechanismen* zwischen den Ausgangsbedingungen und dem Zielzustand. Eine funktionale Beziehung kommt nicht deshalb zustande, weil diese finale Beziehung vorliegt, sondern weil sie durch eine Reihe von sozialen Kontrollen und psychischen Mechanismen aktiv angestrebt wird. Die Untersuchung dieses Vermittlungsprozesses bildet eine zentrale empirische Aufgabe, in deren Rahmen kausalitätsähnliche Modelle ihren Stellenwert haben. Dabei wird sich das Selbstverständnis der Beteiligten als wichtiger kausaler Faktor im Sozialisationsprozeß erweisen. Insbesondere die Theoreme des symbolischen Interaktionismus haben darauf aufmerksam gemacht, daß die Perzeptionen der Umwelt und der eigenen Person eine handlungsleitende Bedeutung haben. Die Kenntnis der „Psychodizeen" und „Soziodizeen" eines Individuums, also seine impliziten Theorien über die eigene Person und die soziale Umwelt, sein Selbstbild und seine Situationsdefinitionen eröffnen vielfach erst das Verständnis für die Handlungen von Personen oder gesellschaftlichen Gruppen, wie kulturanthropologische Erfahrungen reichlich dokumentieren.
Eine Analyse der Vermittlungsmechanismen könnte sich aber nur dann auf solche subjektiven Faktoren beschränken, wenn man begründet annehmen könnte, daß die Handlungen der Individuen nur von Bewußtseinsphänomenen gesteuert sind. Die Feststellung, daß dies nicht der Fall ist, ist sicher trivial. Neben subjektiven Daten sind in die jeweiligen Kausalmodelle auch objektive Faktoren wie ökologische Bedingungen (z. B. materielle Lebenslage einer Familie) und soziale „opportunity structures" (z. B. Schulangebot einer Region) aufzunehmen. Eine subjektivistische Position in der Analyse der Vermittlungsmechanismen kann ferner dann vermieden werden, wenn dieses *Selbstverständnis selbst als erklärungsbedürftiger Faktor* behandelt wird, wenn also, wie man es abkürzend nennen könnte, das Verhältnis von Norm und Situation geklärt wird. Als hervorragendes Beispiel für diesen Versuch kann die Arbeit von *Kohn* (1969) angesehen werden, in der versucht wird, die Werte, Erziehungspraktiken und Einstellungen der Eltern auf deren ökonomische und berufliche Lage zu beziehen. Auch die Arbeiten über die Kultur der Armut und ihrer Herleitung aus ökonomischen Insuffizienzbedingungen können hierher gerechnet werden. Die am meisten ausgearbeiteten Ansätze zur Klärung des Verhältnisses von ideellen Strukturen und ökonomischen, ökologischen und politischen Verhältnissen finden sich in wissenssoziologischen Theorien (vgl. *Berger* und *Luckmann* 1969).
Ein zweites Argument spricht für die explizite Analyse des Selbstverständ-

nisses: die *ideologiekritische Potenz*, welche in einer Gegenüberstellung zwischen dem subjektiven Selbstverständnis und den objektiven Funktionen liegt. Wenn sich z. B. eine deutliche Differenz zwischen den Bildungsvorstellungen der Unternehmer und den objektiven Funktionen des Schulsystems ergibt und sich diese Differenz durch die Interessen der betreffenden gesellschaftlichen Gruppe erklären läßt, dann könnte man von Ideologie sprechen. Es muß ferner nachgewiesen werden, daß die Nichtübereinstimmung zwischen Selbstverständnis und Funktion nicht das Ergebnis des Unvermögens oder mangelnder Einsicht ist, sondern sich aus einem Legitimationsbedürfnis nicht explizit genannter Interessen ergibt. Die übliche Behandlung der nicht erkannten und nicht beabsichtigten Auswirkungen sozialer Systeme in Begriffen wie „manifest" und „latent" (*Merton* 1957) legt eher eine Interpretation von Diskrepanzen zwischen Selbstverständnis und objektiven Funktionen aus dem Unvermögen und der mangelnden Einsicht der Beteiligten nahe. Hier wird dagegen betont, daß solche Diskrepanzen selber eine Funktion haben, nämlich die der Legitimation. Der Nachweis dieser Funktion ist jedoch ein methodologisch schwieriges Unterfangen, das umfangreiche vergleichende und historische Untersuchungen erfordert, da bei der statischen Betrachtung einer Gesellschaft zu einem Zeitpunkt kaum jene Variationen zu finden sind, die für den Nachweis funktionaler Beziehungen erforderlich sind.
Das Verhältnis von Selbstverständnis und objektiver Funktion erweist sich somit als komplexes Problem, das zumindest in die Frage nach der Bedeutung des Selbstverständnisses als kausalem Vermittlungsfaktor in einem zielorientierten Funktionsgefüge, in die Problematik der Erklärung des Selbstverständnisses aus objektiven Bedingungen und in die Frage nach der Funktion des Selbstverständnisses aufgegliedert werden muß.

2. Die letzte hier zu behandelnde Problematik führt zur Ausgangsthese zurück, zur Doppelfunktion des Sozialisationsprozesses. Es handelt sich um das oft ungeklärte Verhältnis von Individuum und Gesellschaft als unterschiedlichen, aber teilweise sich überschneidenden Analyseeinheiten. Nur wenn die „Systemprobleme" des Individuums mit den Systemproblemen der Gesellschaft identisch wären, könnte ein sozialisationstheoretischer Ansatz, der von gesellschaftlichen Systemproblemen ausgeht, zu einer befriedigenden Erklärung von Erscheinungsformen im Sozialisationsbereich gelangen. Wenn es um die konkrete Veranstaltung von Sozialisation geht, dann ist nicht nur auf die soziale Funktion des Sozialisationsprozesses, etwa für die Qualifizierung der Arbeitskraft und für die Legitimierung von politischer Herrschaft zu achten. Aus diesen sozialen Zielen heraus ergeben sich noch keine Sozialisationsprozesse. Solche finden erst statt, wenn ein Arrangement getroffen wird, das auf Lern- und Entwicklungsgesetze des Individuums als eines lern-

fähigen Organismus Bezug nimmt. Das Individuum ist keine tabula rasa, in die beliebig die systemadaptiven Bewußtseinsstrukturen eingeritzt werden können, es besitzt vielmehr eine Eigendynamik, es hat seine *eigenen* Probleme und stellt seine Forderungen, wenn es handlungsfähig werden soll. In der frühen Kindheit ist besonders deutlich, wie sehr die Forderungen des Organismus in den Vordergrund und die Forderungen der Gesellschaft in den Hintergrund treten können. Eine Sozialisationstheorie, die den Sozialisationsprozeß als einen Prozeß der Entfaltung und Autonomisierung der Persönlichkeit konzipiert und damit an seinen individuellen Funktionen orientiert ist, trägt der Eigendynamik und dem Eigenwert der Persönlichkeit Rechnung. Ein Beispiel für diese Eigendynamik: es scheint ein allgemeiner motivationaler Trend zu sein, daß Individuen zu einer Optimierung des eigenen Selbstwertes tendieren, daß sie soziale Anerkennung suchen, sich Leistungsstandards setzen und nach emotionaler Sicherheit streben. Ihre Handlungen haben vielfach die Funktion, eine Befriedigung dieser Bedürfnisse angesichts mehr oder weniger förderlicher Umweltbedingungen zu erzielen. Sie orientieren sich damit aber an Zielen, die keine Ziele eines sozialen Systems sein können und aus einem sozialen System deshalb auch nicht herzuleiten sind.

Diese letzten Bemerkungen scheinen die These von der Doppelfunktion des Sozialisationsprozesses in Frage zu stellen und einen Rückfall in individualistische Konzeptionen des Sozialisationsprozesses einzuleiten. Dem wäre so, wenn sich an das obige Beispiel nicht die Frage anschließen würde, im Dienste welcher — berechtigter oder unberechtigter — sozialer Interessen diese Bedürfnisse genutzt werden, um Konformität zu solchen Erwartungen zu erreichen, die z. B. die Existenz eines individualistischen Konkurrenzsystems perpetuieren. Auf ähnliche Weise könnte beim Erwerb von Kompetenzen oder beim Aufbau kognitiver Strukturen argumentiert werden. Auch hier wird jeweils ein individuelles Ziel, z. B. die Handlungsfähigkeit und die Fähigkeit zur sozialen Teilhabe, und ein soziales Ziel erreicht, z. B. die Reproduktion einer Struktur der Arbeitsteilung und der politischen Herrschaft.

Wenn man die Phänomene im Sozialisationsbereich aus ihrer Funktion für die Lösung von Systemproblemen herleiten will, dann gilt es somit, die Koppelung von individuellen und sozialen Systemproblemen, von Problemen der Persönlichkeit, insbesondere ihrer motivationalen Eigendynamik und ihrer Lerngesetze, und von Problemen sozialer Systeme, insbesondere von ökonomischen und politischen Überlebensbedingungen, zu untersuchen. Sowohl die Unterschlagung der gesellschaftlichen Interessen als auch die Nichtbeachtung individueller Bedürfnisse im Sozialisationsprozeß führen zu verkürzten kollektivistischen oder individualistischen Positionen.

Genau an diesem Punkt müßte auch eine historisch-kritische Analyse des Sozialisationsprozesses ansetzen. Es wäre zu untersuchen, was in einer histo-

rischen Epoche „notwendige Repression“ und was „überschüssige Repression“ (*Marcuse* 1957) ist. Ein Weg dazu wäre die ideologiekritische Analyse der Unterstellung von Systemerfordernissen auf der Basis gesellschaftsvergleichender Untersuchungen. Dieser Ansatz müßte ergänzt werden durch eine Analyse der Bedingungen und Möglichkeiten des Aufbaus autonomen Handelns auf individueller Ebene angesichts einer historischen Gesellschaftsformation.
Aus diesen programmatischen Erklärungen ergibt sich eine zentrale Aufgabe dieser Arbeit. *Sie soll eine kritische Aufklärung darüber geben, unter welchen externen Systemerfordernissen Schulsysteme heute stehen.* Sie beschäftigt sich also mit den viel zitierten „externen Zwängen“, unter denen Schulen in unserer historischen Epoche stehen: mit den Qualifikationszwängen, mit den Selektionszwängen und den Legitimationszwängen.

1.2 Zur Systematik sozialisationstheoretischer Problemstellungen

Nach der ausgewählten Darstellung einiger theoretischer Ansätze und der Kritik impliziter Annahmen in sozialisationstheoretischen Modellen scheint es wünschenswert, zu einer stärkeren Systematisierung zu kommen. Aus diesem Wunsch könnte die Aufforderung erwachsen, eine interdisziplinäre und integrierte Theorie der Sozialisation zu entwerfen. Dies wäre beim derzeitigen Stand der Sozialisationsforschung eine klare Überforderung. Bei verringertem Anspruch könnte erwartet werden, daß zumindest eine systematische Darstellung jener Variablen erfolgt, die am Sozialisationsprozeß beteiligt sein könnten, von genetischen Faktoren bis zu gesellschaftlichen Bedingungen. Auch hier sähe man sich überfordert und in der zusätzlichen Gefahr, daß über das komplizierte Geflecht von Variablen und Schemata die Sicht für die interessanten sozialisationstheoretischen Probleme verloren geht.
Die folgenden Bemühungen wollen zwar einem stärkeren Anspruch auf Systematisierung gerecht werden; sie orientieren sich aber an wichtigen Fragestellungen im Rahmen der Sozialisationsforschung, um deutlich zu machen, wie groß die Reichweite der Probleme ist, die sich in der Sozialisationsforschung stellen.
Die Fragen und Problemstellungen sind zu drei Gruppen geordnet: zu soziologischen, sozialpsychologischen und psychologischen. Mit dieser Gliederung wollen wir uns nicht sklavisch an historisch bedingte Disziplingrenzen halten. Uns geht es dabei um drei Schwerpunkte und um die Wahl von drei Analyseeinheiten:

Der Soziologe konzentriert sich auf die Ebene der Institutionen, auf größere soziale Gruppierungen und auf soziale Systeme.
Der Sozialpsychologe wählt als Analyseeinheit vornehmlich Interaktionsprozesse zwischen Individuen.
Den Ausgangspunkt des Psychologen bilden psychische Merkmale von Individuen.
Aussagen auf der einen Ebene müßten prinzipiell mit solchen auf einer anderen koordinierbar sein. Einem solchen Integrationszwang wollen wir uns im folgenden nicht unterwerfen, sondern es bei teilweise konkurrierenden Fragestellungen belassen.

1.2.1 Soziologische Problemstellungen

Wenn wir den Sozialisationsprozeß in die Perspektive der gesellschaftlichen Reproduktion und des sozialen Wandels stellen, dann drängt sich als erstes die Frage auf: Wie sieht die Gesellschaftsform aus, die durch den Sozialisationsprozeß reproduziert bzw. verändert werden soll? Diese allgemeine Frage löst sich auf in jene nach dem Verhältnis zwischen den *normativen Grundlagen* einer Gesellschaft — von den Gesetzen bis zu den dominanten Wertsystemen, Erwartungen und Legitimationssystemen — und der *Sozialstruktur.* Es folgen weitere Analyseprobleme:

— Wie sieht die Machtstruktur einer Gesellschaft aus? Liegt z. B. eine feudale, eine kapitalistische oder eine sozialistische Verfaßtheit der Gesellschaft vor?
— Wie sehen die Wertsysteme, Erwartungen und Interpretationsmuster in den sozialen Gruppierungen an verschiedenen Stellen der Machtstruktur aus, z. B. in verschiedenen Klassen, Schichten, Kasten oder Randgruppen?

Eine stärkere Berücksichtigung historischer Dimensionen würde die Beantwortung folgender Fragen erfordern: Welches sind die aktuellen historischen Probleme einer Gesellschaft? Herrscht materieller Überfluß oder Knappheit? Wie ist der Reichtum verteilt? Welche Umweltprobleme und welche Produktionsprobleme bestehen? In welchem Stadium der Entwicklung der Produktivkräfte befindet sich die Gesellschaft? Wie stabil ist die politische Lage? Welches sind die gefährlichsten Feinde? Wie groß ist das derzeitige Ausmaß des sozialen Wandels?
Das Hauptziel eines solchen Versuchs, die sozialstrukturell mitbedingten Erwartungen an die heranwachsende Generation auf dem Hintergrund der konkret-historischen Gesellschaftsform zu analysieren wäre es, die *Funktion*

von Sozialisationsprozessen für die Reproduktion sozialer Verhältnisse oder für deren Veränderungen zu verstehen. Daß eine Forderung nach einer vollständigen Analyse dieser Art eine Überforderung wäre, liegt auf der Hand. Man müßte sich auf einzelne Erwartungskomplexe beschränken und deren politökonomische Einbettung und sozialstrukturelle Bedingtheit untersuchen. Dies könnte z. B. mit den Leistungserwartungen und den politischen Loyalitätserwartungen geschehen. Ähnliches wäre für die Geschlechtsrollendefinitionen und die normativen Systeme im Zusammenhang mit der Sexualität möglich.

In einem zweiten Komplex von Fragestellungen würde sich das Interesse darauf richten, *wie der Prozeß der Sozialisation institutionalisiert ist.*

Die erste, relativ leicht beantwortbare Frage konzentriert sich dabei auf die sozialen Gruppen und Institutionen, in denen die Sozialisationsprozesse ablaufen, z. B. auf die Familie, Schule und Altersgruppe. Dabei ist die Schule jene Instanz, die am offensichtlichsten zur Veranstaltung von Sozialisationsprozessen eingerichtet ist. Neben diesen drei wichtigsten Institutionen der Sozialisation wären spezifische Sozialisationskontexte zu beachten, etwa die immer wichtiger werdenden Massenmedien oder Heime, Gefängnisse usw.

Welche „Arbeitsteilung" besteht nun zwischen diesen Institutionen bei der Schaffung von Bewußtseinsinhalten und Interessenstrukturen in der heranwachsenden Generation, die zur Reproduktion der Sozialverhältnisse oder zu sozialem Wandel beitragen. Beeinflußt z. B. die Familie die allgemeinen motivationalen Grundlagen für sozialen Aufstieg, während die Schule die Qualifikationen vermittelt, die in höheren Positionen gebraucht werden? Liegt das Schwergewicht der Formierung normativer Orientierungen in der Familie, während sich die Schule auf intellektuelle Schulung und das Training von Fähigkeiten konzentriert?

Diese Fragen führen folgerichtig zu jenen nach den Interaktionsverhältnissen von verschiedenen Sozialisationsinstanzen bei der Reproduktion der Sozialverhältnisse. Wie diese Reproduktion geschieht, hat *Rolff* (1972) versucht systematisch darzustellen. Er hat die These vorgetragen, daß die familiären Sozialisationsprozesse in verschiedenen sozialen Schichten zu einem Sozialcharakter führen, der über die Konfrontation mit den schulischen Anforderungen dazu führt, daß Kinder aus niedrigen sozialen Schichten wieder in niedrige soziale Positionen gelangen.

Die häufig vorgetragene Antwort auf die Frage nach dem Beitrag der Familie zur Reproduktion der Sozialverhältnisse lautet: in der beruflichen Stellung des Vaters, in seiner Stellung im Produktionsprozeß kommt die soziale Stellung der Familie zum Ausdruck; in ihr ist die Klassenanlage, die Klasse „an sich" der Familie repräsentiert. Dieser Klassenlage entspricht ein Sozialisationskontext, der wieder jene Bewußtseinsinhalte und Interessen, Klasse „für sich", schafft, die zum Verbleib in der betreffenden Klassenlage führen. Sie verhindern, daß die Möglichkeiten des sozialen Aufstiegs, besonders die schulischen Aufstiegschancen („opportunity structure") optimal genutzt werden.

Dieselbe Antwort in bezug auf den Beitrag der Schule lautet: die Sozialstruktur der Schule, ihr dreigliedriger vertikaler Aufbau spiegelt in etwa die Sozialstruktur der Gesellschaft. Wer in der Schule unten, z. B. in der Hauptschule landet, wird sich auch in der Gesellschaft in einer niedrigen sozialen Position wiederfinden. Indem die Schule die Schüler in verschiedenen sozialen Positionen (Leistungspositionen) im Schulsystem selber plaziert, reproduziert sie die schulexternen Sozialverhältnisse.

Diese Vereinfachungen fordern dazu heraus, das tatsächliche Ausmaß des sozialen Wandels zu analysieren, das durch die Sozialisationsinstanzen in die Wege geleitet wird.

Die Frage nach den Beiträgen, die einzelne Sozialisationsinstanzen für die gesellschaftliche Reproduktion leisten, enthebt nicht von dem Bemühen, die konkreten *Abhängigkeitsverhältnisse* der Sozialisationsinstanzen von gesellschaftlichen Kontrollen zu untersuchen. Solche gesellschaftlichen Kontrollen sind besonders für den Bereich der veranstalteten Sozialisation, für das Schulwesen, von großer Bedeutung. Wie nimmt der Staat Einfluß auf die Sozialisationsinhalte in den Schulen, wie nimmt er Einfluß auf die Sozialisationsagenten, auf die Lehrer?

Aus solchen Analysen könnte ein Bild von der Grobstruktur der Sozialisationsprozesse in einer Gesellschaft erwachsen, das die Spezifizierung der Erwartungssysteme auf die Sozialstruktur, auf die Sozialisationsinstanzen und auf den zeitlichen Verlauf des Sozialisationsprozesses enthält. Letzteres führt zur Darstellung der altersspezifischen Erwartungen und deren Spezifizierung nach sozialen Positionen wie Geschlecht, Beruf, Familienstand usw. Systematisch wäre zu fragen: Wie sieht die *diachrone*, in der Biographie eines Individuums sich widerspiegelnde Abfolge von sozialen Erwartungen aus, wann gilt jemand schließlich als vollwertiges Mitglied der Gesellschaft? Wie sieht das *synchrone* Geflecht von Erwartungen aus, d. h. welchen Erwartungen ist jemand zu einem bestimmten Zeitpunkt seines Lebens durch die Mitgliedschaft in mehreren Sozialisationsinstanzen gleichzeitig ausgesetzt?

Auf diesem Hintergrund ginge es in einem nächsten Schritt darum, die *interne Struktur und die Merkmale von Sozialisationsinstanzen* darzustellen. Für die Familie könnten die diesbezüglichen Fragen lauten:

— Wie sehen die materiellen Lebensbedingungen aus?
— In welchem Netz sozialer Beziehungen steht die Familie? Steht sie z. B. in einem relativ dichten Netz von Verwandtschafts- und Freundschafts-

beziehungen oder eher in einem losen Netz von Berufskollegen und Nachbarn, wobei die Zweierbeziehung zwischen Mann und Frau den Schwerpunkt bildet?

- Wie groß ist die Familie, wie sieht die Reihenfolge der Geschwister aus, wie alt sind die Eltern?
- Wie stellt sich die Sozialgeschichte der Familie dar, sind die Eltern aus einer anderen Schicht aufgestiegen oder vom Abstieg bedroht?
- Welche Rolle spielen im Subsystem der Ehe die Kinder, werden sie als Störung empfunden oder als Lebenserfüllung?
- Wie sieht die innerfamiliäre Rollen- und Kommunikationsstruktur aus? Herrscht eine strenge Arbeitsteilung zwischen den Arbeiten des Mannes und jenen der Frau? Ist die Familie matriarchalisch, patriarchalisch oder egalitär organisiert?
- Wie interagieren mit dieser Sozialstruktur die spezifischen Persönlichkeitsmerkmale der Eltern?
- Wie war die eigene Sozialisationsgeschichte der Eltern?

Auf Grund der vorher gestellten Fragen dürfte einsichtig sein, daß die sozialen und materiellen Merkmale der Familie auf die Stellung in der Sozialstruktur zurückbezogen werden müssen, insbesondere auf die Stellung des Vaters im Produktionsprozeß. Dies dürfte jedoch zu keiner vollständigen Erklärung familiärer Sozialisationsverhältnisse führen, weder für die obigen sozialstrukturellen Merkmale noch für den kulturellen Hintergrund der Familie. Als dessen wichtigsten Teil betrachtet die Sozialisationstheorie das Wertsystem, seine Einbettung in Rechtfertigungen und Theorien und seine Konkretisierung zu Normen und Verhaltenserwartungen. Es wäre somit danach zu fragen, was die Eltern für wichtig halten, welche Lebensziele sie anstreben, was sie befriedigt und was ihnen Schuldgefühle bereitet. Möchten die Eltern vornehmlich in ihrem sozialen Umkreis respektiert sein, geht es ihnen vornehmlich um eine religiöse Lebensgestaltung, um den Besitz von Konsumgütern oder ist ihr ganzes Wertsystem auf sozialen Aufstieg, auf Leistung und öffentliche Anerkennung ausgerichtet? Wie mobil und immobil sind die Eltern? Wollen sie in ihrem engen Kreis verbleiben, suchen sie hier Sicherheit und Bestätigung oder streben sie nach einer Erweiterung ihres Lebenskreises, nach sozialem Aufstieg und größerer sozialer Macht?

Das allgemeine Wertsystem der Eltern steht vermutlich in einem systematischen Zusammenhang zu den Erziehungswerten und zu den Erwartungen an die Kinder, ob sie z. B. vornehmlich Leistung und Selbständigkeit oder Gehorsam und Konformität verlangen. Die interne Struktur des Wert- und Erwartungssystems (Hierarchie, Konsistenz, Geschlossenheit usw.) gilt es dabei zu untersuchen.

Wertsysteme und Erwartungen wirken auf die Heranwachsenden nicht per se. Sie stehen in einem Vermittlungskontext, der zumindest drei Aspekte hat:

— eine *Affektstruktur*, deren wesentlichstes Merkmal die Qualität der Sozialbeziehungen zwischen den Ehepartnern und zu den Kindern ist. Ob diese feindlich oder warm und herzlich ist, wirkt sich stark auf die Sozialisationseffekte aus;
— *eine Kontrollstruktur*, die sich darauf bezieht, wie abweichendes Verhalten definiert, entdeckt, interpretiert, sanktioniert wird. Als zentrale Dimension könnte man hier die ansehen, ob Eltern mehr auf die äußere Einhaltung von Geboten achten und Abweichungen durch physische Sanktionen bestrafen oder ob sie sich auf den Aufbau eines internen Kontrollsystems beim Kinde konzentrieren, Abweichungen im Rahmen differenzierter psychologischer Theorien interpretieren und durch psychologische Techniken bestrafen;
— ein *kulturelles Angebot*, das als Reichhaltigkeit von Lernerfahrungen, der verbalen Differenziertheit der Kommunikation mit Erwachsenen, der Möglichkeit zur komplexen Symbolbildung (Märchen, Geschichten, Erzählungen, Spiele usw.) verstanden werden kann.

Von hier aus wäre ein direkter Bezug zu den Sozialisationseffekten möglich, etwa zum Ausmaß der produzierten Leistungsorientierung, dem Modus der Selbstkontrolle beim Kinde, der Selbständigkeit, der im Kinde aufgebauten Alters- und Geschlechtsrolle, der Aggressivität, der Kompetenz im Problemlösungsverhalten, dem Selbstbild, den kognitiven Stilen, Wahrnehmungsstrategien und sprachlichen Kompetenzen. Damit könnte man den Kreis zwischen gesellschaftlichen Verhältnissen und der Sozialisation der Kinder schließen.
In ähnlicher Weise wie bei der Familie müßte man die interne Struktur der Schule darstellen. Dabei sind wichtige Unterschiede zu beachten. Bildungsinstitutionen weisen einen weit höheren Organisationsgrad auf als Familien. Sie sind *geplante Einrichtungen der Sozialisation* und Ausbildung der heranwachsenden Generation. Damit bietet sich als Ausgangspunkt die Analyse des geplanten Aspektes schulischer Sozialisationskontexte dar. Es wäre zu fragen:

— Welche Ziele werden in der Schule für die Sozialisation formuliert, welches sind z. B. die Vorstellungen vom idealen Menschen, vom vollwertigen Bürger der Gemeinschaft, die in Lehrplänen und Richtlinien niedergelegt sind?
— Wie sehen die konkreten Deutungsschemata der sozialen Welt in Lese-

bücherern aus? Welche Wertsysteme stehen im Hintergrund, wie werden diese Wertsysteme legitimiert und zu welchen konkreten Verhaltensnormen entfalten sie sich?
— Was gilt in der Schule als wertvolles Wissen und wer bekommt Zugang zu mehr oder weniger wertvollem Wissen? Warum führen z. B. Lateinkenntnisse zu einem höheren sozialen Status als Kenntnisse im Fach Arbeitslehre?

Diese letzte Frage zielt bereits darauf, wie in der Schule die von einem einzelnen unübersehbare Menge von akkumuliertem Wissen und akkumulierten Technologien organisiert und sozial verteilt wird und von welchen Annahmen und Wertentscheidungen diese Verteilung und Selektion geleitet ist. Hier liegen die zentralen Ansätze für eine Soziologie des Wissens, die in der Anwendung auf die Analyse von Curricula besonders fruchtbar werden könnte (vgl. *Young* 1971).
Die systematische Verteilung von Wissenssystemen und den damit verbundenen Leistungserwartungen führt im Schulsystem zu sozialen Gruppierungen, z. B. nach

— Alter,
— Leistungsfähigkeit,
— Ausbildungswegen.

Das Schulsystem besteht somit aus *systematisch aufeinanderbezogenen Untersystemen mit genauen Übergangsregelungen und festgelegten Abschlüssen.* Die Subsysteme sind hierarchisch angeordnet, d. h. erst die Absolvierung eines Subsystems (z. B. der 3. Klasse Volksschule) führt zum Aufstieg in ein anderes Subsystem (z. B. in die 4. Klasse Volksschule). Mit dem Abschluß einzelner Subsysteme (z. B. Hauptschule, Realschule, Gymnasium) sind schließlich unterschiedlich hohe soziale Berufspositionen verbunden, für welche die Schule die Rekrutierung, d. h. die soziale Auswahl übernimmt. Im Unterschied zur Familie enthält die Schule somit eine *Sozialstruktur mit selektivem Charakter.*
Neben dieser Sozialstruktur, die sich aus der Lernorganisation ergibt, lassen sich in der Schule Organisationsformen finden, die allen systematischen und komplexen Veranstaltungen von sozialen Handlungen eigen sind, z. B.

— Formen der Arbeitsteilung,
— Entscheidungsstrukturen,
— Macht- und Autoritätsstrukturen,
— Kommunikationssysteme.

Die Untersuchung der formellen Erwartungen und ihrer sozialkulturellen Einbettung müßte ergänzt werden durch die Beschreibung und Analyse der subkulturellen Erwartungen. In jeder Schule besteht eine Tradition des „richtigen Schulverhaltens“. In der Lehrerschaft bildet sich ein Berufswissen, wie man am besten lehrt und wie man am besten Disziplin hält. Traditionen bilden sich auch bei Schülern, auch sie entwickeln einen Code des möglichen, verbotenen und gewünschten Verhaltens in der Schule.
Würde man nur die formelle Sozialstruktur beachten, dann bestünde die Gefahr, daß die spontanen Formen der sozialen Organisation bei Schülern und Lehrern außer acht gelassen werden. Es wäre deshalb zu fragen:

— Welche Meinungs- und Normensysteme bilden sich in den informellen Gruppierungen in der Schule?
— In welchem Ausmaß weichen diese informellen Meinungs- und Normensysteme von den offiziellen ab?

Der nächste Schritt einer soziologischen Analyse schulischer Sozialisationsprozesse müßte sich auf die konkreten sozialen Kontrollen, Sanktionssysteme und Beeinflussungsstrategien in Bildungssystemen konzentrieren. Dabei wäre vor allem darauf zu achten, welche Erfolgsmöglichkeiten institutionalisiert sind, welche Verstärkungsmuster für abweichendes oder konformes Verhalten Lehrer zeigen, welche Modelle für Lernprozesse sie repräsentieren und was direkt gelehrt wird.
Die aus diesen sozialen Beeinflussungen resultierenden Sozialisationsprozesse müßten in einem letzten Schritt auf ihre Bedeutung hin analysiert werden, die ihnen für die Reproduktion von sozialen Verhältnissen und für sozialen Wandel in einer Gesellschaft zukommt.
Alle diese Fragen sollen im Verlauf der kommenden Arbeiten über schulische Sozialisation noch präzisiert und entfaltet werden. An dieser Stelle wollen wir die Perspektive ändern und den sozialpsychologischen Schwerpunkt in der Sozialisationsforschung in einigen Problemstellungen dokumentieren. Der entscheidende Unterschied zum bisherigen Vorgehen liegt dabei darin, daß von den typischen Interaktionssituationen zwischen Sozialisatoren und Sozialisanden ausgegangen wird und von hier aus Beziehungen zur Sozialstruktur und zur Persönlichkeit der Kinder hergestellt werden. Viele der oben gestellten Fragen kommen daher im sozialpsychologischen Ansatz aus anderer Perspektive wieder zur Sprache.

1.2.2 Sozialpsychologische Problemstellungen

In der sozialpsychologischen Perspektive besteht der Sozialisationsprozeß aus einer Unzahl einzelner Interaktionsprozesse. Von der „Beeinflussung der heranwachsenden Generation durch die Gesellschaft“ zu sprechen, bleibt danach solange eine irreführende Redeweise, als nicht angegeben wird, über welche Prozesse diese Beeinflussung verläuft. Einen wichtigen Schritt in diese Richtung unternimmt die Sozialpsychologie, wenn sie die Kommunikationssituationen analysiert, in denen sich *soziale Beeinflussungsprozesse* und komplementär dazu *Sozialisationsprozesse* abspielen.
Insoweit, als in verschiedenen sozialpsychologischen Richtungen *experimentell* gearbeitet wurde, sind durch Sozialpsychologen *Paradigmata der Sozialisation* künstlich geschaffen worden.

a) Zu den frühesten Arbeiten, die für solche Paradigmata wichtig geworden sind, gehören jene über die *Prozesse der Normformierung* in sozialen Gruppen.
Sherif (1948) gilt hier als einer der Pioniere und zwar insbesondere wegen seinen Experimenten mit dem autokinetischen Effekt, der in der Illusion besteht, ein stationärer Lichtpunkt, der in einem dunklen Raum projiziert wird, bewege sich. Wenn mehrere Personen diesen Punkt beobachten, wenn keine systematischen Verzerrungen eingeführt werden und wenn den Beobachtern die Urteile der andern jeweils bekannt sind, dann entsteht im Verlaufe mehrerer Versuche eine Konvergenz der Beurteilung, wie groß die Bewegung des Punktes ist. Durch gegenseitige Anlehnung (jeder orientiert sich am andern) entsteht auf diese Weise ein Konsensus. Diese gemeinsame Überzeugung bildet den Bezugspunkt für die Beurteilung, wie stark sich der Lichtpunkt bewegt (vgl. Abb. 4). Daß es sich bei der Entstehung solcher Bezugspunkte wesentlich um soziale Prozesse handelt, wird in diesen Experimenten deshalb so deutlich, weil die soziale Normierung der Bewegung auf einer Täuschung beruht: der Punkt bewegt sich in „Wirklichkeit“ überhaupt nicht.

Von diesem Paradigma aus lassen sich allgemeine Fragen an die Sozialisationsprozesse in den verschiedenen Sozialisationsinstanzen stellen:

- Wie entwickeln sich z. B. in der Familie oder im Klassenverband *gemeinsame Bezugssysteme zur Beurteilung von relevanten Sachverhalten*? Wie wird z. B. das einzelne Kind oder der einzelne Schüler in bezug auf seine Leistungsfähigkeiten „normiert“?
- Welche Merkmale von Schule und von Schülern unterliegen in Bildungs-

Abb.4: Konvergenz von Urteilen beim autokinetischen Effekt in einer unpublizierten Arbeit von Don Schweitzer)

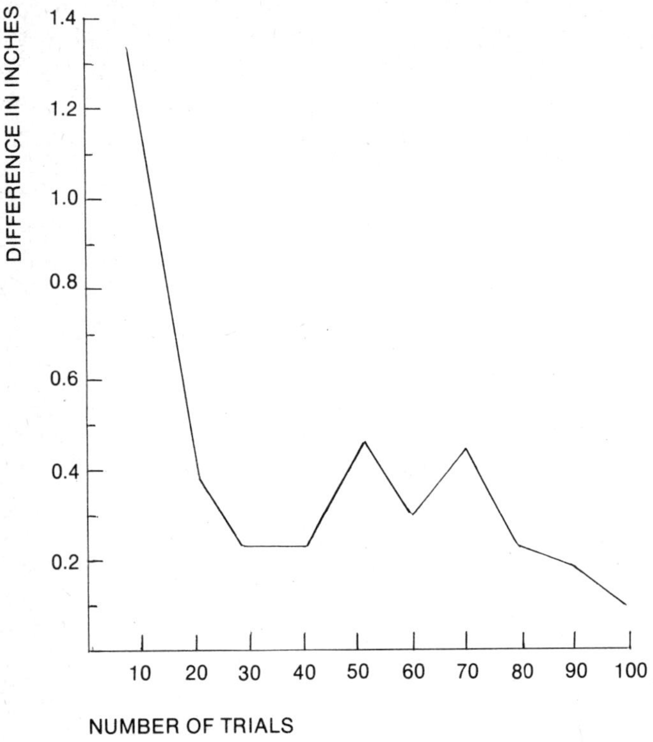

Quelle: SECORD and BACKMAN 1964, 325

institutionen einem gemeinsamen Prozeß der Normierung, indem ein Konsens innerhalb oder zwischen verschiedenen Gruppen geschaffen wird?

Für die Behandlung solcher Probleme verdanken wir der Sozialpsychologie einige Theoreme, die hilfreich sind, wenn man den Interaktionsprozeß in der Schule danach untersuchen will, welche Prozesse der Normformierung und damit der Sozialisation ablaufen. Zu diesen Theoremen wären etwa jene des *„consensual validation"* und des *„social comparison processes"* zu zählen. Das erste besagt, daß die Herstellung positiver sozialer Beziehungen (z. B. Freundschaften) von Prozessen der gegenseitigen Bestätigung von Ansichten und Werturteilen begleitet ist (*Backman* and *Secord* 1968, 101). Die zweite Gruppe von Theoremen bezieht sich auf die Bedeutung, die soziale Vergleichsprozesse in der Bestätigung und Formulierung von Meinungen haben (vgl. *Festinger* 1954).

Deren Bedeutung wird besonders dort sichtbar, wo nicht leicht anhand der „Realität" festgestellt werden kann, was richtig und falsch ist. Gerade die wichtigen Fragen sind häufig dieser Art: ob es einen Gott gibt, was die wichtigsten moralischen Prinzipien sind, wer sozial attraktiv ist. Die Basis der Überzeugung ist in solchen Fragen wesentlich die Übereinstimmung mit der Meinung einem nahe stehender Personen und Gruppen.

Auch im Raum der Schule gibt es solche Probleme. Die zentrale Frage, die die Schüler bewegen dürfte, könnte sich auf die Einschätzung der eigenen Fähigkeiten beziehen. Daneben werden sich in der Altersgruppe Meinungen und Bewertungen über Lehrer, Lerninhalte und Mitschüler sowie über die verschiedensten ethischen, philosophischen und politischen Probleme bilden.

Dieser *Meinungsbildungsprozeß* verläuft vermutlich in enger Verbindung mit sozialen Gruppierungen, mit der Entstehung von Freundschaften und Koalitionen, mit Solidarisierungen und Polarisierungen.

b) Eine zweite Gruppe sozialpsychologischer Paradigmata für Sozialisationsprozesse bezieht sich auf Probleme der *Konformität, Uniformität* und des *Gruppendrucks*. Paradigmatisch sind diese Experimente für den Sozialisationsprozeß, weil sie ein Grundproblem repräsentieren, nämlich jenes, daß der Sozialisand anderer Meinung ist als die soziale Bezugsgruppe. Die Konformitätsexperimente von *Asch* (1956) repräsentieren die Situation, daß eine eigene Meinung gegen die Meinung vieler anderer steht. Die Experimentalanordnung ist dabei einfach:

Die Aufgabe von Versuchspersonen besteht darin, von drei Linien jeweils jene Linie anzugeben, die gleich lang wie eine Standardlinie ist (vgl. Abb. 5).

Abb. 5: Vergleichsstimuli des ASCH-Experimentes

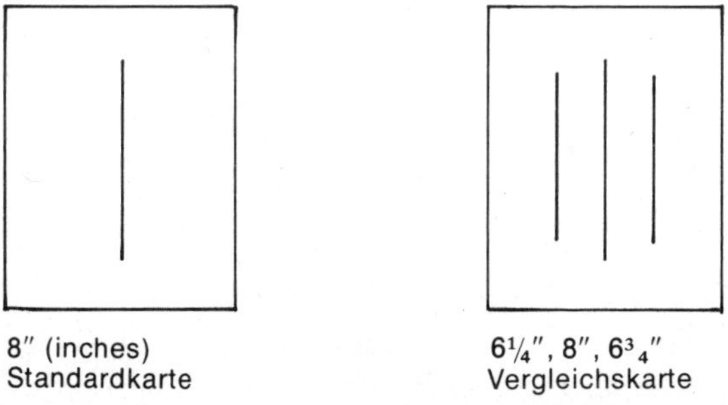

An dem Experiment nahmen 7 bis 9 College-Studenten teil, wobei jeweils alle Versuchspersonen außer einer auf Verabredung mit dem Versuchsleiter absichtlich falsche Urteile abgaben. Die naive Versuchsperson, die so saß, daß sie ihr Urteil ziemlich zum Schluß zu geben hatte, fand sich damit in einer Situation, in der die richtige Antwort in Opposition zur einheitlichen Gruppenmeinung stand. In solchen Situationen gaben 37 % der naiven Versuchspersonen falsche Antworten, d. h. sie gaben dem Druck der Gruppe nach (*Fend* 1969).

Dieses grundlegende Paradigma hat viele Fragen aufgeworfen: Welche Chancen hat ein Individuum, den Gruppenerwartungen zu widerstehen? Unter welchen Bedingungen kann es seine eigenen Meinungen retten? Vielleicht durch Koalitionen, durch Verlassen der Gruppe, durch scheinbares Konformgehen? Aus einer Konstellation scheint immer Konformität zu resultieren: Wenn ein Sachverhalt schwer „objektiv" zu beurteilen ist, wenn eine Gruppe eine einhellige Meinung vertritt, wenn man sich selber geringer einschätzt als die Gruppe und wenn man sehr wünscht, dieser Gruppe anzugehören.

Neuere sozialpsychologische Richtungen (vgl. *Kiesler* and *Kiesler* 1969) haben sich für die Frage interessiert, welche sozialen Bedingungen nur äußerliche Konformität und welche innere Überzeugungen hervorbringen.

Alle diese Fragen harren noch der stringenten Anwendung auf den schulischen Sozialisationskontext. Sie drängen sich für die Analyse innerschulischer Prozesse direkt auf:

— Wie sieht hier das Verhältnis von Mehrheitsmeinungen und Minderheiten aus?
— Wie groß ist der Konformitätsdruck in der Altersgruppe?
— Wer ist für den Konformitätsdruck besonders sensibel?
— Terrorisieren dominante Gruppen andere auf der Basis eines beanspruchten Meinungsmonopols?
— Wer entwickelt gegenüber den offiziellen Leistungserwartungen nur „äußerliche Zustimmung" (compliance) und wer entwickelt innere Übereinstimmung?
— Wie verteilen sich solche Haltungen im Schulsystem?

c) Aus den verschiedenen sozialpsychologischen Konzepten, die für die Analyse des Sozialisationsprozesses relevant sein können, läßt sich in letzter Zeit zumindest eine Grundstruktur herauskristallisieren, die man zu einigen Fragen entfalten kann:

— Was wird im Prozeß der Sozialisation im Individuum aufgebaut? Das implizite Persönlichkeitsmodell der Sozialpsychologie kreist meist um die

Begriffe „*belief*", „*value*" und „*attitude*" (vgl. *Jones* and *Gerard* 1967). Unter „Meinung" (belief) wird eine Behauptung über die Merkmale von Objekten oder über die Beziehung zwischen Objekten verstanden.
Der Begriff „Wert" (value) bezieht sich auf eine breite Klasse von Phänomenen. Alles was eine Person erreichen will, anstrebt und wünscht, hat einen positiven Wert. Alles, was eine Person vermeiden will, verabscheut oder verachtet hat einen negativen Wert.
Mit „Einstellung" werden Kombinationen von Meinungen und Werten bezeichnet, die sich auf Objekte beziehen und eine interne Struktur besitzen (z. B. in der Form eines logischen Syllogismus).
Im Prozeß der Sozialisation werden Meinungen, Werte und Einstellungen im Individuum aufgebaut, die sich zu einer *Weltsicht* formieren, die von einer Gruppe geteilt wird. Ferner werden Meinungen, Werte und Einstellungen gegenüber der eigenen Person aufgebaut; es entsteht das *Selbst* auf der Basis sozialer Klassifikationen und Interpretationen.

— Welches ist die Basis der sozialen Beeinflussung, über die die oben genannten Merkmale der Person entstehen?

In der Beantwortung dieser Frage zeigt sich ein Grundmuster sozialpsychologischen Denkens: *Die Beziehung zu einer Person ist der wichtigste Faktor in der Übernahme von Meinungen, Werten und Einstellungen von dieser Person.* Diese These kann auch auf die Beziehungen zu sozialen Gruppen erweitert werden.
Aus der Sicht der sozial beeinflußten Person stellt sich hier die Frage: Wann ist jemand in besonderem Maße geneigt, die Meinungen, Werte und Einstellungen anderer Personen zu übernehmen? Diese Frage nach den sozialen *Abhängigkeiten* bearbeiten *Jones* und *Gerard* (1967) mit zwei grundlegenden Begriffen: *informative Abhängigkeit* und *Effektabhängigkeit.* Informative Abhängigkeit bezieht sich auf die Abhängigkeit von anderen in bezug auf Realitätsfeststellungen und in bezug auf die Einschätzung der eigenen Person. Effektabhängigkeit bezieht sich auf die Abhängigkeit von anderen in bezug auf die Befriedigung von Bedürfnissen. Abhängig ist eine Person von einer anderen dann, wenn die Handlungen des andern die Ergebnisse der eigenen Handlungen bestimmen.
Aus der Sicht der beeinflussenden Person stellt sich die Frage nach ihrem *Beeinflussungspotential* oder die Frage nach der *sozialen Macht.* In diesem Zusammenhang ist die Theorie von *French* und *Raven* (1959) bekannt. Ihre Unterscheidungen lauten:

— „reward power": Einfluß, weil jemand glaubt, der andere könnte Belohnungen vermitteln.
— „coercive power": Einfluß, weil jemand glaubt, der andere könnte Strafen vermitteln oder Belohnungen vorenthalten.

— „referent power“: Einfluß, weil eine soziale Identifikation vorliegt, nach der der eine vom andern geliebt oder anerkannt werden möchte.
— „expert power“: Einfluß, weil jemand glaubt, daß der andere jene Informationen und Fertigkeiten besitzt, die zur Lösung der eigenen Probleme notwendig sind.
— „legitimate power“: Einfluß, weil jemand Normen darüber internalisiert hat, wem man gehorchen und wen man respektieren soll.

Wieder eine andere Begrifflichkeit zur Erfassung der *Dynamik zwischen Sozialbeziehung und inhaltlichen Lernprozessen* findet sich in der Literatur über Einstellungswandel (vgl. *McGuire* 1969). In der sogenannten „tricomponential analysis“ wird von drei Faktoren gesprochen, die den Meinungsprozeß beeinflussen: die Glaubwürdigkeit, die soziale Attraktivität und die Macht eines Interaktionspartners.

Diese Konzepte eröffnen für uns wichtige Perspektiven, wenn wir den schulischen Sozialisationskontext analysieren. Wir sind vor allem aufgefordert, die *Abhängigkeitsverhältnisse* der Schüler von den verschiedenen Bezugspersonen (Lehrer, Eltern, Mitschüler, Freunde außerhalb der Schule) zu untersuchen, um zu einer Erklärung zu kommen, wie in Bildungsinstitutionen *Konformität in verschiedenen Gebieten entsteht,* wie groß sie in verschiedenen Subgruppen von Bildungsinstitutionen ist und wie sich konformes Verhalten in einer Schulklasse verteilt.

Wir sind ferner angehalten zu fragen, wie der Schüler in der Schule lernt, sein *Selbst* zu bestimmen, insbesondere was die schulischen Leistungsfähigkeiten betrifft. Ein anderes großes Thema besteht in der Erforschung der *gemeinsamen Weltsicht,* die sich in einer Peergroup in der Schule entwickeln kann und in der Erforschung des *Konformitätsdrucks* in solchen Gruppen.

Wer die soziologische Fragestellung mit der sozialpsychologischen konfrontiert, wird nicht übersehen können, daß der letzteren der Rückgriff auf *institutionelle Vorgaben* und *Vorstrukturierungen* ebenso fehlt wie die Analyse der *materiellen Substrate* von Macht und Prestige. Trotzdem führt der sozialpsychologische Ansatz zu einer differenzierten Analyse von sozialen Beziehungssystemen und den in ihnen ablaufenden Meinungs- und Wertbildungsprozessen. Er ist ergänzbar und modifizierbar durch makrosoziologische und psychologische Konzeptionen.

Wenn wir im folgenden sozialisationstheoretische Fragestellungen berichten, die einen psychologischen Schwerpunkt aufweisen, dann steht im Hintergrund eine Kritik an den bisherigen Ansätzen. Sie enthalten nach psychologischen Standards relativ undifferenzierte Modelle über die Struktur und das Funktionieren der menschlichen Persönlichkeit.

1.2.3 Psychologische Problemstellungen

Weder *gesellschaftliche Verhältnisse* noch *Interaktionsverhältnisse* stehen in psychologischen Fragestellungen als Analyseeinheiten im Zentrum. Diese Stellung nimmt das *Verhalten des Individuums* und seine Steuerungskomponenten ein. Welcher Verhaltensbereich untersucht werden soll, muß bei einer psychologischen Fragestellung daher an erster Stelle entschieden werden. Wir fragen daher zuerst: Wofür hat sich die Psychologie in der Sozialisationsforschung bisher primär interessiert?

Lange Zeit dominante Vorstellungen aus der Anthropologie, der Psychoanalyse und der Lerntheorie haben dazu geführt, daß in einer ersten Phase der Sozialisationsforschung die *Sozialisation von Trieben* im Vordergrund stand. Als zu untersuchende Verhaltenssysteme ergaben sich dabei (vgl. *Zigler* and *Child* 1969):

— orales Verhalten (Hunger und oraler Lustgewinn),
— anales Verhalten (Kontrolle der Ausscheidung),
— sexuelles Verhalten (Kontrolle libidinöser Beziehungen und sexueller Triebe),
— Aggression.

Von den sogenannten „erworbenen Trieben", den sekundären Motivationssystemen, wurden besonders häufig beachtet:

— soziale Abhängigkeit (dependence, affiliation),
— Leistungsmotivation.

Von der Psychologie sind die kognitiven Systeme und die Prozesse des Erwerbs von Sprache lange vernachlässigt worden. Erst die Diskussion um deren Bedeutung für die Gleichheit der Bildungschancen (vgl. *Oevermann* 1969) hat sie in letzter Zeit stärker in den Mittelpunkt gerückt.

Großes Interesse hat im Rahmen der Sozialisationsforschung immer die Entwicklung der Moral erfahren (vgl. *Kohlberg* 1969 und *Aronfreed* 1969). Der Erwerb spezifischer Einstellungen und Meinungssysteme war primär von der Sozialpsychologie als untersuchenswertes Problem angeregt worden. Das gilt insbesondere für die Entwicklung von *Vorurteilen* und für die Entstehung von *politischen Einstellungen.* Relativ unbeachtet ist in der Sozialisationsforschung die *religiöse Sozialisation* geblieben (vgl. *Baumann* 1971).

Die erste Aufgabe, die sich nach der Entscheidung über einen zu untersuchenden Verhaltensbereich stellt, besteht in der differenzierten Analyse seiner internen Struktur. Bei einer *Untersuchung von Einstellungen* mag diese

Analyse darin bestehen, daß eine Inhaltsanalyse des Meinungssystems und der impliziten Bewertungen vorgenommen wird. Dabei müßte u. U. der Objektbereich (z. B. Schule, Unterrichtsfach, Gesellschaft, Familie), systematisch in jene Teile zerlegt werden, auf die sich Einstellungskomponenten beziehen.

Neben die *Inhaltsanalyse* in einem Verhaltensbereich und seiner *Dimensionierung* (vgl. z. B. die Dimensionierung politischer Einstellungen) müßte eine psychologische *Konstruktanalyse* treten, die für den Bereich der Leistungsmotivation hier durch die Ausführungen von *Heckhausen* (1972, 953 f.) demonstriert werden soll.

„Individuen unterscheiden sich in ihrem Leistungsverhalten unter gleichen (d. h. intersubjektiv definierten) Anregungsbedingungen. Sie stellen verschieden hohe *Anforderungen* an die eigene Tüchtigkeit, um mit sich selbst zufrieden zu sein. Die *Ausdauer ihrer Leistungsbemühungen* ist verschieden groß. Sie fühlen sich für Erfolg oder für Mißerfolg in unterschiedlichem Maße verantwortlich. Die Aufzählung ließe sich um viele Punkte verlängern. Da die Unterschiede auch über Zeit hin ziemlich konsistent sind, bietet sich zur Erklärung das hypothetische Konstrukt des Motivs an, im Falle leistungsthematischer Anregungsbedingungen das Leistungsmotiv.

So wie er in der folgenden Darstellung zugrunde gelegt wird, ist der Begriff Leistungsmotiv hypothetisch aus der Verknüpfung dreier phänomennah-erschließbarer Sachverhalte konstruiert. Der erste Sachverhalt betrifft die Existenz vielfältig verschachtelter kognitiver Bezugssysteme für die Beurteilung eigener Leistungen. Solche Bezugssysteme gibt es für ein Individuum mindestens so viele, wie das Individuum seine verschiedenen Tätigkeiten unter leistungsthematischem Aspekt zu Tüchtigkeitsklassen gruppiert. Innerhalb dieser Bezugssysteme auf verschieden hohen Generalisierungsniveaus gibt es auch spezifische Einzelbezugssysteme mit hohen konkreten Differenzierungsgraden für besondere Tätigkeiten. Das gilt insbesondere für Tätigkeiten, in denen ein Lernfortschritt noch im Gange ist. Bezugssysteme für die eigene Leistungstüchtigkeit differenzieren und stabilisieren sich, solange die betreffenden Tätigkeiten weder zu leicht geworden sind (und damit nicht mehr mißlingen können) noch zu schwierig geblieben sind (und damit nicht gelingen können).

Tätigkeiten zwischen den Extremen des Zu-Leichten und des Zu-Schweren sind „leistungsthematisch". Hier kommt der zweite Sachverhalt ins Spiel, die Existenz hochgeneralisierter Normwerte, die für ein Individuum charakteristisch sind. Die Normwerte betreffen die Schwierigkeitsgrade, die ein Individuum sich abverlangt. Solche Schwierigkeitsgrade sind nicht absolut fixiert, sondern relativ definiert, d. h. auf den jeweilig erreichten Leistungsstand bezogen. Sie werden deshalb am besten in Erfolgswahrscheinlichkeiten angegeben. Die so definierten Normwerte legen fest, ob die erzielte Güte einer gegebenen Leistungstätigkeit eine positive, eine neutrale oder eine negative Konsequenz (von bestimmter Intensität) im Selbsterleben des Individuums nach sich zieht. Zusammen mit den Bezugssystemen bilden die Normwerte auf diese Weise konkrete Gütemaßstäbe für jede leistungsthematische Tätigkeit. Im lerntheoretischen Paradigma sind die Gütemaßstäbe den Kontingenzkriterien gleich-

zusetzen; denn in beiden Fällen wird geregelt, welche Handlungen mit welchen Handlungserfolgen beantwortet werden.
Dieser Sachverhalt der Normwerte als Kontingenzkriterien für Handlungsfolgen schließt vorauslaufende Beurteilungsprozesse eigener Art ein. Diese kognitiven Prozesse entscheiden zunächst darüber, wieweit und in welcher Weise sich der Handelnde überhaupt für das Resultat seiner Handlung verantwortlich weiß. In der sog. Kausalattribuierung werden dem Handlungsresultat Verursachungsfaktoren verschiedener Art in bestimmten Ausprägungsgraden zugeschrieben. Es hat sich herausgestellt, daß individuelle Motivsysteme durch gewisse Voreingenommenheiten bei der Kausalattribuierung von Erfolg und Mißerfolg charakterisiert sind. Dadurch wird die Kontingenz zwischen Handlungsresultat und Handlungsfolge aus einer automatisch-festen Bindung gelöst. Die Kausalattribuierung entscheidet darüber, ob überhaupt und in welcher Stärke die Normwerte verbindliche Kontingenzkriterien für die Handlungsfolgen sind.
Kausalattribuierung und Normwerte als Kontingenzkriterien für Handlungsfolgen führen zu dem dritten Sachverhalt des hypothetischen Motivkonstrukts. Es ist die Selbstbekräftigung. Nach Maßgabe der Übereinstimmung von Leistung und Normwerten verabreicht sich das Individuum selbst eine „Bestrafung" oder eine „Belohnung" oder weder das eine noch das andere. Nur durch ein solches Selbstbekräftigungssystem ist zu erklären, warum die Verhaltenssteuerung des Individuums sowohl unter wechselnden Situationsbedingungen (etwa bei unterschiedlicher Fremdbekräftigung) als auch im zeitlichen Längsschnitt (etwa bei zunehmender Verlagerung der Erfahrungshäufung) so bemerkenswert konsistent und stabil bleibt. Das hypothetische Konstruktum Leistungsmotiv wird als ein solches Selbstbekräftigungssystem gedacht. Es bezieht sich auf alle Tätigkeiten, für die das Individuum leistungsthematische Bezugssysteme aufgebaut hat. Die generalisierten leistungsthematischen Normen, die für das Individuum verbindlich sind, legen fest, welche Selbstbekräftigungsfolgen die eigenen Handlungsresultate haben."

Eine Konstruktanalyse dieser Art bildet die unabdingbare Voraussetzung, um genauere Vorstellungen darüber zu entwickeln, wie ein solches Steuerungssystem des Verhaltens in der Biographie eines Individuums entsteht. In bezug auf das Leistungsmotiv stellt sich z. B. die Frage, wann in der Entwicklung der Person die Bedingungen erfüllt sind, daß jemand die Selbstbelohnung oder Selbstbestrafung von erfüllten Leistungskriterien abhängig macht. Dazu bedarf es wichtiger kognitiver Entwicklungen: das Kind muß in der Lage sein, von ihm produzierte Effekte auf seine Handlungen zurückzubeziehen; es muß ferner Gütemaßstäbe entwickelt haben, d. h. es muß zumindest feststellen können, was schwerer und was leichter ist und wie entdeckt werden kann, wer eine schwierigere Aufgabe besser als ein anderer gelöst hat. Diese Gütemaßstäbe (Normwerte) muß das Kind zudem als verpflichtend erleben.
Eine solche Konstruktanalyse hat gegenüber naiven Konzeptionen der Persönlichkeit, die in soziologischen Fragestellungen nicht unüblich sind, einen

wichtigen Vorteil: sie ermöglicht es, *das Verhalten als Resultate eines komplizierten Gefüges von psychischen Subsystemen darzustellen.*
Wird das sich entwickelnde Individuum nicht als „tabula rasa“ und damit den Umwelteinflüssen passiv ausgesetztes Wesen konzipiert, dann stellt sich nicht nur die Frage, welchen Einfluß soziale und situative Stimuli auf die Entwicklung eines Verhaltenssystems haben; interessant ist bei einer solchen Konzeption vornehmlich, *wie im Prozeß der Sozialisation die Eigendynamik des psychophysischen Systems mit spezifischen Umweltkonstellationen interagiert.*
Danach treiben nicht nur externe Stimuli die Entwicklung voran, nicht nur sie bewirken Verhaltensänderungen. *Reifungsprozesse* müssen ebenso beachtet werden wie die Bedeutung einer *internen Dynamik* auf Grund von Inkonsistenzen, von inneren Widersprüchen usw.
Sozialisationstheoretisch sind aber weiterhin die externen Stimuli wichtig, die große Unterschiede in den Verhaltensweisen der Heranwachsenden schaffen. Sie sollen ja auch die kulturkonforme Verwandlung des Individuums im Prozeß des Heranwachsens in einer Gesellschaft bewirken.
Wie läßt sich nun entdecken, welche Stimuli aus der Unzahl jener, die in einer sozialen Umwelt enthalten sind, für den Aufbau, die Veränderung oder Erhaltung eines Verhaltenssystems wichtig sind? Wie läßt sich herausfinden, welche Stimuli dafür wichtig sind, ob jemand ein ausgeprägtes Leistungsmotiv hat, ob jemand ein religiöses Weltbild gewinnt oder ob jemand eine bestimmte politische Partei wählt? Solche Fragen berühren die engsten Verbindungsstellen zwischen Individuum und Umwelt, sie zielen am exaktesten auf die Darstellung der Mechanismen, die Umwelt und Individuum verbinden.
Die Alltagserfahrung tendiert dazu, dieses Problem in einfachen Übertragungsmodellen darzustellen: die Mutter ist ehrgeizig, also sind es die Kinder wieder; die Eltern pflegen ein religiöses Familienleben, also werden die Kinder wieder religiös. Die Eltern sind intelligent, folglich werden die Kinder wieder gute Schulleistungen zeigen. Solange diese Widerspiegelung der Kinder in ihren Eltern funktioniert, wird nicht weiter gefragt. Erst wenn sie mißlingt, beginnt die dramatische Suche nach den Ursachen. Für die Psychologie bildet diese letztere Haltung eine lang geübte Gepflogenheit. Dabei hat sie entdeckt, daß es *theoretischer Modelle* bedarf, um Person-Umwelt-Beziehungen darzustellen. Erst sie erlauben es, die Umwelt danach zu sichten, welche Stimuli sie enthält, die für die Veränderung eines psychischen Systems, z. B. des Leistungsmotivs wichtig sind.
Die wichtigsten diesbezüglichen theoretischen Modelle verdanken wir den *Lerntheorien.* In ihrem Rahmen wurde z. B. das Konzept der Bekräftigung (reinforcement) entwickelt, das uns danach suchen läßt, welche Bekräftigungspläne eine soziale Umwelt z. B. für das Leistungsmotiv enthält. Dabei ist eine

dauernde Wechselwirkung zu beachten: die Belohnung und Strafen der Eltern erfolgen kontingent auf bestimmte Verhaltensweisen der Kinder; diese wiederum reagieren in unterschiedlicher Weise auf die sozialen Bekräftigungen. Ein Beispiel:

Das elterliche Bekräftigungsverhalten im Bezug auf das Leistungsmotiv erfolgt in der Regel in Abhängigkeit von vier verschiedenen auslösenden Situationen des kindlichen Verhaltens: (1.) intensive Leistungsbemühungen, (2.) Erfolg der abgeschlossenen Handlung (oder Teilhandlung), (3.) unzureichende Leistungsbemühungen und (4.) Mißerfolg. Die Reaktionen können dabei positiv, negativ oder neutral sein. Aus der Kombination von Anlässen und Reaktionen lassen sich typische Bekräftigungsmuster konstruieren (vgl. *Heckhausen* 1972, 980 ff.), die u. a. eine Rekonstruktion von elterlichen Erziehungspraktiken aus theoretischer Sicht erlauben. Ähnliches gilt für die Konzepte des Lernens durch Identifikation, des beobachtenden Lernens, des Lernens von Modellen. Durch bloßes Beobachten des Verhaltens von Vorbildern (Modellen) können Kinder ganze Handlungsketten, Gefühlsreaktionen und kognitive Interpretationsmuster sich zu eigen machen. Dieser Sachverhalt erleichtert den Prozeß der Übertragung des kulturellen Erbes auf die heranwachsende Generation ungemein. Solche Lernkonzepte scheinen zudem bei solchen Theoretikern der Sozialisation im Vordergrund zu stehen, die vom bloßen Umgang als dem alleinigen Erziehungsprozeß sprechen, die vom selbstverständlichen Hineinwachsen in die Lebensformen einer kleinen geschlossenen Gruppe reden und die von der erzieherischen Wirkung von Sitte und Brauch sprechen, die absichtliche Eingriffe im Sinne von Erziehung entbehrlich machen würden (vgl. z. B. *Schleiermacher*), wenn sie vollkommen und vollständig wären.

Das Konzept des Lernens von Modellen fordert wieder dazu heraus, die Umwelt eines Kindes danach zu untersuchen, welche Verhaltensmodelle für das Kind vorhanden und wichtig sind und welche Merkmale dieser Verhaltensmodelle zu Lernprozessen führen, die schließlich in einer Übertragung der Kultur auf die heranwachsende Generation resultieren.

Dieselbe Strategie könnte auch für differenzierte kognitive und sprachliche Lernprozesse angewendet werden. Wie reichhaltig ist das Lernangebot in der Umwelt eines Kindes, was ist das versteckte Curriculum dessen, was das Kind lernen soll? Welche Sprachmuster erfährt es, wie sehr wird es in seinem Sprachverhalten korrigiert usw.?

Das Ziel einer solchen Analyse *psychisch relevanter Umweltmerkmale* besteht darin, möglichst viele der Unterschiede im Verhalten von Individuen zu erklären, z. B. Unterschiede in der Stärke und Richtung des Leistungsmotivs. Die *Erklärung der betreffenden Umweltmerkmale* selbst liegt nicht mehr in

ihrem primären Interessenbereich. Hier könnte sich eine Verbindung zu soziologischen Fragestellungen ergeben, etwa über solche Zwischenglieder:
Gibt es in bestimmten sozialen Gruppen, z. B. in unterschiedlichen sozialen Schichten typische Umweltkonstellationen, die zu einer starken oder geringen Ausprägung eines Verhaltenssystems führen? Für das Leistungsmotiv läßt sich diese Frage positiv beantworten. Die Kennwerte für das Leistungsmotiv steigen mit höherem sozioökonomischem Status der Eltern (wobei das Maximum in der oberen Mittelschicht liegt). In Schichten des mittleren und gehobenen Mittelstandes scheint die Umwelt so zu sein, daß sie den geeignetsten Nährboden für die starke Ausprägung eines Leistungsmotivs abgibt (vgl. *Heckhausen* 1972, 1000 ff.).
Die nächste Frage müßte lauten: Wie lassen sich solche Unterschiede erklären? Sind sie z. B. auf die soziale Stellung des Vaters im Produktionsprozeß zurückzuführen? Um diese Fragen zu beantworten, müßte man wissen, welche Bedeutung eine hohe Leistungsmotivation in den Augen der Eltern verschiedener sozialer Schichten hat und welche objektive Funktion dem Leistungsmotiv im Reproduktionsprozeß der Gesellschaft zukommt.
Auf diese Weise wäre es möglich, schrittweise zu größeren gesellschaftlichen Zusammenhängen vorzustoßen. Ein typischer diesbezüglicher Argumentationsgang (nach *Kohn* 1969 und *Rolff* 1972) ist umseitig in einem Schema zusammengefaßt. Es deutet sich hier an, wie sich der Kreis von lernpsychologischer Mikroanalyse zu soziologischer Makroanalyse schließen kann.

	Arbeiterfamilien	Familien von Angestellten, Beamten
	Arbeitsplatzsituation (gesellschaftliche Stellung des Vaters)	
Grad der Dispositionsfreiheit		
Grad der Überwachung	geringer Grad an Dispositionsfreiheit stehen am untersten Ende der betrieblichen Befehlshierarchie	haben meist Untergebene, aber auch Vorgesetzte; Möglichkeiten zur Delegation von Aufgaben schafft ein Bewußtsein von Selbständigkeit und Verantwortung
Kommunikationsstruktur	Eingeschränkte Kommunikation, da Kommunikation untereinander für den Arbeitsprozeß nur minimal erforderlich	Kommunikation ist Teil der Arbeit
Tätigkeitsmerkmale (Umgang mit Sachen, Menschen oder Ideen, Kopfarbeit, Handarbeit)	Umgang mit Sachen (Handarbeit)	Hauptsächlich Umgang mit Symbolen und mit Menschen
	Zudem häufige Merkmale: hohe Unfallgefahr Großer Lärm und Schmutz Akkordarbeit Schichtarbeit Fließbandarbeit	größere Sicherheit progressiv ansteigendes Gehalt früherer Pensionsanspruch
	Berufliche Unsicherheit in Zeiten schlechter Konjunktur	

	Arbeiterfamilien	Familien von Angestellten, Beamten
	Familiäre Lebensbedingungen (Sozialstruktur, Kommunikation und Ökologie)	
	starke Rollentrennung in der Familie (Matriarchat: große Autorität der Mutter in häuslichen Fragen)	eher partnerschaftliches Verhältnis
	Kommunikation und Interaktion auf Verwandtschaft und Nachbarschaft beschränkt	Feld von Freunden und Bekannten (meist Berufskollegen)
	Starke Trennung zwischen Eigengruppe und Fremdgruppe	Einbezug mehrerer Positionen in der Hierarchie (Einladung beim Chef)
	Rigide Geschlechtstrennung	Auflösung rigider Geschlechtsrollen-Definitionen
	Große Kinderzahl Beengte Wohnverhältnisse	
	Bewußtseinsstrukturen, Wertsysteme und Erziehungsverhalten in der Familie	
Gesellschaftsbild	dichotomes Gesellschaftsbild (Macht — Modell) Kollektivbewußtsein	Gesellschaft als Leiter von Aufstiegspositionen (hierarisches Modell oder Prestigemodell) individuelles Leistungsbewußtsein
Allgemeine Wertsysteme	eher fatalistische Orientierung	aktivistisch-individualistische Wertorientierungen
	stärkere Bedeutung der Gegenwart	karrierebewußtes, mobilitätsorientiertes Wertsystem
	politische Apathie	
	stark geschlechtsrollenstereotypes Wertsystem (Männlichkeit, Kraft, Dominanz)	

	Arbeiterfamilien	**Familien von Angestellten, Beamten**
	Autoritarismus Traditionalismus	
	Stabilität und Sicherheit Anti-Intellektualismus „Excitement“-Orientierung	
Erziehungsziele	Gehorsam steht im Mittelpunkt	Selbstkontrolle, Selbstständigkeit und Initiative stehen im Vordergrund
Schulleistungsrelevante Erziehungsziele	Informative und affekttive Distanz zu Institutionen höherer Bildung	Aufstiegsorientierung als zentraler Wert- **Unterstützung aller aufstiegs- und schulleistungs**förderlichen Verhaltensweisen der Kinder
	Geringe Unterstützung der Schularbeit der Kinder	Hoher Wert formaler Bildung
Erziehungspraktiken	Belohnung und Bestrafung bei Regelverletzung (Ergebnis des Verhaltens wird bestraft)	Belohnung und Bestrafung bei Verlust der Selbstkontrolle (Intention des Verhaltens wird bestraft oder belohnt)
	Häufiger Ausübung äußeren Zwanges	Stärker affektive und argumentative Manipulationen

Arbeiterfamilien	**Familien von Angestellten, Beamten**
Sozialisationseffekte	
Geringe Ausprägung des Leistungsmotivs	Hohe Ausprägung des Leistungsmotivs
Gemessen an den Erwartungen der Schule:	
— Defizite im Leistungsstreben	— Vorteile im Leistungsstreben
— Defizite in den sprachlichen Kompetenzen	— Vorteile in den sprachlichen Kompetenzen
— intellektuelle Defizite	— intellektueller Vorsprung

Die gesellschaftlichen Bedingungen der Sozialisationsprozesse in der Familie werden nach dieser Darstellung über die Stellung des Vaters in der Sozialstruktur beschrieben. Seine berufliche Position beeinflußt nach einer solchen Argumentation direkt die Wertstruktur und die Lebensbedingungen der Familie. Über die *Doppelmitgliedschaft* des Vaters, über seine Stellung im gesellschaftlichen Kontext (Sozialstruktur, Berufsposition) und in der Familie wird hier die Verbindung zwischen Familie und Gesellschaft hergestellt.

Wollte man in ähnlicher Weise die Verbindung zwischen Schulsystem und Gesellschaft charakterisieren, dann müßte man von der sozialen Stellung der Lehrer ausgehen und untersuchen, wie diese soziale Stellung das unterrichtliche und erzieherische Verhalten der Lehrer bestimmt. In den Versuchen, die Schule als Mittelschichtinstitution zu kennzeichnen, findet sich manchmal dieser Gedankengang. Die Mittelschicht-Herkunft der Lehrer bestimme ihre Erwartungen an die Schüler, sowohl was sprachliche Leistungen als auch was Erwartungen hinsichtlich Ordentlichkeit, Pünktlichkeit, Fleiß und „Benehmen" angeht.

So plausibel diese Argumentation auf den ersten Blick klingt, so beruht sie doch auf einer falschen Analogie zwischen dem Verhältnis von Familie und Gesellschaft und dem Verhältnis Schule und Gesellschaft. Der Arbeitsplatz der Lehrer liegt nämlich in der Schule, so daß sich der Zirkelschluß ergibt: den Lehrern wird auf Grund ihres Arbeitsplatzes in der Schule eine Mittelschichtposition zugeschrieben. Die jeweiligen Bedingungen am Arbeitsplatz bestimmen Wertstruktur und Erziehungsverhalten von Sozialisatoren. Lehrer nehmen eine Mittelschichtposition ein, so daß ihr sozialisierendes Verhalten mittelschichtsorientiert ist.

Wenn der Arbeitsplatz der Lehrer die Schule ist, dann ergibt sich aus dieser Behauptung nur, daß die schulische Position der Lehrer ihr schulisches Verhalten bestimmt, da Erziehungskontext und Arbeitsplatz identisch sind. Die These von der Doppelmitgliedschaft trifft hier nicht zu.

Ein anderer Gedankengang liegt vor, wenn auf die soziale Herkunft der Lehrer rekurriert wird. In diesem Fall wird auf die eigene Sozialisationsgeschichte der Lehrer Bezug genommen, ein Gedankengang, der ebenfalls nicht geeignet ist, die zentralen Verbindungsstellen zwischen Schulsystem und Gesellschaft darzustellen.

In dieser Arbeit gehen wir davon aus, daß Schulen einen stärker gesellschaftlich geplanten Sozialisationskontext als Familien bilden. Als Folge langer historischer Institutionalisierungen sind formellere Beziehungen des Schulsystems zu gesellschaftlichen Bezugsgruppen entstanden. Gleichzeitig ist die gesellschaftliche Kontrolle des Schulsystems stärker institutionalisiert als etwa in bezug auf die Familie.

Eine Analyse des Verhältnisses von Schulsystem und Gesellschaft muß von solchen gesamtgesellschaftlichen Zusammenhängen ausgehen. Sie werden in dieser Arbeit in zwei Schritten dargestellt: einmal in der Analyse der Reproduktionsfunktionen des Schulsystems und in Verbindung damit in der Analyse der gesellschaftlichen Kontrolle des Schulsystems. Erst auf diesem Hintergrund können wir in späteren Arbeiten zu einem vertieften Verständnis innerschulischer Sozialisationsprozesse kommen.

2. Schulsystem und Gesellschaft: Bildungsinstitutionen im Spannungsfeld der Reproduktion und Innovation der Gesellschaft

Unsere allgemeine Behauptung, daß für das Verständnis des Sozialisationsprozesses eine Darstellung des sozialen Systems notwendig ist, in das hinein sozialisiert wird, verpflichtet uns, das soziale System Schule in den sozialisationsrelevanten Aspekten zu analysieren. Da das Schulsystem ein Subsystem umfassenderer gesellschaftlicher Systeme bildet, verlangt ein Verständnis des schulischen Sozialisationsprozesses eine Darstellung, wie das Schulsystem mit anderen Bereichen der Gesellschaft zusammenhängt.

Schulsysteme sind soziologisch gesprochen „Institutionen" und damit Formen der Vergesellschaftung grundlegender menschlicher Handlungstypen. Was dies heißt, wird deutlich, wenn man sich vor Augen hält, aus welchen einfachen Formen heraus sich Schulen gebildet haben.

Wenn wir unter Schulen vorläufig die Institutionalisierung systematischer Formen der Unterrichtung verstehen, dann lassen sich in fast allen uns bekannten Kulturen und Gesellschaften einfache Formen der Schulung finden. Mit auffallender Regelmäßigkeit treten Schulen immer dann auf, wenn ein Problem sich nicht mehr „von selbst" löst, z. B. die Überlieferung des in einer Kultur angehäuften Wissens durch bloße Teilnahme der heranwachsenden Generation am Leben der Erwachsenen.

Interessanterweise ist es jedoch meist nicht technisches Wissen — Wissen, wie Ackerbau zu betreiben ist, wie bestimmte Geräte herzustellen sind —, das primär den Anreiz gab, Schulen zu gründen. Im Vordergrund stand fast immer die Überlieferung religiösen Wissens, die Vermittlung der Geschichte eines Stammes und die Tradierung der mythologischen Rechtfertigung der Sozialstruktur einer Gesellschaft.

So finden wir systematisierte Kulturtradierung häufig in den Initiationsriten primitiver Kulturen institutionalisiert. Wenn Jungen und Mädchen das Alter der Geschlechtsreife erreichen, dann sorgt beinahe jede Gesellschaft dafür, daß sie räumlich von den anderen Altersgruppen abgesondert, nach Geschlechtern streng getrennt und unter der Obhut der Dorfältesten, Häuptlinge oder Priester besonders unterrichtet werden. Diese Absonderung kann sich auf wenige Tage beschränken oder — wie etwa in den westafrikanischen Busch-Schulen (*Watkins* 1963) — über mehrere Jahre hinziehen. Im Zentrum

der Unterrichtung stehen dabei die Religion und die Mythologie eines Volkes sowie die Einführung in deren Geschichte. Am bekanntesten sind uns aus Berichten der Völkerkundler die rituellen Handlungen und asketischen Übungen, die mit der Initiation gekoppelt sind.
Alle diese Aktivitäten erfüllen drei Zwecke, die auch für gegenwärtige Gesellschaften relevant sind, in einem: Sie sichern die Überlieferung der jeweiligen Kultur, stabilisieren die bestehende Stammes- und Gesellschaftsordnung und markieren für den Heranwachsenden die Schwelle des Eintritts in die Gesellschaft als vollwertiges Mitglied. Und dies geschieht alles dadurch, daß im Heranwachsenden bestimmte Änderungen erreicht werden, Änderungen im Sinne von Lernprozessen, die in eine erwünschte Richtung laufen.
Dieser Eintritt in die Gesellschaft wird jedoch nicht nur symbolisch signalisiert. Der Jüngling macht durch den Initiationsprozeß tatsächlich einen solchen Wandel durch, der ihn den Erwartungen, die an ein vollwertiges Mitglied der Gesellschaft gestellt werden, ähnlicher macht. War er vorher ängstlich, so ist er jetzt mutig und kampfbereit, war er vorher verspielt, so ist er jetzt ernst und fähig, sich eine Frau zu nehmen.
Durch systematische Unterrichtung wird jeweils ein Wandel bei den Heranwachsenden angestrebt. Dieser Wandel soll einerseits zur Folge haben, daß das Kulturgut einer neuen Generation bekannt und von ihr geschätzt wird, andererseits soll dadurch das soziale Zusammenleben der neuen Generation wieder jenes Aussehen bekommen, das bereits die alte Generation charakterisierte.
Diese Merkmale kennzeichnen bereits die ersten Formen der systematischen Unterrichtung in primitiven Gesellschaften. Zwischen Initiationsriten und einem hochdifferenzierten Schulsystem der Gegenwart liegt jedoch ein langer Prozeß der Institutionalisierung, der in historischen Arbeiten über die Entstehung des Schulwesens nachzuzeichnen versucht wird. Neben der konkreten Analyse der historischen Schulgründungen ließe sich der Prozeß der Institutionalisierung systematischer Unterrichtung im Rahmen einer Rollentheorie beschreiben.
Dabei würde sich zeigen, daß Unterrichtung anfangs immer einen Ausschnitt aus allgemeineren Rollen darstellt. Zur Rolle des Vaters gehört es, dem Sohn das Jagen beizubringen, zur Rolle der Mutter kann Kochen und die Unterrichtung im Kochen gerechnet werden. Einen Aspekt der Rolle des Medizinmannes repräsentiert die Einführung auserlesener junger Männer in die Pflanzenheilkunde. Bei steigender Anhäufung von Wissen und Fertigkeiten, besonders mit der Erfindung der Schrift, vergrößert sich der Aufwand, der mit der Tradierung dieses Wissens verbunden ist. Es kristallisiert sich ein Rollensegment heraus, das zur Hauptaufgabe z. B. eines Priesters wird. Wenn diese Aufgabe nicht mehr neben anderen Tätigkeiten geleistet werden kann,

dann ist der Zeitpunkt gekommen, daß sich die spezielle Berufsrolle des Lehrers bildet. Ein Beispiel aus der „Braunschweigischen Schulordnung" macht das deutlich.

„§ 17. Nicht alle, ja die wenigsten Eltern sind selbst imstande, ihre Kinder so zu unterrichten, wie es ihre Pflicht mit sich bringt und die Wohlfahrt der Kinder erfordert. Sie haben entweder die dazu nötige Fähigkeit nicht oder die äußeren Umstände, in welchen sie stehen, halten sie davon ab und hindern sie an diesem wichtigen und nötigen Geschäfte. Der Unterricht der Kinder bleibt aber gleichwohl notwendig, und er muß also, wenn er von den Eltern nicht selbst besorgt werden kann, durch andere besorgt werden, für deren Unterhalt und äußere Wohlfahrt die Eltern der Kinder zu sorgen um so viel mehr verbunden sind, je wichtiger die Sorge ist, welche den Eltern durch sie abgenommen wird, und je größer also die Verbindlichkeit der Eltern gegen sie sein muß.

§ 18. Schulen sind also notwendig, und ihre Notwendigkeit gründet sich teils auf die Unfähigkeit einiger Eltern, das zu tun, was sie doch zu tun schuldig sind, teils auf die Unmöglichkeit, die sich bei anderen findet, dieses Geschäft vorzunehmen, wenn sie gleich dazu die nötige Fähigkeit und Geschicklichkeit haben. Und was würde aus dem Erdboden, was würde aus den Menschen bei so bewandten Umständen werden, wenn keine Schulen wären, die das ersetzten, was den Kindern durch die verschiedenen Umstände ihrer Eltern abgeht?"

(Aus der „Braunschweigischen Schulordnung" 1753. In: *Dietrich* und *Klink* 1964, 130.)

In jedem Falle stellen Bemühungen zur Institutionalisierung systematischer Unterweisung Antworten auf gesellschaftliche Probleme dar, die jedoch mindestens von einzelnen Mitgliedern einer Gesellschaft artikuliert und formuliert werden müssen. Grob gesehen sind es häufig zwei Probleme, die durch Schulen gelöst werden sollen:

1. Es wird ein Verfall der „Sitten" festgestellt, die Unwissenheit und Unaufgeklärtheit der breiten Massen wird beklagt. Im Zentrum der Kritik stehen Mängel in der Charakterbildung, die durch systematische Unterrichtung behoben werden sollen. Die Forderung nach Schulen wird nicht selten religiös begründet, indem der menschenumwandelnde und heilsträchtige Charakter des religiösen Wissens, der „Wahrheit", betont wird. Bei der Einführung der allgemeinen Schulpflicht stand eine Variante dieser Motive Pate: die aufklärerische Idee von der Schaffung der Glückseligkeit durch Wissen und Bildung, allerdings mit dem starken Nebenmotiv der größeren politischen Fügsamkeit.

„Er (der Direktor) muß demnach beflissen sein, daß der Lehrer seinen Schülern von allen Dingen (den) Grund angebe und daß er fleißig darüber halte, damit auch Lernende die angegebenen Gründe einsehen und auf Befragen wieder anzugeben imstande sein mögen. Er muß sich bestreben, daß nicht, wie bisher meist geschehen, bloß das Gedächtnis der Schüler angefüllt, sondern deren Verstand aufgeklärt und geübt werde."

„Um nun die hierdurch (durch die vorliegende Schulordnung) gesuchte Zuziehung besserer und für den Staat brauchbarer Untertanen Unserem Endzweck gemäß auch bei Unsern römisch-katholischen Untertanen zu erhalten, haben Wir allergnädigst zu verordnen befunden."

(Aus dem „Katholischen Schulreglement für Schlesien" vom 3. November 1765. In: *Dietrich* und *Klink* 1964, 146 ff.)

2. Es besteht die Tendenz, die systematische Veranstaltung von Lernprozessen dann zu artikulieren und zu fordern, wenn Spezialwissen im Sinne technischen Wissens verlorenzugehen droht. Wie Wohnungen „kunstgerecht" zu bauen sind, wie man Geräte herstellt, wie Pflanzen gezüchtet werden können usf., das alles sind Probleme, die Spezialkenntnisse verlangen. Die Vermittlung solcher Spezialkenntnisse erfordert wiederum die Freistellung und Absonderung der Heranwachsenden zur systematischen Unterrichtung. Es sind die sogenannten technischen Probleme, die hier durch Schulung gelöst werden sollen. Bei hoher Differenzierung dieser Bestrebungen wird von „Berufsausbildung" gesprochen.
3. Eine soziologisch orientierte Analyse der Institutionalisierung von Erziehung würde vermutlich ergeben, daß mit Schulgründungen fast immer auch sozialpolitische oder machtpolitische Motive verbunden waren. Die Klosterschulen des Mittelalters sicherten, daß das Christentum zur herrschenden Kultur wurde und die Kirche als ihr Träger eine große politische Bedeutung bewahrte. Die Gymnasien des 19. Jahrhunderts waren für das Bürgertum ein wichtiges Instrument des sozialen Aufstiegs und der Bewahrung einer privilegierten Stellung in der Gesellschaft. Die Volksschulen hingegen sollten — wie wir noch zeigen werden — ein wichtiger Teil der Stabilisierung staatlicher Zentralgewalt werden.

Die Entwicklung von Schulsystemen verläuft somit in Abhängigkeit von kulturellen und gesellschaftliche Entwicklungen. In primitiven Kulturen wird die gesamte Kultur auf die heranwachsende Generation übertragen. Der Inhalt der Kultur ist mit dem Inhalt der Erziehung identisch. Übersteigt der vorhandene Kulturschatz das Fassungsvermögen von Einzelnen, dann wird das Problem der Dissemination und der Selektion von Wissen bedeutsam. Bei der Übertragung der Kultur kann es einfach um Bewahrung gehen. Dies ist der Regelfall in primitiven Gesellschaften. Komplexe Gesellschaften zeichnen sich durch einen großen sozialen Wandel aus, der auch die Funktion des Schul-

systems beeinflußt: sozialer Wandel über die Verbreitung von Wissen und durch Innovationen wird ein bedeutsames Element der Sozialisation in Bildungsinstitutionen.
Wie oben schon erwähnt, ist die Erziehung der nachfolgenden Generation, insbesondere ihre formale Schulung, an die jeweilige Sozialstruktur gebunden. Schulung über die einfachen Formen der Initiation hinaus findet sich erstmals für Priesterkasten und später für die oberen Stände. Schulbesuch für alle ist ein sehr spätes Produkt der menschlichen Geschichte. Erst in der zweiten Hälfte des 18. Jahrhunderts wurde in Preußen (1763) und in Österreich (1774) die allgemeine Schulpflicht gesetzlich vorgeschrieben und im Verlauf des 19. Jahrhunderts auch realisiert.
Schulen sind also im Selbstverständnis ihrer Gründer häufig *kompensatorische Einrichtungen*. Was nicht mehr selbstverständlich außerhalb von Institutionen gelernt wird, soll über bewußte Prozesse der Planung und Veranstaltung erreicht werden. In anderen Fällen werden Schulen als Einrichtungen der *Gegensteuerung* konzipiert. Dabei wird auf die Gefahren hingewiesen, denen Heranwachsende durch außerschulische Lernprozesse ausgesetzt sind. Schulen sollen korrigieren, was außerhalb an Schaden angerichtet wird. Wer sich mit Schulreform beschäftigt und beschäftigt hat, der hat beinahe immer einen wünschenswerten gesellschaftlichen Zustand antizipiert, in dessen Dienst das Schulsystem zu stellen war. Solche Bemühungen machen deutlich, daß in Schulgründungen und Schulreformen fast immer ein Element des *sozialen Wandels* zu finden ist. Selten erscheinen Schulen im Selbstverständnis ihrer Gründer als bloße Einrichtungen der *Verstärkung* dessen, was außerschulisch ohne Mühe schon immer vor sich geht.
Dieser Hintergrund ist vielleicht nützlich, wenn wir im folgenden weniger das Selbstverständnis von Institutionsgründern als die objektiven Funktionen des Schulsystems beachten. Dabei gehen wir von der These aus, daß das Schulsystem in einer *instrumentalen Beziehung* zu umfassenderen gesellschaftlichen Bezugssystemen steht, und zwar insbesondere zum Produktionsbereich, zur Sozialstruktur und zum politischen Bereich.
Bei einer solchen Betrachtungsweise sehen wir vorerst davon ab, wie diese instrumentale Beziehung zustande kommt. Wir untersuchen nur, ob diese Beziehung vorhanden ist, indem wir die Auswirkungen des Schulsystems zu Merkmalen der umgebenden Gesellschaft in Beziehung setzen, etwa mit Erfordernissen des Produktionsbereichs, mit Merkmalen der politischen Herrschaftsstruktur, mit Eigenheiten des kulturellen Lebens und mit der Sozialstruktur einer Gesellschaft, wie sie z. B. im Schichtungsschema oder im Klassenschema zum Ausdruck kommt.
Der durch die Schule mitbeeinflußte oder von der Schule getragene Sozialisationsprozeß hat, wie jeder Prozeß dieser Art, eine *Doppelfunktion*. Einerseits

wird das Individuum verändert, eine soziale Persönlichkeit wird geformt. Durch diesen Prozeß der Sozialwerdung der Person wird gleichzeitig ein soziales System mit den entsprechenden kulturellen Inhalten geschaffen oder erhalten. Indem Kinder z. B. Schreiben und Lesen lernen, werden gleichzeitig diese Kulturtechniken von einer Generation auf die andere übertragen. Wenn Kinder Ehrfurcht und Gehorsam vor einem König lernen, dann wird damit eine Sozialstruktur in der Generationenfolge erhalten.
Verallgemeinert heißt dies: im Prozeß der schulischen Sozialisation werden *soziale Persönlichkeiten* aufgebaut, verändert und gefestigt. Dieser Prozeß hat *gleichzeitig* zur Folge, daß eine Gesellschaft mit ihrer Kultur reproduziert oder sozialem Wandel unterworfen wird.
Halsey (1967) beschreibt diese Doppelfunktion so:

„1. Alle Gesellschaften erhalten sich mit Hilfe einer Kultur, d. h. mit einem Komplex von Meinungen und Fertigkeiten, die nicht in der genetischen Konstitution eines Individuums enthalten sind, sondern gelernt werden müssen. Dieses soziale Erbe muß durch soziale Organisationen überliefert werden. Die Erziehung hat in allen Gesellschaften diese Funktion der *kulturellen Überlieferung*.

2. Individuen müssen zu Persönlichkeiten werden, die so geformt sind, daß sie in eine Kultur passen. Erziehung hat überall die Funktion der *Formierung sozialer Persönlichkeiten*. Indem die Kultur über eine entsprechende Beeinflussung der Persönlichkeit überliefert wird, trägt Erziehung zur Integration der Gesellschaft bei, wobei die Gesellschaft als Mechanismus verstanden werden kann, der es dem Menschen ermöglicht, sich an seine Umwelt anzupassen, zu überleben und sich zu reproduzieren." (*Halsey* 1967, 385)[4]

Wir gehen, wenn im folgenden schulische Sozialisationsprozesse behandelt werden, nicht von einer minutiösen Beschreibung interner schulischer Sozialisationsprozesse aus, sondern von den *externen Funktionen*, die diese internen Prozesse haben.
Erst ein solcher Hintergrund erlaubt uns, die Tragweite der durch die Schule geschaffenen Sozialisationseffekte zu interpretieren. Verbleiben wir in einem schulimmanenten Interpretationsrahmen, dann muß uns die soziale Funktion der schulischen Sozialisationseffekte verborgen bleiben, so daß die Gefahr besteht, die Ergebnisse schulischen Lernens nur pädagogisch oder individualpsychologisch zu verstehen.

---

4 Übersetzung durch den Verfasser.

2.1 *Drei Reproduktionsfunktionen des Schulsystems*

Parsons (1964/1968) hat in seinem berühmten Aufsatz über die „Schulklasse als soziales System“ von zwei Funktionen des Schulsystems gesprochen: von der Funktion der Sozialisation und der Selektion. Die Sozialisationsfunktion kennzeichnet er als die Entwicklung von Bereitschaften und Fähigkeiten für die spätere Rollenerfüllung. Fähigkeiten und Bereitschaften können in zwei Komponenten aufgegliedert werden: einmal in die Fertigkeiten, um die spezifischen Rollen, etwa die Berufstätigkeit, ausüben zu können, zum andern in die „Rollenverantwortlichkeiten“ oder Fähigkeiten, den Erwartungen der anderen hinsichtlich dem diesen Rollen angemessenen Verhalten zu entsprechen. In marxistischer Terminologie könnte dies so formuliert werden: es geht einmal darum, das Arbeitsvermögen zu produzieren und zum anderen soll ein solches Bewußtsein geschaffen werden, das eine Anpassung an die bestehenden Produktionsverhältnisse garantiert.

Die zweite Funktion des Schulsystems bezeichnet Parsons als Selektion oder Allokation. In der Schulklasse wird der soziale Differenzierungsprozeß eingeleitet, indem Schüler nach dem Kriterium der Leistung verschiedenen sozialen Positionen zugewiesen werden (*Parsons* 1964/1968, 161 ff.).

Wir haben uns dafür entschieden, von drei Reproduktionsfunktionen des Schulsystems zu sprechen. Dabei wird die obige Sozialisationsfunktion des Schulsystems in zwei Funktionen aufgelöst: (1.) in die Schaffung von „Arbeitsvermögen“ und (2.) in die Erzeugung sozialintegrativer Bewußtseinslagen. Im ersten Fall geht es um die Organisation solcher Lernprozesse, die *fachliche Qualifikationen* zur Folge haben. Die große Bedeutung des Schulsystems für den ökonomischen Sektor der Gesellschaft rechtfertigt die getrennte Betrachtung dieser Funktion. Im zweiten Fall stehen jene Lernprozesse innerhalb des Schulsystems im Mittelpunkt, die *überfachliche und außerfachliche Qualifikationen und Orientierungen* zur Folge haben. Diese überfachlichen Qualifikationen und Orientierungen repräsentieren in der Sprache der Sozialisationstheorie Normen, Werte und Interpretationsmuster, die zu einer Stützung der Sozialverhältnisse und im engeren Sinne der politischen Verhältnisse der Gesellschaft führen. Wer von der Anpassungs- oder Sozialisationsfunktion des Schulsystems spricht, der meint meist diesen Bereich. Wir wollen allerdings auch dann von Sozialisation sprechen, wenn es um die Erzeugung von Arbeitsvermögen bzw. von fachlichen Qualifikationen geht.

In engem Zusammenhang mit dem Sozialisationsprozeß werden im Schulsystem Individuen zu verschiedenen Schulabschlüssen und damit zu verschiedenen sozialen Positionen geführt (Allokation). Wir kennen diese Pro-

zesse unter der kritischen Perspektive der sozialen Selektion und in dieser kritischen Weise sollen sie hier auch dargestellt werden.
Im folgenden geht es darum zu zeigen, daß das Schulsystem unter den gegenwärtigen historisch-gesellschaftlichen Bedingungen entfalteter Industrienationen drei Reproduktionsfunktionen erfüllt. Dabei konzentriert sich unsere Analyse auf die Bedeutung des schulischen Sozialisationsprozesses für schulexterne Bezugssysteme. Seine personale Funktion tritt in den Hintergrund.
In der Reihenfolge werden wir so verfahren, daß zuerst jene Funktionen behandelt werden, die den Hintergrund für die Sozialisationsfunktion der Schule im Sinne der Schaffung systemadaptiver Bewußtseinslagen bilden. Erst wenn die Vorstellungen über die ökonomische Funktion und die Selektionsfunktionen des Schulsystems konkreter geworden sind, läßt sich die uns in dieser Arbeit in erster Linie interessierende Integrationsfunktion des Schulsystems plastisch darstellen.
Vorausblickend kann man die einzelnen Reproduktionsfunktionen wie folgt charakterisieren:

1. Im Schulsystem ist die Reproduktion kultureller Systeme, die oft als Wissen und Fertigkeiten charakterisiert werden, institutionalisiert. Dabei geht es von der Beherrschung grundlegender Symbolsysteme wie Sprache und Schrift bis zum Erwerb spezifischer Berufsqualifikationen. Welche Bedeutung der Institutionalisierung dabei zukommt, zeigt sich im Fach Latein. Die Beherrschung dieser Sprache wäre längst ausgestorben, wenn sie nicht in jeder Generation erneut in der Schule gelehrt würde. Das, was wir als Lehre kennen, bildet das institutionalisierte Arrangement zur Erfüllung dieser Reproduktionsfunktion.
   Diese Reproduktionsfunktion soll im weiteren Verlauf als Funktion der *Qualifizierung* bezeichnet werden. Unter Qualifizierung soll die Vermittlung von Fertigkeiten und Kenntnissen verstanden werden, die zur Ausübung „konkreter" Arbeit und zur Teilhabe am gesellschaftlichen Leben erforderlich sind.
2. Die zweite Reproduktionsfunktion bezieht sich direkt auf die Sozialstruktur einer Gesellschaft. Unter Sozialstruktur wird das System von Positionsverteilungen einer Gesellschaft verstanden, das sich z. B. im Anschluß an die berufliche Tätigkeit ergibt. Danach reproduziert das Schulsystem von Generation zu Generation (1.) die bestehenden sozialen Positionsverteilungen und (2.) die personellen Besetzungen der jeweiligen Positionen (Rekrutierung). Bekannt ist die in diesen Zusammenhang gehörende These von Schelsky, wonach die Schule als zentraler Verteilungsmechanismus von Lebenschancen fungiert (*Schelsky* 1957). Über die schulischen Selektionsprozesse werden in deutlicher Interaktion mit

der sozialen Herkunft der Schüler definierte Prozentsätze von Schülern in höhere und niedrigere berufliche Positionen kanalisiert. Das impliziert, daß durch die Schule nicht alle möglichen Talente produziert und gefördert werden, sondern nur so viele, als die Gesellschaft — konkret die relevanten Interessengruppen — zu benötigen glaubt und ohne Schaden für die Steigerung des Allgemeinwohls — meist verstanden als Steigerung des Bruttosozialprodukts — meint produzieren zu können. Die klare Erkenntnis dieses Mechanismus entlarvt den Legitimationscharakter des alten statischen Begabungsbegriffs, der jedoch noch stärker im Zusammenhang mit dem zweiten Aspekt der Allokationsfunktion der Schule im Vordergrund stand. Schulen reproduzieren nicht nur Prozentverteilungen von sozialen Positionen, sondern auch die im Generationenwechsel notwendigen Neubesetzungen hoher und niedriger sozialer Positionen. Dabei besteht die deutliche Tendenz der Reproduktion des sozialen Status des Vaters über den sozialen Status des Sohnes. Wäre das nicht der Fall, dann dürfte keine Beziehung zwischen dem Bildungsstatus — und damit weitgehend mit dem beruflichen Status — des Vaters und dem Bildungsstatus des Sohnes bestehen. In diesem Fall bestände eine vollkommene Intergenerationenmobilität. Die Untersuchungen über die Ungleichheit von Bildungschancen haben jedoch gezeigt, daß es hier starke Zusammenhänge gibt. Marxistisch orientierte Soziologen würden dieses Ergebnis dafür werten, daß das Schulsystem die Klassenstruktur einer Gesellschaft reproduziert. Bei sogenannten bürgerlichen Soziologen wird von der Ungleichheit der Bildungschancen oder von der empirisch zu bestimmenden Intergenerationenmobilität gesprochen.

3. Schulsysteme sind Instrumente der gesellschaftlichen *Integration.* In ihnen ist die Reproduktion von solchen Normen, Werten und Interpretationsmustern institutionalisiert, die zur Sicherung wünschenswerter Herrschaftsverhältnisse dienen. Was als wünschenswert gilt, ist selber das Ergebnis eines von Herrschaftsverhältnissen beeinflußten Auseinandersetzungsprozesses zwischen verschiedenen gesellschaftlichen Gruppen.
   Hier liegt die zentrale politische Funktion des schulischen Sozialisationsprozesses, die uns in dieser Arbeit in besonderem Maße beschäftigen wird.

Zur besseren Orientierung dient die Abbildung 6, in der die drei Reproduktionsfunktionen des Schulsystems zusammengefaßt sind. Funktionen erscheinen damit als solche Beiträge zu einem definierten sozialen System, die zu dessen „Handlungsfähigkeit" notwendig sind. Funktionen erscheinen den Beteiligten in der Vorausschau als *Aufgaben* und *Ziele* und in der Rückschau als *Effekte.*

Abb. 6: Reproduktionsfunktionen des Schulsystems

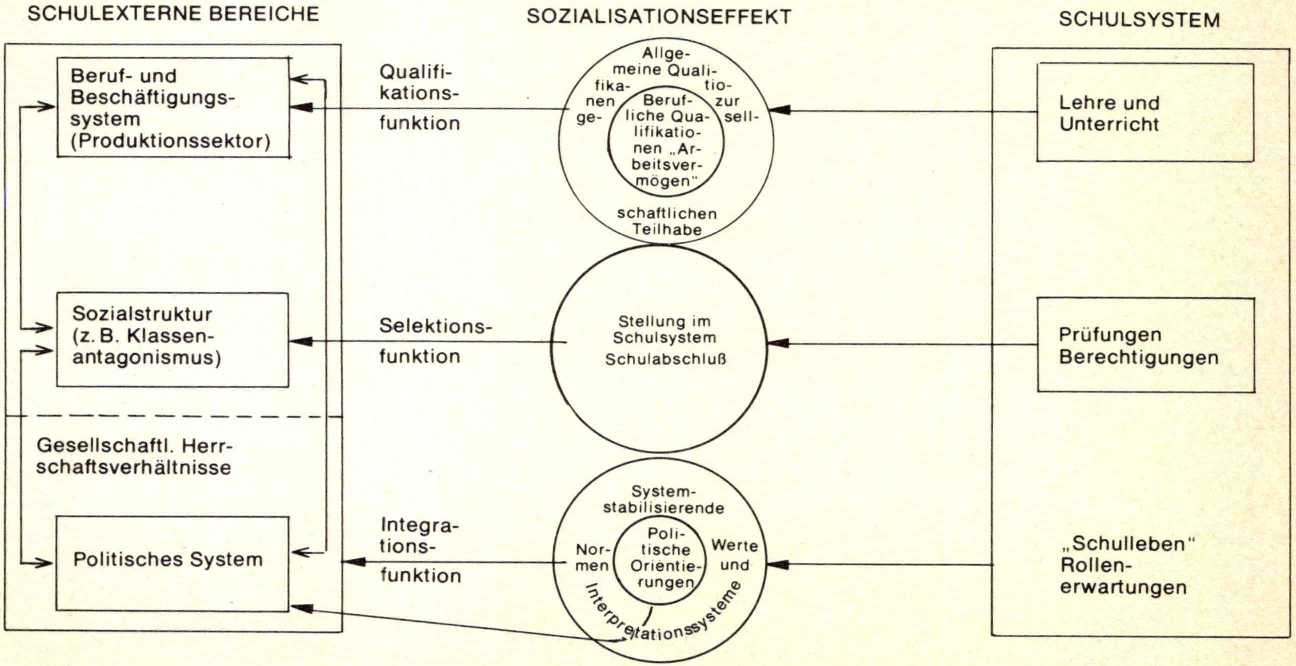

In der Abbildung 6 sind auf der linken Seite die schulexternen Bereiche erwähnt, in denen Systemprobleme auftreten können, zu deren Lösung das Schulsystem einen Beitrag leistet. So kann im Produktionssektor das Problem der Qualifikation der Arbeitskraft auftreten, das nur mehr durch eine Institutionalisierung der Ausbildung zu lösen ist. Wir kennen diese Probleme aus der Diskussion der letzten Jahre über den Mangel oder den Überschuß an hochqualifizierten Arbeitskräften. Lehre und Unterricht sind der Lösung dieses Problems direkt zugeordnet. Die entsprechenden Sozialisationseffekte sind das „Arbeitsvermögen“ im engen Sinne (innerer Kreis!) und die allgemeinen Qualifikationen zur gesellschaftlichen Teilhabe im weiteren Sinne.

Die Systemprobleme im Bereich der gesellschaftlichen Sozialstruktur ergeben sich aus dem Zwang, Positionsinhaber zu rekrutieren und die Verteilung hoher und niedriger sozialer Positionen zu sichern. Solche Verteilungen werden im Schulsystem über Prüfungen und Berechtigungen vorgenommen. In der Diskussion um die Gleichheit der Bildungschancen wird diese Funktion des Bildungssystems problematisiert.

Die Charakterisierung der Integrationsfunktion des Schulsystems ist dort relativ einfach, wo eine Beziehung zwischen den Systemproblemen des politischen Bereichs der Gesellschaft und dem Schulsystem hergestellt wird. Das zentrale Systemproblem des politischen Bereichs, zu dessen Lösung das Schulsystem beiträgt, besteht in der Vermittlung der Legitimität der politischen Herrschaftsstrukturen. Die entsprechenden politischen Orientierungen (innerer Kreis!) werden im Schulsystem direkt vermittelt, etwa im Geschichtsunterricht, im Deutsch- oder Sozialkundeunterricht. Wird der Begriff des „politischen Systems“ so weit gefaßt, daß darunter auch die zentralen Abhängigkeits- und Herrschaftsverhältnisse fallen, die nicht rechtlich-normativ verankert sind, dann fällt unter die Integrationsfunktion des Schulsystems auch die Legitimation allgemeiner sozialer Verhältnisse, die über schwer faßbare Faktoren des Schullebens, über Rollenerwartungen, Autoritätsverhältnisse und schulstrukturelle Faktoren geleistet wird. Aus diesem Grunde geht der auf die Integrationsfunktion gerichtete Pfeil in der Abbildung 6 vom gesamten Bereich des Schulsystems aus.

2.2 Zur Qualifikationsfunktion des Schulsystems

Weder in der pädagogischen Theorie, noch im Bewußtsein der Lehrer war bis vor kurzem der Sachverhalt deutlich präsent, daß das Schulsystem wichtige Funktionen für den Produktionsbereich erfüllt, indem es die Heranwachsen-

den mit jenen Qualifikationen ausstattet, die für den Arbeitsprozeß notwendig sind.
Erst um 1960 begann auch in der BRD — sie war in den angelsächsischen Ländern und in Schweden schon weit fortgeschritten — die Diskussion um die Bedeutung des Zusammenhanges zwischen wirtschaftlicher Entwicklung und den Investitionen auf dem Bildungssektor. Bildung trat als dritter Investitionsfaktor neben Arbeit und Kapital.
Zu diesem Zeitpunkt wurde vor allem das Fehlen höherer Qualifikationen vorausgesagt und eine allgemeine Bildungskatastrophe prognostiziert. Die Folge war eine Suche nach Begabungsreserven. Unter diesem Stichwort wurde in der ersten Hälfte der sechziger Jahre über die Probleme des deutschen Bildungswesens in der Perspektive diskutiert, welche Änderungen notwendig wären, um im internationalen und auf wirtschaftlicher Ebene ausgetragenen Konkurrenzkampf bestehen zu können. Die Öffentlichkeit wurde durch Zahlen wachgerüttelt, die Deutschland in einem internationalen Vergleich in einem sehr schlechten Lichte erscheinen ließen. Während in den USA 70 Prozent, in der UdSSR 46 Prozent, in Schweden 30 Prozent aller Siebzehnjährigen noch die Schule besuchten, waren es in der Bundesrepublik nur 16,4 Prozent. Bei der Berücksichtigung der Zusammenhänge zwischen Ausbildungsstand und technologischer Entwicklung und bei Berücksichtigung der Bedarfsforderungen der Wirtschaft an ausgebildeten und hochqualifizierten Arbeitskräften schien sich in Deutschland eine Bildungskatastrophe und damit auch eine nationale wirtschaftliche Katastrophe anzubahnen.
In solchen Befürchtungen taucht deutlich die Vorstellung auf, daß das Schulsystem in einem Zusammenhang mit dem ökonomischen Sektor der Gesellschaft steht oder stehen sollte. Diese Beziehung wurde von wissenschaftlichen Disziplinen in den letzten Jahren auf zweifache Weise hergestellt.

— Im Rahmen der verschiedenen bildungsökonomischen Modelle wurden quantitative Beziehungen zwischen der Entwicklung des Ausbildungssektors und der Entwicklung der Beschäftigungsstruktur hergestellt und Meßgrößen für die Planung entwickelt.
— Im Rahmen didaktischer Modelle wurde die qualitative Beziehung zwischen Berufsbildern und Ausbildungsgängen (Strukturen und Inhalten) zu verbessern versucht.

2.2.1 Die quantitative Planung von Qualifikationen: Bildungsökonomie

Für die alte geisteswissenschaftliche Pädagogik, die dem Bildungskonzept von Humboldt verpflichtet war, mag es schockierend gewesen sein zu erfahren, daß Bildung als Faktor im Produktionsprozeß definiert und analysiert werden kann. In der Bundesrepublik Deutschland begann die Renaissance bildungsökonomischer Reflexionen mit den Arbeiten von *Edding* (1963) in Berlin und den Arbeiten am Institut für angewandte Wirtschaftsforschung der Universität *Basel* (*Bombach, Riese, Widmaier*). Aus diesem Institut gingen vor allem Arbeiten über die Prognose von Bedarf und Angebot an *hochqualifizierten Arbeitskräften* hervor. Diese Einschränkung auf hochqualifizierte Arbeitskräfte wird uns später noch beschäftigen.

Das Grundproblem der Bildungsökonomie läßt sich nach *Becker* und *Jungblut* (1972) so formulieren: „Wie kann und muß die ‚Qualifikationspyramide', d. h. die Gesamtheit funktionaler und extrafunktionaler Fähigkeiten der ‚labor force', der sich verändernden Struktur des ‚nationalen Kapitalstocks' angepaßt werden?" (S. 60). Nach denselben Autoren hat die Bildungsökonomie bisher vier Ansätze entwickelt, um die Beziehungen zwischen dem Produktionssektor und dem Ausbildungssektor zu analysieren.

„1. Im ‚Manpower-Ansatz' wird versucht, Sollwerte für die Qualifikationsproduktion zu ermitteln;
2. der ‚Residualgrößen-Ansatz' will den Zusammenhang zwischen Bildung und Wirtschaftswachstum erfassen;
3. das ‚Humankapital-Konzept' stellt eine Meßtheorie für die Rendite von Bildungsinvestitionen dar;
4. in den verschiedenen ‚Ertragsraten-Ansätzen' soll eine ökonomische Response-Funktion ermittelt werden;
5. eine ‚Betriebswirtschaftslehre des Bildungswesens' soll Anweisungen für interne Rationalisierungen erarbeiten." (*Becker* und *Jungblut* 1972, 137).

Diesen Ansätzen liegt durchweg der Gedanke zugrunde, Bildung bzw. Qualifikation als Investitionsfaktor zu begreifen, der zu wirtschaftlichem Wachstum beiträgt. Diese Annahme bildete auch den Hintergrund für die Sorge über die wirtschaftlichen Folgen einer Bildungskatastrophe in Deutschland.

Sie fand ihren konkreten Ausdruck in dem Bemühen, den Bedarf an Qualifikationen zu ermitteln, ein Unterfangen, das einen ersten methodischen Höhepunkt in der Modellstudie für Baden-Württemberg von *Widmaier* (1966) fand. Diese Studie ist dem Manpower-Ansatz verpflichtet, dessen theoretische Grundstruktur hier kurz referiert werden soll.

Der Arbeit von *Widmaier* liegt das bildungsökonomische Modell von *Bombach* zugrunde, das dieser in Zusammenarbeit mit *Widmaier* erarbeitet hat. *Bombachs* Modell (1963) selber kann als Anlehnung an und als Fortentwicklung von Arbeiten verstanden werden, die im Rahmen der OECD in Paris von *Parnes* und von *Tinbergen/Correa* durchgeführt wurden.

Bombach und *Widmaier* verstehen ihr Modell als kombiniertes Angebots-

und Nachfragemodell, das für die verschiedenen Wirtschaftsbereiche und für den staatlichen Sektor den Bedarf an hochqualifizierten Arbeitskräften ermitteln soll. Dieser Bedarf wird konfrontiert mit dem Angebot, welches durch das Bildungssystem produziert wird. Dadurch können Engpässe oder Überschüsse prognostiziert werden. Diese Zahlen bilden dann eine wichtige Entscheidungshilfe für die Bildungsplanung.
Im einzelnen sind für die Schaffung solcher Entscheidungshilfen komplizierte Arbeitsschritte erforderlich.

1. Woraus setzt sich der prognostizierte Gesamtbedarf zusammen?
In Anlehnung an ein Schema von *Widmaier* (1966, 83) läßt sich die Bestandsänderung an hochqualifizierten Arbeitskräften zwischen zwei Zeitpunkten wie in Abb. 7 dargestellt aufgliedern.

Abb. 7: Bestandsänderung zwischen zwei Zeitpunkten

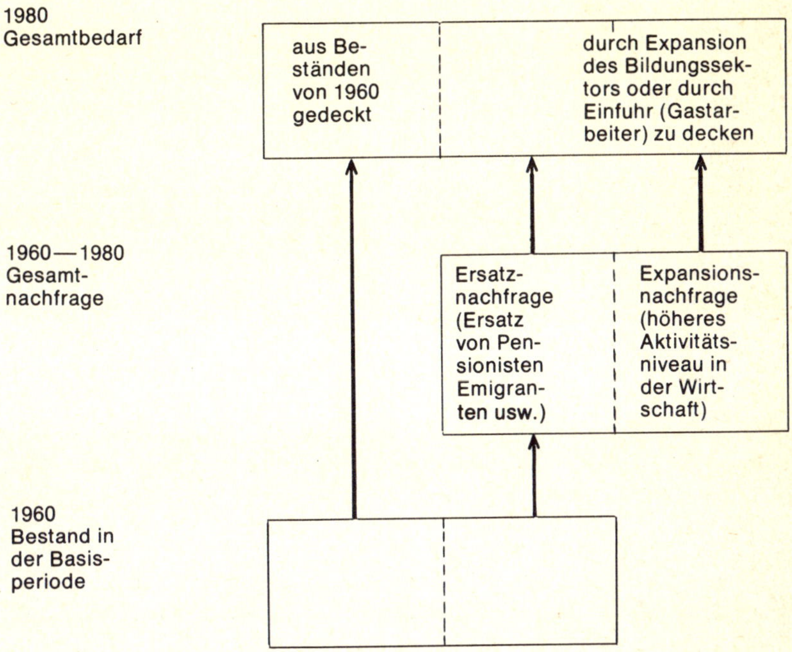

2. Für welche Bereiche soll der Bedarf und die Nachfrage an hochqualifizierten Arbeitskräften getrennt errechnet werden?

Bombach und *Widmaier* sprechen von vier Bereichen (*Widmaier* 81 ff.):

— Der *Staat* umfaßt die öffentliche Verwaltung ohne das Bildungs- und Ausbildungssystem.
— Der Bereich der *Wirtschaft* enthält die Landwirtschaft, die Industrie (einschließlich der Grundstoffindustrie und der Bauwirtschaft), das Transportwesen, die Verteilung, Banken und Versicherungen sowie persönliche Dienstleistungen (z. B. Kundendienste), sofern sie nicht direkt den Haushalten zugeordnet werden.
— Der Bereich der *Haushalte* umfaßt den Bedarf und die Nachfrage nach Dienstleistungen aller Art. Dabei wird zwischen direkter und indirekter Nachfrage unterschieden. Als indirekte Nachfrage der Haushalte wird die Nachfrage nach Dienstleistungen im Bereich des Gesundheitswesens, der Rechtsprechung und der Kultur bezeichnet, während als direkte Nachfrage der Haushalte die Nachfrage nach mehr und besserer Bildung und Ausbildung im Zuge zunehmenden Wohlstands („Bildung als Konsum") verstanden wird.
— Der Bedarf und die Nachfrage des *Bildungs- und Ausbildungswesens* (insbesondere Lehrer) wird gesondert betrachtet und als *abgeleitete Nachfrage* angesehen. Dies in zweifachem Sinne: einmal abgeleitet von der Schüler- und Studentenzahl, wie sie sich aus kulturpolitischen Zielsetzungen ergeben kann (z. B. 15 % Abiturienten eines Altersjahrganges als Ziel für 1980 in Baden-Württemberg); oder aber abgeleitet von der sich aus der Nachfrage nach hochqualifizierten Arbeitskräften in den anderen Bereichen (Staat, Wirtschaft, Haushalte) ergebenden Zahl von Schülern und Studenten, die notwendig ist, um ein bestimmtes Angebot an Absolventen für schulexterne Bereiche zu schaffen.

Die Aufgliederung in diese Bereiche erlaubt getrennte Bedarfsrechnungen. Solche getrennte Bedarfsrechnungen haben den Vorteil, daß auf die verschiedenen Bedarfskomponenten in den einzelnen Bereichen eingegangen werden kann.
Für den Bereich der *Wirtschaft* gilt vor allem eine Produktionsfunktion: jedem Produktionsniveau ist ein bestimmter Einsatz des Produktionsfaktors Arbeit zugeordnet. Nach einer Schätzung des gesamten Arbeitskräftebedarfs des Wirtschaftsbereichs wird versucht, über eine Analyse und Prognose der Anteilsentwicklung der verschiedenen Berufsklassen und Fachrichtungen den Bedarf an hochqualifizierten Arbeitskräften zu prognostizieren. Es ist somit schrittweise zu fragen:

— Nimmt der Anteil bestimmter Fachrichtungen an einzelnen Berufsgruppen zu (Fachrichtungseffekt)?
— Nimmt der Anteil bestimmter Berufsgruppen an einzelnen Wirtschaftsunterabteilungen zu oder ab (Berufsgruppeneffekt)?
— Ändert sich die Bedeutung einzelner Wirtschaftsunterabteilungen im Laufe der wirtschaftlichen Entwicklung (Brancheneffekt)?
— Welcher Bedarf kann durch Import von Arbeitskräften, durch Umschulung und durch Substitution (z. B. Ökonomen für Juristen) gedeckt werden?

Für den Bereich der *Haushalte* sind andere Bedarfskomponenten dominant. Der Bedarf wird hier in der Hauptsache als Funktion der Bevölkerungs- und Einkommensentwicklung angesehen. Ausgangspunkt ist also eine Konsumfunktion (Dichteziffern: z. B. Anzahl der Ärzte pro Bevölkerungszahl). Der Bedarf an Ärzten hängt z. B. von der wachsenden Bevölkerung, vom Anteil alter Menschen und vom zunehmenden Wohlstand ab, der zu einer gesteigerten Nachfrage führt.
Die Bedarfsschätzung im Bereich des Bildungswesens für *Lehrer* ist das komplexeste Problem. Der Lehrerbedarf ist einmal eine Funktion der Schülerzahlen, wie sie auf Grund bildungspolitischer Zielsetzungen prognostiziert werden. Zum andern hängt der Bedarf an Absolventen von der Entwicklung in den drei großen Bereichen Staat, Wirtschaft und Haushalte ab. *Widmaier* illustriert das Vorgehen an einem vereinfachenden Beispiel:

„Nehmen wir an, (1.) der Ausgangsbestand an HQA[5] einer Volkswirtschaft betrage in der Basisperiode 1 000 000; (2.) Bedarfsschätzungen hätten ergeben, daß in einem Zeitraum von 20 Jahren 500 000 HQA gebraucht würden (Expansionsbedarf = 50 %); (3.) bei Annahme einer durchschnittlichen Dienstzeit von 40 Jahren und einer gleichmäßigen Altersstruktur müßten in 20 Jahren 50 % des Bestandes der Basisperiode ersetzt werden (Ersatzbedarf weitere 500 000 HQA); (4.) der Gesamtbedarf in den 20 Jahren der Prognoseperiode würde demnach 1 000 000 HQA ausmachen oder jährlich 50 000; (5.) bei der Annahme einer durchschnittlichen Studiendauer von 5 Jahren entspräche dieser jährlichen Nachfrage nach 50 000 Absolventen eine Studentenzahl von 250 000; (6.) diese Zahl würde sich bei einer Ausfallquote von 17 % auf 300 000 erhöhen; (7.) bei der Annahme, daß auf etwa 30 Studierende je eine Lehrkraft kommt, entspräche das einem Lehrerbedarf von 10 000 (als Bestandsgröße); (8.) die Nachfrage nach Lehrkräften (also die Veränderung dieses Bestandes von 10 000 im Zeitablauf) setzt sich wiederum zusammen aus der Expansionsnachfrage (als Funktion der Studentenzahlen) und der Ersatznachfrage (als Funktion der durchschnittlichen Dienstzeit, der Erwerbsquote der Lehrer und der Altersstruktur der Lehrkräfte).“ (*Widmaier* 1966, 86)

5 HQA = hochqualifizierte Arbeitskräfte.

Selbst diese vereinfachte Darstellung zeigt deutlich, daß der Bedarf an Lehrern stark von der bildungspolitisch angestrebten inneren Struktur des Schulsystems abhängt, insbesondere von

— dem Lehrer/Schüler-Verhältnis,
— und der durchschnittlichen Dauer der Ausbildung.

Beide Faktoren üben eine *Multiplikatorwirkung* auf die erforderliche Studentenzahl oder auf die erforderliche Lehrerzahl aus[6].
Für die gesamte Bundesrepublik hat *Riese* 1967 auf der Basis ähnlicher theoretischer Annahmen wie *Widmaier* (beide kommen aus dem Institut in Basel) eine Prognose für den Bedarf an *Lehrkräften* errechnet, allerdings unter der Annahme einer nachhaltigen Reduktion des Schüler-Lehrer-Verhältnisses (Tab. 1).

Nach einer neueren Studie von *Alex* et al. (1972, 154) lautet die Arbeitskräfteprognose für den gesamten Bereich von Hochschulabsolventen wie in Tab. 2 dargestellt. Hier werden die „... fachrichtungsspezifischen Erwerbsbestände, die aus dem Bestand an Erwerbspersonen mit abgeschlossener Hochschulbildung im Jahr 1961 und dem Zugang von Hochschulabsolventen berechnet werden, dem fachrichtungsspezifischen Arbeitskräftebedarf gegenübergestellt. Tabelle 2 enthält die fachrichtungsspezifischen Bestands- und Bedarfswerte für die Prognosejahre 1975 und 1980. Zur Darstellung der Abweichungen zwischen dem Bedarf und dem Bestand in den einzelnen Fachrichtungen wurden Meßziffern berechnet. Die Meßziffern drücken aus, um wieviel Prozent der Bedarf höher/niedriger als der Bestand ist.
Der globale Bedarf übersteigt den Bestand im Jahr 1975 um 19 %, im Jahr 1980 um 9 %. Die Abnahme des Bedarfsüberschusses geht vorwiegend auf den Rückgang des Lehrerbedarfs infolge der Geburtenrückgänge bei weiterhin steigenden Absolventenzahlen im Volks-, Real- und Sonderschulbereich zurück.
Der vorausgeschätzte Fehlbedarf ist am größten im Fachbereich Berufs- und Handelsschullehramt, im ingenieurwissenschaftlichen Bereich (Architektur, Bauwesen, Maschinenbau) und in der Zahnmedizin. Ein tendenzieller Wandel zeichnet sich im Bereich des Volks-, Real- und Sonderschullehramts ab. Die Entwicklung vom Bedarfs- zum Angebotsüberschuß in der zweiten Hälf-

6 An diesen Punkten können auch die zentralen Sparmaßnahmen einsetzen, etwa durch eine Erhöhung des Lehrer-Schüler-Verhältnisses oder durch Studienzeitverkürzung in der Form von Kurzzeit-Studiengängen im Rahmen von Gesamthochschulen. Beide Trends sind in der Bundesrepublik Deutschland zu beobachten.

Tabelle 1: Zuwachs des Bedarfs an Lehrern mit abgeschlossener Hochschulbildung für die allgemeinbildenden Schulen in der BRD nach Ausbildungsarten — 1981 gegenüber 1961

Ausbildungsart	Bedarfszuwachs an Lehrern 1981 gegenüber 1961		
	infolge Zunahme der Schülerzahl (Schülereffekt) %	infolge Rückgangs der Schülerzahl je Lehrer (Klasseneffekt) %	Insgesamt %
Bei sukzessiver Realisierung der Mittelwerte bis 1981			
Gymnasien	128,5	25,7	187,2
Real-, Volks- und Sonderschulen	33,9	31,1	75,5
davon: Realschulen	158,2	24,5	221,5
Volks- und Sonderschulen	23,7	30,0	60,8
Bei sukzessiver Realisierung der Zielwerte bis 1981			
Gymnasien	128,5	68,6	85,2
Real-, Volks- und Sonderschulen	33,9	64,5	20,2
davon: Realschulen	158,2	62,7	320,1
Volks- und Sonderschulen	23,7	62,1	100,5

Quelle: Riese, H.: Die Entwicklung des Bedarfs an Hochschulabsolventen in der Bundesrepublik Deutschland, 67.

te der siebziger Jahre ergibt sich auf Grund der Annahme, daß im Volksschulbereich bis 1980 weder die Vorschulklassen noch das zehnte Schuljahr eingeführt werden.

In beiden Prognosenjahren zeigen die Fächer Pharmazie, Tiermedizin sowie Wirtschafts- und Sozialwissenschaften einen relativen Angebotsüberschuß. Bei diesen Fächern muß, wie bei den Lehramtsabsolventen, vor voreiligen Schlüssen gewarnt werden. So kann der Angebotsüberschuß im Fach Wirtschafts- und Sozialwissenschaften leicht in einen Fehlbedarf umschlagen, wenn eine Verbesserung der Relation zwischen Studierenden und Lehrkörper in stärkerem Maße angestrebt wird. ... Bei den beiden anderen Fächern beruht die Entwicklung zum Teil auf der „optimistischen" Annahme über den Abbau der Zulassungsbeschränkungen in diesen Fächern, zum Teil aber auf den Annahmen der Bedarfsschätzungen." (*Alex* et al. 1972, 152).

Solche Bedarfsprognosen waren von Anfang an als Instrumente der Politikberatung gedacht. Sie sollten die bildungsplanerischen Basisinformationen abgeben. Wie dies dann tatsächlich geschah, zeigt in etwa die Zusammen-

Tabelle 2: Arbeitskräftebilanz für Hochschulabsolventen (in 1000)

Fachrichtung	1975			1980		
	Bestand	Bedarf	Meßziffer*	Bestand	Bedarf	Meßziffer
Land-, u. Forstwirtschaft, Brauwesen	16,3	23,7	+46	16,1	25,9	+61
Architektur	16,1	25,2	+57	16,4	30,0	+82
Musik- u. Theaterwiss., Bild. u. darst. Künste	38,7	36,2	− 6	46,1	47,7	+ 3
Bergbau und Hüttenwesen	6,9	7,7	+11	6,5	8,1	+25
Maschinenbau	37,8	56,6	+50	39,7	65,9	+66
Bau- und Vermessungswesen	29,1	44,6	+53	30,0	51,3	+71
Elektrotechnik	26,5	33,5	+26	30,8	39,4	+28
Mathematik und Physik	35,1	38,0	+ 8	49,1	48,5	− 1
Chemie	28,8	44,2	+54	37,0	53,8	+45
Sonst. Naturwissenschaften	13,5	20,7	+53	16,3	27,0	+65
Theologie und Religionslehre	39,8	58,5	+47	39,1	60,5	+55
Handels- und Berufsschullehramt	23,7	47,9	+102	25,0	62,9	+151
Volks-, Real- u. Sonderschullehramt	289,9	342,4	+18	385,5	341,7	−11
Rechtswissenschaften	101,5	107,6	+ 6	115,4	114,5	− 1
Wirtschafts- und Sozialwissenschaften	99,5	91,4	− 8	125,5	107,6	−12
Allgemeine Medizin	113,2	142,9	+26	127,5	154,7	+21
Zahnmedizin	23,8	39,5	+66	26,1	41,7	+60
Tiermedizin	10,3	10,2	− 1	12,1	11,4	− 6
Pharmazie	31,0	26,5	−15	38,2	27,9	−27
Höheres Lehramt u. Geisteswissensch.	138,7	136,2	− 2	182,6	174,5	− 4
Sonstige	1,0	—	—	2,0	—	—
Insgesamt	1121,2	1333,5	+19	1367,0	1495,0	+ 9

* Meßziffer des Ungleichgewichts = $(\frac{\text{Bedarf}}{\text{Bestand}} - 1) \cdot 100$

fassung der Studie *Widmaiers* durch den Kultusminister von Baden-Württemberg (*Hahn*):

„— Während die Arbeitskräfte insgesamt zwischen 1961 und 1981 in Baden-Württemberg nur um 12,8 % steigen, wächst der Bedarf an qualifizierten Arbeitskräften — ohne Lehrkräfte — um 41,1 %, darunter der Bedarf an Akademikern — ohne Lehrer — allein um 56,3 %;

— der Anteil der qualifizierten Beschäftigten an der gesamten Zahl der Beschäftigten steigt von 8,3 % im Jahr 1961 auf 10,4 % im Jahre 1981, was einer absoluten Steigerung von ca. 137 000 Beschäftigten entspricht;

— zu dieser reinen Expansionsnachfrage tritt in fast gleicher Höhe noch die Ersatznachfrage von 127 000 qualifizierten Arbeitskräften hinzu.

— Hinzu kommt der Bedarf an Volks-, Mittel- und Gymnasialschullehrern, welcher von rund 28 000 (1961) auf 62 000 (Mittelwert) bzw. 80 000 (Zielwert) im Jahre 1981 steigt, wobei der Bedarf an Lehrern für die Sonderschulen und die beruflichen Schulen noch nicht berücksichtigt ist.
Nach den Berechnungen des Kultusministeriums werden an Sonderschulen im Jahr 1981 5000 (Mittelwert) bzw. 6000 (Zielwert) und an den beruflichen Schulen 12 000 (Mittelwert) bzw. 15 000 (Zielwert) Lehrer benötigt.

— Insgesamt (Expansions- und Ersatznachfrage zusammengenommen) müßten in diesem Zeitraum 560 000 (Mittelwert) bzw. 750 000 (Zielwert) Lehrer — ohne die für Sonderschulen und berufliche Schulen — ausgebildet werden.

— Der Gesamtnachfrage von 134 000 Akademikern, darunter 56 000 Lehrkräften, steht bis 1981 — wenn den Planzielen entsprochen wird — ein Gesamtangebot in etwa derselben Höhe an Hochschulabsolventen gegenüber.“ (*Hahn* in *Widmaier* 1966, 13 f.)

Auf diesem Hintergrund ist die Politik im Hinblick auf die Produktion von Qualifikationen durch das Ausbildungssystem der letzten Jahre und der Gegenwart verständlich:

— Bevorzugte Förderung des Hochschulbereichs im Vergleich zum übrigen Schulsystem (Verhältnis 1950: 15,1 % zu 84,9 %; Verhältnis 1969: 71 % zu 29 %; nach *Wissenschaftsrat* 1970, S. 88).

— Bevorzugte Förderung der Lehrerbildung und der technischen Ausbildungsgänge;

— Sparmaßnahmen im Personalsektor der Schulausgaben über die Erhöhung des Schüler-Lehrer-Verhältnisses (für den Primarbereich von 21,9 des Bildungsrates im Jahre 1970 auf 28 der Bund-Länder-Kommission im Juli 1972);

— größere Steigerung der mittleren Abschlüsse als der Abiturientenzahlen;

— Steigerung der Effizienz des Hochschulbereichs durch Kurzzeitstudiengänge im Rahmen von Gesamthochschulen.

Inzwischen hat dieser Manpower-Ansatz starke Kritik erfahren. Er ruht auf Voraussetzungen, die in unserem Gesellschaftssystem nur teilweise gegeben sind. Einmal werden Annahmen über die zukünftige Entwicklung des Produktionssektors gemacht, die deshalb fragwürdig sind, weil diese Entwicklung nicht geplant wird, sondern den Gesetzen des Marktes unterworfen ist. Innerhalb kapitalistischer Wirtschaftssysteme hängt die wirtschaftliche Entwicklung nicht von den prognostizierten Entwicklungsdaten ab, sondern von nur schwer prognostizierbaren Bedingungen der optimalen Verwertung von Kapital (d. h. mit möglichst großen Profiten) in verschiedenen Wirtschaftsbranchen.
So heißt es im Länderexamen der OECD für die BRD:

„Vorhersagen über den Arbeitskräftebedarf sind ein überaus heikles Unterfangen, besonders in einer raschem Wandel unterworfenen, hochentwickelten Volkswirtschaft. Bestenfalls können solche Vorhersagen dem Bildungsplaner Anhaltspunkte geben für eine Ermittlung des voraussichtlichen künftigen Mindestbedarfs in bezug auf einige deutlich abgegrenzte Arbeitskräfte-Kategorien von besonderer Bedeutung. Allerdings sind die Methoden zur Vorhersage des Arbeitskräftebedarfs keinesfalls ausreichend entwickelt, um bei der Ermittlung des maximalen, und was in noch stärkerem Maße zu wünschen wäre, des optimalen Bedarfs an ausgebildeten Kräften von Nutzen zu sein." (Zitiert nach betrifft: erziehung, 1/1972, 16)

Zum andern hängt das Angebot stark von der jeweiligen *historischen Struktur des Ausbildungswesens* ab. *Widmaier* selber faßt die technische Kritik fünf Jahre nach der Publikation seiner ersten Arbeit, also 1971, so zusammen:

„— Dem in heroischer Vereinfachung deduktiv abgeleiteten technologischen Zusammenhang zwischen wirtschaftlicher Entwicklung und Bevölkerungswachstum einerseits und dem Bedarf an qualifizierten und hochqualifizierten Arbeitskräften andererseits muß in einem *Erklärungsmodell* empirisch nachgegangen werden. Das, was wir bisher axiomatisch vorausgesetzt haben, müssen wir erst nachweisen und erklären (H. Riese). Eine großangelegte, international analysierende und vergleichende Studie der OECD, Paris[7], gab uns erste Hinweise und Anregungen zur Konzentration unserer nachfolgenden Untersuchungen auf den Bereich derartiger Kausalanalysen.
— Der rigide Zusammenhang zwischen Beruf und Fachrichtung und vice versa muß einer genaueren Untersuchung unterzogen werden, und zwar in bezug auf die effektiv stattfindende *Fachrichtungs- und Berufsflexibilität.*

---

7 Occupational and Educational Structures of the Labour Force and Levels of Economic Development, Possibilities and Limitations of an International Comparison Approach, Organisation for Economic Cooperation and Development Paris 1970, and Further Analyses and Statistical Data, Organisation for Economic Cooperation and Development Paris 1971.

— Eine Strukturanalyse zeigte, daß nur etwa ein Drittel der Hochschulabsolventen und etwa die Hälfte der Berufsfachschul- und Fachschulabsolventen direkt dem industriellen Produktionsbereich zugeordnet werden können. Das bedeutet, daß in weiten Bereichen eine Verteilung der Arbeitsplätze nicht über den Marktmechanismus erfolgt, sondern daß für die Mehrzahl der Arbeitsplätze für Akademiker und einen weiten Bereich der Berufsfachschul- und Fachschulabsolventen eine — wenn auch vom Produktionsbereich abgeleitete — *politische Determiniertheit* der Berufspositionen gegeben ist.
— Schließlich zeigte eine differenzierte Analyse der *regionalspezifischen Versorgung* mit akademischen und mittleren Dienstleistungen eine den Intentionen des Grundgesetzes (Gleichheit der Lebensbedingungen) widersprechende massive Ungleichheit in der Verteilung mit Versorgungsdienstleistungen für die Bundesrepublik Deutschland."
(*Widmaier* in *Krafft* et al. 1971, 2 ff.)

In neuen Ansätzen[8] — das Problem der Planung von Qualifikationen als Teil der Wohlstandsplanung bleibt nämlich weiterhin bestehen — wird versucht, „... auf Grund der Konkurrenz alternativer Planungsansätze zu einer Kombination sich relativierender bildungsökonomischer Ziele zu gelangen ..." (*Krafft* et al. 1971, 9). Insgesamt werden vier Ansätze ausgearbeitet:

1. Im Rahmen der *sozio-ökonomischen Kausalanalyse* wird versucht, das zukünftige Arbeitskräftepotential zu prognostizieren; die Grundlage dieser Prognose (hier von den Volkszählungsdaten 1961 auf 1970 und 1980) bilden Informationen über
   — wirtschaftliche Entwicklungen,
   — demographische Entwicklungen (Bevölkerungsentwicklung) und
   — soziale bzw. politische Entwicklungen.
   Es wird untersucht, in welchem Ausmaß und auf welche Weise diese Faktoren die Entwicklung des Arbeitskräftepotentials beeinflussen. Auf der Basis der Einflußgrößen[9] wird auf den zukünftigen Arbeitskräfte-

8 Neben der im folgenden erwähnten Studie, die an *Widmaier* in Auftrag gegeben und dann von *Krafft, Sanders* und *Straumann* (1971) durchgeführt wurde, wäre hier jene von *Alex* et al. (1972) zu erwähnen, die ebenfalls vom Bundesminister für Bildung und Wissenschaft in Anftrag gegeben wurde. (Eine Tabelle aus dieser Arbeit wurde bereits zitiert.)
Auch diese Manpower-Studie folgt im wesentlichen den theoretischen Grundzügen, die *Bombach* entworfen hat. Es finden sich einige methodische Erweiterungen. So wurde eine Intensivanalyse an 1120 hochqualifizierten Arbeitskräften zum Zwecke der Positionsbeschreibung durchgeführt. Dafür wurden vier Wirtschaftszweige ausgewählt: Fahrzeugbauindustrie, Elektroindustrie, Maschinenbauindustrie und Chemische Industrie.

9 Im hier vorgestellten Modell dienen dazu Regressionskoeffizienten.

bestand geschlossen. Für die Lehrämter am allgemein- und berufsbildenden Schulwesen wird z. B. folgende Entwicklung vorausgesetzt: „Der Bestand steigt zwischen 1961 und 1980 um 12 % (23 310) von 186 790 auf 210 100 mit einer durchschnittlichen jährlichen Wachstumsrate von 0,6 % ..." (*Krafft* et al. 1971, 309). Für die Fachrichtung Psychologie-Psychotherapie wird vorausgesagt: „Der Bestand der Fachrichtung Psychologie steigt zwischen 1961 und 1980 um 141 % (3461) von 2439 auf 5900 ..." (S. 413).

Die sozio-ökonomische Kausalanalyse bildet die Grundlage für die Prognose. Ihre Aussagen werden durch drei weitere Ansätze nur mehr relativiert.

2. Als Grundproblem hat sich seit Beginn der Versuche, die notwendigen Qualifikationen zu planen, der Sachverhalt erwiesen, daß keine starre Zuordnung zwischen Ausbildungsgängen und Berufspositionen möglich und wünschenswert ist. Eine exakte Zuordnung wäre kurzfristig u. U. kostensparend, langfristig jedoch teuer, da sich gewichtige Barrieren für die technologisch notwendige Änderung von Berufsstrukturen ergäben. Für den Einzelnen bedeutet eine unspezifische Ausrichtung auf einzelne Berufe eine höhere Mobilität und größere Wahlmöglichkeiten. Umschulungen werden zudem bei einem allgemein hohen Ausbildungsstand erleichtert. Auf Grund der Bedeutung dieses Sachverhaltes haben die Autoren eine *Flexibilitätsanalyse* durchgeführt und die einzelnen Beschäftigungsgruppen qualitativ nach drei Flexibilitätsstufen charakterisiert (inflexibel, flexibel, sehr flexibel).
3. Da man Entwicklungen nur voraussagen kann, wenn man Vergleiche über die Zeit hinweg oder Vergleich mit anderen Ländern anstellen kann und da auf diese Weise auch Determinanten der Entwicklungen entdeckt werden können, haben *Krafft, Sanders* und *Straumann* einige Fachrichtungen in einem *internationalen Vergleich* analysiert. Man kann annehmen, daß einige Länder in der Entwicklung voraus sind und andere diese nachahmen werden. Dies trifft vor allem auf bildungspolitische Ziele und auf

Tabelle 3: Internationaler Vergleich für Psychologen im Jahre 1961, Erwerbstätige auf 100 000 Einwohner

	Psychologen
BRD	1
Niederlande	1
Schweden	24
Schweiz	12
Vereinigte Staaten	8

politische Entscheidungen über die anzustrebende Qualität der Versorgungsdienstleistungen zu. Für die Psychologie ergeben sich dabei die in Tab. 3 dargestellten Verhältnisse (s. *Krafft* et al. 1971, 23: Auszug). Wenn der Bestand an Psychologen in der BRD im Jahre 1980 sich auf den Bestand in vergleichbaren Ländern im Jahre 1961 entwickeln sollte (Zielwerte aus dem internationalen Vergleich), dann ergäben sich folgende Zahlen (*Krafft* et al. 1971, 482):

Tabelle 4: Bestandsänderungen nach dem Niveau vergleichbarer Länder.

Bestand BRD 1961	:	3 461
BRD auf dem Niveau von Schweden	:	45 100
BRD auf dem Niveau der Schweiz	:	22 500
BRD auf dem Niveau von USA	:	15 000

4. Hinter dem Ansatz der *regionalen Versorgungsanlagen* stehen dieselben Anliegen und Argumente wie hinter dem internationalen Vergleich. Es geht hier um die Über- bzw. Unterversorgung einzelner Regionen in der BRD. Dieser Ansatz bezieht sich ausschließlich auf Arbeitskräfte, die eine Funktion ausüben, welche in einem direkten Zusammenhang mit grundlegenden Lebensbedingungen der Bevölkerung in den einzelnen Regionen steht. Das markanteste Beispiel ist die Versorgung im Bereich des Gesundheitswesens. Wenn man die Herstellung der gleichen Lebensbedingungen anstrebt, dann lassen sich aus diesem Ansatz Anhaltspunkte für Bestand- und Bedarfsentwicklung ableiten.

Alle diese Ansätze nehmen für sich nicht in Anspruch, die Entwicklung der notwendigen Qualifikationsstruktur voraussagen oder sogar anraten zu können. Sie repräsentieren jedoch einen wichtigen Ausschnitt des sozialpolitisch und wirtschaftspolitisch motivierten Bemühens, Engpässe und Überschüsse zu vermeiden. Ein Engpaß kann Stagnation des Wirtschaftswachstums und technologischen Stillstand bzw. Unterversorgung mit Dienstleistungen bedeuten. Überschüsse führen zu Arbeitslosigkeit und verminderten Berufsaussichten ganzer Beschäftigungsgruppen. Dies kann schwerwiegende politische Konsequenzen haben, worauf wir im Abschnitt über die Integrationsfunktion des Schulsystems noch ausführlicher zu sprechen kommen.
Ob der Manpower-Ansatz aber eine geeignete Strategie bildet, um Prognosen über die zukünftige Qualifikationsstruktur zu machen, muß beim derzeitigen

Stand der Diskussion (vgl. *Armbruster* 1971)[10] zumindest bezweifelt werden. Dazu bedürfte es einer solchen *Wachstumstheorie*, die genaue Angaben über zukünftige Entwicklungen erlaubt. Zudem entwickelt sich die Struktur des Ausbildungswesens nicht nur in Abhängigkeit von wirtschaftlichen Faktoren, sondern auch von sozialpolitischen Maßnahmen. Die entscheidendere Grundlage für die Bildungsplanung könnte deshalb eine Theorie der *Nachfrage nach Bildungsplätzen* abgeben.

Neben der technischen Kritik steht natürlich die große Frage, ob es sinnvoll und berechtigt ist, daß wirtschaftliche Entwicklungen ein *Kriterienmonopol* für Planungen und Maßnahmen im Bildungssektor gewinnen. Man könnte argumentieren, daß sozialpolitische Prioritäten, etwa die Gleichheit der Bildungschancen oder emanzipatorische Ziele von größerer Bedeutung sein sollten.

2.2.2 Die qualitative Planung von Qualifikationen: Curriculumentwicklung

Ähnlich wie für den Bereich der Bildungsökonomie soll hier für den Bereich der Curriculumentwicklung ein Modell referiert werden, an dem das Problem der qualitativen, d. h. der inhaltlichen Planung und Erzeugung von Qualifikationen, exemplarisch dargestellt werden kann.

Der Begriff des Curriculum hat sich im Rahmen des Bemühens eingebürgert, die verschiedenen Teile der Organisation von Lernprozessen als ein zusammenhängendes Ganzes zu sehen und zu planen und der Trennung von Inhalten, Methoden und Lernkontrollen entgegenzuwirken. Unter Curriculum wird heute der gesamte Komplex von Maßnahmen zur Organisation von Lernprozessen verstanden, insbesondere die Bereiche der Ziele, der Inhalte, der Methoden und Organisationsformen sowie der Kontrollverfahren. Der Schwerpunkt liegt dabei auf den Inhalten und Zielen der Lernprozesse, die mit wissenschaftlicher Hilfe objektiver bearbeitet werden sollen als es die alte geisteswissenschaftliche Lehrplantheorie vermochte.

Der Deutsche Bildungsrat nennt sechs Fragen, die von der Curriculumforschung beantwortet werden sollen:

„Welche Kenntnisse, Fertigkeiten, Fähigkeiten, Einstellungen und Verhaltensweisen soll der Lernende erwerben? Mit welchen Gegenständen und Inhalten soll er konfron-

10 *Armbruster* ist Mitglied der sogenannten „Manpower-Gruppe“ im Max-Planck-Institut für Bildungsforschung in Berlin, neben den Arbeitsgruppen im Institut für Arbeitsmarkt- und Berufsforschung eine der wichtigsten Projektgruppen in der BRD, die sich mit diesen Problemen beschäftigen.

tiert werden? Was soll er lernen? Wann und wo soll er lernen? In welchen Lernschritten, in welcher Weise und an welchen Materialien soll er lernen? Wie soll das Erreichen der Lernziele festgestellt werden?" Zugleich rückt er damit das ,Curriculum' in das Zentrum der Bildungsreform, denn „das Curriculum ist der bestimmende Faktor für die Organisation sowohl schulischer als auch außerschulischer Lernprozesse. Die Curricula sagen aus, welche Bildungsziele die Gesellschaft verwirklichen möchte und welche Wege zu ihnen führen." (*Deutscher Bildungsrat* 1970, 58)

Unter den vielfältigen Aufgaben der Curriculumentwicklung interessieren uns hier solche Versuche, die sich auf die Auswahl und Planung von Qualifikationen richten. Diesbezüglich hat *Robinsohn* (1967) eine Konzeption entwickelt, in der die systematische Zuordnung von Situationen, Qualifikationen und Lehrinhalten einen zentralen Stellenwert besitzt[11]. Nach einer Abbildung (8) von *Blankertz* (1969) enthält der Versuch einer systematischen Zuordnung von Situationen, Qualifikationen und Lehrinhalten folgende Schritte und Elemente:

Abb. 8: Modell der Curriculumentwicklung

A. **Vorentscheidungen** für die Durchführung der Curriculumforschung
   1. Inhalte der gesamten Schulerziehung, dann Spezifizierung
   2. Vorrang der Fachwissenschaften
      a) Beobachtung und Interpretation der Welt
      b) Frage nach den Strukturen — kategorial
      c) kein Szientismus, keine Abbilddidaktik
   3. Inhalte des kognitiven, affektiven und psychomotorischen Bereichs außerhalb der Fachwissenschaften.

B. **Annahmen**
   Situationen
   ↓
   Qualifikationen
   ↓
   Lehrinhalte

11 Deshalb wird manchmal von einer „Situationsdidaktik" gesprochen, etwa im Gegensatz zu einer „Strukturdidaktik", die die Lehrziele aus einer Analyse der Inhalte einer Disziplin, z. B. der Mathematik, ableitet.

C. **Prozedur**

I. Kriterien für die Auswahl der Inhalte		**II. Verfahren zur Messung der Inhalte an den Kriterien**
1. Bedeutung im Gefüge der Wissenschaft	→	aus dem Erfahrungshorizont der Wissenschaft
2. Leistung für Weltverstehen	→	Relation zwischen Lehrinhalten und Qualifikationen des Weltverstehens empirisch prüfen
3. Funktion in Verwendungssituationen des privaten und öffentlichen Lebens	→	Analysen spezifischer Verwendungssituationen und Bedürfnisse zum Nachweis erforderlicher Funktionen, dann Relation zwischen den Inhalten und den zu erwerbenden Qualifikationen herstellen

↓

Testverfahren:

↓

Konfrontierung mit psychologischen Theorien

↓

einzelne Hypothesen testen

↓

alternative Teil-Curricula im systematischen Experiment

↓

empirische Untersuchungen reichen nicht aus

III. Instanzen, auf die sich die Verfahren beziehen

Expertenbefragung		Problematik	Lösung
Fachwissenschaftler	→	Szientismus	präziser Fragenkatalog ↓
Abnehmer	→	Sollforderungen statt Sachaussagen ↑	Ausgang von der Praxis ↓
Vertreter der anthropologischen Wissenschaften, einschließlich der Erziehungswissenschaft ↓ ideologiekritische Begrenzung der Aussagen anderer Gruppen; ergänzende anthropologische und pädagogische Aspekte; didaktische Rückfrage (→ Problematik)			Expertengespräche ↓ Urteile kritisch analysiert und gewichtet ↓ Entscheidung in Kenntnis der Alternativen

(Blankertz 1969, 168/169)

Uns interessieren hier primär die Schritte unter B und C. Sie enthalten ausdrücklich die Aufforderung, die im Schulsystem zu erwerbenden Qualifikationen auf die außerschulischen Verwendungssituationen zu beziehen. Sie können sowohl auf die Erzeugung von Qualifikationen angewendet werden, die im Rahmen des produktiven Arbeitsverhaltens erforderlich sind, als auch auf Qualifikationen zur Teilhabe an anderen Bereichen des sozialen Lebens, z. B. im politischen, sexuellen und religiösen Bereich. Ausgangspunkt einer solchen Strategie, die Produktion von Qualifikationen durch das Schulsystem zu planen, bildet die Analyse von Verwendungssituationen, z. B. von Berufsbildern. Dies ist bereits ein schwieriges Unterfangen, da die Verwendungssituationen nicht voraussehbaren Veränderungen unterworfen sein können. Nimmt die Analyse der Verwendungssituationen nur Bezug auf die gegenwärtige Situation, dann handelt sie ihren innovatorischen Intentionen zuwider.

Implizit sind jedoch viele Ausbildungsgänge von den Überlegungen her konstruiert, was später im Beruf gebraucht werden wird. Die Kritik an universitären Ausbildungsgängen richtet sich zum andern vielfach auf eine mangelnde Strukturierung im Hinblick auf Berufsfelder und Verwendungssituationen.

Das einfache Schema von Situationen — Qualifikationen — Inhalten (Lernzielen) liegt dem bekannten Versuch von *Hentig* (1969) zugrunde, Ziele für die Gesamtschule zu entwickeln. Er geht von einer deskriptiven Analyse der Lebenssituationen und den *Problemlagen* moderner Gesellschaften aus, in denen sich Schulabsolventen vermutlich finden werden. Von da her versucht er, die Qualifikationen zu bestimmen, die zu deren wünschenswerten Bewältigung erforderlich sind. In einem nächsten Schritt leitet er die Lernziele ab, die durch die Schule anzustreben wären. Für das Leben in der arbeitsteilig spezialisierten Welt und für die damit verbundenen Probleme sollte die Schule nach *Hentig* folgende Ziele anstreben:

„Der Schüler muß in der Lage sein, die jeweilige Spezialtätigkeit in ihrem Funktionszusammenhang zu sehen und von dorther zu kritisieren. Die Schule muß dazu erstens die Funktion der Spezialisierung aus den zunächst ungegliederten Aufgaben heraus erfahrbar machen: nicht die Arbeitsgeteiltheit, sondern die Arbeitsteilung, die in dem herkömmlichen Fächersystem immer schon vorweggenommen ist. Sie muß zweitens die gegenseitigen Abhängigkeiten der ausspezialisierten Verfahren und Kompetenzen als den Teil der Lernerfahrung besonders betonen, der sich immer wieder in der Selbständigkeit der Einzelaufgaben und -tätigkeiten verlieren will. Sie muß drittens die getrennt Arbeitenden zu Projekten wieder zusammenführen, die nur gemeinsam zu bewältigen sind — und das muß sie vor allem bei einer schon fortgeschrittenen Spezialisierung nachdrücklich einüben:

— die gemeinsame Planung quer durch die verschiedenen Kompetenzen,
— das Befragen von Experten, die die Voraussetzungen — Kenntnisse, Aufgabenbewußtsein, Fachsprache — des Fragenden nicht teilen,
— die Mitteilung von Spezialergebnissen an den anders Vorgebildeten oder an den mit anderem Beschäftigten,
— das bewußte Offenhalten der Flanken der eigenen Tätigkeit für die Einmischung der Nachbartätigkeiten oder -disziplinen.

So entsteht ein Kreislauf: von ungegliederter Aufgabe über den Vorgang der Arbeitsteilung, über die Ausbildung von spezialisierten Verfahren, Gesichtspunkten und Aufgaben bis zur Rückführung der spezialisierten Tätigkeiten in den übergeordneten Funktionszusammenhang.
Die Schule muß hierzu die wechselseitigen Vermittlungsprozesse üben, in denen Mitteilungen und Arbeitshilfen, Fragen und Kooperationsforderungen nie vorbehaltlos hingenommen werden. Die Schule muß die substantielle (im Gegensatz zur funktionellen) Rationalität erkennbar und annehmbar machen.
Die Schule muß methodische Übungen in der Kooperation mit der Ausbildung der Spezialisierung verbinden.
Die Spezialisierung muß früh von den formalen Lernformen zu Ernstformen führen." (*Hentig* 1969, 21)

Durch das Schulsystem zu erwerbende Qualifikationen gezielt zu planen und zu produzieren, stößt auf viele technische Schwierigkeiten. Dies trifft sowohl für den bildungsökonomischen als auch für den curriculumtheoretischen Ansatz zu. Beide Ansätze können ihrem eigenen Bemühen, zur Objektivierung, Ökonomisierung und Verwissenschaftlichung der Qualifikationsproduktion beizutragen, nur begrenzt entsprechen.
Eine grundlegendere Kritik erfahren diese Ansätze aber von einem Standpunkt aus, der die Verhältnisse in den gesellschaftlichen Bereichen, für die Qualifikationen produziert werden sollen, grundsätzlich in Frage stellt: von neomarxistisch beeinflußten politökonomischen Ansätzen aus. Das wichtigste Argument, das dabei immer wieder auftaucht, lautet: Bildungsökonomie und Curriculumforschung versuchen nur eine bessere *Anpassung* des Ausbildungssystems an die Wirtschaft oder an den staatlichen Bereich, ohne diese Bereiche auf kritikwürdige Verhältnisse hin zu analysieren und ohne die heterogenen gesellschaftlichen Interessen am Bildungswesen, die bei der Durchsetzung bestimmter Maßnahmen wirksam werden, in ihre Analyse einzubeziehen (vgl. *Huisken* 1972, 340). Im bildungsökonomisch und curriculumtheoretisch orientierten Denken herrsche ein *technologisches Rationalitätsmuster* vor (vgl. *Becker* und *Jungblut* 1972, 13 ff.), das den Zusammenhang zwischen den kapitalistischen Verwertungsinteressen und der Qualifikationenproduktion verdeckt.
Solche Behauptungen sind nur verständlich, wenn man ihren theoretischen Hintergrund mitbedenkt.

2.2.3 Politökonomische Analyse der schulischen Qualifikationsproduktion

Die politökonomische Analyse hat unter kritischen Gesichtspunkten den Zusammenhang von Ausbildungssektor und Produktionssektor der Gesellschaft aufgewiesen. In der „bürgerlichen Bildungsökonomie" wurde dieser Zusammenhang nach der Meinung politökonomischer Kritiker primär unter affirmativen und technologischen Gesichtspunkten analysiert. Die Politökonomie behauptet einen Zusammenhang, die bürgerliche Bildungsökonomie bedauert einen zu geringen Zusammenhang und möchte auf einen größeren hinarbeiten. Beide Ansätze konzentrieren sich auf die Qualifikationsstruktur und auf die Bedeutung der Qualifikation der Arbeitskraft für die Produktivität.

Die Analyse dieses Zusammenhanges erfolgte in der Politökonomie der letzten Jahre in zwei Phasen, wobei die erste in den Analysen von *Altvater* und *Huisken* (1971) einen Höhepunkt fand.

Der Zusammenhang zwischen Ausbildung (Schule) und Produktion (Wirtschaft) ergibt sich fundamental aus der Tatsache, daß die im Ausbildungssektor erworbene Qualifikation des Arbeiters die wertbildende Potenz des Arbeiters vergrößert. Der Kapitalist kann dadurch u. U. sogar Extraprofite abschöpfen. Bestünde nur dieser Zusammenhang, dann müßten Kapitalisten ein zentrales Interesse daran haben, daß der Ausbildungssektor ausgebaut wird. Dem steht folgendes entgegen. Auf Grund der kapitalistischen Produktionsverhältnisse (Produktionsmittel im Besitz von Privateigentum) wird im Bereich der Produktion nicht um der besseren Erfüllung gesellschaftlicher Bedürfnisse willen produziert, nicht um des Gebrauchswertes von Waren willen, sondern um des Tauschwertes und des damit verbundenen Profites willen. Deshalb geht es nicht in erster Linie darum, möglichst hohe Qualifikationen zu produzieren, sondern solche, die optimale Profite abwerfen und damit eine optimale Verwertung des Kapitals ermöglichen. Den entscheidenden Widerspruch in Bezug auf den Ausbildungssektor kann man nur erkennen, wenn man diese Grundstruktur erfaßt hat. Dann ergibt sich nämlich folgendes: die höhere Qualifikation des Arbeiters vergrößert wohl die wertbildende Potenz des Arbeiters. Die Produktion von Qualifikationen verursacht jedoch hohe *Kosten*, die die Profitrate mindern. Deshalb muß der Kapitalist, wenn er seinen Normen der optimalen Kapitalverwertung folgt, ein Interesse daran haben, nur die *unbedingt notwendige Qualifizierung* zuzulassen.

„Das Kapital wird sich einer Erhöhung der Bildungsausgaben nur dann nicht entgegenstellen, wenn die Wertsteigerung der Arbeitskraft zugleich eine Verbesserung der Verwertungsmöglichkeiten zur Folge hat, wenn eine Veränderung der Produktionsmethoden und der Arbeitsorganisation eine Verlängerung oder Intensivierung der Ausbildung von Arbeitskräften unumgänglich macht." (*Huisken* 1972, 251)

Schul- und Hochschulreform stehen damit unter einem Widerspruch, an dem die Kritik nach *Altvater* und *Huisken* ansetzen muß:

„Staatliche Bildungspolitik ist ... in den Notwendigkeiten des Arbeitsprozesses, die Arbeiter den technischen, organisatorischen und kommunikativen Bedingungen ständig anzupassen (‚Veränderung der Berufsstruktur'), und den Grenzen, die durch die Folge einer Wertsteigerung der Ware Arbeitskraft für den Verwertungsprozeß auferlegt sind, befangen." (*Altvater* und *Huisken* 1971, XII).

Bühlow et al. (1972) nennen die Folgen dieses Widerspruchs *Kompressionstendenzen* im Ausbildungssektor,

„... d. h. staatliche Anstrengungen, innerhalb des Spielraums von Notwendigkeiten der Qualifizierung und Grenzen der Verwertung ein Höchstmaß an Effizienz zu erreichen. Welche Erscheinungen damit interpretiert werden können, deuten *Altvater* und *Huisken* kurz an: technologische Lehr- und Lernmethoden, Verkürzung des Studiums, Zwischenprüfungen, Gesamtschule, erhöhter Leistungsdruck." (*Bühlow* et al. 1972, 154 f.).

Die Analyse von *Altvater* und *Huisken* bleibt vorerst im globalen Aufweis des Widerspruchs zwischen den Notwendigkeiten der Qualifikation für den Arbeitsprozeß und den Grenzen der Verwertung stehen.

„Der Widerspruch liegt darin, daß das Kapital bestimmte Qualifikationen für den Arbeitsprozeß braucht (Gebrauchswert der Ware Arbeitskraft), um durch Kombination von lebendiger Arbeit und Maschinerie Mehrwert zu erzielen. Gleichzeitig reduzieren die Ausbildungskosten unter bestimmten Bedingungen (s. o.) die Mehrwertrate. Die Herstellung der Qualifikationen ist damit stets dem Verwertungsinteresse untergeordnet, kann nicht zur Entfaltung der menschlichen Produktivkräfte führen. Diese Unterwerfung und Begrenzung verweist auf einen allgemeineren Widerspruch der kapitalistischen Gesellschaft: auf den Widerspruch zwischen den objektiven Möglichkeiten der Entwicklung von Gesellschaft und Individuum auf Grund eines bestimmten Standes der Produktivkräfte und der tatsächlichen, durch Verwertungsinteressen beschränkten Entwicklung. Die „Kompressionstendenzen" im Ausbildungssektor sind damit eine Erscheinungsform dieses gesamtgesellschaftlichen Widerspruchs." (*Bühlow* et al. 1972, 157 f.).

Eine zweite Phase der politökonomischen Analyse setzte mit der Differenzierung dieser allgemeinen These ein, indem

— historische Veränderungen der Qualifikationserfordernisse aufgegriffen werden;
— indem die Thesen nicht nur auf den allgemeinen Begriff des Kapitals bezogen werden, sondern die Konkurrenz der Einzelkapitale (spezifische Wirtschaftsbranchen) berücksichtigt wird;
— die Funktion des Staates differenziert aufgenommen wird.

Doch diese Analyse kann auch nur in Ansätzen geleistet werden, weil wichtige Vorarbeiten fehlen, z. B. eine wirtschaftshistorische Analyse der Veränderungen der Ökonomie der BRD nach dem 2. Weltkrieg (s. dazu *Janossy* 1968, *Huffschmid* 1969, *Hirsch* 1970) und entsprechende schulhistorische Untersuchungen (s. dazu *Kuhlmann* 1970).
M. Schmidt (1972) sieht in bezug auf die Veränderung der Qualifikationsstruktur folgende Tendenzen.
Im Zusammenhang mit der Automatisierung gehen branchenspezifische Berufe zurück. Fachwissen und Erfahrungen an einem spezifischen Arbeitsplatz und in einem spezifischen Beruf treten gegenüber der Fähigkeit, sich rasch neue Fertigkeiten anzueignen, in den Hintergrund.

„Anlagen, die auf manueller Fertigkeit mit fremdgetriebenen Werkzeugen basieren, fordern für fast alle Arbeitsplätze ähnliche Fachkenntnisse mittleren Niveaus. Eine Umstellung auf automatisierte Fertigung setzt verschiedene Schwerpunkte innerhalb der Beschäftigungsstruktur. Die Mehrzahl der Arbeitsplätze erfordert weniger Fachkenntnisse als zuvor, während ein geringerer Prozentsatz höhere Anforderungen an den Arbeiter stellt. Zum Teil bleiben die Anforderungen auch gleich. Komplexe Produktionstätigkeiten werden in der Regel auf maschinelle Anlagen übertragen oder zu neuen Tätigkeiten im Produktionsbereich zusammengefaßt. Die direkt auf das Produkt einwirkenden Tätigkeiten fallen entweder völlig weg oder werden einfacher und häufig auch einseitiger. Eine Polarisierung innerhalb der Beschäftigungsstruktur ist die Folge. Auf der einen Seite entstehen relativ anspruchsvolle Spezialtätigkeiten, die durch die herkömmlichen Berufsbilder nicht zu erfassen sind, auf der anderen Seite verstärkt sich die Vereinseitigung infolge der Arbeitsteilung.
Der Bedeutungszuwachs von grundlegenden Verhaltensweisen wie Flexibilität, Mobilität und Disponibilität gilt jedoch für alle Arbeitskräfte in ähnlicher Form. Im einzelnen wird gefordert: Beweglichkeit, Wendigkeit, Umstellungsbereitschaft, Aufnahmefähigkeit, Beobachtungsgabe, Bereitschaft zum Weiterlernen und Umlernen. Die Arbeitskräfte müssen derart qualifiziert sein, daß sie wandelnden Anforderungen, die aus einem Arbeitsplatz- oder sogar Branchenwechsel sowie Veränderungen am bisherigen Arbeitsplatz entstehen, bewältigen können. Eine mehr oder weniger statische Grundstruktur der Individuen, die dadurch bestimmt ist, den einmal erlernten Beruf ein Leben lang auszuüben, muß verändert werden. Die Sicherheit, die der einzelne daraus gewinnt, daß er jahrelang in einem Betrieb an einem bestimmten Arbeitsplatz tätig ist und mit einem festen Kreis von Arbeitskollegen zusammenarbeitet,

weicht zunehmend einer Unsicherheit über die zukünftige Entwicklung am Arbeitsplatz. Die Individuen müssen Verhaltensdispositionen entwickeln, die sie befähigen, diese Unsicherheit zu ertragen." (*Schmidt* 1972, 36).

Durch diese Entwicklungstendenzen wird auch die Beziehung zwischen Schule und Produktionsprozeß indirekter. „Es werden nicht spezialisierte Arbeitskräfte für einzelne Arbeitsbereiche ausgebildet und insofern direkte Zulieferungsfunktionen ausgeübt, sondern es wird eine allgemeine Vorbereitung auf die kapitalistische Gesellschaft betrieben. Eine spezialisierte Berufsausbildung überschreitet auch die Möglichkeiten der Schule und wird ‚sachgemäßer' in den Betrieben durchgeführt" (*Schmidt* 1972, 37).

Die These, daß durch Änderungen der Arbeitsplatzstruktur sich andere Qualifikationsanforderungen ergeben, hatte bereits *Schelsky* vertreten. Er hat sie allerdings nicht darauf bezogen, daß damit gleichzeitig extrafunktionale Qualifikationen und damit Sozialisationsprozesse in der Schule bedeutsamer werden, für die ein Gesamtschul-System besser geeignet ist.

Durch die Berücksichtigung der verschiedenen Kapitalfraktionen wird es möglich, die These von den Interessen der Wirtschaft an einer geänderten Qualifikationsstruktur zu differenzieren. Es ist vor allem zu unterscheiden zwischen den Qualifikationsforderungen des Handwerks und der mittleren Kapitale sowie den Bedürfnissen der Großkonzerne und der Monopolkapitale. Mittlere und kleinere Betriebe haben ein relativ geringes Interesse an höheren Qualifizierungen. Ihr Interesse konzentriert sich auf den Hauptschüler, der mit Grundkenntnissen und allgemeinen Arbeitstugenden ausgestattet ist und im Betrieb die spezifischen Qualifikationen erwerben kann. In ihren Augen ist unser *duales Schulsystem* kostensparend und effektiv.

Auf höhere Abschlüsse und damit auf höhere Qualifikationen richtet sich besonders das Interesse der Großkapitale mit automatisierten Fertigungsweisen. Diese unterschiedlichen Interessen können dazu führen, daß das dreigliedrige vertikale Schulsystem noch über lange Zeit erhalten bleibt.

Eine Fortführung dieser Analyse müßte zu einer differenzierten Erhebung der mutmaßlichen Veränderungen der beruflichen Anforderungsstrukturen führen. In diesem Aspekt ergäbe sich ungewollt eine Annäherung an Strategien der Bestimmung der Arbeitsplatzstrukturen sowie ihrer vermutlichen Änderungen, wie sie die bürgerliche Bildungsökonomie vorgenommen hat. Daß diese Strategie an strukturell bedingte Grenzen stößt, wird von *Becker* und *Jungblut* (1972, 53 f.) behauptet. Das Grundproblem liege darin, daß die Entwicklung des Produktionsbereichs nicht gesellschaftlich bestimmten Prioritäten und Bedürfnissen folgt; treibende Kräfte sind vielmehr die nicht exakt planbaren Bedingungen der optimalen Kapitalverwertung im Rahmen kapitalistischer Produktionsverhältnisse.

Die politökonomische Analyse des Bildungssystems hat zwei Problemstellungen ins Blickfeld gerückt, deren Lösung zur Zeit jedoch noch offen ist. Das erste Problem bezieht sich auf die *Analyse von Qualifikationsstrukturen.* Wie sieht die unter bestimmten Gesellschaftsverhältnissen und bei einem bestimmten technologischen Entwicklungsstand wünschenswerte und historisch mögliche Qualifikationsstruktur aus?
Das zweite Problem besteht in der Analyse der *Rolle des Staates* als rechtlichem Träger des Bildungssystems gegenüber einer kapitalistischen Wirtschaftsordnung. Seine Rolle erscheint auf dem Hintergrund von solchen Analysen als weniger souverän und autonom, nach denen Gesetzmäßigkeiten zwischen kapitalistischen Produktionsverhältnissen, dem politischen und ideologischen Überbau sowie dem Ausbildungssektor behauptet werden. Das Problem der gesellschaftlichen Abhängigkeit des Bildungssystems spezifiziert sich im Rahmen der politökonomischen Analyse zum Problem, welchen Handlungsspielraum der Staat besitzt, wie groß seine *Autonomie angesichts der Bewegungsgesetze kapitalistischer Produktion ist* (vgl. *Baethge* 1972, 24). Allgemein gesprochen handelt es sich hier um das Problem der gesellschaftlichen Abhängigkeit und Kontrolle des Bildungssystems. Dieses für das Verständnis innerschulischer Prozesse zentrale Problem soll in einem eigenen Abschnitt behandelt werden (s. S. 204 ff.). Als Abschluß der Diskussion um die Qualifikationsfunktion möchten wir nochmals auf den Begriff der Qualifikation zu sprechen kommen und ihn in einen allgemeineren soziologischen Kontext stellen.

2.2.4 Zur Problematisierung des Qualifikationsbegriffes: Qualifikationen als kulturspezifische und gesellschaftsspezifische Erwartungssysteme und Problemlösestrategien

Der Begriff der „Qualifikation", welcher den bisherigen Ausführungen zugrunde lag, bezog sich auf die im Arbeitsprozeß erforderlichen und anwendbaren Kenntnisse und Fertigkeiten. Die Gesamtheit der im Produktionsprozeß auf einer historischen Stufe der Vergesellschaftung erforderlichen Qualifikationen wird als Qualifikationspyramide bezeichnet. Diese Qualifikationspyramide hat zwei wichtige Dimensionen:

— Das Verhältnis von hohen und niedrigen Qualifikationen.
— Der Anteil unterschiedlicher inhaltlicher Qualifikationen an der Gesamtstruktur von Qualifikationen.

Die Abschlüsse des allgemeinbildenden Schulsystems (Hauptschule, Real-

schule und Gymnasium) qualifizieren — zumindest nach dem Selbstverständnis ihrer Träger — für drei unterschiedlich hohe Ebenen von Qualifikationen; die Hauptschule für ausführende praktische Tätigkeiten, die Realschule für technische bzw. praktisch-theoretische Tätigkeiten und das Gymnasium für entwerfende, planende und leitende Funktionen.
Das Verhältnis von hohen und niedrigen Qualifikationen ist in den letzten Jahren durch einen zunehmenden Andrang an Realschulen (Steigerung der Schülerzahl zwischen 1950 und 1967 um 218,3 %) und an Gymnasien (Steigerung der Schülerzahl im selben Zeitraum um 79 %) in Bewegung geraten. Diese Bewegung hat zur These Anlaß gegeben, durch die industrielle Produktionsweise erfolge ein Zwang zur generellen Höherqualifizierung, ein Zwang, der dazu führt, daß zunehmend mehr Menschen befriedigende Tätigkeiten ausführen können. Diese These ist nicht unproblematisch. Eine Höherqualifizierung ist primär dort erforderlich, wo es um die Herstellung von Produktionsmitteln, um die Herstellung von Maschinen geht (vgl. *Baethge* 1972, 20 ff.). Deren Bedienung verlangt jedoch nur sehr geringe Qualifikationen. Aus diesem Sachverhalt ist auch erklärlich, warum sich die Bildungsreform primär auf die Höhere Bildung und den Hochschulbereich konzentrierte, während das „niedrige Bildungssystem", insbesondere die Hauptschule, im Schatten der Bildungsreform stand.
Die zweite Dimension der Qualifikationspyramide bilden die verschiedenen Bereiche, wobei die Aufgliederung in den primären Sektor (Landwirtschaft, Forstwirtschaft, Fischerei), den sekundären Sektor (Energiewirtschaft, Bergbau, verarbeitendes Gewerbe, Baugewerbe) und den tertiären Sektor (Dienstleistungen im weitesten Sinn, also Handel, Verkehr, Nachrichtenübermittlung, andere Dienstleistungsbereiche, wie Staat etc.) am bekanntesten ist. Auf dieser groben Ebene lassen sich bedeutsame Verschiebungen in der Beschäftigungsstruktur feststellen, vor allem ein Abbau des primären Sektors und eine Zunahme des Dienstleistungsbereichs (s. Abb. 9).
Bei der in Abb. 9 dargestellten Aufteilung nach gesellschaftlichen Sektoren ist zu beachten, daß auch die Angestellten in Fabriken (Planung, Organisation, Versand) zum produzierenden Gewerbe gerechnet werden. Wird dies berücksichtigt, dann steigt der zahlenmäßige Anteil der „white-collar" Arbeiter, der Angestellten und Beamten noch beträchtlich.
Im Zusammenhang mit der Qualifikationsstruktur wird seit geraumer Zeit ein Problem diskutiert, das sich durch den raschen Wandel von Produktionsmitteln und Arbeitsplatzstruktur ergibt: das Problem, ob spezifische Kenntnisse und Fertigkeiten zunehmend unwichtiger werden und ob heute mehr auf allgemeinere Fertigkeiten wie Flexibilität, technische Sensibilität, Mobilität und Lernfähigkeit Wert zu legen sei. Hier deutet sich die Erweiterung eines engen Qualifikationsbegriffes (konkretes Arbeitsvermögen) an, etwa im obi-

Abb. 9: Veränderungen der Beschäftigungsstruktur

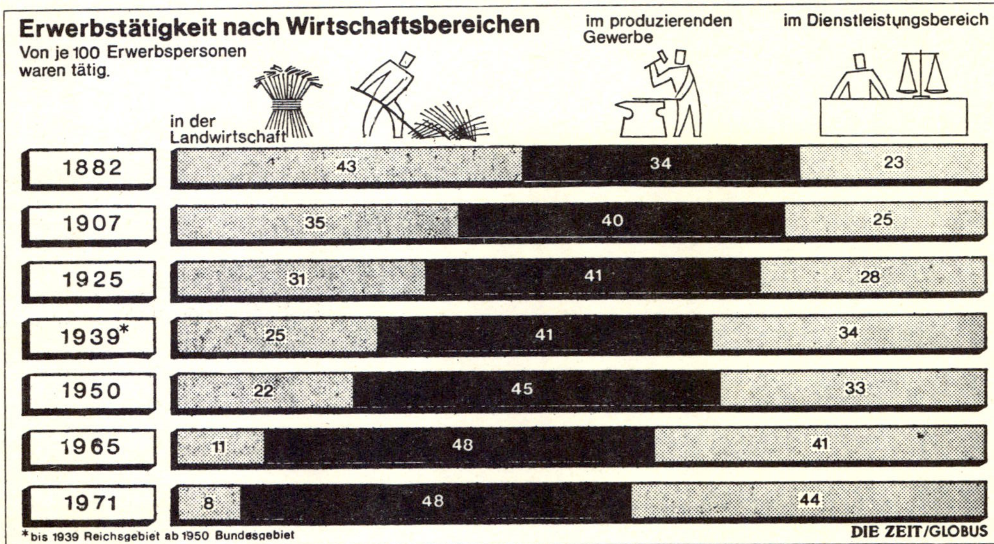

Service über alles

Der stark rückläufige Trend bei den Beschäftigten in der Landwirtschaft hat sich in den letzten zehn Jahren fortgesetzt: Wurden 1961 in der Land- und Forstwirtschaft noch 3,4 Millionen Arbeitskräfte gezählt (entspricht 13 Prozent), so sank ihre absolute Zahl bis 1971 auf 2,2 Millionen. Die Zahl der im produzierenden Gewerbe tätigen blieb dagegen nahezu konstant. Von 1961 bis 1971 veränderte sich die Gesamtzahl der Beschäftigten nur unwesentlich. Mit den rund 1,6 Millionen zusätzlichen Gastarbeitern wurde lediglich die sinkende Erwerbsquote bei den Jugendlichen ausgeglichen. Das Wachstum im Dienstleistungssektor geht vor allem zu Lasten der Beamten.

Quelle: Statistisches Bundesamt

(Die Zeit, Nr. 50, v. 15. 12. 1972)

gen Sinne von *überfachlichen Qualifikationen* oder von *außerfachlichen Qualifikationen*, wie sie z. B. *Offe* (1970) schildert.
Offe vertritt die These, daß sich eine Verschiebung in der Qualifikationsstruktur vollzogen hat, die auf neue Formen der Arbeitsteilung zurückzuführen ist.
Diese neue Form der Arbeitsteilung verdeutlicht sich im Unterschied zwischen einem Lehrling-, Meister- und Gesellen-Verhältnis und einem hochspezialisierten Team. Das besondere Merkmal der ersten Form eines arbeitsteiligen Verhältnisses liegt darin, daß in den oberen Qualifikationen des Meisters die unteren — die des Lehrlings — enthalten sind. Dies ist in einem Team von Spezialisten nicht der Fall. Hier ist nicht ein Mitarbeiter durch den andern ersetzbar. Diese letztere Form der Arbeitsteilung gewinnt heute eine zunehmende Bedeutung. Was sind die Folgen für die Qualifikationsstruktur?
Um diese Folgen zu verstehen, müssen zwei Begriffe eingeführt werden. *Dahrendorf* (1956) hat zwischen funktionalen und extrafunktionalen Qualifikationen unterschieden. Unter den „funktionalen Qualifikationen" werden die konkreten Kenntnisse, Fertigkeiten und Fähigkeiten zusammengefaßt, während zu den extrafunktionalen Qualifikationen Haltungen und Tugenden wie Genauigkeit, Sparsamkeit im Mitteleinsatz usw. zählen. *Offe* (1970) versucht denselben Sachverhalt (allerdings in einem anderen Kontext) durch die Unterscheidung zwischen „technischen Umgangs- und Verfahrensregeln" und „normativen Orientierungen" (*Offe* 1970, 29) zu treffen.
Mit der oben erwähnten Änderung des arbeitsteiligen Verhältnisses hat sich nach *Offe* die Qualifikationsstruktur insofern gewandelt, als in einem Team von Spezialisten den extrafunktionalen Qualifikationen oder den normativen Orientierungen eine größere Bedeutung zukommt. Im Meister-Lehrling-Verhältnis hat der Produktionsprozeß auch unter einer rein formalen Autoritätshierarchie mit vorwiegend externer Kontrolle funktioniert, da Fehlleistungen deutlich sichtbar und rasch reparierbar waren. Das Team von Spezialisten erfordert jedoch Modi der inneren Kontrolle in der Form von Loyalität gegenüber allen Systemschritten sowie die Verpflichtung zu einem an Knappheitsgesichtspunkten orientierten Handeln (*Becker* und *Jungblut* 1972, 40). An die Stelle äußerer Kontrolle — die unter solchen Bedingungen auch unwirksam sein muß — tritt die normative Selbstverpflichtung.
Durch die Bedeutung, die diese normativen Orientierungen in neuen Formen der Arbeitsteilung haben, ändert sich auch die Bedeutung des Ausbildungssektors: er hat mindestens zusätzlich die Aufgabe, solche extrafunktionalen Qualifikationen zu vermitteln. Gleichzeitig kommt dem Schulsystem die Aufgabe zu, auf einen anonymen Systembedarf vorzubereiten, da die konkreten Berufsqualifikationen weniger planbar und voraussagbar sein werden. Das Schulsystem kann dies auf zwei Arten tun: einmal indem sie eine allgemeine

Qualifikationshöhe schafft, die Ausgangspunkt für verschiedene Spezialisierungsrichtungen sein kann und zum andern dadurch, daß sie die Wahrscheinlichkeit zu systemkonformem Verhalten erhöht und das Individuum somit auch für einen unterschiedlichen Einsatz im Produktionssektor disponibel macht.
Mit diesen Problemen, mit diesen Formen der Qualifikation, tangieren wir stark jenen Bereich, den wir im Zusammenhang mit der Integrationsfunktion näher analysieren werden: die Vermittlung von wert- und normgesteuerten Interpretationsmustern, Interessenstrukturen und Verhaltensweisen, kurz von *Orientierungen.*
Die obigen Bemerkungen machen zudem deutlich, daß der Zusammenhang zwischen der für den Produktionsprozeß erforderlichen Qualifikationsstruktur und der schulischen Ausbildung weniger direkt ist, als in vielen Analysen vorschnell angenommen wird. So könnte es die wichtigste Aufgabe des allgemeinbildenden Schulsystems sein, allgemeine Arbeitstugenden über Lerntugenden einzuüben und generalisierte Qualifikationen zu vermitteln. Dies entspräche mehr der Beobachtung der *Praxisferne* des allgemeinbildenden Sektors des Bildungssystems. Diese Praxisferne könnte zur Annahme verleiten, daß dem allgemeinbildenden Schulsystem keine wirtschaftlich verwertbare Qualifikationsfunktion zukommt. Ferner wäre zu beachten, daß unser Bildungssystem einen *dualen Charakter* besitzt. Die Vermittlung der konkreten Berufsqualifikationen erfolgt unter starker Kontrolle der Berufsverbände (Handelskammer, Handwerkskammer) und unter klaren Verwertungsinteressen.
Das Schulsystem vermittelt jedoch nicht nur Qualifikationen für das Arbeitsverhalten in der Wirtschaft. Es bildet auch für Verwaltung, für ärztliche Berufe, für Juristen und Rechtsanwälte, für künstlerische Berufe, für soziale Dienstleistungsberufe wie Krankenschwestern, Sozialarbeiter und für den wissenschaftlichen Sektor aus. Ein großes und hier besonders interessantes Berufsfeld bildet die Lehrtätigkeit selber (s. Tab. 5).

Tabelle 5: Erwerbspersonen mit abgeschlossener Hochschulbildung in der BRD nach Sektoren — 1961

Sektor	Erwerbspersonen (Anzahl)	%
Produktion und Dienstleistung	292 508	38,0
Versorgungsdienstleistung	208 748	27,1
Bildungswesen	269 033	34,9
Insgesamt	770 289	100,0

Quelle: Riese, H.: Die Entwicklung des Bedarfs an Hochschulabsolventen in der Bundesrepublik Deutschland, S. 41.

Das Berufsfeld der Lehrer ist für uns deshalb besonders interessant, da es im Zusammenhang mit der Selbstreproduktion des Bildungssystems steht. Die Berücksichtigung dieser verschiedenen Berufsfelder schränkt jene These beträchtlich ein, die eine totale Vereinnahmung und Instrumentalisierung des Schulsystems durch das Wirtschaftssystem behauptet. Welche *indirekten Beziehungen* zwischen der kapitalistischen Produktionsform und der „Bildungsproduktion" trotzdem auch in nicht primär wirtschaftlich orientierten Qualifikationsbereichen bestehen, ließe sich nur dann feststellen, wenn eine detaillierte Analyse über die Zusammenhänge zwischen dem Wirtschaftssystem und dem politischen System vorliegen würde. Dieser Aufgabe werden wir uns weiter unten zuwenden.
Zusammenfassend läßt sich sagen, daß die These vom direkten Einfluß kapitalistischer Verwertungsinteressen auf die Gestaltung schulischer Qualifikationsprozesse berücksichtigen muß,

— daß nur etwa ein Drittel aller hochqualifizierten Arbeitskräfte von der Hochschule in den Produktionssektor geht;
— daß die Produktion überfachlicher Qualifikationen wichtiger zu sein scheint als die „Herstellung" des konkreten Arbeitsvermögens;
— daß durch die duale Organisation unseres Schulwesens im allgemeinbildenden Sektor des Schulsystems eine Vielzahl nicht konkret verwertbarer Qualifikationen erzeugt wird (Praxisferne der allgemeinbildenden Schulen!);
— daß es keinen exakt planbaren Zusammenhang zwischen Beschäftigungssystem und Qualifikationserfordernissen gibt;
— daß die Kontrolle des Schulsystems vom Staat ausgeübt wird, so daß die Abhängigkeit des Staates vom Produktionsbereich in erster Linie nachgewiesen werden müßte.

Eine solche Abhängigkeit des Staates ließe sich über verschiedene Wege nachweisen. Einmal könnte sie direkt bewiesen werden, indem gezeigt wird, daß in den entscheidenden politischen Gremien Unternehmer über Mehrheitsverhältnisse einen Einfluß ausüben können. Indirekter wäre der Zusammenhang dann, wenn nachgewiesen würde, daß sie über informelle Entscheidungswege die Bildungspolitik bestimmen, etwa über Massenmedien, über die „pressure groups" der Arbeitgeberorganisationen oder über Lobbys. Ein weiterer Nachweis bestünde im Beleg der These, daß wirtschaftsfreundliche Entscheidungen jeweils eine große Chance haben, in politischen Entscheidungsprozessen positiv entschieden zu werden. Danach würde der Staat im Sinne der Interessen des Produktionssektors handeln, ohne daß diese Entscheidungen direkt von Vertretern der Interessenverbände durchgesetzt werden. Diese Problematik wird uns bei der Analyse der gesellschaftlichen Kontrolle des Schulsystems noch beschäftigen.

2.2.5 Das Konzept der herrschenden Kultur

Hier wollen wir zu einer letzten Problematisierung des Qualifikationsbegriffs kommen, indem wir ihn in den Rahmen einer allgemeinen soziologischen Analyse des Bildungssystems stellen. Dabei können wir uns auf die Arbeit von *Heinz Ries* (1971) stützen.

Ries definiert das allgemeine Ziel der Bildungsinstitutionen als „*Sozialisation von Talenten*" (S. 130). Damit ist gemeint, daß durch das Bildungssystem Qualifikationen, oder wie es *Ries* nennt, Leistungsfähigkeiten und Leistungsbereitschaften erzeugt werden. Die inhaltliche Definition wünschenswerter Leistungen bzw. Qualifikationen ist von gesellschaftlichen Interessen geleitet, und sie bestimmt, welche Personengruppen mit welchen Merkmalen als Talente gelten.

Ries versucht, ein Modell der Talentproduktion zu formulieren, das nicht auf die spezifischen Verhältnisse in einer Gesellschaft beschränkt ist.

Der Ausgangspunkt dieses Modells ist die Annahme, daß in gesellschaftlichen Gruppen je nach dem zugrundeliegenden Wertsystem die einen Verhaltensmerkmale der Mitglieder hoch, die anderen niedrig bewertet werden. Zu solchen Verhaltensmerkmalen gehören auch Leistungsfähigkeiten, d. h. Qualifikationen, ein Produkt herzustellen oder mit einem Objekt in bestimmter Weise umzugehen. Positiv bewertete Qualifikationsmuster gelten als „Talente". Bildungssysteme können in dieser Perspektive als soziale Einrichtungen verstanden werden, solche Talente zu erzeugen. Dabei werden nicht alle möglichen Talente gefördert, sondern nur jeweils solche, die von der jeweiligen Gesellschaft hoch bewertet werden. Deshalb gelten für die Talentproduktion in einem Bildungssystem vermutlich folgende Aussagen:

„Die geltenden kulturellen Ziele, institutionellen Normen und Mittel einer Gesellschaft beinhalten stets ein bestimmtes Maß an positiven und negativen Faktoren, welche gewisse Individuen in der Entwicklung und Aktualisierung von Dispositionen der Leistungsbereitschaft und Leistungsfähigkeit bevorteilen oder benachteiligen:

— Das aktuelle Talentangebot einer Gesellschaft ist stets kleiner als ihr Talentpotential. Die Größe der Differenz hängt vom Ausmaß der negativen Faktoren ab, die auf die Entwicklung und Aktualisierung von Dispositionen der Leistungsbereitschaft und Leistungsfähigkeit der einzelnen Individuen einwirken.

— Zur Legitimation der Größe des aktuellen Talentangebotes postuliert die Gesellschaft eine ideologische oder metaphysische Größe Talentpotential, für die keine hinlänglich kontrollierbaren Bedingungen formuliert werden können.

— Es versteht sich, daß die Definition der Größe Talentpotential nicht ohne Bezug auf das bestehende Talentangebot bzw. die ein Talent determinierenden Dispositionen erfolgen kann. *Die Art dieser Dispositionen läßt sich aus den geltenden Talentstereotypen ermitteln.* Je uniformer diese Talentstereotypen sind, desto eher kann auf dominierende Werte geschlossen werden und desto eher wird ein Talentpluralismus ... fehlen." (*Ries* 1971, 138).

In einer kritischen Wendung dieses Modells kommt *Ries* zur Feststellung, daß in unserem Bildungssystem ein solcher Talentpluralismus fehle und eine große Uniformität vorhanden sei.
Diese Uniformität kristallisiert sich in der Vorstellung von der Intelligenz eines Schülers, die sich in guten akademischen Leistungen, im Geschick bei der Ablegung von Prüfungen, beim Befolgen von Anweisungen und beim Lösen von Aufgaben, die andere aufgegeben haben, manifestiert. In Anlehnung an *McClelland* (1967) und an *Riesman* vertritt auch *Ries* die These von der Tendenz zur Homogenisierung des kulturellen Wertsystems, dessen zentrale Inhalte Rationalität und Leistungsorientierung bilden. Diejenigen Qualifikationen, welche in diesem Wertsystem am höchsten belohnt werden, sind in objektiven Leistungstests am genauesten operationalisiert. Zwischen schulischen Leistungserwartungen und den in objektiven Leistungstests geforderten Fähigkeiten besteht deshalb eine hohe Übereinstimmung (vgl. *Klingler* 1972). Mit anderen Worten: *was in einem Bildungssystem verlangt wird, ist Ausdruck der herrschenden Kultur einer Gesellschaft.* Die herrschende Kultur unserer Gesellschaft ist die der intellektuellen Leistungen. Wer mit ihren Erwartungen die größte Ähnlichkeit zeigt, der hat die größte Chance, in dieser Gesellschaft über das Schulsystem eine hohe soziale Position zu erreichen.
Ein Talentpluralismus ist danach in dem Maße möglich, in dem in der Gesellschaft ein Ziel- und Wertpluralismus vorherrscht. Ein Ziel- und Wertpluralismus wird durch konkurrierende und/oder als gleichwertig anerkannte Institutionen verkörpert, beispielsweise die Institution der Wirtschaft und jener der Wissenschaft oder der Kirche. Dabei wird vorausgesetzt, daß diese Institutionen unterschiedliche Ziele und Werte verkörpern. Nach dem Konzept der herrschenden Kultur erweist sich, daß das Problem der Unterordnung von schulisch produzierten Qualifikationen unter Wirtschaftsinteressen (Kapitalverwertungsinteressen) ein Sonderfall des allgemeineren Problems darstellt, daß in Schulsystemen jene Qualifikationen vermittelt werden, denen in außerschulischen Bereichen eine hohe Priorität zukommt. Diese außerschulischen Bereiche sind durch Herrschaftsverhältnisse charakterisierbar, bei denen die Dominanz einzelner Kulturbereiche und Herrschaftsverbände eine jeweils historisch und gesellschaftsanalytisch zu bestimmende Rolle spielt. Die politökonomische Analyse behauptet, daß in unserer gegenwärtigen Gesellschafts-

form die Tendenz besteht, die im Schulsystem herzustellenden Qualifikationen unter Kapitalinteressen zu subsumieren. Sie behauptet damit eine *Dominanz kultureller Muster, die sich in Profitsteigerung, Wachstumssteigerung und Konsumsteigerung* umsetzen lassen. Man könnte von der *Herrschaft einer ökonomischen Kultur* sprechen.

Dieser These steht jene entgegen, die von der Herrschaft einer Kultur der Intellektuellen und der Rationalität spricht. Diese These stützt sich vornehmlich auf eine Analyse der Inhalte der höheren Bildung (vgl. *Klingler* 1972) in Gymnasien und an Hochschulen. Wer vom Gymnasium als einer Institution des höheren Bürgertums spricht, das vor allem Beamte (Lehrer, Verwaltungsbeamte, Richter) und Freiberufliche (Ärzte, Rechtsanwälte usw.) umfaßt, oder wer das Gymnasium als Mittelklasseninstitution charakterisiert (*Lütkens* 1968), der vertritt ebenfalls ein Konzept der herrschenden Kultur. Inhaltlich kann diese Kultur nicht besser charakterisiert werden als durch die Qualifikationen, die Bildungstheoretiker als Kriterien der Hochschulreife konzipierten. Als eindrucksvolles Beispiel kann hier der „Tutzinger Maturitätskatalog" dienen:

1. Einwandfreies Deutsch; Fähigkeit, einen eigenen Gedankengang zu formulieren und einen fremden richtig wiederzugeben, sowohl mündlich wie schriftlich, und mit einem Wortschatz, der auch feinere Unterscheidungen ermöglicht.
2. Verständnis einiger Meisterwerke der deutschen Literatur, und zwar auch solcher aus dem Umkreis der klassischen Literaturepoche, sowie bedeutender Schriften sowohl philosophisch als auch literarisch wertvoller Prosa und Verständnis einiger grundlegend wichtiger Meisterwerke der Weltliteratur, vor allem auch der antiken.
3. Gute Einführung in eine Fremdsprache: Nachzuweisen ist flüssige Lektüre gehaltvoller leichter bis mittelschwerer Prosa ohne Hilfsmittel und die Fähigkeit, über das Gelesene in deutscher Sprache zu referieren und in der Fremdsprache ein einwandfreies Gespräch zu führen; ferner eine erste Einführung in eine zweite Fremdsprache. Eine der beiden Sprachen soll Latein oder Französisch sein.
4. Kenntnis der Elementarmathematik, quadratische Gleichungen, Trigonometrie, Algebra, analytische Geometrie; Weiterentwicklung der mathematischen Denkfähigkeit, insbesondere der Fähigkeit, Beweise zu führen; Anwendung der aus den ausgewählten Stoffen gewonnenen Erkenntnisse auf Geometrie und Naturwissenschaften.
5. In der Physik Einführung in die Hauptphänomene, Verständnis für den Energiebegriff, wie er in allen Erscheinungsformen der Natur zu ermitteln ist, Kenntnis der historischen Anfänge physikalischen Denkens. Verständnis für das Wesen der exakt-naturwissenschaftlichen Methoden, für die Beschränkung der Aussagemöglichkeiten auf das Quantitative und damit für die Grenzen der naturwissenschaftlichen Methode — ferner für die wissenschaftliche Ermöglichung der

maschinellen Technik, Ansatz zum Verständnis chemischer Erscheinungen und ihres Bezugs auf das Energieproblem.

6. Liebhabermäßiges Betrachten der anschaulichen Natur und Zugang zur biologischen Betrachtungsweise.
7. In der Geschichte: Kenntnis und Verständnis für die geschichtliche Situation der Gegenwart, wie sie sich seit der Französischen Revolution ergeben hat.
8. **Propädeutik:** Verständnis für die philosophischen Einleitungsfragen, besonders für die anthropologischen, ausgehend von Platon oder Descartes oder Kant.
9. Orientierung über die Christenlehre, die kirchengeschichtlichen Hauptereignisse und Einführung in die ethischen Grundfragen.

(Aufgestellt von Beauftragten der Ständigen Konferenz der Kultusminister und der Westdeutschen Rektorenkonferenz auf einer Tagung vom 28. bis 30. 4. 1958 in *Tutzing*).

Diese Qualifikationen, die von einem Abiturienten zu erwarten wären, haben nach dem bedeutendsten Theoretiker dieser Konzeption, nach *W. Flitner*, vier historische Ursprünge:

1. die alttestamentarische und christliche Tradition,
2. die philosophisch-literarische Tradition der Griechen und des Neuhumanismus,
3. die Tradition der exakten Wissenschaften und
4. die rechtlich-politische Tradition vom Römischen Reich bis zur Französischen Revolution.

Eine solche rein deskriptive historische Zurückführung der Inhalte schulischer Bildung, die zu bestimmten Qualifikationen führen sollen, muß heute als unbefriedigend erscheinen. Oben handelt es sich nicht um ein Konzept der herrschenden Kultur, sondern um ein naives Konzept der Kulturtradierung. *Im Rahmen eines Konzeptes der herrschenden Kultur gilt es, die kulturellen Muster auf dem Hintergrund sozioökonomischer Verhältnisse analytisch darzustellen, d. h. die Bestimmungsgründe aufzudecken, warum verschiedene Kulturmuster eine unterschiedlich hohe soziale Wertschätzung erfahren.* Diesem Kriterium genügt am besten der politökonomische Ansatz. Seine Grenze erweist sich darin, daß viele heute noch in Schulen erwarteten Qualifikationen nicht von Kapitalverwertungsinteressen abgeleitet werden können. Dies trifft vor allem für die Realverhältnisse im allgemeinbildenden Schulwesen zu. Welche indirekten Beziehungen zum Produktionsbereich auch hier noch bestehen können, wird zur Sprache kommen, wenn wir die Integrationsfunktion des Schulsystems darstellen.

Der Tutzinger Katalog macht jedoch auf die Grenzen einer Analyse aufmerksam, die lange historische Traditionen nicht berücksichtigt und sich nur auf den Ausschnitt jener Qualifikationen konzentriert, die ökonomisch bedeutsam sind.

2.3 *Zur Allokations- und Selektionsfunktion des Schulsystems*

Die Problematik[12], auf die hier eingegangen werden soll und die den sozialstrukturellen Hintergrund schulischer Sozialisationsprozesse bildet, stand im Mittelpunkt der bildungspolitischen Diskussion der frühen sechziger Jahre. Kristallisationspunkt dieser Diskussion war der Begriff der *Chancengleichheit,* in dessen Gefolge das Problem der weiterführenden Schulbildung nicht unter dem Gesichtspunkt des wirtschaftlichen Bedarfs, sondern in der Perspektive des ***Bürgerrechts auf Bildung (Dahrendorf*** 1965) diskutiert wurde. Damit wurde eine sozialpolitische Diskussion eingeleitet, die bis heute nicht aufgehört hat. Als Grundlage dieser Diskussion dienen Vorstellungen über wünschenswerte Sozialverhältnisse, insbesondere was die Verteilung von Lebenschancen (Klassenstruktur der Gesellschaft) und den gerechten Erwerb von hohen sozialen Positionen in der Gesellschaft betrifft. Neben diesen normativen Orientierungen sind Informationen über die Mobilitätsprozesse in unserer Gesellschaft und über die Rolle, welche die Schule dabei spielt, in der Diskussion um die Chancengleichheit wichtig gewesen.
Damit sind zwei Problemkreise angesprochen:

- Welche Rolle spielt die Schule im Reproduktionsprozeß der Sozialstruktur hochentwickelter Gesellschaftssysteme?
- Welche Rolle soll die Schule spielen, kann sie zu einer größeren Chancengleichheit beitragen?

Es gilt bereits als Allgemeinplatz, daß im Prozeß der Industrialisierung die Schule einen zentralen Funktionswandel erlebt hat. In der vorindustriellen Gesellschaft, im Rahmen einer feudalen Sozialstruktur, war unterschiedliche Bildung als Kriterium für soziale Mobilität beinahe belanglos. Heute hingegen gilt eine hohe Schulausbildung als entscheidende Voraussetzung für den Erwerb einer hohen beruflichen Position. Einzelne Schultypen haben im Verlauf ihrer Entwicklung spezifischen Bevölkerungsschichten als Vehikel

---

12 Für eine ausführlichere Behandlung siehe für den deutschen Raum *Rolff* 1972 und *Müller* 1973; für die österreichischen Verhältnisse siehe *Seidl* 1972; für Schweizer Verhältnisse siehe *Hess* et al. 1966. Wir geben an dieser Stelle nur einen groben, orientierenden Überblick.

des sozialen Aufstiegs und als Vehikel der Statuserhaltung gedient. So diente die Realschule in erster Linie dem mittleren Bürgerstand und den Angestellten als Instanz der Statuserhaltung und des Statuserwerbs. Das Gymnasium hingegen stand im Dienste des Bürgertums, der Akademiker, des staatstragenden Beamtentums, der freien Berufe und zunehmend im Gefolge der aufkommenden Naturwissenschaften auch im Dienste der technischen Intelligenz. Die Elementarschule hatte eher die Funktion eines Befriedigungsinstruments für gute Untertanen und Christen (s. *Roeder* und *Leschinsky* 1972). Insgesamt — so wurde verallgemeinernd festgestellt — *spiegelt die Dreigliedrigkeit des **Schulwesens den ständischen Aufbau der Sozialstruktur außerhalb des Schulsystems.*** Das Schulwesen stellt zudem diesen Zustand von Generation zu Generation wieder her.

Im Gegensatz zu solchen Einschätzungen der Allokationsfunktion des Schulsystems wird in einer liberalen Konzeption die Schule als *Instanz der permanenten Umverteilung von Sozialchancen angesehen.* Das zugrundeliegende Kriterium ist dabei nicht mehr ein *zugeschriebenes* (ascribed) wie Geschlecht, Religionszugehörigkeit oder soziale Herkunft, sondern eines, das sich der Schüler durch eigene Anstrengung *erwerben* (achieved) kann: schulische Leistung. Es ist dies das Modell der Chancengleichheit.

Diese Konzeptionen enthalten eine Reihe empirisch prüfbare Annahmen, die im folgenden getrennt aufgeführt und mit Daten belegt werden sollen. Die Frage nach der Stellung der Schule im Reproduktionsprozeß der Sozialstruktur einer Gesellschaft läßt sich in folgende Zusammenhänge aufgliedern (Abb. 10):

Abb. 10: Modell der Reproduktion der Sozialstruktur

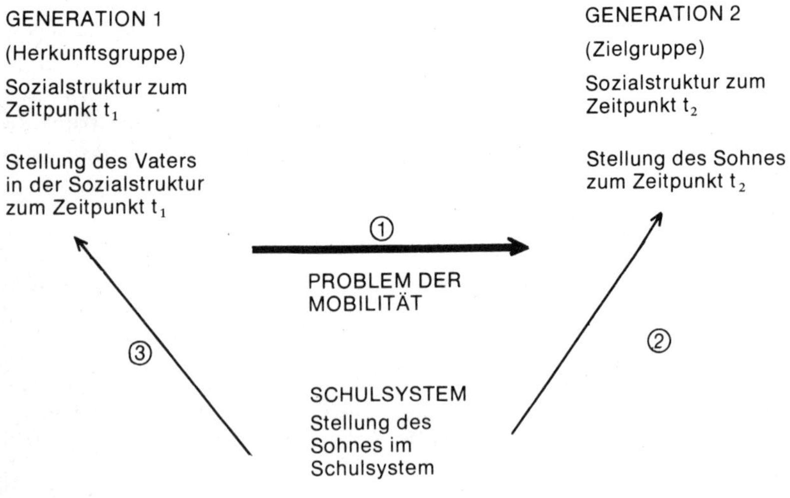

Diese Zusammenhänge (1, 2, 3) sollen im folgenden erläutert und mit empirischem Material dokumentiert werden. Dabei interessiert uns immer, *ob sich in den letzten Jahren Änderungen ergeben haben*, insbesondere ob sich die Chancengleichheit erhöht hat.

2.3.1 Zum Problem der Mobilität (1)

Das Verständnis der Allokationsfunktion des Schulsystems setzt ein Verständnis der Mobilitätsprozesse in unserer Gesellschaft voraus. Was „Mobilität" heißen kann, kann nur deutlich werden, wenn zwei Begriffe geklärt sind: „Mobilität" und „Sozialstruktur".

2.3.1.1 Der Begriff der Sozialstruktur[13]

Der Begriff der Sozialstruktur nimmt im Verständnis der Allokationsfunktion des Schulsystems deshalb eine Schlüsselstellung ein, weil von seiner inhaltlichen Bestimmung abhängt, wie die Rolle der Schule bei der Reproduktion dieser Sozialstruktur beurteilt wird.
Wird die Sozialstruktur inhaltlich als Klassenstruktur bestimmt, dann dient die Schule der Reproduktion der Klassenstruktur einer Gesellschaft. Wenn unter Sozialstruktur eine funktionale Schichtung der Gesellschaft nach Leistungskriterien, die man im Laufe seines Lebens erwerben kann, verstanden wird, dann dient die Schule der Wiederherstellung einer durchlässigen Gruppierung der Bevölkerung und einer Rangordnung der sozialen Wertschätzung. Diese beiden Beispiele weisen auf zwei soziologische Grundpositionen hin, die sich in der inhaltlichen Bestimmung der Allokationsfunktionen der Schule gegenüberstehen. Nach marxistischer Auffassung können, ausgehend von einer Analyse der Produktionsverhältnisse, zwei soziale Klassen unterschieden werden: die Klasse der Kapitalisten als den Besitzern von Produktionsmitteln und die Klasse der Lohnabhängigen, die nur ihre Arbeitskraft als Ware verkaufen können. Diese sozialen Klassen werden auch als „objektive Klassen" bezeichnet oder als „Klassen an sich", da sie sich aus den objektiven sozialen Verhältnissen ergeben. Der objektiven Lage, ob Kapitalist oder Lohnabhängiger, kann ein Bewußtsein, zu einer sozialen Klasse zu gehören, entsprechen, aber ein solches Klassenbewußtsein kann auch fehlen. Es kann ein „falsches Bewußtsein" vorliegen, wenn die Interessen und Meinungen der Mitglieder einer sozialen Klasse nicht ihrer objektiven Lage entsprechen.

---

13 Siehe für eine Zusammenfassung *Bolte* et al. 1967.

Wenn das Klassenbewußtsein zur Charakterisierung der Sozialstruktur herangezogen wird, dann sprechen marxistisch orientierte Soziologen von der *„Klasse für sich"*.

Eine solche Charakterisierung der Sozialstruktur einer Gesellschaft führt zur Auffassung, daß die sozialen Verhältnisse es nahelegen, von einer *Klassengesellschaft* zu sprechen. Ihr Grundmerkmal besteht darin, daß eine kleine Gruppe der Bevölkerung den Großteil des Privatvermögens besitzt und deshalb eine überproportionale Machtstellung einnimmt. So geht aus dem Sozialbericht der Bundesregierung von 1970 hervor, daß sowohl 1935 als auch 25 Jahre danach auf 0,1 % der Haushalte 14 % des privaten Gesamtvermögens entfielen. 1,7 % der privaten Haushalte besaßen 1960 ca. 25 % des Gesamtvermögens aller privaten Haushalte und 70 % des produktiv genutzten Vermögens war in privater Hand. Solche Daten dienen häufig als Beleg, daß auch heute noch von einer stark asymmetrischen Sozialstruktur gesprochen werden kann.

Obwohl für die Gesamtcharakterisierung der Sozialstruktur einer Gesellschaft solche Fakten von zentraler Bedeutung sind und die Grundlage für die Analyse der Machtverhältnisse und Grundwidersprüche einer Gesellschaft bilden, ist die alleinige Einteilung in Lohnabhängige und Selbständige sozialisationstheoretisch wenig ergiebig, da sie entscheidende Binnendifferenzierungen unter den Lohnabhängigen nicht berücksichtigt.

Marx war davon ausgegangen, daß der Mittelstand der kleinen Gewerbetreibenden und die Beamtenschaft im Prozeß der Polarisierung von Bourgeoisie und Proletariat aufgerieben werden. Diese Prognose hat vor allem für die Angestellten nicht zugetroffen, die eine zunehmende Bedeutung als gesellschaftliche Gruppe erlangt haben (s. Tab. 11). Es empfiehlt sich daher, heute z. B. folgende Gruppierungen bei den *Lohnabhängigen* zu beachten:

Arbeiter:	Hilfsarbeiter
	— industrieller Bereich
	— nicht-industrieller Bereich
	Facharbeiter
	— industrieller Bereich
	— nicht-industrieller Bereich
Angestellte:	Unterer ausführender Angestellter
	(kaufmännischer Angestellter, technischer Angestellter,
	Angestellter bei Behörden, Versicherungen, Sozialämtern usw.)
	Mittlerer Angestellter
	(z. B. Ingenieur, Architekt und Abteilungsleiter)
	Leitender Angestellter

Beamte: Beamter des einfachen Dienstes
Beamter des mittleren Dienstes
Beamter des gehobenen Dienstes
Beamter des höheren Dienstes

Akademiker

Technische Intelligenz

Die Gruppe der *Selbständigen* könnte wieder in Untergruppen aufgegliedert werden:

Kleingewerbe, Handwerk

Freie Berufe (Rechtsanwälte, Architekten, Ärzte)

Bäuerliche Betriebe

Großindustrie.

Mit diesen Untergliederungen nähern wir uns den üblichen Schichteinteilungen nach *Ausbildung, Beruf* und *Einkommen.* Bei dieser Einteilung besteht die Gefahr, daß die analytisch wichtige Unterscheidung zwischen Lohn- und Gehaltsempfängern sowie Selbständigen, die den Großteil des produktiven Kapitals in ihren Händen haben, verloren geht. Der Vorteil könnte darin liegen, daß eine bessere Annäherung an unterschiedliche Lebensformen und an vorfindbare Konstellationen des Klassenbewußtseins erfolgt und damit empirisch vorfindbare Gruppierungen charakterisiert werden.

Die Schichteinteilungen einer Gesellschaft sind jedoch selber nicht konsistent. Eine Zusammenstellung von *Dahrendorf* (1968, 99) macht dies deutlich (s. Abb. 11):

Abb. 11: Schichtungsmodelle der deutschen Gesellschaft nach 1945

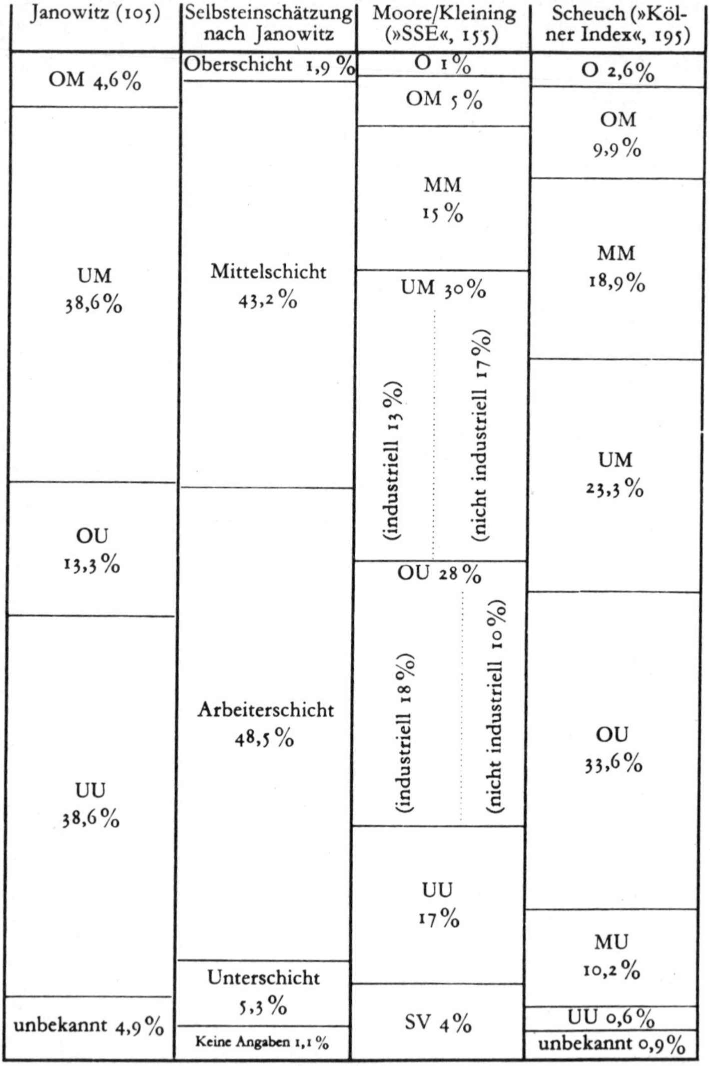

(O = Oberschicht, OM = Obere Mittelschicht, MM = Mittlere Mittelschicht, UM = Untere Mittelschicht, OU = Obere Unterschicht usw., SV = Sozial Verachtete. Weitere Erklärungen im Text)

Dahrendorf erläutert diese verschiedenen Einteilungen der Bevölkerung nach sozialer Schicht zusammenfassend wie folgt:

„Der amerikanische Soziologe Morris Janowitz hat in seiner Studie unter Berücksichtigung der verschiedenen Schichtungskriterien ... eine Einteilung in vier Schichten vorgenommen. In der Oberen Mittelschicht finden sich ... Freie Berufe, leitende Angestellte, höhere Beamte und wohlhabende Geschäftsleute; in der Unteren Mittelschicht mittlere und untere Beamte und Angestellte, selbständige Gewerbetreibende und Handwerker sowie Bauern; in der Oberen Unterschicht gelernte Arbeiter und unselbständige Handwerker; in der Unteren Unterschicht an- und ungelernte Arbeiter sowie Landarbeiter. Fragt man die Menschen selbst, welchen vorgegebenen Schichten sie angehören — was Janowitz ebenfalls getan hat —, dann ergibt sich allerdings eine sehr viel stärkere Polarisierung in zwei Schichten, die Mittelschicht und die Arbeiterschicht, denen sich über 90 % der Befragten zuordnen. Allerdings hängt hier viel von der Art der Fragestellung ab. Auch das stärker differenzierende Modell von *H. Moore* und *G. Kleining* spiegelt die soziale Selbsteinschätzung (daher: SSE) der Bevölkerung wider. Es beruht auf vielfachen Befragungen einer erheblichen Anzahl von Menschen, auf Grund derer H. Moore und G. Kleining sowohl ein „Selbstbild" als auch ein „Fremdbild" der Gesellschaftsschichten konstruierten; ihr Modell hat vor allem in der Marktforschung Anwendung gefunden. Im Rahmen der deutschen Schichtungsforschung ist das in Analogie zu amerikanischen Vorbildern entwickelte Modell von E. K. Scheuch zweifellos das raffinierteste. Scheuch hat eine repräsentative Auswahl von Menschen über ihre Berufszugehörigkeit (1 Aspekt), ihre wirtschaftliche Lage (4 Aspekte) und ihr kulturelles Niveau (4 Aspekte) befragt und sodann auf Grund einer Punktbewertung der neun Aspekte, die als komplexer Index vorgegeben war, seine Zuordnung vorgenommen." (*Dahrendorf* 1968, 99 ff.).

In diese Schichteinteilungen gehen zwei unterschiedliche Ansätze ein: einmal der sogenannte *„subjektive Ansatz"* und zum andern der *„objektive Ansatz"* der Schichtmessung. Der subjektive Ansatz besteht darin, daß die soziale Selbsteinstufung direkt erfragt wird oder es wird die soziale Wertschätzung verschiedener Bevölkerungsgruppen über die Befragung von Personen erhoben. Beim sogenannten objektiven Ansatz wird Individuen auf Grund objektiver Merkmale, die erfahrungsgemäß zu unterschiedlicher sozialer Wertschätzung führen, ein hoher oder niedriger sozialer Status zugewiesen. Es wird ein sogenannter „Index des sozialen Status" gebildet. Ein häufig verwendeter Index zur Gewinnung von solchen Schichteinteilungen ist jener von *Hollingshead*, der sich aus einer Gewichtung der beiden Aspekte *Einkommen* und *Ausbildung* ergibt. *Adam Bauer* (1972) vom Deutschen Institut für Internationale Pädagogische Forschung hat die verschiedensten Verfahren geprüft und ein Verfahren zur Messung *des für das Bildungsverhalten relevanten sozialen Status* (BRSS) entwickelt.

Daß ein für das Bildungsverhalten relevanter sozialer Status gebildet wird, zeigt die im Hintergrund stehende Problematik: es wird versucht, einen solchen Index zu entwickeln, durch den möglichst *homogene Milieus* erfaßt werden, die große Unterschiede im Bildungsverhalten erklären können.

Abb. 12: Statusaufbau und Schichtungen der Bevölkerung der BRD

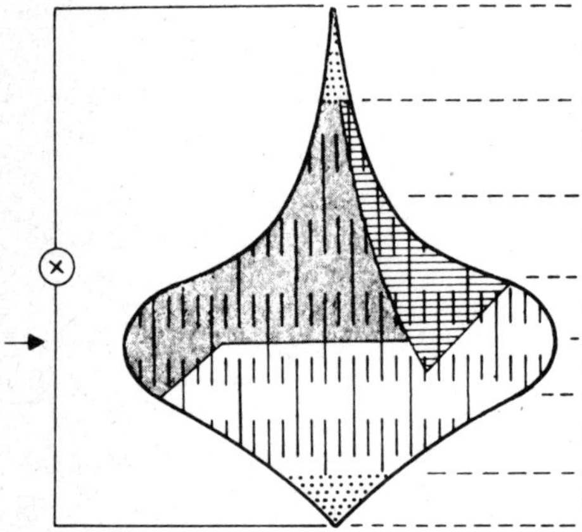

Bezeichnung der Statuszone	Anteil	
Oberschicht	ca. 2 v. H.	
obere Mitte	ca. 5 v. H.	
mittlere Mitte	ca. 14 v. H.	
untere Mitte	ca. (29)	58 v. H.
unterste Mitte/ oberes Unten	ca. (29)	
Unten	ca. 17 v. H.	
Sozial Verachtete	ca. 4 v. H.	

Die Markierungen in der breiten Mitte bedeuten:

Angehörige des sogenannten neuen Mittelstands

Angehörige des sogenannten alten Mittelstands

Angehörige der sogenannten Arbeiterschaft

Punkte zeigen an, daß ein bestimmter gesellschaftlicher Status fixiert werden kann.

Senkrechte Striche weisen darauf hin, daß nur eine Zone bezeichnet werden kann, innerhalb derer jemand etwa im Statusaufbau liegt.

(x) = Mittlere Mitte nach den Vorstellungen der Bevölkerung

→ = Mitte nach der Verteilung der Bevölkerung. 50 v. H. liegen oberhalb bzw. unterhalb im **Statusaufbau**

(Bolte et al. 1967, 316)

Das Ergebnis dieser Bemühungen, empirisch fundierte Darstellungen des Statusaufbaus und der Schichtungen in der Bevölkerung der Bundesrepublik zu erreichen, ist in Abb. 12 (*Bolte* et al. 1967, 316) festgehalten. Ihr liegt die Auffassung zugrunde, daß es nur am oberen und unteren Ende relativ fixierte soziale Positionen gibt und daß besonders im breiten mittleren Bereich der soziale Status von Personen unscharf geworden ist. Kennzeichnendes Merkmal sei die Tendenz zur Mitte in dem Sinne, daß sich im Hinblick auf materielle Ausstattung und den gesellschaftlichen Status immer mehr Menschen in den Mittellagen zusammengeballt haben. An die Stelle des alten Schemas der sozialen Klassen müsse das Bild einer in zahllose Kreise und Teilgruppen — sowohl in horizontaler als auch in vertikaler Richtung — sich gliedernden Gesellschaft gesetzt werden. Innerhalb dieser Kreise selber gibt es wieder eine Ordnung nach Höher- und Tieferstehenden. Zwischen diesen Kreisen herrsche eine hohe soziale Mobilität, sowohl was den einzelnen als auch was die ganzen Gruppen betrifft (vgl. *Bolte* et al. 1967, 312 ff.).
Diese Charakterisierung der Sozialstruktur unserer Gesellschaft sieht sich heute wieder heftigen Kritiken gegenüber. Im Zuge der Renaissance marxistischer Gesellschaftstheorien wird darauf hingewiesen, daß das empirische Vorgehen der „bürgerlichen Soziologie" zur Bestimmung von Sozialstrukturen in der Gefahr stehe, die analytischen Konzepte der „Lohnabhängigkeit", der „Verfügungsgewalten" und der ökonomisch bedingten Herrschaft zu vernachlässigen. Die marxistischen Konzepte können jedoch nicht ohne weiteres an den Ergebnissen der empirischen Sozialforschung vorbeigehen, insbesondere was die Bedeutung der Angestellten und Beamten betrifft, die in den Zeiten von Marx nur eine kleine soziale Gruppe bildeten. Dazu eignet sich u. a. der Rückgriff auf die Marx'sche Einteilung in *Kopfarbeit* und *Handarbeit.*
Heute finden sich häufig Versuche, das „empirische" und das „analytische" Vorgehen in der Definition der Sozialstruktur zu verbinden. Es soll damit sowohl die subkulturelle Differenzierung in soziale Schichten als auch die objektive Gliederung in soziale Klassen nach Verfügungsgewalten berücksichtigt werden. Der Einteilung in Arbeiter („blue-collar" oder manuelle Berufe) und Angestellte—Beamte („white-collar" oder nicht-manuelle Berufe; vgl. auch die Unterscheidung von Kopfarbeit und Handarbeit) liegt dieses Anliegen zugrunde. Arbeiter stehen danach unmittelbar im Fertigungsprozeß; Angestellte hingegen stehen vor, neben oder hinter dem unmittelbaren Fertigungsprozeß (Einkauf, Materialbeschaffung, technische Arbeitsvorbereitung, Leitung, Aufsicht, technische Überwachung, Kontrolle, Abrechnung, Verkauf). Mit ihrer unterschiedlichen Stellung im Produktionsprozeß sind auch unterschiedliche Verfügungs- und Dispositionsgewalten verbunden, die sich auf Bewußtseins- und Wertstrukturen auswirken. Die unterschiedliche

Dispositionsgewalt am Arbeitsplatz wird hier als Analogie zur Verfügung über Produktionsmittel verwendet, so daß zwei Erfordernisse erfüllt werden: *die Binnendifferenzierung nach homogenen Wertklimas und Lebensformen wird durchgeführt und die Dimension unterschiedlicher Verfügungsgewalt* (und damit unterschiedlicher Macht und Herrschaft von Menschen über Menschen) *wird gewahrt.* Unter *Verfügungsgewalt* als dem objektiven Kriterium der sozialen Gruppierung wird nicht im engen Sinne die Verfügung über Produktionsmittel verstanden. Darunter wird im weiten Sinne die Gesamtheit der Chancen sozialer Teilhabe an den Ressourcen einer Gesellschaft zusammengefaßt. Zu den wichtigsten Sektoren der sozialen Teilhabe gehören die Dispositionsgewalten im Beruf, die politischen Partizipationschancen und die Chancen zu differenzierter kultureller Teilhabe.
Die Binnendifferenzierung nach homogenen Wertklimas und Lebensformen entspricht dem verhaltens-orientierten Ansatz zur Herstellung von sozialen Gruppierungen, welcher sich auf empirisch vorfindbare Ähnlichkeiten in den Einstellungen und Verhaltensweisen von Personen konzentriert.
Eine befriedigende Konzeption der Sozialstruktur müßte danach folgende Elemente enthalten:

— Beziehungen zur gesellschaftlichen Organisation der Arbeitsteilung.
— Beziehungen zu den Herrschaftsverhältnissen in einer Gesellschaft, die zu unterschiedlichen Verfügungsgewalten, d. h. Privilegierungen und Diskriminierungen führen.
— Beziehungen zu subkulturellen Lebensformen und Wertsystemen.
— Rangordnungen der sozialen Gruppierungen untereinander im Sinne eines „Oben“ oder „Unten“.

Je nach der Fragestellung und den Erkenntnisinteressen werden in der Soziologie unterschiedliche Kriterien zur Definition der Sozialstruktur bevorzugt. Die Sozialisationsforschung, die daran interessiert ist, das Verhalten der heranwachsenden Generation durch den Rückgriff auf die unmittelbare soziale Umgebung, z. B. auf die Familie, zu erklären, wird auf das Klassenbewußtsein, auf das Wertsystem und das Meinungssystem der Familie ihr Augenmerk richten. Sie wird sich bemühen, möglichst homogene soziale Gruppierungen zu finden (z. B. Familien mit einer hohen Aufstiegsorientierung), um das Verhalten der Heranwachsenden besser verstehen zu können. Anders liegt der Fall, wenn jemand an den Herrschaftsverhältnissen einer Gesellschaft interessiert ist. Hier werden solche sozialen Gruppierungen relevanter, wie sie bei der Charakterisierung der objektiven Klassenlage genannt wurden oder wie sie bei der sozialen Gruppierung nach Verfügungsgewalten vorliegen.

Auch die Mobilitätsforschung kommt von ihrer Interessenlage her zu besonderen Charakterisierungen der Sozialstruktur. An ihrem Beitrag zu diesem Problem sind wir im folgenden besonders interessiert, da über die inhaltliche Fassung des Begriffes der Mobilität die Rolle der Schule präzisiert werden kann.

Die traditionelle Mobilitätsforschung ist davon ausgegangen, daß die Lebenschancen und Verfügungsgewalten eines Individuums, daß das Insgesamt seiner Ressourcen zur Gestaltung seines Lebens wesentlich von der Stellung des Individuums im wirtschaftlichen Subsystem der Gesellschaft geprägt ist. Im Mittelpunkt ihres Interesses stand demgemäß die Mobilität in der *beruflichen Position*, etwa im Sinne des Berufswechsels vom Vater zum Sohn[14]. Um Mobilitätsprozesse darzustellen, müssen einzelne Berufe zu Klassen zusammengefaßt werden. Dabei stellen sich die obigen Probleme der empirischen vs. analytischen Einteilungen. Die Dichotomie von Kapitalisten und Lohnabhängigen ist dabei zu grob, um die Vielfalt der Berufspositionen zu erfassen. Ähnliches gilt für die Unterteilung in Arbeiter und Beamte sowie Angestellte. Tab. 6 enthält eine Gliederung der Berufe in *Berufskreise*, die verschiedene Ansätze vereinigt.

Müller (1973, 48 ff.) verwendet den Begriff des „Berufskreises" in Anlehnung an *Kleining* (1971 a) in der Absicht, Berufe zusammenzufassen, die Personen mit ähnlichen Lebenschancen und sozialen Erfahrungen einnehmen. Ein zweites Kriterium der Einteilung von Berufen in Berufskreise besteht darin, daß die zusammengefaßten Berufsgruppen Personen enthalten, die am Arbeitsplatz die Möglichkeit zu direktem sozialen Kontakt haben und in einer ähnlichen Arbeitsorganisation stehen. Die in Tab. 6 dargestellte Berufsgliederung enthält drittens die Gliederung in selbständige Erwerbstätige und Lohnabhängige. Zu den selbständig Erwerbstätigen zählen Freie Berufe, Landwirte und „Selbständige". Die Lohnabhängigen werden einmal in die Berufskreise der Arbeiter, Angestellten und Beamten unterteilt. Diese Einteilung enthält ein viertes Kriterium: die unterschiedliche arbeitsrechtliche Stellung. Innerhalb der Kategorien der Arbeiter, Angestellten und Beamten findet eine Aufgliederung nach verschiedenen Niveaus der beruflichen Quali-

14 Es könnte aber auch auf eine spezifische Dimension dieses Wechsels abgehoben werden: auf die Veränderung des sozialen Status im Sinne des selbst wahrgenommenen Aufstiegs oder Abstiegs. *Kleining* (1971 a, 5 f.) nennt diese Form der Mobilität *„Prestigemobilität"*. Sie wird uns im folgenden weniger beschäftigen als die Veränderung der beruflichen Position von Generation zu Generation.

fikation und Verantwortung statt. Dieses fünfte Kriterium lehnt sich an die Anordnung der Berufe nach deren sozioökonomischen Status an[15].

Tabelle 6: Anteil der Berufskreise an der Sozialstruktur (INFRA-Test 1968)

		Anteil am Gesamtsample
(1)*	Größere und Mittlere Selbständige (z. B. Fabrikbesitzer, Einzelhändler mit großem Geschäft, Hauptvertreter)	2,4 %
(2)	Freie Berufe, Selbständige Akademiker	1,4 %
(3)	Höhere Beamte	1,7 %
(4)	Leitende Angestellte (z. B. Direktoren, Prokuristen, Abteilungsleiter, Ingenieure)	6,8 %
(5)	Gehobene Beamte	5,2 %
(6)	Qualifizierte Angestellte (z. B. Buchhalter, Kassierer)	11,1 %
(7)	Ausführende Angestellte (z. B. Kontorist, Verkäufer)	14,1 %
(8)	Untere Beamte	2,0 %
(9)	Hochqualifizierte Facharbeiter	6,8 %
(10)	Facharbeiter und unselbst. Handwerker	18,9 %
(11)	Angelernte Arbeiter	12,0 %
(12)	Ungelernte Arbeiter	6,7 %
(13)	Kleinere Selbständige (z. B. Einzelhändler mit kleinem Geschäft, Handwerker)	7,8 %
(14)*	Landwirte	5,3 %

*) Bei Infratest untergliedert in die Kategorien größere und mittlere Selbständige bzw. größere, mittlere und kleinere Landwirte.

Quelle: Müller 1973, 68.

---

15 Diese Vielfalt der Kriterien führt zu Problemen, wenn man wie üblich zu einer eindimensionalen Einordnung der Berufe nach sozialem Status kommen will. *Müller* (1973, 42 ff.) schreibt zu diesem Problem, daß die fast unlösbaren Schwierigkeiten darin liegen, alle diese Berufskreise plus die Selbständigen und die Landwirte in eine eindimensionale Statusskala einzustufen. Je nach dem Rangordnungskriterium, das verwendet wird, können sich verschiedene Überschneidungen in den einzelnen Kategorien ergeben. Ist man bereit, überhaupt eine eindimensionale Skala zu akzeptieren, wird man sich über das obere und untere Ende am leichtesten einigen können. Zuoberst werden die größeren und mittleren Selbständigen, die Freien Berufe, Höheren Beamten und Leitenden Angestellten stehen. Ihnen folgen nach unten die gehobenen Beamten und qualifizierten Angestellten, die sich etwa auf gleicher Stufe befinden. Am unteren Ende der Skala sind die ungelernten Arbeiter, gefolgt nach oben von den angelernten Arbeitern zu lokalisieren. Die noch nicht genannten Berufsgruppen liegen zwischen diesen beiden Polen. Infolge der vielseitigen Überschneidungen, die es hier gibt, und in Unkenntnis des genauen Kodungsvorgehens wollen wir hier nicht versuchen, eine differenzierte Einstufung dieser Kategorien vorzunehmen. Für die Zwecke der nachfolgenden Analyse benötigen wir auch nicht mehr als diese relativ grobe Differenzierung nach beruflichem Status.

Wenn wir im folgenden die Mobilitätsproblematik darstellen, dann verwenden wir die obigen Berufskreise. Die Daten, auf die wir uns stützen, entstammen dem *Infra*-Test von 1968 und sind von *Müller* (1973) dargestellt und bearbeitet worden. Sie sind annähernd repräsentativ für die Bundesrepublik. Danach finden sich in der BRD 44 % Arbeiter unterschiedlicher Qualifikationsgrade, 22 % Angestellte, 10 % Selbständige, 9 % Beamte, 1,4 % Freie Berufe und 3,3 % Selbständige Landwirte. Neben dieser *Infra*-Test-Untersuchung von 1968 finden sich zur Mobilitätsproblematik an repräsentativen Untersuchungen in der BRD nur die von *Janowitz* (1958) mit einer Stichprobe aus dem Jahre 1955, die von *Allensbach* aus dem Jahre 1969 und die von *Kleining* aus dem Jahre 1969/70. Während die Janowitz-Untersuchung bereits einige Jahre zurückliegt, weist die von *Kleining* schwere methodische Mängel auf (s. *Mayer* und *Müller* 1971 und 1972), so daß wir uns in erster Linie auf die Untersuchung von *Müller* konzentrieren und die anderen nur zu Vergleichszwecken heranziehen.

2.3.1.2 Der Begriff der Mobilität

Haben wir bisher die *Struktur* sozialer Positionen dargestellt, so beschäftigen wir uns im folgenden mit der Regelung des *Zugangs* zu sozialen Positionen. Unter spezifischen gesellschaftlichen Bedingungen erscheint dieses Problem der Rekrutierung neuer Positionsinhaber als Problem der Mobilität.

Individuelle Mobilitätsprozesse können nur dort stattfinden, wo eine graduelle, hierarchische Strukturierung beruflicher Positionen vorliegt. Von sozialem Aufstieg kann man nur dort sprechen, wo soziale Ungleichheiten vorliegen und privilegierte Positionen angestrebt werden können.

Unter „Mobilität" wird dementsprechend die Bewegung von Individuen zwischen sozialen Positionen (*Mayer* und *Müller* 1971, 765) verstanden, wobei die sozialen Positionen meist als in einer graduellen Hierarchie angeordnet gedacht werden. Bei der Reproduktion der Sozialstruktur interessiert uns vornehmlich die Bewegung zwischen den sozialen Positionen im Generationenverhältnis. Welche Stellung nimmt der Sohn im Vergleich zum Vater ein? Diese Form der Mobilität wird *Intergenerationenmobilität* genannt. Wie in Abb. 13 dargestellt, können zur Feststellung der Intergenerationenmobilität jeweils verschiedene Vergleichspunkte herangezogen werden.

Die Mobilitätsprozesse können nun vom Standpunkt der Vatergeneration oder vom Standpunkt der Söhne aus analysiert werden. Vom Standpunkt der Vätergeneration lautet die Frage: Was wird aus den Söhnen einer Berufsgruppe? Was wird z. B. aus den Söhnen von Vätern in „Freien Berufen"? Jene Söhne, die in derselben Berufsgruppe wie die Väter bleiben, werden in der Kategorie *„Berufsvererbung"* erfaßt; diejenigen Söhne, die in andere Berufsgruppen kommen, werden in den *Abstromquoten* zusammengefaßt. Ein einfaches Beispiel kann dies verdeutlichen.

Abb. 13: Modell der Intergenerationenmobilität

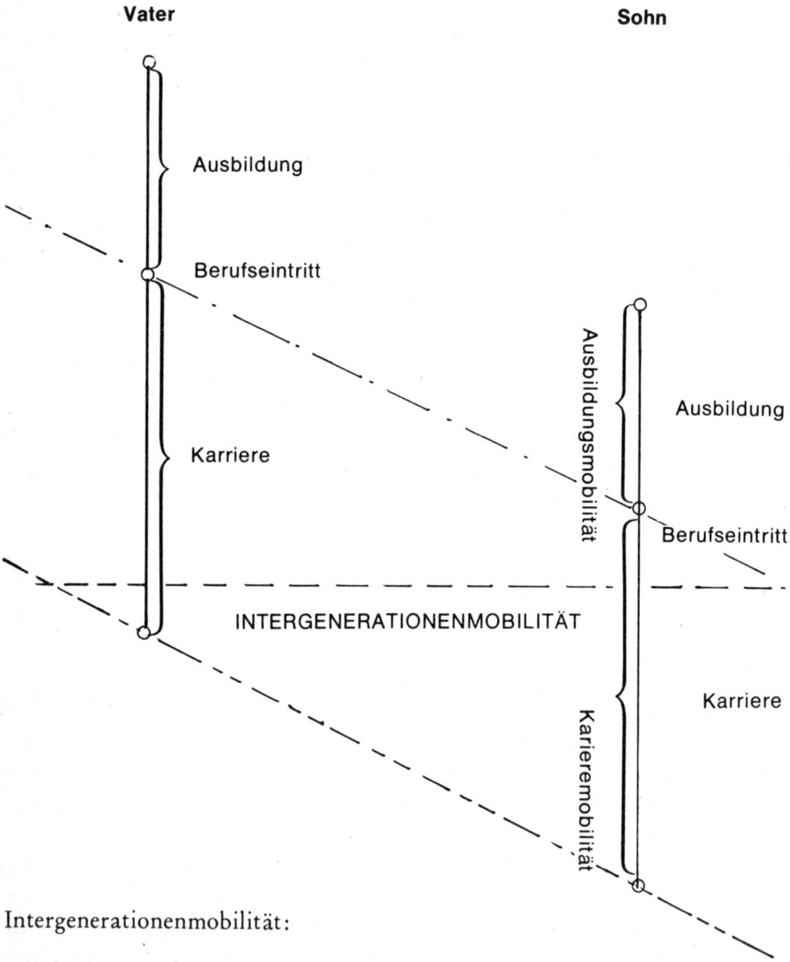

Intergenerationenmobilität:

·——·——·—— Vergleich der Ausbildungsabschlüsse
—— - - —— - - - Vergleich der letzten beruflichen Position
———————— Querschnittsvergleich.

Vater	Sohn		
	Arzt	Andere Berufe	(N)
Arzt	70 %	30 %	100 %
	↓	↓	
	Berufs-vererbung	Abstrom	

Wenn die Mobilitätsprozesse vom Standpunkt der Söhne aus betrachtet werden, dann stellt sich die Frage, aus welchen Berufen sich eine Berufsgruppe der Söhne rekrutiert. Woher stammen z. B. die Ärzte, die zur Zeit in diesen Beruf eintreten?

Väter	Söhne		
	Ärzte		
Ärzte	40 %	⟵	SELBSTREKRUTIERUNG
Andere Berufe	60 %	⟵	ZUSTROMQUOTE
	100 %		

Mit dem Begriff der *Selbstrekrutierung* werden alle Fälle zusammengefaßt, in denen der Sohn einen Vater des gleichen Berufes hatte. Die *Zustromquote* wird aus Ärzten gebildet, deren Väter einen anderen Beruf ausüben.

Die interessante Frage, die uns hier zu beschäftigen hat, ist die nach dem Ausmaß der Berufsvererbung und der Selbstrekrutierung in unserer Gesellschaft. Wenn wir von einem Modell der perfekten Chancengleichheit ausgehen, dann dürfte die berufliche Zukunft eines Menschen nicht von seiner sozialen Herkunft abhängen, d. h. es dürfte weder Berufsvererbung noch Selbstrekrutierung von Berufen geben. Eine privilegierte Position des Vaters dürfte nicht zu einer zusätzlichen Privilegierung im Zugang des Sohnes zu wieder privilegierten Berufen führen. Dem ist in unserer Gesellschaft nicht so. Tab. 7 gibt die Verhältnisse bezüglich der Berufsvererbung in der BRD[16] nach dem *Infra*-Test von 1968 wieder (s. *Müller* 1973, 72).

16 Für die USA siehe *Blau* und *Duncan* 1967.

Tabelle 7: Intergenerationen-Mobilität zwischen 14 Berufskreisen in der Bundesrepublik — Infratest 1968 —
Matrix der Abstrom-Prozente

Beruf des Vaters	Beruf des Sohnes														
	1	2	3	4	5	6	7	8	9	10	11	12	13	14	Summe
1 größere und mittlere Selbständige	**32.4**	4.6	5.6	10.2	6.5	13.0	10.2	0.0	3.7	3.7	2.8	0.9	5.6	0.9	100
2 Freie Berufe	2.2	**37.0**	2.2	17.4	4.3	13.0	10.9	0.0	2.2	2.2	6.5	0.0	2.2	0.0	100
3 höhere Beamte	0.0	4.9	**32.8**	21.3	6.6	14.8	8.2	1.6	0.0	1.6	1.6	0.0	6.6	0.0	100
4 leitende Angestellte	1.4	2.1	2.1	**36.1**	4.2	23.6	17.4	0.7	4.2	3.5	2.1	0.7	2.1	0.0	100
5 gehobene Beamte	2.6	2.2	5.7	11.5	**26.9**	17.6	15.4	1.8	2.6	6.6	3.1	1.3	2.2	0.4	100
6 qualifizierte Angestellte	2.6	1.5	1.0	6.1	7.1	**45.9**	15.3	0.5	3.6	7.1	5.1	1.0	3.1	0.0	100
7 ausführende Angestellte	0.6	0.6	0.6	4.0	6.3	11.5	**46.6**	0.0	6.3	10.3	5.2	3.4	4.0	0.6	100
8 untere Beamte	1.3	0.0	0.0	3.8	7.6	12.7	12.7	**19.0**	7.6	16.5	10.1	5.1	3.8	0.0	100
9 hochqualifizierte Facharbeiter	1.9	0.5	0.9	6.0	2.8	4.7	13.5	1.4	**27.9**	15.8	14.0	7.0	3.7	0.0	100
10 Facharbeiter	0.7	0.3	0.1	3.8	2.3	7.9	13.3	2.1	7.1	**38.3**	12.1	6.8	4.7	0.6	100
11 angelernte Arbeiter	0.0	0.3	0.0	2.7	1.7	3.7	9.0	2.3	4.7	23.3	**38.2**	10.3	4.0	0.0	100
12 ungelernte Arbeiter	0.0	0.0	0.0	0.9	1.9	4.7	4.2	1.4	6.5	24.3	17.8	**34.1**	3.3	0.9	100
13 kleine Selbständige	3.2	0.5	0.3	6.9	2.9	6.3	15.9	1.6	4.5	13.0	8.2	2.6	**33.1**	1.1	100
14 Landwirte	1.0	0.7	1.3	2.3	3.3	5.6	7.3	2.0	6.3	15.9	10.9	5.3	8.3	**29.8**	100
Summe	2.4	1.4	1.7	6.8	5.2	11.1	14.1	2.0	6.8	18.9	12.0	6.7	7.8	3.3	

Quelle: Müller 1973, 72

Danach ist der Anteil der Söhne, die dem Berufskreis des Vaters angehören, für jeden Berufskreis höher als der Anteil der Söhne in irgend einem andern der 13 Berufskreise. Die Berufsvererbung ist in den Angestelltenkategorien, bei den Freien Berufen und in allen Arbeiterkategorien — ausgenommen die hochqualifizierten Facharbeiter — besonders hoch.

Die Berufsvererbung erscheint umso größer, je größer der gewählte Berufskreis ist. Faßt man z. B. alle Arbeiter zusammen, dann hat der Sohn eines ungelernten Arbeiters nur eine geringe Chance, nicht mehr Arbeiter zu werden, denn dieses Schicksal erfahren 82,7 %. Erfolgt ein Aufstieg, dann meist nur in die nächsthöhere Stufe.

Abstiege in die Arbeiterklasse sind demgegenüber eher selten. Zwei Gruppen von Berufskreisen bleiben häufig unter sich:

1. die größeren und mittleren Selbständigen, die Freien Berufe, die Höheren Beamten und Leitenden Angestellten;
2. die gehobenen Beamten und qualifizierten Angestellten.

Müller faßt diese Ergebnisse in einer Abbildung 14 zusammen. In ihr bedeuten die Pfeile jeweils 10 % Abstrom, Zustrom oder Berufsvererbung (innerhalb eines Kästchens). Die Größe der einzelnen Blocks entspricht dem Anteil des Berufskreises an der Berufsstruktur der Vätergeneration. Die Größe des Berufskreises der Söhne-Generation ist bei einem Unterschied von mehr als 20 % in durchbrochener Linie dargestellt.

Obwohl die Abbildung 14 für sich spricht, soll die Aufmerksamkeit auf einige Punkte gelenkt werden. In der Arbeiterschaft ist die Berufsvererbung sehr groß und nur etwa 10 % finden den Weg aus den Arbeiterberufen heraus.

Der Berufskreis der ausführenden Angestellten und der unteren Beamten weist infolge seiner starken Expansion in der Generationenfolge eine beträchtliche Sogwirkung auf die anderen Berufskreise aus.

Es gibt keine Mobilität in die schrumpfenden Berufskreise der Selbständigen und Landwirte.

Mobilität findet in großem Ausmaß nur zwischen den benachbarten Berufskreisen statt.

Eine Ausgangsfrage der Mobilitätsforschung bildete die nach der Rekrutierung einer bestimmten Berufsgruppe. Aus welchen Berufskreisen kommen die Ärzte, Richter oder Angestellten? Diese Frage ist vor allem interessant, wenn es um die Rekrutierung der Eliten (s. *Zapf* 1965) geht. Bei einer solchen Fragestellung wird der Beruf der Sohn-Generation nach den Berufen der Väter aufgegliedert, wie es z. B. in Tab. 8 geschieht. Während die Berufsvererbungsquoten zwischen 27 und 47 % variieren, schwanken die Selbstrekrutierungsquoten zwischen 18 % bei den ausführenden Angestellten und 87 % bei den Landwirten. Die Selbstrekrutierung ist dort besonders hoch, wo die Ausübung des Berufes an Besitz von Boden und von Produktionsmitteln gebun-

Abb. 14:
Berufsvererbung und Abstromzquoten bei 8 Berufskreisen

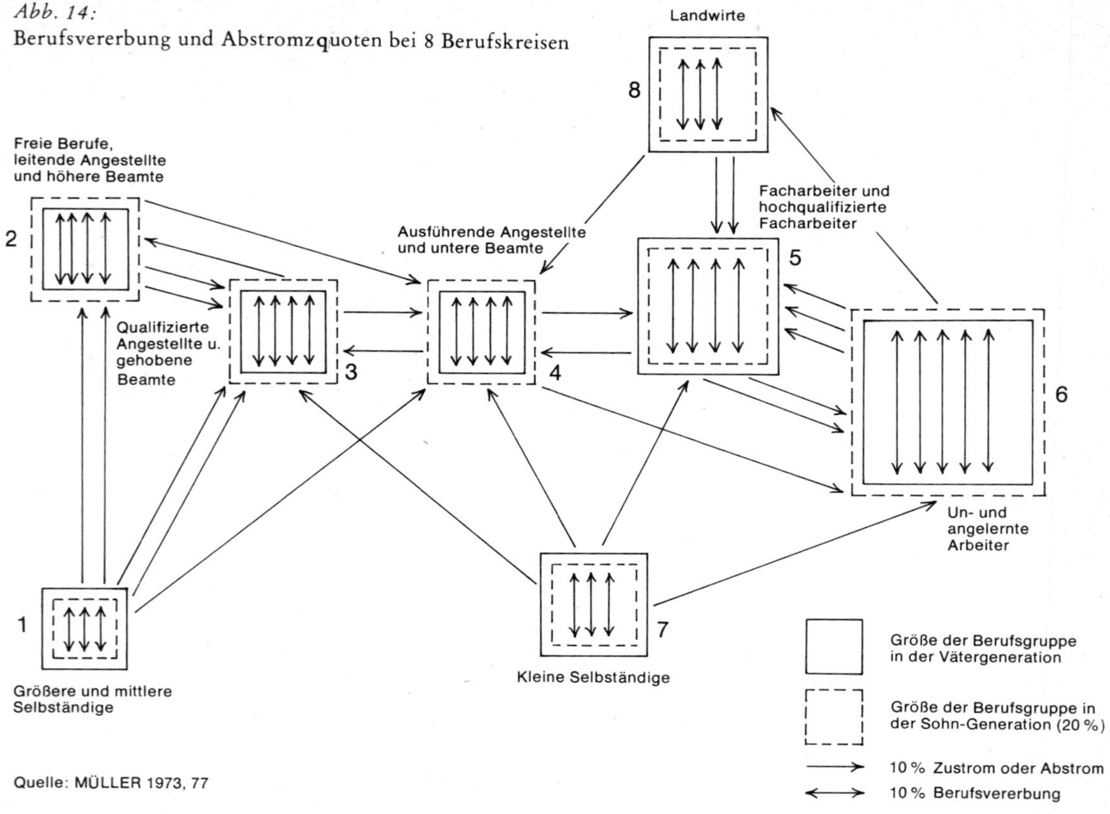

Quelle: MÜLLER 1973, 77

Tabelle 8: Intergererationen-Mobilität zwischen 14 Berufskreisen in der Bundesrepublik — Infratest 1968 —
Matrix der Zustrom-Prozente

Beruf des Vaters	Beruf des Sohnes														
	1	2	3	4	5	6	7	8	9	10	11	12	13	14	Summe
1 größere und mittlere Selbständige	**46.7**	11.1	11.1	5.1	4.3	4.0	2.5	0.0	1.9	0.7	0.8	0.5	2.4	1.0	3.4
2 Freie Berufe	1.3	**37.8**	1.9	3.7	1.2	1.7	1.1	0.0	0.5	0.2	0.8	0.0	0.4	0.0	1.5
3 höhere Beamte	0.0	6.7	**37.0**	6.0	2.5	2.6	1.1	1.6	0.0	0.2	0.3	0.0	1.6	0.0	1.9
4 leitende Angestellte	2.7	6.7	5.6	**24.2**	3.7	9.7	5.6	1.6	2.8	0.8	0.8	0.5	1.2	0.0	4.6
5 gehobene Beamte	8.0	11.1	24.1	12.1	**37.4**	11.4	7.9	6.5	2.8	2.5	1.9	1.4	2.0	1.0	7.2
6 qualifizierte Angestellte	6.7	6.7	3.7	5.6	8.6	**25.6**	6.8	1.6	3.3	2.4	2.7	1.0	2.4	0.0	6.2
7 ausführende Angestellte	1.3	2.2	1.9	3.3	6.7	5.7	**18.3**	0.0	5.1	3.0	2.4	2.9	2.9	1.0	5.5
8 untere Beamte	1.3	0.0	0.0	1.4	3.7	2.8	2.3	**24.2**	2.8	2.2	2.1	1.9	1.2	0.0	2.5
9 hochqualifizierte Facharbeiter	5.3	2.2	3.7	6.0	3.7	2.8	6.5	4.8	**27.9**	5.7	8.0	7.1	3.3	0.0	6.8
10 Facharbeiter	6.7	4.4	1.9	12.6	9.8	16.0	21.2	24.2	23.3	**45.5**	22.8	22.9	13.5	8.9	22.5
11 angelernte Arbeiter	0.0	2.2	0.0	3.7	3.1	3.1	6.1	11.3	6.5	11.8	**30.5**	14.8	4.9	0.0	9.5
12 ungelernte Arbeiter	0.0	0.0	0.0	0.9	2.5	2.8	2.0	4.8	6.5	8.7	10.1	**34.8**	2.9	1.9	6.8
13 kleine Selbständige	16.0	4.4	1.9	12.1	6.7	6.8	13.5	9.7	7.9	8.2	8.2	4.8	**51.0**	3.9	12.0
14 Landwirte	4.0	4.4	7.4	3.3	6.1	4.8	5.0	9.7	8.8	8.1	8.8	7.6	10.2	**87.4**	9.8
Summe	100	100	100	100	100	100	100	100	100	100	100	100	100	100	100

Quelle: Müller 1973, 81

den ist. Eine niedrige Selbstrekrutierungsquote haben expandierende Berufe, z. B. alle Angestelltenberufe und die Berufsgruppe der angelernten Arbeiter.
Neben der Frage nach der *Chancengleichheit* muß uns besonders die damit verbundene Frage interessieren, ob es für Söhne aus verschiedenen Berufskreisen mehr oder weniger große *Barrieren* gibt, in die eine oder andere Berufsgruppe zu gelangen. Ein Modell gleicher Chancen wäre realisiert, wenn alle Söhne, unabhängig von ihrer sozialen Herkunft, mit gleicher Wahrscheinlichkeit in einen bestimmten Berufskreis eintreten würden und wenn ihrer proportionalen Vertretung in der Gesamtbevölkerung eine proportionale Vertretung im jeweiligen Berufskreis entspräche. Ein Gegenbeispiel unter vielen: 37 % aller Söhne von Vätern in freien Berufen haben selber einen freien Beruf, obwohl sie nur 1,7 % der erwerbstätigen Bevölkerung ausmachen. Das Ausmaß der Unterrepräsentierung einer Bevölkerungsgruppe in einem bestimmten Beruf verweist auf die Größe der Barriere für jemanden aus dieser Bevölkerungsgruppe, in den entsprechenden Beruf zu gelangen.
Die Mobilitätsforschung hat den *Assoziationsindex* entwickelt, um die Abweichung von diesem Modell gleicher Chancen zu schätzen. Er ist sowohl ein Maß für die Rekrutierung einer Zielgruppe aus der Herkunftsgruppe, gewichtet nach der Größe der Herkunftsgruppe, als auch ein Maß für den Übergang einer Herkunftsgruppe in eine bestimmte Zielgruppe, gewichtet nach der Größe der Zielgruppe (*Müller*, 1973, 84 f.)[17].
Der Assoziationsindex ist einfach zu errechnen. Er ergibt sich aus dem Quotienten der Prozentwerte in der Mobilitätsmatrix mit dem statistischen Erwartungswert[18].

---

17 Für eine Kritik dieses Maßes, das unter bestimmten Bedingungen nicht vergleichbar ist, siehe *Mayer* und *Müller* 1971, 772 f.

18 Der Erwartungswert entspricht, gleich wie bei der Berechnung von CHi^2, folgender Formel:

$$\frac{\text{Zeilensumme} \times \text{Spaltensumme}}{\text{Gesamtzahl der Vpn}}$$

Ein Beispiel: Für Freie Berufe gilt laut Tab. 7 folgender Prozentsatz der Berufsvererbung: 37 % oder 17 Personen. Bei einer Zufallsverteilung würde man erwarten:

Randsummen (abs. Zahlen): Zeile: 46
Spalte: 45

Gesamtzahl: 3153

Erwartungswert: $\frac{46 \cdot 45}{3153} = 0.67$

Assoziationsindex: $\frac{17}{0.67} = 25{,}89.$

Wenn eine perfekte Mobilität im Sinne der Chancengleichheit vorläge, dann müßten alle Assoziationsindices 1 sein. Eine Zahl über 1 gibt nämlich an, daß die Mobilität über der statistischen zufälligen Erwartung liegt. Tab. 9 enthält die Assoziationsindices für die Daten, die bisher analysiert wurden. Sie verdeutlichen die bisherigen Befunde, da die Prozentsätze der Mobilität jetzt gewichtet werden nach Herkunftsgruppen bzw. nach Zielgruppen.
Müller hat für seine Interpretation der Daten jene Berufskreise in Rechtecke (I, II, III, IV) eingeschlossen, die unter sich eine über der Erwartung liegende Mobilität zeigen. Hier zählen zu den auffallendsten Ergebnissen (s. *Müller* 1973, 89 ff.):

— Zwischen Arbeiterberufen (Handarbeit, „blue collar") und den Nicht-Arbeitern (Kopfarbeit oder „white-collar") besteht eine deutliche Barriere. Die verschiedenen Arbeiterkategorien haben unter sich einen überproportionalen Austausch (Rechteck IV). Übergänge von Arbeiterberufen in Nicht-Arbeiterberufe liegen in der Regel unter dem Erwartungswert. Ein etwa proportionaler Austausch besteht nur zu den unteren Beamtenberufen, in denen jedoch vielfach ähnliche Arbeiten verrichtet werden (Hausmeister, Bahnwart, Tierpfleger, Forstmeister usw.).
— Die Struktur der Mobilität zwischen den Berufskreisen von Nicht-Arbeitern ist komplexer, wie die ineinander verschachtelten Rechtecke I, II und III zeigen. Wie üblich ist der Aufstieg größer als der Abstieg.
Rechteck III: Hier zeigt sich die Mittelposition der gehobenen Beamten und qualifizierten Angestellten. Beide Berufskreise haben einen verhältnismäßig hohen wechselseitigen Austausch mit den unter ihnen liegenden Berufsgruppen.
Rechteck II: Die hier eingeschlossenen Berufskreise kann man in der Terminologie der sozialen Schichtung der mittleren und oberen Mittelschicht zurechnen. Diese Berufskreise machen 29 % des Samples aus, gleichzeitig ist diese Berufsgruppe seit der Vätergeneration um 4 % gewachsen. Innerhalb dieser Berufsgruppe herrscht beträchtliche Mobilität, obwohl die Selbstrekrutierung das dominierende Muster bildet.
Rechteck I: Die hier zusammengefaßten Berufsgruppen weisen im Vergleich zu den übrigen Berufskreisen höheren Austausch unter sich auf.
— Die kleinen Selbständigen und Landwirte bilden Sondergruppen. Sie haben einen außerordentlich geringen Neuzugang. Neben der hohen Selbstrekrutierung streuen die Übergänge in andere Berufe über alle Berufskreise. Es gibt für sie keinen spezifischen Zielberuf, obwohl die

Tabelle 9: Intergenerationen-Mobilität zwischen 14 Berufskreisen in der Bundesrepublik — Infratest 1968 — Matrix der Assoziationsindizes

Beruf des Vaters	Beruf des Sohnes				I		II	III					IV	
	1	2	3	4	5	6	7	8	9	10	11	12	13	14
1 größere und mittlere Selbständige	13.62	3.24	3.24	1.49	1.25	1.16	0.72	0.00	0.54	0.20	0.23	0.14	0.71	0.28
2 Freie Berufe	0.91	25.89	1.27	2.55	0.84	1.17	0.77	0.00	0.32	0.12	0.55	0.00	0.28	0.00
3 höhere Beamte	0.00	3.45	19.14	3.13	1.27	1.33	0.58	0.83	0.00	0.09	0.14	0.00	0.84	0.00
4 leitende Angestellte	0.58	1.46	1.22	5.30	0.81	2.12	1.24	0.35	0.61	0.18	0.17	0.10	0.27	0.00
5 gehobene Beamte	1.11	1.54	3.34	1.68	5.20	1.58	1.10	0.90	0.39	0.35	0.26	0.20	0.28	0.13
6 qualifizierte Angestellte	1.07	1.07	0.60	0.90	1.38	4.12	1.09	0.26	0.52	0.38	0.43	0.15	0.39	0.00
7 ausführende Angestellte	0.24	0.40	0.34	0.59	1.22	1.03	3.31	0.00	0.93	0.55	0.43	0.52	0.52	0.18
8 untere Beamte	0.53	0.00	0.00	0.56	1.47	1.14	0.90	**9.66**	1.11	0.87	0.85	0.76	0.49	0.00
9 hochqualifizierte Facharbeiter	0.78	0.33	0.54	0.89	0.54	0.42	0.96	0.71	4.09	0.84	1.17	1.05	0.48	0.00
10 Facharbeiter	0.30	0.20	0.08	0.56	0.44	0.71	0.94	1.08	1.04	2.03	1.02	1.02	0.60	0.17
11 angelernte Arbeiter	0.00	0.23	0.00	0.39	0.32	0.33	0.64	1.18	0.68	1.23	3.20	1.55	0.51	0.00
12 ungelernte Arbeiter	0.00	0.00	0.00	0.14	0.36	0.42	0.30	0.71	0.96	1.29	1.49	5.12	0.42	0.29
13 kleine Selbständige	**1.33**	0.37	0.15	**1.01**	0.56	0.57	**1.13**	0.81	0.66	0.69	0.69	0.40	**4.26**	0.32
14 Landwirte	0.42	0.46	0.77	0.34	0.64	0.51	0.52	**1.01**	0.92	0.84	0.91	0.80	**1.07**	**9.12**

Quelle: Müller 1973, 91

Wahrscheinlichkeit, in Nicht-Arbeiterberufe zu kommen, für sie größer ist als für Arbeiter selbst.

Müller (1973, 92) faßt die Ergebnisse wie folgt zusammen.

„Zusammenfassend ergibt sich aus diesen Analysen das Bild stark strukturierter Ungleichheit im Zugang zu Positionen, die ohne Zweifel mit unterschiedlichen gesellschaftlichen Ressourcen und Privilegien ausgestattet sind. Im Vergleich zu einem Modell des chancengleichen Zugangs zu den verschiedenen Positionen finden wir eine gesellschaftliche Wirklichkeit, in der einerseits für Söhne aus privilegierter Herkunft der Abstieg über bestimmte Grenzen hinweg sehr unwahrscheinlich ist, andererseits Arbeitersöhne die Barrieren ihrer Herkunft nur selten zu überwinden vermögen und Söhne aus unteren Angestellten- und Beamtenfamilien in der Regel nur eine kleine Stufe höher kommen können. Am bedeutendsten für die Charakterisierung von Mobilitätschancen in der westdeutschen Gesellschaft aber dürfte die Trennung sein zwischen den 45 % Arbeitersöhnen und der übrigen Hälfte, die nicht in eine der verschiedenen Arbeiterkategorien eingeordnet wurde."

Für jemanden, der den verbreiteten Auffassungen über unsere „mobile und nivellierte Mittelstandsgesellschaft" Glauben geschenkt hat, müssen diese Ergebnisse ernüchternd und erschütternd sein. Sie sind zudem keine Einzelbefunde. Vergleiche mit anderen Ländern, z. B. mit Amerika, ergeben nämlich ähnliche Befunde (vgl. *Blau* und *Duncan* [1967]), ebenso Vergleiche mit ähnlichen Arbeiten in der BRD (*Kleining* 1971, *Janowitz* 1958, *Allensbach* 1969). Nach *Max Weber*s Definition der sozialen Klassen als der „... Gesamtheit derjenigen Klassenlagen ..., zwischen denen ein Wechsel ... leicht möglich ist und typischerweise stattzufinden pflegt", haben wir für die bundesrepublikanischen Verhältnisse mindestens zwei soziale Klassen zu unterscheiden. Die obigen Daten rechtfertigen nämlich auf komplizierten Umwegen die Einteilung in manuelle Berufe und nicht-manuelle Berufe (diese Gruppe ist nicht so einheitlich), sowie die in der Sozialisationsforschung vorgenommene Einteilung in Arbeiter und Angestellte-Beamte (vgl. *Kohn* 1969) auf der *Basis von Mobilitätsbarrieren*[19]. Innerhalb dieser groben Berufskategorien findet Mobilität in beträchtlichem Ausmaß statt, so daß der einzelne sich subjektiv als stark mobil erleben kann. Dies könnte der Grund dafür sein, daß die Mobilitätsideologie so weit verbreitet ist. Der einzelne nimmt vermutlich weniger die Grenzen seiner Mobilität als die Mobilität innerhalb der Grenzen wahr (*Müller* 1973, 98 f.).

19 Hier wird also die Schwierigkeit des Zugangs zu einer bestimmten Berufsgruppe zum Kriterium, um soziale Klassen zu bilden.

An dieser Stelle könnte eine wichtige Frage gestellt werden: Hat sich denn in den letzten Jahren nichts gewandelt? Hat die zunehmende Mechanisierung und Automatisierung nicht eine Veränderung der Berufsstruktur und damit auch der Mobilität bewirkt?

Diese Frage rührt an das wichtige Problem, ob in Intergenerationen-Matrizen nicht zwei Sachverhalte vermischt werden: die *Zirkulation in der Besetzung beruflicher Positionen (bzw. Fluktuation) mit dem Strukturwandel des Beschäftigungssystems.*

Strukturwandel hat von der Generation der Väter zur Generation der Söhne in beträchtlichem Ausmaß stattgefunden. Gleichzeitig ist es richtig, daß Strukturwandel notwendig Mobilität zur Folge hat. Ein Gedankenbeispiel kann dies verdeutlichen: wenn der Anteil der Landwirte an der erwerbstätigen Bevölkerung auf die Hälfte sinkt und der Anteil der Arbeiter um das Doppelte steigt, dann müssen die Landwirte mobil werden. Aus diesen Gründen wird die Gesamtmobilität in zwei Teile gegliedert: in *strukturelle Mobilität* und in *Zirkulationsmobilität.*

Die Daten für den Strukturwandel sind in der Tab. 10 dargestellt. Sie zeigt, daß die Berufskreise der Selbständigen und Landwirte stark abgenommen haben. Kleiner ist auch der Anteil der Facharbeiter und Handwerker geworden, während in Verwaltung und Dienstleistungssektor tätige Berufe der Angestellten zugenommen haben[20].

Kleining (1971 a, 10) berichtet in einer Tabelle (s. Tab. 11) die längere Zeiträume darstellt, über die bekannten Berufsveränderungen: starker Rückgang der Selbständigen in Handel und Gewerbe und der selbständigen Bauern; starke Zunahme der Angestellten, Aufstieg der Facharbeiter zur größten Berufsgruppe, relative Stabilität der „ständisch" orientierten Berufstätigen wie Freie Berufe, Beamte und Handwerker[21].

Die Überlegungen, daß in der Gesamtmobilität strukturell „erzwungene" und Zirkulationsmobilität enthalten sind, haben eine Reihe von Autoren veranlaßt, spezielle Maße zu ihrer Unterscheidung zu entwickeln (z. B. *Yasmuda* 1964, *Blau* und *Duncan* 1967). Tab. 12 enthält eine Aufteilung der Gesamtmobilität in diese beiden Teilgrößen nach dem Verfahren von *Blau* und *Duncan.* Danach befinden sich im Gesamtsample etwas mehr als ein Drittel aller

---

20 Siehe zur Änderung der Berufsstruktur unsere Ausführungen über die Qualifikationspyramide.

21 Die Daten von *Kleining* weisen jedoch schwere Mängel auf. Sie beruhen auf retrospektiver Befragung von Söhnen. Dies ergibt Verzerrungen, da z. B. nur Väter mit Söhnen ins Sample kommen und Väter mit vielen Söhnen überrepräsentiert sind. Trotzdem dürfte die Tendenz der Daten richtig sein, da selbst solche Fehler die deutlichen Zusammenhänge nicht zu sehr stören.

Tabelle 10: Veränderung der Berufsstruktur in der Generationenfolge
— Infratest 1968 —

(N) = 100 %	Väter (3153)	Söhne (3153)	Differenz
1 größere und mittlere Selbständige	3.4	2.4	− 1.0
2 Freie Berufe	1.5	1.4	− 0.1
3 höhere Beamte	1.9	1.7	− 0.2
4 leitende Angestellte	4.6	6.8	+ 2.3
5 gehobene Beamte	7.2	5.2	− 2.0
6 qualifizierte Angestellte	6.2	11.1	+ 4.9
7 ausführende Angestellte	5.5	14.1	+ 8.5
8 untere Beamte	2.5	2.0	− 0.5
9 hochqualifizierte Facharbeiter	6.8	6.8	0.0
10 Facharbeiter	22.5	18.9	− 3.6
11 angelernte Arbeiter	9.5	12.0	+ 2.4
12 ungelernte Arbeiter	6.8	6.7	− 0.1
13 kleinere Selbständige	12.0	7.8	− 4.2
14 Landwirte	9.6	3.3	− 6.3

Quelle: Müller 1973 (Manuskript)

Tabelle 11: Berufskreise nach Geburtszeitraum

Berufskreis	Geburtszeitraum									
	1830 %	1860 %	1870 %	1880 %	1890 %	1900 %	1910 %	1920 %	1930 %	1940 %
1. Freie Berufe	1,8	1,6	1,7	1,7	1,8	2,0	2,3	2,6	2,2	1,5
2. Beamte (Büro)	1,8	3,0	4,7	4,3	5,5	4,9	5,5	5,6	4,0	3,9
3. Beamte (andere)	4.4	7,3	8,0	7,1	8,2	6,3	6,4	6,7	6,3	6,0
4. Angestellte (Büro)	1,8	3,0	4,0	4,3	5,4	7,1	11,2	14,7	14,9	16,1
5. Angestellte (andere)	2,5	3,1	2,9	4,6	4,8	6,5	7,3	9,6	9,7	10,8
6. Selbständige	22,0	20,8	21,2	17,6	17,7	15,8	13,1	12,2	9,4	7,6
7. Bauern, Landwirte	28,0	21,6	16,2	15,6	15,3	14,1	6,7	5,3	5,1	3,7
8. Handwerker (n. selbst.)	5,5	7,6	7,2	7,5	8,2	7,9	8,2	6,9	6,7	9,8
9. Facharbeiter	14,2	14,7	16,6	20,2	18,3	21,4	25,1	24,1	30,0	32,2
10. Andere Arbeiter	18,0	17,3	17,5	17,1	14,8	14,0	14,2	12,3	11,7	8,4
(N =)	3388	2819	874	1834	2498	2393	5954	3826	4008	4097

Quelle: Kleining 1971 a, 10

Söhne im gleichen Berufskreis wie ihr Vater. Ungefähr zwei Drittel sind mobil. Dabei mußte aber fast ein Fünftel aller Befragten die Berufskategorie schon deshalb wechseln, weil sich im Generationenverlauf die Berufsstruktur verändert hat.

Im Vergleich zu einer totalen Chancengleichheit, die einen Wechsel von 90 % erforderlich machen würde, sind 65 % tatsächlich mobil. Diese Zahl verdeckt jedoch Ungleichheiten, wenn man nicht bedenkt, daß die Mobilität meist nur um eine Stufe erfolgt und daß es deutliche Mobilitätsbarrieren gibt. Zum Abschluß dieses Berichts über Mobilitätsprozesse soll kurz der Frage nachgegangen werden, ob sich ihre Struktur in den letzten Jahrzehnten verändert hat, ob die Gesamtzahl der Mobilen größer geworden ist und ob die Mobilitätsbarrieren gesunken sind.

Tabelle 12: Strukturelle Mobilität und Austauschmobilität in der Bundesrepublik bei 14 Berufskreisen — Infratest 1968 —

	absolut	%
(N)	3153	100.0
Immobile	1105	35.0
Mobile	2048	65.0
davon: strukturelle Mobilität	572	18.1
Zirkulationsmobilität	1476	46.9
Mobile bei Chancengleichheit (Modell perfekter Mobilität)	2843	91.1

Quelle: Müller 1973, 103

Für die BRD stehen uns zwei Datenkomplexe zur Verfügung. Den einen hat *Kleining* (1971 a) bearbeitet. Er hat ein repräsentatives Sample von 20 030 Personen befragen lassen und retrospektiv die Berufe der Väter und Großväter ermittelt. Er kommt dabei bis auf den Geburtenzeitraum 1830 bis 1860 zurück. *Kleining* zieht den Schluß, daß sich keine deutlichen Änderungen in der Struktur der Mobilität ergeben haben. *Mayer* und *Müller* (1972, 138) haben dieselben Daten neu interpretiert und schließen auf einen deutlichen, wenn auch kleinen Trend der zunehmenden Mobilität (s. Tab. 13)[22].

22 Auf die Problematik dieser Daten sind wir bereits mehrfach eingegangen.

Tabelle 13: Inter-Generationenmobilität nach Geburtszeitraum des Sohnes und sozialer Schicht des Vaters (in v. H.)

Schicht des Vaters	Geburtsjahrgänge 1905—1925				Geburtsjahrgänge 1926—1945			
	N	Abstieg	Immobil	Aufstieg	Abstieg	Immobil	Aufstieg	N
O/OM	(286)	48	52	0	55	45	0	(328)
MM	(471)	39	44	17	50	39	11	(530)
UM	(2215)	26	55	19	31	52	17	(2249)
OU	(1625)	14	46	40	11	50	39	(1742)
UU	(945)	3	35	62	2	26	72	(882)
SV	(149)	0	16	84	0	8	92	(132)

Quelle: Mayer und Müller 1972, 138

Auf Grund der Problematik der Daten läßt sich jedoch keine der Interpretationen mit genügender Sicherheit zurückweisen.
Einen zweiten Komplex von Daten hat *Müller* zusammengestellt. Dabei handelt es sich um Querschnittsanalysen zu verschiedenen Zeitpunkten, die eine verläßlichere Grundlage darstellen (s. Tab. 14). Wie die Tabelle zeigt[23], hat sich in den Jahren nach dem Zweiten Weltkrieg keine wesentliche Veränderung der Struktur der Mobilität ergeben. Dieses Ergebnis entspricht nicht der Erwartung, daß die Schaffung neuer Arbeitsplätze mit hohen Qualifikationsanforderungen und die Besetzung unqualifizierter Arbeitsplätze mit Gastarbeitern die Mobilitätschancen vergrößert haben. Die absolute Zahl der Mobilen kann gestiegen sein, ebenso das allgemeine Niveau der Qualifikationen und des Lebensstandards. Die strukturellen Verhältnisse (Barrieren und Durchlässigkeiten) oberhalb eines solchen Grundwertes scheinen aber unverändert geblieben zu sein. In den verschiedenen Versuchen ist es jedenfalls bisher nicht gelungen, spezifische Differenzen im Muster der Inter-

23 Das hier verwendete Maß von *Goodman* (1969), das sich Goodman's G nennt, ist ein Maß für die Berufsvererbung. Es mißt, z. B. angewandt auf die Berufskategorie A die Chance, die die Söhne dieser Kategorie A haben, wieder in die Kategorie A und nicht in die Kategorie B oder C ... oder N zu gelangen, im *Vergleich* zu den Chancen, die die Söhne aus der Kategorie B oder C ... oder N haben, in die Kategorie A und nicht in die Kategorien B oder C ... oder N zu gelangen. Je höher ein Wert über 0 liegt, umso größer ist das Ausmaß der Berufsvererbung in der entsprechenden Kategorie. Ein C-Wert von 0 zeigt an, daß die beobachteten Austauschprozesse dem Modell der statistischen Unabhängigkeit entsprechen. Negative Werte bedeuten, daß mehr Austausch vorliegt als nach dem statistischen Modell der Unabhängigkeit zu erwarten wäre.

generationen-Mobilität in der Bundesrepublik zu finden. *Die entscheidenden Merkmale sind sowohl in der zeitlichen als auch in der räumlichen Dimension (im Sinne regionaler Unterschiede) invariant geblieben.* (*Müller* 1973, 112 ff.).

Tabelle 14: Berufsvererbung nach Goodman's G in vier Berufskreisen in vier verschiedenen Untersuchungen.

	Janowitz 1955	Allensbach 1969	Konstanz 1968	Infratest 1968	Infratest 1968 = nur Befragte unter 46 Jahren
größere und mittlere Selbständige, leitende Angestellte, höhere Beamte	3.76*	2.19*	2.63	3.26	3.30
qualifizierte und ausführende Angestellte, gehobene und untere Beamte, kleinere Selbständige	0.79	0.76	0.52	1.00	0.96
hochqualifizierte Facharbeiter und übrige Facharbeiter	1.11	0.76	0.67	1.27	1.41
angelernte und ungelernte Arbeiter	2.96	2.57	2.04	2.54	2.50

*) Unterschied zwischen der Stichprobe von Janowitz und Allensbach signifikant auf dem 1 %-Niveau.

Quelle: Müller 1973, 124

2.3.2 Der Zusammenhang zwischen schulischer Bildung und Beruf (2)

Neben der Vererbung von Boden und Produktionsmitteln bei Landwirten, Selbständigen und teilweise bei Freien Berufen (Arztpraxis), spielt das Schulsystem die entscheidende Rolle als Bestimmungsgröße der Intergenerationenmobilität. Dem Bildungssystem wird eine *Verteilerfunktion* und *Vermittlungsfunktion* im Prozeß der Mobilität zugesprochen. Diese Vermittlerrolle ergibt sich daraus, daß angenommen wird:

— es besteht ein enger Zusammenhang zwischen der sozialen Position des Vaters und der Schulbildung des Sohnes (3);
— es besteht ein enger Zusammenhang zwischen Schulausbildung und Beruf (2).

Nach diesen Hypothesen herrscht eine geringe Intergenerationenmobilität, die über das Schulsystem nur *vermittelt* wird, wenn die im folgenden Schema illustrierten Zusammenhänge vorliegen:

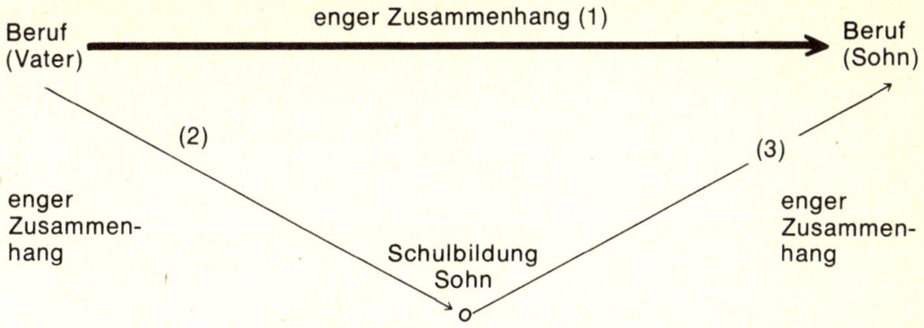

Wenn dem Schulsystem eine *Verteilerfunktion* zugesprochen wird, dann löst sich durch den Schulbesuch die Berufsvererbung oder Selbstrekrutierung gehobener Berufsgruppen auf. Das Schulsystem übt dann eine Verteilung aus, wenn der Zusammenhang zwischen dem beruflichen Status des Vaters und der Schulbildung des Sohnes gering ist. Gleichzeitig muß ein, wie im folgenden Schema dargestellt, hoher Zusammenhang zwischen der Schulausbildung des Sohnes und seinem Beruf bestehen. Mit diesem letzten Zusammenhang wollen wir uns hier zuerst beschäftigen.

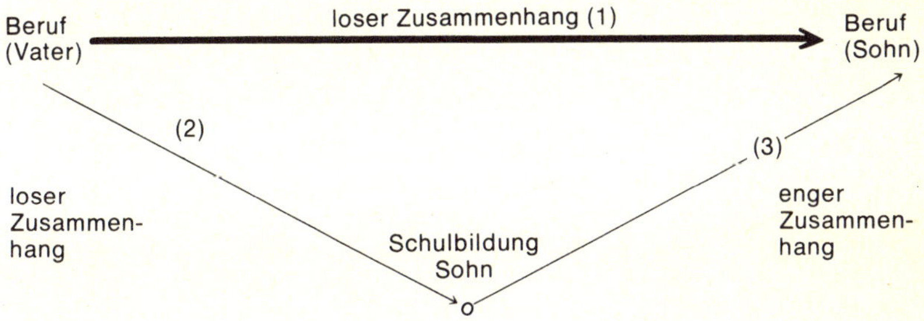

Ein entsprechender Schulabschluß ist für die meisten Berufe zu einer wichtigen Eintrittsbedingung geworden. Dabei sind jedoch weniger spezifische Berufsqualifikationen als Abschlüsse im allgemein-bildenden Schulsystem (Hauptschule, Mittlere Reife, Gymnasium) wichtig. Im öffentlichen Sektor (im „Staatsdienst") ist die Koppelung zwischen schulischem Abschluß („Berechtigung") und den in Tarifgruppen eingeteilten Berufen sehr eng.
Auch in der Industrie besteht die Tendenz, hohe berufliche Positionen immer

enger an schulische Abschlüsse zu binden. So beobachteten *Warner* und *Abegglen* (1955) in den USA und *Helge Pross* (1965) in der Bundesrepublik, daß die Manager heute in der überwiegenden Mehrzahl eine Hoch- und Fachschulbildung erhalten, während die Führungskräfte in der vorigen Generation noch mit einer Mittelschul- oder Gymnasialbildung auskamen. Allerdings finden sich auch heute noch große Gruppen sogenannter „Praktiker" in gehobenen Positionen. Nach einer Untersuchung von *Herrmann* et al. (1972)[24] sind 29 % aller Spitzenpositionen in ihrem Sample von hochqualifizierten Arbeitskräften mit Personen besetzt, die nur eine Ausbildung als Lehrling haben (S. 29). Sie sind meist im Verkauf/Einkauf und im Personalwesen tätig[25].

Eine der wenigen Untersuchungen zu diesem Problem in der Bundesrepublik Deutschland wird von *Daheim* (1961) berichtet. Die Daten, auf die sich *Daheim* stützt, sind im Jahre 1959 im Zusammenhang mit einer Untersuchung über den Mittelstand erhoben worden. *Daheim* beschäftigt sich mit der Frage, ob sich der Zusammenhang zwischen Schulausbildung und Beruf in den letzten 50 Jahren (seit der Jahrhundertwende) verändert hat. Er kommt dabei zu folgenden Ergebnissen:

— Die Schulausbildungsniveaus der verschiedenen Berufsgruppen haben sich seit der Jahrhundertwende sehr unterschiedlich angehoben. Besonders ausgeprägt ist der Anstieg bei den Angestellten und Beamten. Die Volksschule mit anschließender Lehre genügt immer weniger, um in mittlere und höhere Ränge zu kommen.
  Weniger deutlich, aber doch vorhanden, ist die Anhebung der Ausbildung bei den Selbständigen. Sie erfolgt nur sehr zögernd bei den Facharbeitern und Landwirten, während sich das Ausbildungsniveau bei den untersten städtischen und ländlichen Berufsgruppen nicht verbessert hat.
— Der positive Zusammenhang zwischen der Schulbildung und der Berufsposition hat sich seit der Jahrhundertwende in der Bundesrepublik verfestigt. Bei den Berufsgruppen der oberen Mittelschicht wird die höhere Ausbildung auf Kosten der mittleren typisch. Bei den Berufsgruppen der unteren Mittelschicht wird die mittlere Ausbildung auf Kosten der Volksschulbildung typisch, doch diese Tendenz ist bei Selbständigen weniger ausgeprägt, da hier vermutlich die Weitergabe von Besitz zur Statuserhaltung dienen kann. Typisch für die Arbeiterschaft ist heute wie vor 50 Jahren die Volksschule. Hier hat die Entwicklung deutlich stagniert.

---

24 Siehe in *Alex* et al. 1972.

25 Anteil der hochqualifizierten Arbeitskräfte mit Hochschulabschluß 25 %, Fach(hoch)schulabschluß 46 %.

— Zum Untersuchungszeitpunkt ist ein Teil der Berufspositionen der Mittelschicht immer noch mit Volksschülern besetzt, die über eine Lehre in diese Positionen kommen.

Der allgemeine Zusammenhang zwischen der Länge der Schulausbildung und der Berufsposition ist jedoch unbestritten. Auch ein leichtes Ansteigen der Länge der Ausbildung für verschiedene Berufe ist in hochindustrialisierten Gesellschaften feststellbar.

Tabelle 15: Berufsstatus und Ausbildung des Vaters

Berufsstatus	Ausbildung					
	Volksschule ohne Berufsausbildung oder mit kurzer Anlernzeit %	Volksschule mit Lehre oder 2jähriger Anlernzeit %	Höhere Schule ohne Mittlere Reife oder 1jährige Fachschule %	Mittlere Reife oder Fachschulreife %	Abitur %	Summe* %
Landwirte	62,0	14,8	12,9	7,5	—	97,2
Ungelernte Arbeiter	88,0	11,2	—	0,8	—	100,0
Angelernte Arbeiter	42,6	38,8	6,8	7,6	0,4	96,2
Facharbeiter	5,4	78,2	8,2	5,8	—	97,6
Untergeordnete Angestellte	18,6	55,4	13,0	13,0	—	100,0
Beamte des einfachen Dienstes	10,0	48,2	35,8	6,0	—	100,0
Mittlere und kleine selbständige Geschäftsleute, Handwerker	4,4	58,8	8,8	23,2	2,6	97,8
Mittlere Angestellte	4,6	36,2	18,8	32,0	6,6	98,2
Beamte des mittleren und gehobenen Dienstes	0,2	18,4	31,0	31,6	16,6	97,8
Leitende Angestellte	1,4	9,6	7,6	48,0	30,8	97,4
Beamte des höheren Dienstes	—	—	7,6	13,4	78,4	99,4
Freie Berufe und Großunternehmer	4,8	9,7	2,0	33,1	48,6	98,2

* Wo die Summe nicht 100 % ergibt, fehlten bei einem Teil der Befragten die Angaben zur Schul- bzw. Berufsausbildung.

Für einen neueren Zeitpunkt berichtet *Rita Baur* (1972, 41) eine Tabelle über den Zusammenhang zwischen Ausbildung und Berufsstatus (s. Tab. 15), die auf einem Sample der Bevölkerung Baden-Württembergs beruht. Auch hier ist dieser Zusammenhang stark ausgeprägt. Wollte man eine „ständische" Zuordnung treffen, dann könnte man sie nach der obigen Tabelle so formulieren:

Wer die Volksschule besucht und höchstens eine Lehre absolviert hat, der wird später in folgenden Berufsgruppen vertreten sein →	Landwirt (76,8 %) Ungelernter Arbeiter (99,2 %) Angelernter Arbeiter (81,4 %) Facharbeiter (83,6 %) Untergeordneter Angestellter (74 %) Beamter des einfachen Dienstes (58,2 %) Mittlerer und kleiner Geschäftsmann, Handwerker (63,2 %)
Wer eine Höhere Schule ohne Mittlere Reife oder eine einjährige Fachschule besucht hat oder wer es bis zur Mittleren Reife bzw. Fachschulreife gebracht hat, der wird in folgenden Berufsgruppen vertreten sein →	Mittlerer Angestellter (40,8 %) Beamter des einfachen Dienstes (41,8 %) Mittlerer Angestellter (50,8 %) Beamter des mittleren und gehobenen Dienstes (62,6 %) Leitender Angestellter (55,6 %) Freiberuflicher und Großunternehmer (35,1 %)
Wer es zum Abitur gebracht hat, der wird →	Leitender Angestellter (30,8 %) Beamter des höheren Dienstes (78,4 %) Freiberuflicher und Großunternehmer (48,6 %)

Diese Angaben beziehen sich auf eine Väter-Generation, die 1968 befragt wurde und zu diesem Zeitpunkt Kinder im Alter von 10 bis 12 Jahren hatte. Der Schulabschluß der Väter fällt also unmittelbar in die Nachkriegsjahre, so daß man für heute andere Verhältnisse, z. B. eine weniger strenge ständische Zuordnung erwarten würde. Vermutlich ist dies jedoch nicht der Fall, wie die geringen Änderungen in der Mobilitätsstruktur der letzten Jahre zeigen und wie wir durch Daten über den sozialtypischen Besuch höherer Schulen noch belegen werden.
Zwischen Schulabschluß und Lebenschancen besteht ebenfalls ein enger Zusammenhang. In Tab. 16 sind Lebenschancen als Lebenseinkommen

operationalisiert. Mit der Dauer und Qualität der Schulausbildung wachsen die Chancen auf ein höheres Lebenseinkommen. Die Tab. 16 zeigt allerdings auch einen anderen diskriminierenden Faktor: das Geschlecht. Eine Frau mit Fachschule verdient noch etwas weniger als ein Mann ohne jegliche Ausbildung.

Tabelle 16: Erwerbstätige nach Ausbildungsgattungen, durchschnittlichem Lebenseinkommen (netto, Zentralwerte, Querschnittsverfahren) und Geschlecht (Ergebnisse des Mikrozensus von 1964)

Ausbildungsstufe	Geschlecht	Lebenseinkommen (in DM)
Universität	m	646 666
	w	484 205
Päd. Hochschule	m	491 242
	w	453 905
Ingenieur-, Technikerschule	m	520 987
	w	397 320
Berufsfach-, Fachschule	m	415 699
	w	299 628
Nur praktische Ausbildung	m	370 231
(hauptsächlich Volksschüler)	w	255 521
Betriebliche Einarbeitung	m	352 026
(hauptsächlich ungelernte Arbeiter)	w	243 090
Ohne Ausbildung	m	317 448
	w	170 880

Quelle: Kullmer und Krug, in: Wirtschaft und Statistik 1967, H. 10

Der Zusammenhang zwischen Schulausbildung, Einkommen und beruflicher Stellung gehört zu den gesichertesten Fakten hochindustrialisierter Gesellschaften. Diese drei Faktoren werden deshalb häufig zu einer Dimension kombiniert, zum *sozioökonomischen Status.*

Eine solche Beziehung zwischen Ausbildung und beruflichem Status wird meist als selbstverständlich vorausgesetzt. Dabei wird oft übersehen, daß es nach dem Berufseintritt, der selber wesentlich von der Ausbildung beeinflußt ist, noch ein beträchtliches Ausmaß an Mobilität gibt. Sie wird *Karrieremobilität* genannt (vgl. *Müller* 1973, 129 ff.). Allerdings ist die Karrieremobilität in seltenen Fällen so groß, daß sie die Startvorteile bei Berufseintritt durch einen höheren Schulabschluß ausgleichen könnte. Der jeweilige Schulabschluß strukturiert somit eine Spanne vor, innerhalb welcher Karrieremobilität möglich und wahrscheinlich ist.

2.3.3 Zur berufsspezifischen und sozialtypischen Bildungsbeteiligung (3)

Der Zusammenhang zwischen sozialer Herkunft und Schulbesuch gehört zu den wichtigsten Grundlagen der Diskussion um die Chancengleichheit in unserer Gesellschaft. Er zählt zu jenen Zusammenhängen, die statistisch am besten dokumentiert sind.

Wir haben mehrfach erwähnt, daß die Problematik der Chancengleichheit ein Ausgangspunkt der Bildungsdiskussion ab etwa 1965 war. Das Erschrecken entsprang in der Anfangsphase Ergebnissen über die soziale Selektivität des

Tabelle 17: Index der sozialen Selektivität*)

Land	Math.-Naturw. ausger. Schulen	Nicht-Math.-Naturw. ausger. Schulen
1. USA	1,9	1,0
2. Schweden	2,1	7,0
3. Israel	3,6	—
4. Belgien	3,6	7,3
5. Australien	4,7	—
6. Japan	6,0	2,9
7. Finnland	6,0	3,7
8. Schottland	10,4	5,7
9. Holland	12,3	—
10. England	16,2	24,5
11. Frankreich	17,3	—
12. BRD (Hessen und Schleswig-Holstein)	45,3	56,4

Quelle: Postlethwaite, T. N.: Leistungsmessung in der Schule, Frankfurt/M 1968 (190, 65)

*) *Tabelle 17* läßt den schichtenspezifischen Charakter der Auslese bereits deutlich erkennen. Sie basiert auf einem „Index der sozialen Selektivität" (ISS), der nach der folgenden Formel berechnet wurde:

$$\text{ISS} = \frac{\text{Anteil der Kinder aus der Oberschicht an den Abiturienten}}{\text{Anteil der Kinder aus der Oberschicht an allen 13jährigen Schülern}} \times \frac{\text{Anteil der Kinder aus der Unterschicht an allen 13jährigen Schülern}}{\text{Anteil der Kinder aus der Unterschicht an den Abiturienten}}$$

Zur Oberschicht wurden Akademiker, Freie Berufe, Führungskräfte und Selbständige gezählt; die Unterschicht setzte sich aus Fach-, Hilfs-, Land- und ungelernten Arbeitern zusammen. Wenn der Indexwert hoch ist, so zeigt er eine starke Auslese der Schüler aus der Unterschicht an und umgekehrt.

Schulsystems in anderen Ländern. Zu den frühesten Ergebnissen zählen jene aus dem Robbins-Report (1963), nach dem die Chance der intelligentesten Kinder aus der Unterschicht, eine höhere Schule zu besuchen, gleich groß war wie die Chance der am wenigsten intelligenten Kinder aus der Oberschicht[26]. Inzwischen liegen Vergleichsdaten über die soziale Selektivität des Schulsystems in verschiedenen Ländern vor[27]. Danach zeigt das Schulsystem der Bundesrepublik eine der höchsten Selektivitätsraten vergleichbarer Industrieländer (s. Tab. 17).

Gegen solche internationale Vergleiche können viele Einwände erhoben werden, weil weder die Definition der Sozialschicht jeweils identisch, noch die Schulstruktur immer leicht zu vergleichen ist. Trotzdem dürfte die Tendenz eindeutig und der Auslesecharakter des Schulsystems in der Bundesrepublik nicht zu bestreiten sein.

Die soziale Selektivität des Schulsystems, die u. a. durch die begrenzte Zahl an Studienplätzen in Höheren Schulen und an Universitäten erzwungen wird, zeigt sich an allen Stellen des Schulsystems, die für Aufstieg oder Abstieg relevant sind. Wir wollen hier an einigen exemplarischen Tabellen dem Problem der schichtspezifischen Selektion nachgehen, wobei wir insbesondere auf die Gruppen der Arbeiterkinder und Akademikerkinder achten.

Die schichtspezifische Selektion beginnt bereits beim Schuleintritt. Es werden mehr Kinder von Arbeitern als von Akademikern als nicht schulreif zurückgestellt (s. Tab. 18).

Tabelle 18: Schulreife nach Schichtzugehörigkeit in Prozent

Schichtzugehörigkeit	Schulreife		
	reif	bedingt reif	unreif
Akademiker, höhere Angestellte und Beamte	92	5	3
gelernte Arbeiter	67	17	16
ungelernte Arbeiter	59	18	23

Quelle: Cordt, W. und Walter, K.: Ein Duisburger Beitrag zur Untersuchung von Lernanfängern, in: Pädagogische Rundschau 1963, Bd. 17, H. 3 (34, 430).

Im Verlauf der ersten vier Grundschuljahre zeigen sich dann deutlich sozialtypische Verläufe der Leistungsentwicklung. Dies ist in den sprachlichen

26 5 Intelligenzgruppen, nach einem Intelligenztest gebildet.

27 Vgl. für einen zusammenfassenden Bericht *Schneider* 1966, 13—78 in *Hess* et al. 1966.

Fächern (Rechtschreiben und Aufsatz), die den schulischen Erfolg weitgehend bestimmen (vgl. *Kemmler* 1967, 70 ff.), am stärksten der Fall. Die Leistungsunterschiede schlagen sich im 4. Schuljahr im Notenbild und bei den Ergebnissen objektiver Leistungstests nieder. Wenn diese Ergebnisse nach der Region aufgegliedert werden, etwa nach abgelegenen bäuerlichen Gegenden und nach Stadtgebieten, dann zeigt sich, daß die Notenunterschiede geringer sind als die Unterschiede in den objektiven Leistungstests (*Klingler* 1972). Lehrer wenden also regionspezifische Beurteilungsmaßstäbe an. Neben den häufigen Zurückstufungen bei Schuleintritt und den schlechteren Leistungen in der Grundschule kommt die ungünstige Lage der Arbeiterkinder noch an anderer Stelle des Schulsystems zum Ausdruck: Arbeiterkinder sind in der Sonderschule stark überrepräsentiert. 1972 stellten sie rund 70 % der Sonderschüler der 4. Klassen in Baden-Württemberg (s. Tab. 29).

Eine entscheidende Phase bildet bei unserer gegenwärtigen Struktur des Schulsystems das Ende des 4. Grundschuljahres bzw. die Übertrittssituation in Hauptschule, Realschule und Gymnasium.

Wenn wir im folgenden die Bedeutung der sozialen Herkunft zu diesem Zeitpunkt darstellen, dann stützen wir uns in erster Linie auf Daten aus Baden-Württemberg, da dieses Bundesland bildungsstatistisch am besten erfaßt ist (vgl. die Arbeiten von *Peisert* 1967, *Gerstein* 1972, *Peisert* und *Dahrendorf* 1967, *Freytag* et al. 1969, *Kämpfe* und *Peisert* 1970, *Baur* 1972, *Schulentwicklungsplan* 1968, *Widmaier* 1966, *Statistik* 1970, *Grieger* et al. 1972). Auf bundesweite Daten werden wir zu Vergleichszwecken jeweils zurückgreifen, soweit solche vorhanden sind. Baden-Württemberg dient uns hier als exemplarischer Fall für die Darstellung der sozialtypischen Bildungsbeteiligung.

Für die Darstellung der sozialtypischen oder regional differenzierten Bildungsbeteiligung werden häufig Daten aus den frühen sechziger Jahren herangezogen, so daß der Einwand immer nahe liegt, die Verhältnisse hätten sich heute grundlegend geändert[28]. Deshalb soll im folgenden, wo immer möglich, der Trend der unterschiedlichen Bildungsbeteiligung dargestellt werden.

Danach haben sich in Baden-Württemberg die Übergangsquoten von der 4. und 5. Klasse der Volksschulen auf Realschulen und auf Gymnasien von 1954 bis 1967 wie in Abb. 15 dargestellt entwickelt.

Absolut haben sich die Übergänge auf Realschulen und Gymnasien von 25 113 im Jahre 1954 auf 57 532 im Jahre 1967 erhöht. Der Tiefpunkt der Entwicklung liegt im Jahre 1956 mit 19 929 Übergängen. Diese Zahlen müs-

---

28 Auch die Arbeit von *Peisert* (1967) ruht auf den Volkszählungsdaten von 1960. Eine differenziertere Aufarbeitung auf der Basis der Volkszählung von 1970 ist in Arbeit (Sonderforschungsbereich Bildungsforschung der Universität Konstanz, Projektgruppe „Regionale Strukturen der Bildungsbeteiligung“).

Abb. 15: Die Entwicklung der Übergangsquoten auf Realschulen und Gymnasien in Baden-Württemberg von 1954—1967 nach Geschlecht.

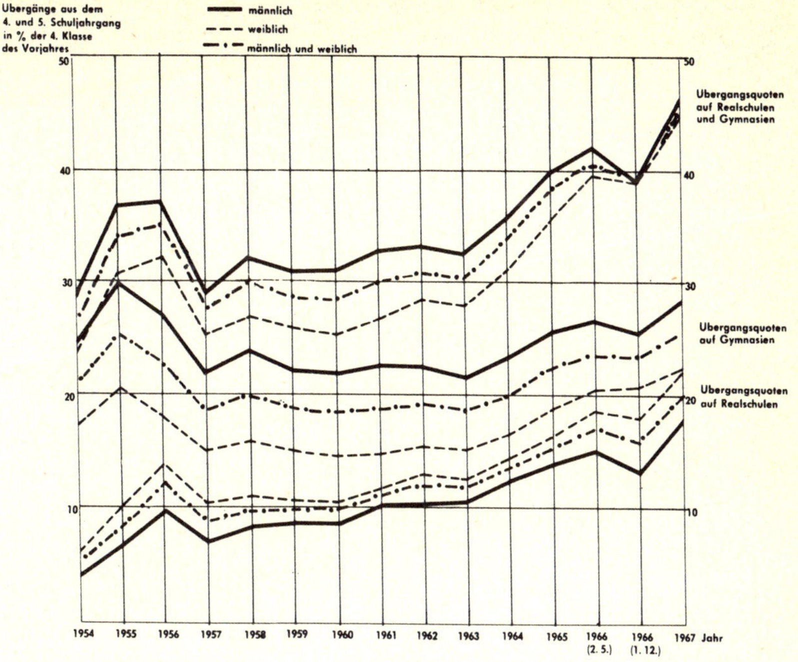

Quelle: Schulentwicklungsplan 1968, I/113.

sen jedoch auf dem Hintergrund der Bevölkerungsentwicklung gesehen werden. Sie erklärt annähernd zwei Drittel der Zunahmen (*Schulentwicklungsplan* 1968, I/107). Differenziert man zwischen Realschulen und Gymnasien, dann ergibt sich folgendes Bild (Tab. 19):

Tabelle 19:

Zunahme der Übergänge von 1956 bis 1967 auf	Realschulen Zahl	Realschulen in %	Gymnasien Zahl	Gymnasien in %
Insgesamt	18 336	100,0	19 267	100,0
davon aufgrund Bevölkerungswachstum	8 285	45,2	15 690	81,4
Erhöhung des relativen Schulbesuchs	10 051	54,8	3 577	18,6

Quelle: Schulentwicklungsplan 1968, I/107.

Die Abb. 15 enthält die relativen Zahlen der Übergangsquoten, getrennt nach Geschlechtern. Es zeigen sich dabei zwei deutliche Höhepunkte im Übergang auf weiterführende Schulen: die Jahre 1955 und 1956 (als sehr schwache Jahrgänge, s. o.) und die Kurzschuljahre von 1966. Ansonsten ergibt sich eine leicht steigende Tendenz, wobei sich die Gesamtzahl der übertretenden Mädchen der der Jungen nähert; allerdings nur deshalb, weil die größere Anzahl von Mädchen an Realschulen die geringere Anzahl an Gymnasien ausgleicht.

Einen Überblick über die bundesweite Entwicklung der Anteile von Quartanern der Realschulen und der Gymnasien an den Geburtenjahrgängen 1952 bis 1968 gibt die Tab. 20.

Sie enthält auch die Ländervergleiche für das Jahr 1968. Die Übergänge auf Realschulen und Gymnasien nach dem 4. Grundschuljahr dürften dabei noch etwas höher liegen, da es sich in dieser Tabelle um Quartaner handelt (3. Schuljahr in Realschulen und Gymnasien). Baden-Württemberg liegt hier an 7. Stelle in der Rangreihe der Bundesländer, bei den Gymnasiasten allerdings an 4. Stelle. Unter den Flächenstaaten hat Baden-Württemberg sogar die höchste Anteilsquote an Gymnasiasten des 3. Schuljahres.

Der Anteil der Schüler an weiterführenden Schulen hat sich seit 1952 stetig erhöht. 1968 (38 %) ist er beinahe doppelt so groß wie 1952 (20,1 %). Der Anstieg ist allerdings mehr auf eine Steigerung der Realschüler (von 6,7 % auf 18,5 %) als auf eine Zunahme der Gymnasiasten zurückzuführen. Die Anzahl der Gymnasiasten ist 1964 sogar geringer als 1952. Ähnlich stetig wie das Wirtschaftswachstum und der Lebensstandard ist in der Bundesrepublik auch die Bildungsbeteiligung gewachsen. Es scheint, als könne eine erhöhte Bildungsbeteiligung als Aspekt der zunehmenden Wohlfahrt interpretiert werden[29].

Bis zum Jahre 1967 (Änderung ab 15. 2. 1967) haben wir aus der offiziellen Statistik keine Informationen über die berufsspezifische Verteilung von Über-

---

29 Steigerung der Löhne und Preise

1962 = 100

Jahr	Preise*	Löhne**
1962	100	100
1965	109,0	127,0
1968	116,1	142,5
1970	123,7	179,9
1971	130,4	198,0

* 4 — Pers. AN-HH mit mittlerem Einkommen des alleinverdienenden Haushaltsvorstandes, Statistisches Jahrbuch 1972, S. 458.

** Durchschnittliche Brutto-Wochenverdienste der Arbeiter in der Industrie. Statistisches Jahrbuch 1972, S. 470.

Tabelle 20: Quartaner der Realschulen und der Gymnasien und ihr Anteil am Geburtsjahrgang 1952 bis 1968.

Jahr	Geburtsjahrgang (Durchschnitt)		Quartaner					
			insgesamt		davon			
					Realschulen		Gymnasien [1]	
	Geburtsjahre	1 000 Personen	Anzahl	% [2]	Anzahl	% [2]	Anzahl	% [2]
1952	1938—1940	964	193 828	20,1	64 633 [4]	6,7	129 195	13,4
1953	1939—1941	966	205 668	21,3	67 555 [4]	7,0	138 113	14,3
1954	1940—1942	889	217 582	24,5	79 712	9,0	137 870	15,5
1955	1941—1943	814	218 393	26,8	80 561	9,9	137 832	16,9
1956	1942—1944	748	220 221	29,4	81 059	10,8	139 162	18,6
1957	1943—1945	693	199 693	28,8	75 272	10,9	124 421	18,0
1958	1944—1946	656	164 253	25,0	64 215	9,8	100 038	15,2
1959	1945—1947	640	186 079	29,1	76 867	12,0	109 212	17,1
1960	1946—1948	706	204 024	28,9	86 944	12,3	117 080	16,6
1961	1947—1949	753	216 836	28,8	93 508	12,4	123 328	16,4
1962	1948—1950	780	224 235	28,7	99 088	12,7	125 147	16,0
1963	1949—1951	786	225 779	28,7	100 531	12,8	125 248	15,9
1964	1950—1952	782	228 318	29,2	102 979	13,2	125 339	16,0
1965	1951—1953	777	245 463	31,6	112 436	14,5	133 027	17,1
1966	1952—1954	785	271 249	34,6	126 350	16,1	144 899	18,5
1967: Februar [3]	1953—1955	620	230 048	37,1	103 293	16,7	126 755	20,4
Oktober	1953—1956	802	318 096	39,7	148 328	18,5	169 768	21,2
1968	1954—1957	824	313 041	38,0	145 175	17,6	167 866	20,4
davon:								
Baden-Württemberg	1954—1957	124	49 817	40,2	19 240	15,5	30 577	24,7
Bayern	1954—1957	144	58 981	41,0	31 528	21,9	27 453	19,1
Berlin	1954—1957	17	9 427	55,5	4 274	25,1	5 153	30,3
Bremen	1954—1957	9	4 922	54,7	2 547	28,3	2 375	26,4
Hamburg	1954—1957	18	9 376	52,1	4 837	26,9	4 539	25,2
Hessen	1954—1957	69	29 332	42,5	14 213	20,6	15 119	21,9
Niedersachsen	1954—1957	99	36 710	37,1	18 693 [4]	18,9	18 017	18,2
Nordrhein-Westfalen	1954—1957	238	80 573	33,9	35 595	15,0	44 978	18,9
Rheinland-Pfalz	1954—1957	56	14 517	25,9	4 510	8,1	10 007	17,9
Saarland	1954—1957	18	4 934	27,4	1 584	8,8	3 350	18,6
Schleswig-Holstein	1954—1957	32	14 452	45,2	8 154	25,5	6 298	19,7

[1]) ohne Wirtschaftsoberschulen, die in der amtlichen Statistik bei den berufsbildenden Schulen ausgewiesen werden (vgl. Tabelle 2). — [2]) des Geburtsjahrganges. — [3]) ohne Bayern, Berlin, Hamburg. — [4]) ohne Realschulzugklassen an Volksschulen.

Quelle: Statistisches Bundesamt, Statistik der allgemeinbildenden Schulen.

gängen[30]. Wir können erstmals für 1967 diesbezügliche Aussagen machen. Zum selben Zeitpunkt fand auch die erste große repräsentative Erhebung der Arbeitsgruppe für empirische Bildungsforschung in Heidelberg statt (15. 10. bis 15. 11. 1967 — Strukturerhebung I, vgl. *Freytag* und *Weizäcker* 1969, 24 ff.).

30 Diese Angaben gibt es nur für Hochschulen, weshalb sich z. B. *Dahrendorf* (1965) bei seiner Argumentation um die schichtspezifische Bildungsbeteiligung immer auf den Anteil der Arbeiterkinder an der Hochschule stützt.

Dieser repräsentativen Erhebung ist nur jene des Teams um *Peisert* und *Dahrendorf* vorausgegangen (1965), die sich speziell auf das Problem des vorzeitigen Abgangs vom Gymnasium konzentrierte (vgl. auch *Gerstein* 1972), dabei aber auch Einblicke in die soziale Zusammensetzung der Gymnasiasten-Population zutage förderte.
Wie sah die Situation der schichtspezifischen Bildungsbeteiligung in Baden-Württemberg im Jahre 1967 für das Schuljahr 1967/68 aus? Nach einer amtlichen Statistik ergibt sich (Tab. 21), daß aus dem 4. und 5. Schuljahr insgesamt 48,1 % aller Schüler des Jahrganges in weiterführende Schulen gemeldet waren. Die Arbeiterkinder waren danach in den Realschulen etwa proportional zu ihrem Anteil an der Gesamtzahl der Schüler des 4. Schuljahrganges vertreten (43,1 % im 4. Schuljahr und 41,5 % in der Realschule). Im Gymnasium sind Akademikerkinder deutlich überrepräsentiert, Arbeiterkinder hingegen unterrepräsentiert. Diese Zahlen sind jedoch insofern irreführend,

Tabelle 21: Übergänge auf weiterführende Schulen in Baden-Württemberg für das Schuljahr 1967/68, gegliedert nach Berufsgruppen.

Beruf des Vaters bzw. ersatzweise der Mutter	Schüler zum Ende des Schuljahres 1966/67 im 4. Schuljahrgang		Übergänge aus dem 4. und 5. Schuljahrgang am 1. 8. 1967 auf Realschulen		Gymnasien	
	Anzahl	%	Anzahl	%	Anzahl	%
Insgesamt	119 771	100	25 229	21,06	32 303	27,05
Akademiker	5 704	4,8	384	1,5	5 099	15,8
Nichtakademiker	114 067	95,2	24 845	98,5	27 204	84,2
Arbeiter	51 668	43,1	10 469	41,5	6 269	19,4

Quelle: Schulentwicklungsplan 1968, I 126f.

Tabelle 22: Prozentsatz der Kinder aus verschiedenen Berufsgruppen, die weiterführende Schulen besuchen (Baden-Württemberg, Schuljahr 1967/68).

Beruf des Vaters bzw. ersatzweise der Mutter	Schüler am Ende des Schuljahres 1966/67 im 4. Schuljahrgang		Aus dem 4. und 5. Schuljahrgang am 1. 8. 1967 gingen aus den Berufsgruppen. . . am 1.8.1967 auf Realschulen		Gymnasien	
	Anzahl	%	Anzahl	%	Anzahl	%
Akademiker	5 704	4,8	384	6,7	5 099	89,4
Nichtakademiker	114 067	95,2	24 845	21,8	27 204	23,9
Arbeiter	51 668	43,1	10 469	19,9	6 269	12,1

Quelle: Schulentwicklungsplan 1968

als der Arbeiterkinder viele, der Akademikerkinder aber wenige sind. Wenn man fragt, wieviel Prozent der Akademikerkinder oder der Arbeiterkinder ins Gymnasium gehen, dann ergibt sich ein anderes Bild. Es sind dies nach Tab. 22 89,4 % aller Akademikerkinder und 12,1 % der Arbeiterkinder. Diese erste umfassende Darstellung der Bildungsbeteiligung nach sozialer Herkunft in der amtlichen Statistik Baden-Württembergs kann mit einer repräsentativen Untersuchung der Heidelberger Projektgruppe um *Weizäcker* und *Freytag* verglichen werden. Diese Projektgruppe hat einige Monate später (15. 10. bis 15. 11. 1967) Daten von 84 000 Schülern über Lehrerangaben erhoben. Die Lehrer stützten sich auf Klassenbücher und Klassenkarteien. *Rolf Jaeger* (1969, 138), ein Mitarbeiter der Heidelberger Gruppe, vergleicht die Daten mit denen der amtlichen Statistik (Tab. 23).

Tabelle 23: ÜQ (in %) der Strukturerhebung I im Vergleich mit solchen der amtlichen Statistik (Schuljahr 66/67 auf 67/68)

Übergang	Strukturerhebung I (per 15. 10. 67)		amtliche Statistik (per 1. 8. 67)
	ÜQ*	3 σ-Vertrauensbereich	ÜQ*
4. Klasse GS in 5. Klasse RS**	10,58	8,97 — 12,19	13,93
5. Klasse HS in 5. Klasse RS	5,83	4,33 — 7,32	9,68
4. Klasse GS in 5. Klasse GY	19,36	17,30 — 21,43	21,62
5. Klasse HS in 5. Klasse GY	4,92	3,54 — 6,31	6,43

* Bezugstermin für die ÜQ ist einheitlich der 15. 2. 67.
** Im folgenden 4/5 RS und 5 HS/5 RS bzw. 4/5 GY und 5 HS/5 GY abgekürzt.

Quelle: Kultusministerium Baden-Württemberg, Statistische Unterlagen zur Beratung des Haushaltsplanes, Bd. 1, Stuttgart 1968 (hektographiert), und ÜQ-Matrix.

Bei diesem Vergleich zeigt sich, daß die Angaben der amtlichen Statistik überzufällig hoch liegen. *Freytag* erklärt dies daraus, daß die amtlichen Daten am 1. 8. 1967 an Volksschulen erhoben wurden. Dadurch fallen auch jene Schüler in die Quote der Übergänge, die in ein anderes Land gegangen sind (z. B. von Ulm nach Neu-Ulm und damit nach Bayern), oder die es „sich noch einmal überlegt haben" und zum Zeitpunkt der Heidelberger Untersuchung (15. 10. 1967) nicht mehr übergetreten waren. Die Daten der Heidelberger Untersuchung dürften etwas zu niedrig liegen, da sich hier spezielle Probleme der Identifikation von Übergängen ergeben (vgl. *Freytag* et al. 1969, 138 ff.). Diese Sachverhalte sind auch bei den später zu interpretierenden amtlichen Daten zu beachten. Die Übergänge dürften dort insgesamt zu hoch liegen.

Tabelle 24: Gruppenspezifische ÜQ (in %) zwischen allgemeinbildenden Schulen

Sozial-statistische Kriterien		Übergang					
		4/5 HS	4/5 RS	4/5 GY	Summe 1, 2 und 3*	5 HS/5 RS	5 HS/5 GY
		1	2	3	4	5	6
Berufsgruppe:	BEA	41,18	9,09	47,59	97,86	15,19	20,25
	ANG	47,28	13,41	32,93	93,63	10,29	11,18
	ARB	75,68	8,60	5,28	89,57	3,78	1,93
	SEG	51,15	12,21	29,95	93,32	8,30	6,22
	SLA	84,80	4,05	4,05	92,91	2,29	1,53
	NE	64,80	11,71	9,91	86,49	3,26	2,17
Ausbildung:	AKAD	23,23	6,45	60,65	90,32	12,12	33,33
	N-AKAD	66,58	10,05	15,07	91,69	5,49	4,03
Schicht:	O-SCHICHT	20,28	6,29	65,03	91,61	13,33	36,67
	M-SCHICHT	51,25	13,21	30,07	94,52	10,14	9,18
	U-SCHICHT	77,20	7,84	5,08	90,12	3,51	1,86
Geschlecht:	M	63,08	8,32	19,91	91,32	5,68	4,79
	W	65,57	11,58	14,80	91,95	5,27	4,07
Konfessions:	R-KATH	69,16	7,97	14,85	91,97	4,66	4,83
	EV	59,50	12,05	19,99	91,53	6,54	4,25
Region:	STADT	50,09	11,36	30,54	91,99	9,88	4,35
	LAND	67,09	9,68	14,78	91,56	4,91	4,45

* Die Spalte „Summe 1, 2 und 3" ist insofern eine interessante Ergänzung, als sie zeigt, wieviel Prozent die einzelnen Gruppen mit den drei wichtigsten Übergängen (4/5 HS, RS, GY) „ausschöpfen". Hierbei ist allerdings zu beachten, daß die gruppenspezifischen ÜQ aus *realisierten* Übergängen, bezogen auf die entsprechende Zeilensumme, *inklusive* der Non-Respondents berechnet sind. Dadurch sind die gruppenspezifischen ÜQ tendenziell zu klein. Ihr Aussagegehalt ist also vor allem in dem *Vergleich* mit anderen gruppenspezifischen ÜQ zu sehen. Diese Ergänzung gilt natürlich entsprechend für alle Tabellen, in denen gruppenspezifische ÜQ gegenübergestellt sind, auch wenn sie nicht explizit aufgeführt ist.

Die Heidelberger Untersuchung bestätigt erneut die bereits früher behaupteten Sachverhalte über die Struktur der Bildungsbeteiligung. *Peisert* (1967) hatte vier Faktoren genannt, die zu unterschiedlicher Bildungsbeteiligung führen: die soziale Herkunft (Arbeiterkinder), das Geschlecht (Mädchen), die Konfession (katholisch) und die regionale Lage (Land). Tab. 24, sie entstammt der Heidelberger Untersuchung (*Jaeger* 1969, 150), bestätigt diese Zusammenhänge[31].

In der Hauptschule finden sich vornehmlich Kinder aus der Unterschicht; die Mädchen sind etwas stärker vertreten als Jungen, ebenso Katholiken im Vergleich zu Schülern evangelischen Glaubensbekenntnisses. Auf dem Land sind die Hauptschulen stärker besucht als in der Stadt.
In Realschulen sind Kinder aus der Mittelschicht am stärksten vertreten. Die Realschule scheint eine beliebte Mädchenschule zu sein, da Mädchen hier die Jungen überflügeln.
Im Gymnasium finden sich die meisten Kinder aus der Oberschicht, d. h. 65 % aller Akademikerkinder aus der 4. Klasse der Grundschule besuchen das Gymnasium. Von den Akademikerkindern, die noch ein Jahr in der Hauptschule bleiben, treten dann ungefähr 37 % in die 5. Klasse des Gymnasiums über.
Durch einfache Indexziffern kann die gruppenspezifische Repräsentanz in den einzelnen Schultypen festgestellt werden. Sie berechnen sich aus dem prozentualen Anteil der Schüler in der Hauptschule, Realschule oder im Gymnasium, gebrochen durch den prozentualen Anteil der Schülergruppe an der 4. Klasse der Grundschule[32].
Die Indexziffer 1 gibt eine proportionale Vertretung an. Größere Zahlen weisen auf eine Überrepräsentation, kleinere auf eine Unterrepräsentation hin. Tab. 25 gibt die Verhältnisse in den einzelnen Schulformen wieder.

---

31 Jaeger stellt seine Ergebnisse durch sogenannte Übergangsquotenmatrizen dar. Die Zeilen (i) einer solchen Matrix geben die Verteilung der Schüler über die verschiedenen Schulformen und Klassenstufen zum Zeitpunkt t wieder, die Spalten (j) zeigen die entsprechende Verteilung der Schüler zum Zeitpunkt t + 1. Die Zellen einer Zeile i der Matrix beantworten die Frage, in welche (Ziel-)Pole j sich die Schüler von t bis t + 1 bewegt haben. Die Zellen einer Spalte j der Matrix zeigen die Herkunftsstruktur der Schüler dieser Spalte zum Zeitpunkt t + 1. Eine Übergangsquote ist dann der Übergang (Besetzung einer Zelle) bezogen auf die entsprechende Zeilensumme. Sie stellt also den Anteil von Schülern des (Herkunfts- oder Liefer-)Pols i in t dar, der in t + 1 den (Ziel-)Pol j besucht. (*Rolff* 1972, 22 f.)

32 Ein einfaches Beispiel:

$$\frac{\text{Arbeiterkinder im GY: 10 \%}}{\text{Arbeiterkinder in der 4. Gl. GS 40 \%}} = 0{,}4.$$

Tabelle 25: Indexziffern gruppenspezifischer Repräsentanz in allgemeinbildenden Schulen

Sozial-statistische Kriterien		Schultyp									
		HS			RS			GY*			
		5. Klasse	9. Klasse	Gesamt	5. Klasse	10. Klasse	Gesamt	5. Klasse	10. Klasse	13. Klasse	Gesamt
Berufsgruppe:	BEA	0,6	0,7	0,7	1,5	2,1	1,7	2,8	3,8	3,6	3,3
	ANG	0,7	0,7	0,7	1,4	1,4	1,4	1,7	1,6	1,5	1,6
	ARB	1,2	1,1	1,1	0,8	0,7	0,7	0,4	0,2	0,2	0,3
	SEG	0,8	0,7	0,8	1,0	1,1	1,1	1,6	1,8	2,0	1,8
	SLA	1,3	1,3	1,4	0,6	0,6	0,5	0,3	0,2	0,3	0,3
	NE	1,2	2,2	1,6	0,8	1,6	1,2	0,6	1,3	2,1	1,2
Ausbildung:	AKAD	0,3	0,2	0,2	0,4	0,7	0,5	3,3	3,8	4,6	3,7
	N-AKAD	1,0	1,0	1,0	1,0	1,0	1,0	0,9	0,8	0,8	0,9
Schicht:	O-SCHICHT	0,3	0,1	0,2	0,4	0,7	0,5	3,5	4,0	4,9	3,9
	M-SCHICHT	0,8	0,8	0,8	1,4	1,4	1,5	1,6	1,7	1,6	1,6
	U-SCHICHT	1,2	1,1	1,2	0,8	0,7	0,7	0,4	0,2	0,2	0,3
Geschlecht:	M	1,0	1,1	1,0	0,8	1,0	0,9	1,1	1,2	1,3	1,2
	W	1,0	0,9	1,0	1,2	1,0	1,1	0,9	0,8	0,7	0,8
Konfession:	R-KATH	1,1	1,0	1,0	0,9	0,8	0,9	0,9	0,8	0,8	0,9
	EV	0,9	1,0	1,0	1,1	1,3	1,1	1,1	1,2	1,2	1,1
Region:	STADT	0,7	0,7	0,7	1,1	1,1	1,3	1,5	1,7	1,8	1,5
	LAND	1,1	1,1	1,1	1,0	1,0	0,9	0,9	0,9	0,8	0,9

* Wie aus der Aggregationsliste unmittelbar zu entnehmen ist (Zeilen 023 bis 025), wurden zu den Gymnasien im landläufigen Sinne die gymnasialen Züge an den Wirtschaftsoberschulen (jetzt: Wirtschaftsgymnasien) und die letzten drei Schuljahre der Aufbaugymnasien mit hinzugerechnet.

Tabelle 26: Ausgewählte gruppenspezifische Übergangsquoten aus der 4. Grundschulklasse in die Hauptschule, die Realschule und ins Gymnasium zwischen den Schuljahren 1966/67 —67/68 (ÜQ 1), 1967/68—68/69 (ÜQ 2) und 1968/69 —69/70 (ÜQ 3) in Prozent

Sozialstatistische Kriterien	Hauptschule			Realschule			Gymnasium		
	ÜQ1	ÜQ2	ÜQ3	ÜQ1	ÜQ2	ÜQ3	ÜQ1	ÜQ2	ÜQ3
Geschlecht									
männlich	68,0	63,2	55,8	8,9	11,4	12,9	21,4	21,3	23,2
weiblich	70,4	62,4	56,3	12,4	15,4	18,0	15,7	18,4	19,0
Konfession									
katholisch	73,8	65,7	59,0	8,8	12,3	14,6	15,9	17,8	19,7
evang. u. sonst.	64,4	59,7	53,2	12,6	14,5	16,3	21,4	22,0	22,4
Beruf d. Erzieh. berechtigten									
Beamter	43,2	36,9	28,4	9,2	13,8	14,4	46,5	47,6	49,8
Angestellter	51,7	45,2	40,8	14,3	17,1	18,4	33,1	34,2	34,1
Arbeiter	82,5	76,7	68,5	9,6	11,4	14,4	6,1	6,8	9,1
Freiberufl.	55,1	50,5	43,9	12,8	15,5	16,4	31,4	30,9	33,1
Landwirt	88,6	79,7	74,1	4,2	10,1	13,7	4,6	5,3	6,8
Nichterwerbst.	72,7	70,4	60,6	11,4	11,2	11,7	11,4	16,3	13,8
Region									
Wohnort über 20 000	55,2	48,9	43,8	13,5	16,6	18,0	29,8	30,4	29,5
Wohnort unter 20 000	75,0	67,9	60,7	9,5	12,2	14,5	13,9	15,9	17,8
Ausbild. u. Beruf d. Erziehungsberecht.									
Gruppe 1**	27,6	21,8	13,4	6,0	6,8	4,7	64,2	66,9	75,0
Gruppe 2	54,6	48,2	43,2	13,8	17,1	18,7	30,9	22,1	31,5
Gruppe 3	82,9	76,7	69,1	8,8	11,3	14,2	6,2	7,1	8,9

**) Gruppe 1: Kinder von Akademikern
Gruppe 2: Kinder von Nichtakademikern (Beamte, Angestellte, Freiberufl.)
Gruppe 3: Kinder von Nichtakademikern (Arbeiter, Landwirte, Nichterwerbstätige)

Quelle: Grieger et al. 1972, 52.

Nach Tab. 25 sind Kinder aus der Oberschicht in Gymnasien stark überrepräsentiert (5. Klasse 3,5), während Kinder aus der Unterschicht stark unterrepräsentiert sind (5. Klasse 0,4). Die Überrepräsentation nimmt bei der Oberschicht mit steigender Klasse zu (13. Klasse: 4,9), die Unterrepräsentation bei der Unterschicht ebenfalls (13. Klasse: 0,2).

Im Jahre 1972 legte die Arbeitsgruppe für empirische Bildungsforschung aus Heidelberg ihren Abschlußbericht vor (*Grieger* et al. 1972), in dem die Ergebnisse von Erhebungen in drei aufeinander folgenden Jahren (1967 bis 1969) dargestellt sind. Tab. 26 enthält die für uns wichtigsten Ergebnisse über den Trend des Übergangs auf weiterführende Schulen in den Jahren 1966/67 bis 1968/69.

Als Ergebnisse dieser Trendanalyse kann man festhalten:

— Für Hauptschule und Realschule ergeben sich signifikante Quotenänderungen zu allen drei Zeitpunkten, für das Gymansium nur beim Vergleich der ersten mit der dritten Quote.
— Die Mädchen haben ihre Benachteiligung beinahe aufgeholt. Sie besuchen jedoch häufiger die Realschule als das Gymnasium.
— Die Quote der Katholiken steigt von 1967 bis 1969 signifikant von 15,7 % auf 19,0 %.
— Besonders starke Veränderungen ergeben sich für Schulkinder aus Wohnorten mit weniger als 20 000 Einwohnern. Es ist zu vermuten, daß sich hier besonders die zahlreichen Neugründungen von Realschulen und Gymnasien in den letzten Jahren ausgewirkt haben (250 Realschulen im Jahre 1966, 334 im Jahre 1969; 304 Gymnasien im Jahre 1966, 340 im Jahre 1969).
Die größten Verschiebungen ergeben sich jeweils für die Hauptschule und die Realschule.
— Im Hinblick auf die soziale Gruppierung zeigt sich, daß für Kinder von Akademikern (Gruppe 1) die Realschule als Alternative für das Gymnasium in der Regel nicht in Frage kommt. Für die Kinder der Gruppen 2 und 3 steigen dagegen vor allem die Übergangsquoten in die Realschule kräftig an.

Die neuesten Daten über Übergangsquoten, die uns zur Verfügung stehen, sind in den Tab. 27 bis 29 festgehalten[33]. Hier handelt es sich um Vollerhebungen des Statistischen Landesamtes Baden-Württembergs für das Schuljahr 1972/73 mit Stichtag 1. 8. 1972, so daß aus bereits erwähnten Gründen die Angaben insgesamt etwas zu hoch sein dürften.
Die drei Tabellen enthalten nur die Übergänge von der 4. Klasse der Grundschule auf die Hauptschule, die Realschule und des Gymnasium. Tab. 27

33 Diese Tabellen wurden vom Forschungsprojekt „Regionale Strukturen der Bildungsbeteiligung" im Sonderforschungsbereich 23 Bildungsforschung der Universität Konstanz zur Verfügung gestellt.

Tabelle 27: Kultusministerium — Statistisches Landesamt Baden-Württemberg: Erhebung zur Schülerbewegung 1972
Klassenstufe: 4
Baden-Württemberg gesamt — Absolutzahlen —

Beruf des Vaters bzw. der Mutter	Gesamtzahl der Schüler in der 4. Klst.	Sonder-Schulen	davon gehen über zum Schuljahrsbeginn 1972/73 in: Hauptschule insg.	Hauptschule darunter geeignet f. RS/GY	Realschule insg.	Realschule darunter Aufnahme o. Prfg.	Gymnasium insg.	Gymnasium darunter Aufnahme o. Prfg.	andere Schulen	werden die 4. Klst. der Grundschule wiederholen
I. Akademiker										
01 BEA M	1678	0	103	17	72	33	1446	1265	30	27
02 W	1609	0	70	17	108	65	1391	1211	18	22
11 ANG M	1722	1	145	14	92	46	1416	1211	27	41
12 W	1621	0	125	8	125	63	1322	1119	18	31
21 SEG M	983	1	92	12	38	16	821	668	5	26
22 W	990	0	83	16	69	33	813	686	5	20
31 KANG M	39	0	8	0	2	2	26	20	1	2
32 W	40	0	13	1	6	2	21	16	0	0
II. Nicht-Akademiker										
41 BEA M	4247	7	1298	138	710	401	2138	1821	36	58
42 W	4081	6	1145	148	1016	632	1834	1587	39	41
51 ANG M	19705	53	6828	615	3743	933	8549	7073	201	331
52 W	18843	38	6034	705	5007	073	7397	6400	171	196
61 ARB M	32206	354	20392	1314	5657	3129	4870	4077	184	749
62 W	31548	235	19053	1772	7468	4812	4066	3504	187	539
71 SEG M	8263	23	3410	282	1667	858	2983	2396	39	141
72 W	7872	12	2967	329	2094	1231	2694	2302	25	80
81 SLA M	4864	31	3252	275	895	555	611	540	15	60
82 W	4652	15	2731	371	1291	910	575	513	12	28
91 KANG M	2444	36	1558	85	341	175	387	306	36	86
92 W	2385	23	1494	113	437	239	350	287	20	61
III. Insgesamt										
98 M	76157	507	37088	2752	13217	7148	23250	19380	574	1521
99 W	73640	329	33715	3480	17621	11060	20462	17624	495	1018
M + W	149797	836	70803	6232	30838	18208	43712	37004	1069	2539

Tabelle 28: Kultusministerium — Statistisches Landesamt Baden-Württemberg: Erhebung zur Schülerbewegung 1972
Klassenstufe: 4
Baden-Württemberg gesamt — Relativzahlen (Basis = Gesamtzahl der Schüler) —

Beruf des Vaters bzw. der Mutter	Gesamtzahl der Schüler in der 4. Klst.	davon gehen über zum Schuljahrsbeginn 1972/73 in								werden die 4. Klst. der Grundschule wiederholen
		Sonder-Schulen	Hauptschule darunter		Realschule darunter		Gymnasium darunter		andere Schulen	
			insg.	geeignet f. RS/GY	insg.	Aufnahme o. Prfg.	insg.	Aufnahme o. Prfg.		
I. Akademiker										
01 BEA M	1678	0,0	6,1	16,5	4,3	45,8	86,2	87,5	1,8	1,6
02 W	1609	0,0	4,4	24,3	6,7	60,2	86,5	87,1	1,1	1,4
11 ANG M	1722	0,1	8,4	9,7	5,3	50,0	82,2	85,5	1,6	2,4
12 W	1621	0,0	7,7	6,4	7,7	50,4	81,6	84,6	1,1	1,9
21 SEG M	983	0,1	9,4	13,0	3,9	42,1	83,5	81,4	0,5	2,6
22 W	990	0,0	8,4	19,3	7,0	47,8	82,1	84,4	0,5	2,0
31 KANG M	39	0,0	20,5	0,0	5,1	100,0	66,7	76,9	2,6	5,1
32 W	40	0,0	32,5	7,7	15,0	33,3	52,5	76,2	0,0	0,0
II. Nicht - Akademiker										
41 BEA M	4247	0,2	30,6	10,6	16,7	56,5	50,3	85,2	0,8	1,4
42 W	4081	0,1	28,1	12,9	24,9	62,2	44,9	86,5	1,0	1,0
51 ANG M	19705	0,3	34,7	9,0	19,0	51,6	43,4	82,7	1,0	1,7
52 W	18843	0,2	32,0	11,7	26,6	61,4	39,3	86,5	0,9	1,0
61 ARB M	32206	1,1	63,3	6,4	17,6	55,3	15,1	83,7	0,6	2,3
62 W	31548	1,7	60,4	9,3	23,7	64,4	12,9	86,2	0,6	1,7
71 SEG M	8263	0,3	41,3	8,3	20,2	51,5	36,1	80,3	0,5	1,7
72 W	7872	0,2	37,7	11,1	26,6	58,8	34,2	85,4	0,3	1,0
81 SLA M	4864	0,6	66,9	8,5	18,4	62,0	12,6	88,4	0,3	1,2
82 W	4652	0,3	58,7	13,6	27,8	70,5	12,4	89,2	0,3	0,6
91 KANG M	2444	1,5	63,7	5,5	14,0	51,3	15,8	79,1	1,5	3,5
92 W	2385	1,0	62,6	7,6	18,3	54,7	14,7	82,0	0,8	2,6
III. Insgesamt										
98 M	76157	0,7	48,7	3,6	17,4	9,4	30,5	25,4	0,8	2,0
99 W	73640	0,4	45,8	4,7	23,9	15,0	27,8	23,9	0,7	1,4
M + W	149797	0,6	47,3	4,2	20,6	12,2	29,2	24,7	0,7	1.7

Tabelle 29: Kultusministerium — Statistisches Landesamt Baden-Württemberg: Erhebung zur Schülerbewegung 1972
Klassenstufe: 4
Baden-Württemberg gesamt — Relativzahlen (Basis = Jede Spaltensumme) —

Beruf des Vaters bzw. der Mutter			Gesamtzahl der Schüler in der 4. Klst.	davon gehen über zum Schuljahrsbeginn 1972/73 in									werden die 4. Klst. der Grundschule wiederholen
				Sonder-Schulen	Hauptschule		Realschule		Gymnasium		andere Schulen		
					insg.	darunter geeignet f. RS/GY	insg.	darunter Aufnahme o. Prfg.	insg.	darunter Aufnahme o. Prfg.			
I. Akademiker													
01	BEA	M	2,2	0,0	0,3	0,6	0,5	0,5	6,2	6,5	5,2		1,8
02		W	2,2	0,0	0,2	0,5	0,6	0,6	6,8	6,9	3,6		2,2
11	ANG	M	2,3	0,2	0,4	0,5	0,7	0,6	6,1	6,2	4,7		2,7
12		W	2,2	0,0	0,4	0,2	0,7	0,6	6,5	6,3	3,6		3,0
21	SEG	M	1,3	0,2	0,2	0,4	0,3	0,2	3,5	3,4	0,9		1,7
22		W	1,3	0,0	0,2	0,5	0,4	0,3	4,0	3,9	1,0		2,0
31	KANG	M	0,1	0,0	0,0	0,0	0,0	0,0	0,1	0,1	0,2		0,1
32		W	0,1	0,0	0,0	0,0	0,0	0,0	0,1	0,1	0,0		0,0
II. Nicht-Akademiker													
41	BEA	M	5,6	1,4	3,5	5,0	5,4	5,6	9,2	9,4	6,3		3,8
42		W	5,5	1,8	3,4	4,3	5,8	5,7	9,0	9,0	7,9		4,0
51	ANG	M	25,9	10,5	18,4	22,3	28,3	27,0	36,8	36,5	35,0		21,8
52		W	25,6	11,6	17,9	20,3	28,4	27,8	30,1	36,3	34,5		19,3
61	ARB	M	42,3	69,8	55,0	47,7	42,8	43,8	20,9	21,0	32,1		49,2
62		W	42,8	71,4	56,5	50,9	42,4	43,5	19,9	19,9	37,8		52,9
71	SEG	M	10,8	4,5	9,2	10,2	12,6	12,0	12,8	12,4	6,8		9,3
72		W	10,7	3,6	8,8	9,5	11,9	11,1	13,2	13,1	5,1		7,9
81	SLA	M	6,4	6,1	8,8	10,0	6,8	7,8	2,6	2,8	2,6		3,9
82		W	6,3	4,6	8,1	10,7	7,3	8,2	2,8	2,9	2,4		2,8
91	KANG	M	3,2	7,1	4,2	3,1	2,6	2,4	1,7	1,6	6,3		5,7
92		W	3,2	7,0	4,4	3,2	2,5	2,2	1,7	1,6	4,0		6,0
III. Insgesamt													
98		M	76157	507	37088	2752	13217	7148	23250	19380	574		1521
99		W	73640	329	33715	3480	17621	11060	20462	17624	495		1018
		M + W	149797	836	70803	6232	30838	18208	43712	37004	1069		2539

nennt die Absolutzahlen. Sie sind wichtig, um sich ein Bild von der Größenordnung der einzelnen Gruppen zu machen. Tab. 28 gibt an, wieviel Prozent der Kinder der jeweiligen Berufsgruppe in weiterführende Schulen übergetreten sind. Tab. 29 zeigt die soziale Zusammensetzung der jeweiligen Schulformen (4. Klasse Grundschule, Sonderschulen, Hauptschulen, Realschulen, Gymnasien usw.).
Eine genaue Inspektion der Tabellen 27 bis 29 macht deutlich, daß sich neben den obigen Änderungen an der Struktur der schulischen Mobilität — hier dargestellt am Beispiel des Übertritts in höhere Schulen — wenig geändert hat. Für *Arbeiterkinder* gilt weiterhin:

— Nur etwa 14 % gehen auf das Gymnasium, etwa 20% auf die Realschule und etwa 62 % verbleiben in der Hauptschule.
— Arbeitereltern schicken Jungen eher auf das Gymnasium und Mädchen eher in die Realschule.
— Absolut gibt es in einem Jahrgang von Gymnasiasten (1972/73) ca. 10 000 Arbeiterkinder.
— Wenn man die soziale Zusammensetzung der verschiedenen Schulformen vergleicht, dann zeigt sich deutlich die Benachteiligung: ca. 70 % aller Sonderschüler sind Arbeiterkinder; etwa 55 % aller Hauptschüler sind Arbeiterkinder, etwa 42 % aller Realschüler und etwa 20 % aller Gymnasiasten haben Arbeiter als Eltern. Ca. 50 % aller Kinder, die trotz Eignung die Realschule oder das Gymnasium nicht besuchen, stammen aus der Arbeiterschaft. Und schließlich: 50 % aller Sitzenbleiber gehören zu dieser Bevölkerungsgruppe, in der 5. Klasse werden es dann beinahe 70 % sein.

Diese Ergebnisse unterscheiden sich in der Tendenz kaum von denen, die von der Heidelberger Projektgruppe gefunden wurden. Das gilt auch für die Stellung der *Akademikerkinder*:

— Bereits in einem ersten Anlauf schaffen etwa 84 % den Eintritt ins Gymnasium. Etwa 25 % aller in der Hauptschule verbliebenen Akademikerkinder gehen dann ein Jahr später noch ins Gymnasium (Arbeiterkinder: ca. 1 %).
— Im Gymnasium sind sie mehr als dreimal so häufig vertreten als es ihrem Anteil an einem Jahrgang entspräche.
— Auf Realschulen gehen sehr wenige Jungen (ca. 4 %) und nur etwa 7 % der Mädchen von Akademikereltern. Unter Hauptschülern sind sie ebenfalls sehr selten vertreten (ca. 8 %).

Die Bevölkerungsgruppe, die am stärksten im Vormarsch ist, bilden vermutlich die Angestellten. Obwohl deren Kinder nur etwa 25 % der Altersjahrgänge ausmachen, sind sie im Gymnasium schon zu 36 % vertreten.
Zur zweiten, stark unterrepräsentierten Schülergruppe in weiterführenden Schulen zählen die Kinder der selbständigen Landwirte.
Um zu einer Bewertung des letzten Standes der Übergänge auf weiterführende Schulen zu kommen, soll die Entwicklung der Übergänge ab 1953 nochmals zusammenfassend dargestellt werden. Tab. 30 enthält die entsprechenden Zahlen.
Aus den absoluten Zahlen ist ersichtlich, daß ein großer Teil der absoluten Zunahme von Übergängen auf die Bevölkerungsentwicklung zurückzuführen ist. An der Steigerung der Gesamtheit von Übergängen hat die Realschule den weitaus größeren Anteil als das Gymnasium. Die absoluten Zahlen der Realschüler haben sich seit 1953 versechsfacht, die der Gymnasiasten nur etwa verdoppelt. Die relative Steigerung des Besuchs von weiterführenden Schulen ab 1967 beträgt für das Gymnasium ca. 3 %, für die Realschulen ca. 4 %. Die Anzahl der Realschüler hat sich gegenüber 1967 um ca. 48 %, die der Gymnasiasten um ca. 40 % erhöht.

Tabelle 30: Die Entwicklung des Besuchs höherer Schulen ab 1953 in Baden-Württemberg. Übertritte aus dem 4. und 5. Schuljahrgang in Realschulen und Gymnasien.

Jahr	4. Schuljahrgang des Vorjahres	Realschule		Gymnasium	
	Anzahl	Anzahl	%	Anzahl	%
1953	99 145	5 154	5,2	20 959	21,1
.					
.					
.					
1957	92 970	9 056	9,7	18 817	20,2
.					
.					
.					
1962	104 810	12 376	11,8	19 628	18,7
.					
.					
.					
1967	119 771	25 229	21,06	32 303	27,05
.					
.					
.					
1972	149 797	37 432	25,1	45 222	30,2

Quelle: Schulentwicklungsplan 1968, I/108
Schülerbewegung 1972

Die größte Steigerung der Übergänge fand in den Jahren 1962 bis 1967 statt, nachher pendeln sie auf eine langsame aber kontinuierliche Steigerung ein. Zu schaffen machen in diesen Jahren den Behörden vermutlich die Steigerungen der absoluten Schülerzahlen auf Grund der Bevölkerungsentwicklung.

Wie hat sich nun der Anteil verschiedener sozialer Gruppen am Besuch weiterführender Schulen verändert? Um darüber eine verläßliche Auskunft zu erhalten, müssen wir

— die Bevölkerungsentwicklung beachten und
— strukturelle Verschiebungen im Anteil der Berufsgruppen an der Gesamtzahl der erwerbstätigen Bevölkerung (z. B. mehr Akademiker und weniger Arbeiter) berücksichtigen[34].

Danach ergibt sich das in Tab. 31 dargestellte Bild. Insgesamt hat sich nach diesen Zahlen an der *Struktur des Übergangs*, was die Anteile spezifischer Bevölkerungsgruppen betrifft, wenig geändert. Trotz der großen Steigerung der Realschüler und Gymnasiasten, welche zwischen 40 und 50 % liegt, ist der relative Anteil der Arbeiterkinder an den Schülern der 5. Klasse Realschule gleich geblieben (ca. 41 %). Ihr Anteil an den Gymnasiasten hat sich um 1 % verbessert (von 19 auf 20 %). Unverändert ist der Anteil der Akademikerkinder an diesen Schülerpopulationen geblieben.

Während Akademikerkinder weiterhin beinahe ausschließlich ein Gymnasium besuchen (ca. 85 %), hat sich der Anteil der Arbeiterkinder, die zur Realschule gehen, um ca. 5 % erhöht. 2,5 % mehr Arbeiterkinder, gemessen an der Gesamtzahl dieser Schülerpopulation in der 4. Klasse Grundschule, gehen häufiger auf das Gymnasium, so daß zur Zeit 14,6 % aller Arbeiterkinder das Wagnis einer höheren Schulbildung (Gymnasium) auf sich nehmen.

Akademikerkinder konnten insgesamt ihre privilegierte Position behaupten, obwohl sie einen großen absoluten Bevölkerungszuwachs zu verzeichnen haben (um 52 %). Arbeiterkinder haben ihre Lage dagegen nur leicht verbessert[35].

---

34 Diesen Sachverhalt kennen wir in der Form der strukturell erzwungenen Mobilität bereits aus der Mobilitätsforschung. Siehe S. 124 ff.

35 Es ist dabei jedoch zu beachten, daß hier geringfügige prozentuale Änderungen bereits starke Erhöhungen der absoluten Zahlen zur Folge haben.

Tabelle 31: Übertritte in Baden-Württemberg nach Berufsgruppen an Realschulen und Gymnasien 1967 und 1972

	1967		1972		Steigerung von 1967 auf 1972		% d. Kind. aus d. jeweilig. Berufsgrp. in Schultyp 1967	% d. Kind. aus d. jeweilig. Berufsgrp. in Schultyp 1972	Differenz 1967 — 1972
	Abs.	%	Abs.	%	Abs.	%			
4. Klassenstufe									
— Schülerzahl	119 771	100	149 797	100	30 028	25			
— Akademikerk.	5 704	4,8	8 682	5,8	2 978	52			
— Arbeiterkinder	51 668	43,1	63 754	42,5	12 086	23,5			
5. Kl. Realschule									
— Schülerzahl	25 229	100	37 431	100	12 202	48			
— Akademikerk.	384	1,5	668	1,8	284	57	6,7	7,5	+ 0,5
— Arbeiterkinder	10 469	**41,5**	15 636	**41,5**	5 167	49,4	19,9	24,8	+ 4,9
5. Kl. Gymnasium									
— Schülerzahl	32 303	100	45 222	100	12 919	40			
— Akademikerk.	5 099	15,8	7 403	16,3	2 304	45,2	89,4	85,6	− 3,5
— Arbeiterkinder	6 269	**19,4**	9 307	**20,4**	3 038	48,4	12,1	14,6	+ 2,5

Insgesamt zeigt sich hier ein ähnliches Phänomen, wie wir es bei der Intergenerationenmobilität bereits antrafen: in expandierenden Berufen (hier Schultypen) steigt erst einmal die Chance derjenigen, die traditionell in diese Gruppe gehören, in der nächsten Generation wieder dieselbe Position zu erreichen. Akademikerkinder gehen fast vollständig auf Gymnasien und

Realschulen über (zusammen 93,1 %). Nachdem diese Ressourcen ausgeschöpft sind, bekommen andere Berufsgruppen eine sich je nach der Expansion vergrößernde Chance, in die begehrten Bereiche der Realschulen und Gymnasien einzuströmen. Somit erfolgt keine Umverteilung der Bildungschancen. *Unterprivilegierte Gruppen erhalten aber ihren Anteil am Gesamtzuwachs erhöhter Bildungschancen.*

Der Übertritt in eine Realschule oder in ein Gymnasium ist erst der Anfang eines sich verschärfenden schulischen Selektionsprozesses. So erreichen nicht alle Schüler das Ziel der mittleren Reife oder das Abitur. Beim Eintritt in die Hochschule erfolgt erneut eine Selektion, die während des Hochschulbesuches andauert. Selbst nach Abschluß der Ausbildung hören Aufstieg, Stagnation oder Abstieg nicht auf.

Wir wollen uns hier nur mehr mit zwei Problemen beschäftigen:

— Wieviele Kinder aus verschiedenen sozialen Schichten erreichen im Gymnasium ihr Schulziel? Dies ist die Frage nach dem Drop-out, nach dem vorzeitigen Abgang an Gymnasien.
— Wie sieht schließlich die Bildungsbeteiligung in der letzten und höchsten Phase schulischer Ausbildung — an den Hochschulen — aus?

Zum vorzeitigen Abgang liegen uns ebenfalls aus Baden-Württemberg die genauesten Angaben vor (*Peisert* und *Dahrendorf* 1967, *Kämpfe* und *Peisert* 1970, *Gerstein* 1972)[36]. Zu Abgängern zählen dabei alle jene Schüler, die nicht das Abitur erreichen, also auch jene, die mit „mittlerer Reife“ abgehen.

---

36 Die Untersuchungen von *Peisert* und *Dahrendorf* (1967) wurden 1965 und 1966 im Auftrag des Kultusministeriums durchgeführt. Sie beruhen auf den „Erhebungsbögen für höhere Schulen“, die vom Kultusministerium und dem Statistischen Landesamt von Baden-Württemberg für die 11 Schuljahre von 1953/54 bis 1963/64 erhoben wurden.
Untersucht wurden alle 170 Gymnasien. Neben dieser statistischen Gesamtanalyse wurden für 32 ausgewählte Schulen zusätzliche Daten aus den „Schüler- und Zeugnislisten“ erhoben. Schließlich wurden mit ausgewählten Schülern aus 12 Schulen Interviews durchgeführt. Die Arbeit von *Gerstein* (1972) beruht auf dem Sextaner-Jahrgang der ausgewählten 32 Schulen (nach Regierungsbezirk, Schulart, Schulort, Schultyp, Anzahl der Sexten und Anzahl der Sextaner) und umfaßt 2918 Schüler. Dieser Klassenzug wurde von 1955/56 bis 1964 mit Zu- und Abgängen verfolgt, so daß sich insgesamt eine Schülerstichprobe von 5383 ergab. *Kämpfe* und *Peisert* (1970) haben die statistische Gesamtanalyse bis 1968/1969 fortgesetzt. Sie haben zusätzlich eine Individualerhebung der Schüler des 10. und 13. Schuljahrgangs im Schuljahr 1965/66 ausgewertet. Wir stützen uns auf diese letzte Erhebung und auf die von *Gerstein,* da nur sie Daten über die soziale Herkunft enthalten.

Zuerst einige Informationen zum Umfang dieses Phänomens. Vom Sextanerjahrgang, den *Gerstein* untersucht hat, erreichten etwa 42,3 % das Abitur (*Gerstein* 1972, 18)[37]. *Kämpfe* und *Peisert* (1970, 22) berichten die in Tab. 32 dargestellten jährlichen Abgangsquoten von 1954/55 bis 1967/68. Danach hat sich absolut an der Zahl der vorzeitigen Abgänger von 1961/62 bis 1967/68 nur wenig geändert. In den Kurzschuljahren 1966 und 1966/67 sind die Abgangsquoten relativ gesehen besonders gering, im nächsten Schuljahr steigen sie wieder an. Insgesamt ergibt sich für den genannten Zeitraum zunächst eine gleichbleibende, dann eine abnehmende Tendenz.

Tabelle 32: Der vorzeitige Abgang von den Gymnasien, 1954/55 — 1967/68

Schuljahr	Anzahl Gymnasien	Schüler	Vorzeitiger Abgang	
			absolut	relativ
54/55	154	96 852	8 626	8,9
55/56	—	—	—	—
56/57	159	97 548	8 932	9,2
57/58	161	97 820	8 559	8,7
58/59	165	100 680	9 617	9,6
59/60	167	100 902	10 402	10,3
60/61	167	99 745	9 262	9,3
61/62	167	99 606	8 355	8,4
62/63	168	99 194	7 505	7,6
63/64	171	101 640	7 510	7,4
64/65	174	106 568	6 861	6,4
65/66	178	115 857	5 630	4,9
66	191	131 147	4 237	3,2
66/67	194	144 946	4 854	3,3
67/68	202	159 486	8 612	5,4
54/55 — 67/68	—	1 551 991	108 962	7,0

Quelle: Kämpfe und Peisert 1970, 22.

Erwartungsgemäß zeigen sich beim vorzeitigen Abgang sozialtypische Muster. Für Akademikerkinder gilt, daß sie, nachdem bereits etwa 85 % ins Gymnasium gekommen sind,

37 In Baden-Württemberg insgesamt 39,3 %.

— bei Nichtversetzung weniger häufig abgehen als Nichtakademikerkinder: 8 % aller sitzengebliebenen Akademikerkinder gehen ab; bei Nichtakademikersöhnen sind es 47 % (bei Mädchen sogar 67 %) (*Kämpfe* und *Peisert* 1970, XII).
— Akademikerkinder gehen seltener mit Mittlerer Reife ab (*Gerstein* 1972, 96 und 101).
— Sie wechseln bei drohender Nichtversetzung häufiger die Schule (vgl. *Gerstein* 1972, 70 ff.).
— Der letzte Schritt zur Rettung des Abiturs bei Akademikerkindern ist der Weg auf ein Privatgymnasium, an denen sie doppelt so stark vertreten sind wie an öffentlichen Gymnasien (*Kämpfe* und *Peisert* 1970, 112). Von diesen Akademikerkindern an Privatgymnasien waren nur 40 % ohne Klassenwiederholung in die 10. Klasse vorgedrungen, gegenüber 70 % wiederholungsfreien Akademikerkindern an öffentlichen Gymnasien (vgl. *Kämpfe* und *Peisert* 1970, 112). Sie können sich also häufigere Klassenwiederholungen leisten.

Dies hat insgesamt zur Folge, daß sich die soziale Zusammensetzung der Jahrgänge in Gymnasien wie in Abb. 16 dargestellt zuungunsten der Arbeiterkinder verschiebt.

Abb. 16: Die soziale Veränderung einer Klasse von des Sexta bis zum Abitur unter dem Aspekt der Schichtzugehörigkeit

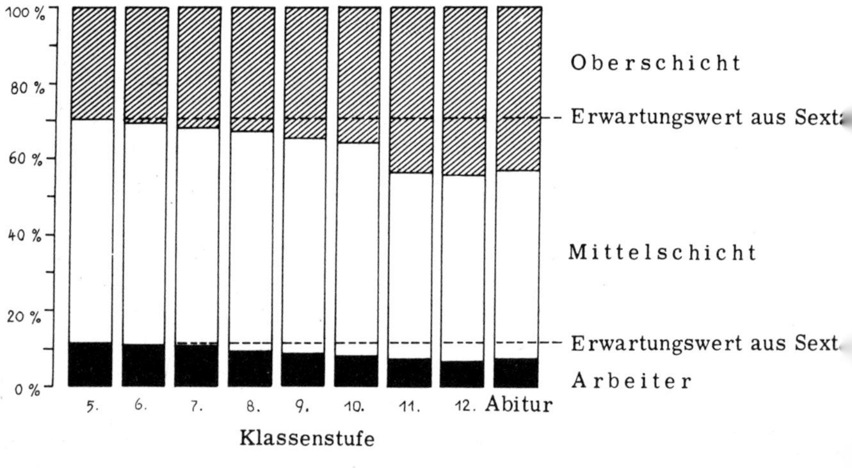

Quelle: GERSTEIN 1972, 80

Besonders aufschlußreich für die schulinternen Selektions- und Reproduktionsprozesse ist die Situation im 10. Schuljahr, die den regelrechten Abgang der Mittleren Reife ermöglicht. *Kämpfe* und *Peisert* haben in ihrer Individualbefragung[37] von 1965/66 Informationen über die Absicht der Schüler, ein Reifezeugnis zu erwerben, ausgewertet. Das Ergebnis der Auswertung nach Geschlecht, Ausbildungsstand des Vaters und Versetzung bzw. Nichtversetzung ist in Abb. 17 dargestellt, zu der *Kämpfe* und *Peisert* schreiben:

Abb. 17: Die Anteile der Schüler des 10. Schuljahrgangs 1965/66 (Gymnasien), die *nicht* die Absicht hatten, das Reifezeugnis zu erwerben, nach Geschlecht, Hochschulbildung des Vaters, Häufigkeit der Nichtversetzung.

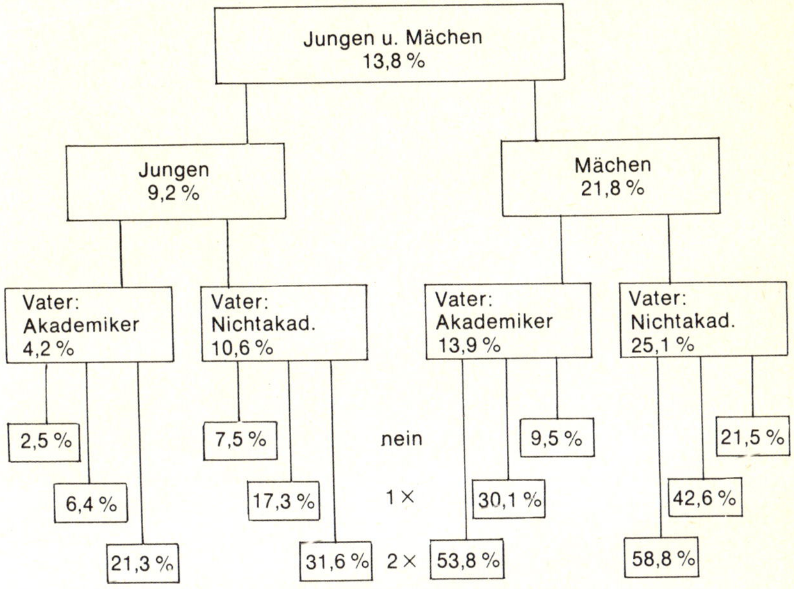

Quelle: KÄMPFE und PEISERT 1970, 78

38 Bei einer Individualbefragung liegen Informationen über einzelne Schüler vor. Dies ist z. B. bei Schulbefragungen nicht der Fall, wenn nur Auskunft über die Quoten von Schülergruppen erhalten wird (z. B. Anzahl der Nichtversetzten).

„Schon zu Beginn des Schuljahres äußerten relativ fast dreimal so viele Nichtakademikerkinder wie Akademikerkinder, daß sie nach dem 10. Schuljahr das Gymnasium verlassen würden, obwohl sie bis dahin stets versetzt worden waren. Am stärksten war diese Meinung bei Mädchen vertreten: Mehr als ein Fünftel aller Mädchen mit bis dahin erfolgreichem Schulverlauf, deren Väter keine akademische Ausbildung hatten, wollten das Gymnasium vorzeitig verlassen.
Die Bedeutung der Antworten auf diese Frage ergibt sich aus einem Vergleich mit den tatsächlichen Abgangsquoten, der ergibt, daß es nicht bei dem Vorsatz geblieben ist: Nach dem Schuljahr 1965/66 hatten 14,9 % aller Schüler der 10. Klasse das Gymnasium verlassen; für die Jungen ergab sich eine Abgangsquote von 10,2 %, für die Mädchen eine von 20,4 %. Diese starke Kongruenz von beabsichtigtem und realisiertem vorzeitigen Abgang, die bei der Differenzierung nach Jungen und Mädchen nachweisbar ist, dürfte mit hoher Wahrscheinlichkeit auch für die weiteren der in Abb. 17 gebildeten Untergruppen gelten. Danach wären dann relativ noch annähernd dreimal so viele Nichtakademikerkinder wie Akademikerkinder vorzeitig vom Gymnasium abgegangen, ohne daß die Leistung — gemessen als bisherige Nichtversetzung — dabei einen nennenswerten Einfluß gehabt hätte. Hieraus geht die Bedeutung der sozialen Herkunft für den vorzeitigen Abgang deutlich hervor. Das gleiche gilt auch für die Fälle von vorzeitigem Abgang, die sich zum Teil mit Leistungsversagen erklären lassen. Bei einmal nichtversetzten Jungen, deren Väter keine Hochschulbildung haben, war vorzeitiger Abgang fast dreimal so häufig wie bei den Jungen, deren Vater Akademiker war. Leistungsbedingter vorzeitiger Abgang läßt sich in der Regel also nur anteilig annehmen, er ist aber um so geringer vertreten, je niedriger die soziale Herkunft der vorzeitigen Abgänger ist." (*Kämpfe* und *Peisert* 1970, 78 f.).

Der vorzeitige Abgang vom Gymnasium ist ein komplexes Phänomen, das durch den alleinigen Bezug auf die soziale Herkunft der Schüler nicht aufgeklärt werden kann. So spielt das Geschlecht eine bedeutsame Rolle. Ein vermehrtes Übertreten der Mädchen ist z. B. dafür verantwortlich, daß die Schülerzahlen des Gymnasiums in kurzer Zeit um 60 % (zwischen 1963 und 1967) gestiegen sind. Einzelne Schulen und Schultypen weisen große Schwankungen in der Quote vorzeitiger Abgänger auf. Sie ist z. B. in altsprachlichen Gymnasien am geringsten, die andererseits auch am stärksten von Kindern der Oberschicht besucht werden. Von Bedeutung sind zudem bildungspolitische Maßnahmen, etwa die Erhöhung und Verbesserung des Schulangebots, die Abschaffung der Aufnahmeprüfungen oder Erlasse, die eine strengere Auslese anordnen (wie z. B. im Jahre 1959).
In den letzten Jahren hat demnach auch das religionsspezifische und das geschlechtsspezifische Bildungsdefizit abgenommen[39]. Da das Geschlecht

39 Anteil von Katholiken vom Jahre 1958 bis 1968: Steigerung von 35 auf 45 %.

stark mit sozialer Herkunft interagiert (Rollenstereotype in der Unterschicht), verstärkt sich durch den größeren Anteil der Mädchen die Bedeutung der sozial bedingten Abgänge.
Insgesamt ist das Phänomen der Bildungsbeteiligung als ein Problem der Interaktion jener Variablen anzusehen, die in Abb. 18 dargestellt sind.
Ein umfassende Analyse des sozialtypischen und regionspezifischen Bildungsverhaltens auf der Grundlage der Volkszählung von 1970 für die Bundesrepublik erfolgt zur Zeit im Sonderforschungsbereich Bildungsforschung der Universität Konstanz.
Eine der letzten Selektionsstufen im Schulsystem bildet der Übertritt in die Hochschule. Die geringe Vertretung von Arbeiterkindern an der Universität war einer der wichtigsten Ausgangspunkte bei der Diskussion um die Chancengleichheit (5 % aller Studierenden im Wintersemester 1955/56; nach *Dahrendorf* 1962, 185).
Rolff hat sich bemüht, neuere Zahlen zusammenzustellen und kommt dabei zur Tabelle 33.

Tabelle 33: Deutsche Studierende und Studienanfänger nach dem Beruf des Vaters in Prozent

Beruf der Väter	Alle Studierenden WS 55/56[1]	Alle Studierenden WS 66/67[2]	Studienanfänger SS 68[3]	Studienanfänger WS 69/70[3]	Anteil der Vaterberufsgruppe an allen Erwerbstätigen 1969[4]
Akademiker			25,6	23,8	
Übrige Beamte			14,4	14,5	
(+ Akademiker)	(37,2)	(30,9)	(26,6)	(26,1)	(5,5)
Übrige Angestellte			28,2	28,5	
(+ Akademiker)		(31,6)	(33,5)	(33,5)	(28,8)
Arbeiter	5,0	5,7	9,7	10,6	47,4
Selbst. Landwirte			3,1	3,7	18,3
Übrige			19,0	18,9	
Insgesamt			100,0	100,0	100,0

[1] nach Dahrendorf, R.: Gesellschaft und Freiheit, München 1962 (37, 185).
[2] ohne Päd. Hochschulen, aber einschließlich der Päd. Institute bzw. der Päd. Hochschulen in Hamburg, Hessen und Bayern, die der Universität an- bzw. eingegliedert sind.
[3] ohne Studierende der Uni Frankfurt, aber einschl. aller PH-Studenten.
[4] nach „Statistisches Jahrbuch 1970", Wiesbaden 1970 (235, 120)
Quelle: Statistisches Bundesamt, unveröffentlichte Arbeitstabellen und Pressemitteilung vom 20. 1. 1971 (237).

Abb. 18: Einflußgrößen auf die Bildungsbeteiligung

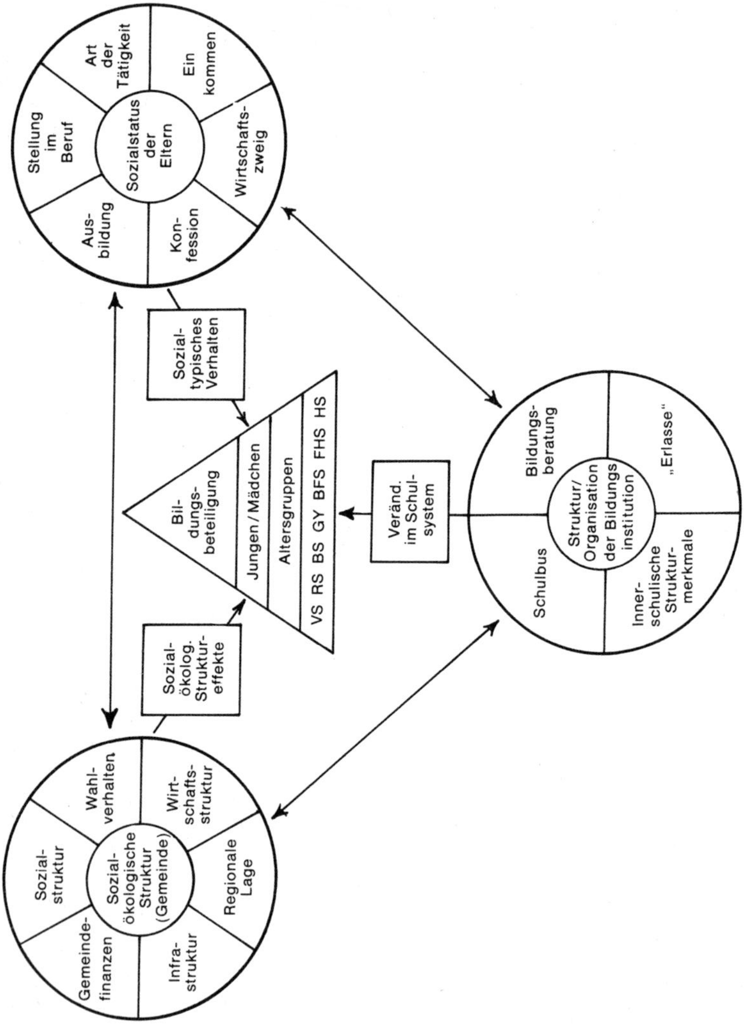

Diese Zahlen signalisieren ein leichtes Ansteigen des Anteils der Arbeiterkinder (von 5 % auf 10,6 % im WS 1969/70) unter den Studierenden. Sie können jedoch zu optimistischen Fehldeutungen führen, wenn man nicht berücksichtigt, daß hier — im Gegensatz zur alten Zahl bei *Dahrendorf* — auch die Pädagogischen Hochschulen eingeschlossen sind, die häufiger von

Tab. 34: Deutsche Studienanfänger im Wintersemester 1970/71 an deutschen Hochschulen nach dem Beruf des Vaters und nach Studiengebieten

Berufliche Stellung und Art der ausgeübten Tätigkeit des Vaters	Insgesamt		Geistes- und Sprachwissenschaften		Volksschullehramt		Medizin und Rechtswissenschaften	
	Abs.	%	Abs.	%	Abs.	%	Abs.	%
Akademiker	14 914	22,2	6 034	20	2 292	16,1	2 336	36
Nichtakademiker	50 607	76,1	23 715	78,8	11 749	83	4 128	63,8
Arbeiter	7 916	11,8	3 990	13,2	2 098	14,7	465	7,2
Facharbeiter	5 242	7,9	2 650	8,8	1 394	9,9	290	4,5
Angelernter-Ungelernter Arbeiter	2 644	3,9	1 319	4,4	685	4,8	174	2,7
Landarbeiter								
Insgesamt	66 108	100	30 051	100	14 199	100	6 527	100

Quelle: Statistisches Bundesamt Wiesbaden. Bevölkerung und Kultur, Reihe 10 Bildungswesen. V. Studenten an Hochschulen. Wintersemester 1970/71, S. 92f.

Arbeiterkindern besucht werden und wenn man nicht bedenkt, daß es sich hier um Studienanfänger handelt. Arbeiterkinder brechen ihr Studium häufiger ab. Wenn Arbeiterkinder an die Hochschule kommen, dann neigen sie eher dazu, das Lehramt anzustreben und in dem Kontext zu verbleiben, in dem sie aufgestiegen sind: im Schulsystem. Es ergibt sich ein deutlicher Trend der Unterrepräsentation in solchen Studienfächern, die zu den attraktiven Freien Berufen führen, wie etwa Medizin und Rechtswissenschaft (vgl. Tab. 34). Gliedert man die Gruppe der Arbeiter noch in Facharbeiter und an- bzw. ungelernte Arbeiter auf, dann zeigt sich noch deutlicher die fatale Lage der an- und ungelernten Arbeiter. Diese Bevölkerungsgruppe ist nur mehr zu 3,9 % an der Universität vertreten. Im Wintersemester 1970/71 haben 174 Söhne und Töchter angelernter und ungelernter Arbeiter unter insgesamt 6527 Studienanfängern der prestigegeladenen Fächer Medizin und Jura dieses Studium aufgenommen.

Alle diese Ergebnisse zeigen zumindest für die Extremgruppen der Akademiker und der Arbeiter den eindeutigen Trend, daß der Sohn eine ähnliche Schulbildung erhält wie der Vater. Am auffälligsten ist dabei das Ausmaß der *„Schulvererbung"* bei Akademikern, um einen Begriff aus der Mobilitätsforschung analog zu verwenden. Dies zeigt sich bei 85 % Übergang zum Gymnasium und bei den vielen Anstrengungen, die Akademikereltern unternehmen, um ihre Kinder zum Abitur zu bringen. Ist das geschafft, dann ist es wahrscheinlich, daß ein Studium in prestigegeladenen Fächern aufgenommen wird.

Arbeiterkinder zeigen im Kontext der Schule ein ganz anderes Mobilitätsmuster. Sie sind nach der ersten Selektionsphase noch relativ häufig vertreten (1972 ca. 20 %). Ihre weitere Schulgeschichte ist die einer sukzessiven Dezimierung. Sie und ihre Eltern setzen mit anderen Worten den schulischen Barrieren weniger Widerstand entgegen. Schulischer Mißerfolg führt relativ rasch zum Abbruch einer schulischen Karriere. Für die verbleibenden Arbeiterkinder ist das Schulsystem allerdings das entscheidende Medium des sozialen Aufstiegs. Die Entwicklungen der letzten Jahre haben diese Chancen etwas vergrößert, die der Akademiker jedoch nicht verkleinert. Arbeiterkinder sind etwas häufiger in Schulen eingeströmt, die vorher für Kinder aus anderen Berufsgruppen reserviert waren. Für Mädchen aus Arbeiterfamilien trifft dies mehr zu als für Jungen und für Realschulen mehr als für Gymnasien.

Damit haben wir grob das schulische Mobilitätsmuster von zwei extremen Bevölkerungsgruppen geschildert. Wir haben Makroprozesse charakterisiert, wobei für die eine Gruppe der Reproduktionsaspekt im Vordergrund gestanden hat (Akademiker) und für die andere der Aspekt des sozialen Wandels im Sinne der Mobilität (Arbeiter).

Doch selbst in diesem Bild der Makroprozesse fehlen noch viele Ausschnitte.

So haben wir die Schul- bzw. Berufskarriere des größeren Teils der Arbeiterkinder (Hauptschule, Berufsschule, Lehre usw.) nicht weiter verfolgt (vgl. *Grieger* et al. 1972). Dadurch wäre der Reproduktionsaspekt bei dieser Bevölkerungsgruppe wahrscheinlich noch deutlicher zutage getreten. Ferner haben wir die Angestellten in unserer Interpretation vernachlässigt.
Es gibt zur Zeit noch keinen Versuch, die Schulkarriere und die Berufskarriere einer Alterskohorte systematisch über Jahre zu verfolgen[40]. Erst dadurch gewänne man ein annähernd repräsentatives Bild darüber, wie über das Schulsystem Berufe „vererbt" werden und welche Formen der Mobilität über verschiedene Ausbildungswege die verschiedenen Bevölkerungsgruppen bevorzugt zeigen.
Die Konturen dieses Phänomens für die Berufsgruppe der Akademiker und Arbeiter haben wir hier zu zeichnen versucht. Die dazu verfügbaren Informationen sind jedoch nicht ohne Probleme. So ist wenig bekannt

— über den Verläßlichkeitsgrad und die Genauigkeit der Berufsangaben in der amtlichen Statistik;
— es liegen kaum exakte Trendanalysen vor, die verläßlich die größeren Mobilitätschancen einzelner Berufsgruppen abschätzen lassen.

Methodologisch wäre zudem zu wünschen, daß es gelänge, die Mobilitätsforschung mit ihren differenzierten Techniken auf die Analyse schulischer Selektionsprozesse anzuwenden. Bessere Einblicke wären auch zu erwarten, wenn die Berufsklassifikation differenzierter wäre, etwa so wie beim Mikrozensus, der eine Untergliederung in Facharbeiter und ungelernte Arbeiter erlaubt. Diese stärkere Differenzierung hat im Fall des Hochschulbesuchs ja schon aufschlußreiche Ergebnisse erbracht.
Wir sind uns auch dessen bewußt, daß wir bisher nur eine makro-soziologisch orientierte Beschreibung geliefert haben und nichts bis wenig darüber ausgesagt haben, wie die unterschiedliche Bildungsbeteiligung als Indikator der „Berufsvererbung" bzw. Mobilität zustande kommt. Mehr sollte hier auch nicht geleistet werden: Es sollte klar werden, wie über die Kanäle schulischer Karrieren Sozialstrukturen reproduziert und verändert werden.
Die verschiedenen Erklärungsmodelle zur Rolle der Schule im sozialen Reproduktionsprozeß der Gesellschaft können wir hier nur mehr erwähnen.

1. Im deutschen Sprachraum sind vor allem zwei Hypothesengefüge bekannt geworden. Das eine hat *Rolff* (1967 und 1972) entwickelt. Es lautet so:

40 Annäherung für 1966 bis 1969 bei *Grieger* et al. 1972.

„Die schichtspezifische Auslese durch die Schule ist in der modernen Gesellschaft, in der die formalen Schranken für den Zugang zu weiterführenden Schulen gefallen sind, vor allem durch einen zirkelförmigen Verlauf des Sozialisationsprozesses bestimmt: Die Sozialisation durch den Beruf prägt in der Regel bei den Mitgliedern der sozialen Unterschicht andere Züge des Sozialcharakters als bei den Mitgliedern der Mittel- und Oberschicht; während der Sozialisation durch die Familie werden normalerweise die jeweils typischen Charakterzüge der Eltern an die Kinder weitervermittelt; die Sozialisation durch die Freundschaftsgruppen der Heranwachsenden vermag die schichtenspezifischen Unterschiede nicht aufzuheben. Da die Sozialisation durch die Schule auf die Ausprägungen des Sozialcharakters der Mittel- und Oberschicht besser eingestellt ist als auf die der Unterschicht, haben es die Kinder aus der Unterschicht besonders schwer, einen guten Schulerfolg zu erreichen. Sie erlangen häufig nur Qualifikationen für die gleichen niederen Berufspositionen, die ihre Eltern bereits ausübten. Wenn sie in diese Berufspositionen eintreten, dann ist der Zirkel geschlossen." (*Rolff* 1972, 36).

Diese Thesen ruhen auf einer wichtigen Grundvorstellung, und zwar auf der der *Kongruenz zwischen schulischen Erwartungen und familiären Erwartungen*, die zu einer sozialen Beeinflussung in der Familie führt, welche für Erfolg in der Schule günstig ist, da eine gegenseitige Verstärkung eintritt.

2. Diese Vorstellung spielt auch im Modell von *Dahrendorf* (1967, 145 ff.) eine große Rolle. *Dahrendorf* bemüht sich insbesondere, die „Standfestigkeit" der Schüler bzw. die ihrer Eltern im Gymnasium und komplementär dazu die Neigung zu vorzeitigem Abgang zu erklären. Dafür nennt er folgende wichtige Faktoren:

Statuserhaltung:	Darunter ist die Festigkeit der Aufstiegsmotivation zu verstehen, allerdings nicht nur im Sinne einer abstrakten Aufstiegsorientierung, sondern im Sinne einer Wertorientierung, bei der schulische Leistungen eine zentrale Stelle einnehmen.
Schulnähe:	Darunter fällt das Ausmaß des elterlichen Interesses an der Schule und die Intensität der Unterstützung bei schulischen Aufgaben.
Rollenkongruenz:	Damit ist die Übereinstimmung der gesamten sozialen Umgebung, also auch der Freunde, Bekannten und Verwandten im Hinblick auf den Wert eines Besuchs von Gymnasien gemeint.
Schulziel:	Die Festigkeit, mit der das Abitur angestrebt wird, dürfte die Widerstandskraft gegen schulische Barrieren beeinflussen.

Schulleistung: Hier ist die Leistung nach den Maßstäben der Schule gemeint.

Aus diesen Faktoren ergibt sich ein einigermaßen kompliziertes Modell zur Bestimmung der Erfolgschancen im Schulsystem mit zahlreichen theoretischen Möglichkeiten der Kombination einzelner Faktoren. Einige Kombinationen erläutert *Dahrendorf* selber:

	a)			b)			c)	
Statuserhaltung	+	+	...	±	±	...	–	–
Schulnähe	+	+	...	±	±	...	–	–
Rollenkongruenz	+	+	...	±	+	...	–	–
Schulziel	+	+	...	±	–	...	±	–
Leistung	+	–	...	±	+	...	±	–
Erfolgschance	+	–	...	(–)	–	...	–	–

„... unter diesen Möglichkeiten sind einige, die für die Prognose des vorzeitigen Abganges von besonderer Bedeutung sind; drei davon sind in der schematischen Übersicht gekennzeichnet (a, b, c). Sie erlauben drei verallgemeinernde Aussagen über die Wahrscheinlichkeit des vorzeitigen Abgangs, durch die sicher die Mehrzahl, möglicherweise mehr als zwei Drittel aller Fälle erklärt werden:

a) Ist die in Zeugnisnoten gemessene Schulleistung eines Schülers ungenügend, so kann in der Regel weder das Schulziel des Abiturs noch das Fehlen eines Konfliktes zwischen schulischen und außerschulischen Rollenzumutungen den Abgang verhindern (Beispiel: das minderbegabte Kind aus einer Akademikerfamilie).
b) Ist das Schulziel eindeutig nicht das Abitur, so kann in der Regel weder das Fehlen des Rollenkonflikts noch ein hoher Leistungsstand den vorzeitigen Abgang verhindern. (Beispiel: Mädchen, vor allem aus Mittelschichtfamilien.)
c) Besteht ein intensiver Konflikt zwischen schulischen und außerschulischen Rollenzumutungen, so kann in der Regel nur ein sehr klares Schulziel und vor allem weit überdurchschnittliche Leistung den vorzeitigen Abgang verhindern. (Beispiel: Unterschichtkinder, Landkinder mit durchschnittlichen Leistungen.)

Doch sind diese Schlüsse keineswegs der einzige Sinn der skizzierten Erklärungsmodelle. Vielmehr erlaubt uns das Modell gerade, über solche absoluten und daher nur begrenzt nützlichen Aussagen hinauszugehen und Veränderungen zu beobachten: In dem Maße, in dem Schüler konkurrierende Rollen spielen (müssen), wird ihr Abgang gefährdet. Eine Präzisierung des Schulziels kann bis zu einem gewissen Grade den Leistungsabfall kompensieren. Das Motiv der Statuserhaltung kann andere erfolgsbegünstigende Faktoren ersetzen." (*Dahrendorf*, 1967, 163).

Der Ansatz von *Dahrendorf* ist deshalb sehr bedeutsam, weil er erlaubt, notwendige Bedingungen von hinreichenden und kompensierbaren (substituierbaren) zu unterscheiden. Schulziel und Leistung bilden zusammen eine hinreichende Bedingung. Eine geringe Rollenkongruenz kann durch eine große Schulnähe der Eltern und des Schülers selber kompensiert werden. Die Schulleistung bildet auf jeden Fall eine notwendige Bedingung. Sie ist jedoch nicht hinreichend, wie vor allem der Abgang von Arbeiterkindern aus Gymnasien zeigt. Eine sehr gute Schulleistung kann jedoch eine geringe Schulnähe, das fehlende Motiv der Statuserhaltung und eine geringe Rollenkongruenz kompensieren.

3. Eine dritte Gruppe von Modellen zur Erklärung unterschiedlicher schulischer Abschlüsse soll hier noch erwähnt werden. Es handelt sich um die komplizierten pfadanalytischen Modelle, die an der Universität von *Wisconsin* entwickelt wurden (vgl. z. B. *Woelfel* und *Haller* 1971, *Sewell* und *Hauser* 1972). Das Team um *Sewell* verstand unter Mobilität einen lebenslangen Prozeß der Gewinnung von Status (status attainment process). In diesem Prozeß spielt die Schule eine entscheidende Rolle.
Die Analysen von *Sewell* und Mitarbeitern beruhen auf einem Zufallssample der Schüler aus Abschlußklassen in den High Schools von Wisconsin, über das 1957 erstmals Daten erhoben wurden. 1964 erfolgte eine zweite Erhebung an denselben Schülern.
Bereits in der ersten Phase zeigte sich die große Bedeutung der sozialen Herkunft für die Ausbildungsaspirationen und für die Berufsaspirationen. Dieser Einfluß blieb auch erhalten, wenn die gemessene Intelligenz oder ökologische Variablen (z. B. Stadt — Land) berücksichtigt wurden.
Bei der zweiten Erhebung wurden Informationen über die später tatsächlich besuchten Schulen, über den gewählten Beruf, das Einkommen usw. gesammelt. Gleichzeitig wurden jeweils sozialpsychologische Variablen wie Einfluß der Freunde, Ermutigung durch Lehrer und Eltern eingeschlossen. Insgesamt ergibt sich folgendes Variablengefüge, das von links nach rechts grob eine zeitliche oder eine „kausale" Reihenfolge bildet (Abb. 19).

Zu den wichtigsten Ergebnissen in diesem Modell zählen:

— Die soziale Herkunft beeinflußt in deutlichem Maße die erreichte schulische Ausbildung.
— Dieser Einfluß besteht auch dann, wenn die Intelligenz kontrolliert wird.
— Die soziale Herkunft beeinflußt die beruflichen Erfolge und die Karrieremobilität unabhängig von der erreichten schulischen Ausbildung.

Abb. 19: Determinanten des „status attainment process"

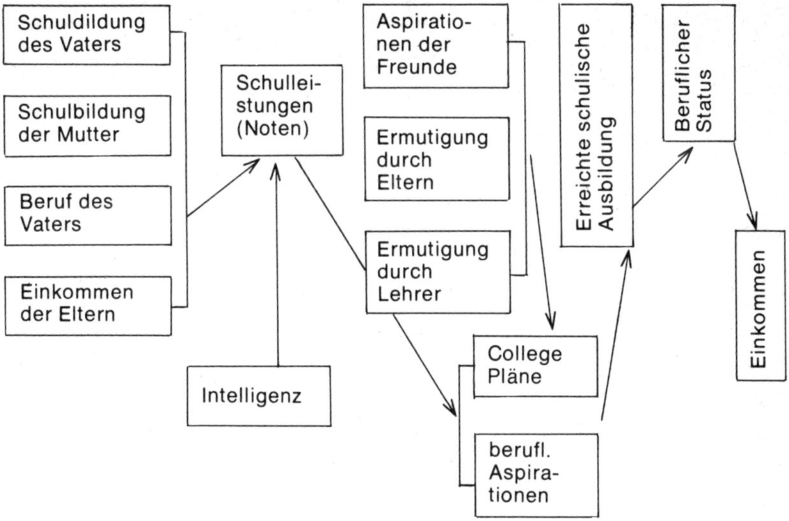

Ein Schüler aus gehobenen Schichten hat einen 4:1-Vorteil, ein College zu besuchen und einen 9:1-Vorteil, auf diesem College zu graduieren (*Sewell* and *Hauser* 1972, 8).

Die soziale Herkunft ist auf allen Stufen des Mobilitätsprozesses bedeutsam: wer eine Stufe überwunden hat, der findet sich in der nächsten wieder in einer benachteiligten Position.

Für die Erklärung dieser Diskriminierung reicht der Hinweis auf die ökonomischen Vorteile besser gestellter sozialer Schichten nicht aus. Als von großer Bedeutung erweisen sich auch die sozialpsychologischen Variablen wie elterlicher Erziehungsstil in der Form des schulischen Interesses, die Ermutigung durch Lehrer und die Übereinstimmung mit den schulischen und beruflichen Aspirationen der Freunde. Hier tauchen wieder die von *Dahrendorf* und auch von *Rolff* eingeführten Variablen zur Erklärung schichtspezifischer Mobilität über das Schulsystem auf.

2.3.4 Das Problem der Chancengleichheit

Wir sind bei der Darstellung der sozialen Selektionsfunktion des Schulsystems vom Begriff der Chancengleichheit ausgegangen. In diesem Begriff kristallisierte sich die Kritik am Schulsystem auf dem Hintergrund der oben dargestellten Fakten über die herkunftsspezifische Selektivität. Wir wollen hier abschließend zwei Problemkreise ansprechen, ohne sie genügend diskutieren zu können:

Liegt in unserem Schulsystem Chancengleichheit vor oder besteht zumindest ein Trend zu größerer Chancengleichheit?

Wann würde ein befriedigendes Ausmaß von Chancengleichheit vorliegen?

In unserem Schulsystem herrscht nach allem, was wir wissen, ein deutlicher *Widerspruch zwischen Verfassungsnorm und Verfassungswirklichkeit.* Der Anspruch, an dem das Schulsystem zu messen ist, ist in der „Allgemeinen Erklärung der Menschenrechte" der Vereinten Nationen vom 10. Dezember 1948 im Artikel 26, Absatz 1 niedergelegt. Diese Erklärung besagt, daß „die höheren Studien ... allen nach Maßgabe ihrer Fähigkeiten und Leistungen in gleicher Weise offenstehen" sollen. Diese Erklärung ist sinngemäß in alle westdeutschen Länderverfassungen übernommen worden.

Ein solcher Zustand ist in unserem Schulsystem hinsichtlich formaler Zulassungen erreicht, aber nicht hinsichtlich des realen Zugangs. Selbst bei Konstanthaltung der Intelligenz und der Schulleistung haben Kinder aus gehobenen Schichten eine größere Chance, die höhere Schule zu besuchen, sie erfolgreich abzuschließen und in eine aussichtsreiche Berufskarriere einzutreten.

Wenn wir unseren Anspruch zurückschrauben, könnten wir die bescheidenere Frage stellen: Bewegen wir uns auf einen Zustand der Chancengleichheit zu? Läßt sich in den letzten Jahren eine deutliche Abnahme der herkunftsspezifischen Selektion feststellen? Wenn wir die oben berichteten Zahlen betrachten, dann scheint dies der Fall zu sein. Die absolute Zahl der Arbeiterkinder an höheren Schulen ist gestiegen, ebenso ihr relativer Anteil an Realschulen, Gymnasien und Hochschulen. Noch fehlen aber umfassende Trendanalysen über die Entwicklung der letzten Jahre. Unsere vorläufige Interpretation ist die, daß Schüler aus niederen sozialen Schichten in geringem Ausmaß von der allgemeinen Expansion des allgemeinbildenden Schulsystems und der Hochschulen profitieren. Im Zeitraum von 1967 bis 1972 gehen 2,5 % mehr Arbeiterkinder aufs Gymnasium und etwa 5 % mehr auf Realschulen (in Baden-Württemberg; nach *Kämpfe* ergibt sich für den Zeitraum von 1968 bis 1972 für das Gymnasium eine Steigerung von 8,4 % auf 14 % und für die Realschule von 13,1 % auf 20,6 %). Den größten Gewinn verzeichnen die mittleren Schichten der Angestellten und Beamten, eventuell noch die Facharbeiter. Die Chancen der Oberschicht, insbesondere die der Akademiker, sind gleich gut geblieben. Das Ausmaß der „Schulvererbung" beträgt bei ihnen schätzungsweise 90 %.

Insgesamt läßt sich an den obigen Zahlen gemessen eine leichte Vergrößerung der Aufstiegschancen über das Schulsystem feststellen, auch wenn man Bevölkerungsentwicklungen und Änderungen der Berufsstruktur berücksichtigt. An dieser Entwicklung hat die Bildungspolitik der letzten Jahre vermutlich einen großen Anteil. Sie kann jedoch als Teil der allgemeinen Wohlfahrtspolitik verstanden werden und nicht als Versuch einer grundlegenden Änderung der Ungleichverhältnisse in unserer Gesellschaft.

Am Muster des sozialen Aufstiegs, an der starken „Schul- und Berufsvererbung" in den privilegierten Gruppen und den benachteiligten Bevölkerungskreisen der ungelernten und angelernten Arbeiter hat sich jedoch wenig geändert. Die Struktur der Mobilität ist gleich geblieben, auch wenn sich relative Verschiebungen ergeben haben.

Diese Kritik fällt auf den Kritiker zurück, da sie ihn zwingt, seine Kriterien für Chancengleichheit zu explizieren. Chancengleichheit kann in einem reduzierten Sinne die rechtlich festgelegte Möglichkeit bedeuten, eine Schule zu besuchen, wenn jemand ihren Aufnahmekriterien entspricht. Niemand darf danach auf Grund seines Standes vom Besuch einer Schule ausgeschlossen werden.

In einer erweiterten Bedeutung kann Chancengleichheit als „Versorgungsproblem" aufgefaßt werden, wonach

— alle Schüler bis zu einem bestimmten Alter kostenlos eine Schule besuchen können;
— alle Schüler bis zu einem bestimmten Alter denselben Lehrstoff durchnehmen und in den Genuß von Schulen und Lehrern der gleichen Qualität kommen;
— alle Schüler sich denselben Prüfungen unterziehen müssen.

Bei einer solchen Konzeption der Chancengleichheit liegt die Betonung auf einem gleichen *Angebot.* Wie dieses Angebot genützt wird, steht den Kindern und deren Eltern frei. Die Schule wird hier in die passive Rolle der Dienstleistungsorganisation hineingedrängt, die unterschiedlich benützt werden kann.

Nicht diese Konzeption von Chancengleichheit als „gleicher Behandlung" lag der obigen Kritik zugrunde, obwohl sie eine unentbehrliche Voraussetzung darstellt. Der Schule wurde vielmehr eine *aktive Rolle* im Prozeß der Intergenerationenmobilität als wünschenswert unterstellt. Sie besteht — statistisch gesprochen — darin, den Zusammenhang zwischen der Ausbildung bzw. dem Beruf des Vaters und der Ausbildung bzw. dem Beruf des Sohnes zu einem *zufälligen* zu machen. Die Zufälligkeit des Zusammenhanges zwischen dem Beruf des Vaters und dem Schulbesuch des Sohnes ist danach das Kriterium für Chancengleichheit. Es erscheint in einem ersten Schritt als Forderung nach *anteilsmäßiger Vertretung* (Anteil in der Bevölkerung = Anteil an der Schülerpopulation in Hauptschule, Realschule, Gymnasium) in weiterführenden Schulen. Die impliziten Annahmen sind dabei die, daß Begabungen in den einzelnen Berufsgruppen zufällig („normal") verteilt sind und daß die Schule durch optimale Förderung diese Normalverteilung für die künftige Berufsstruktur wieder herstellt. Schematisch ließe sich dies so darstellen.

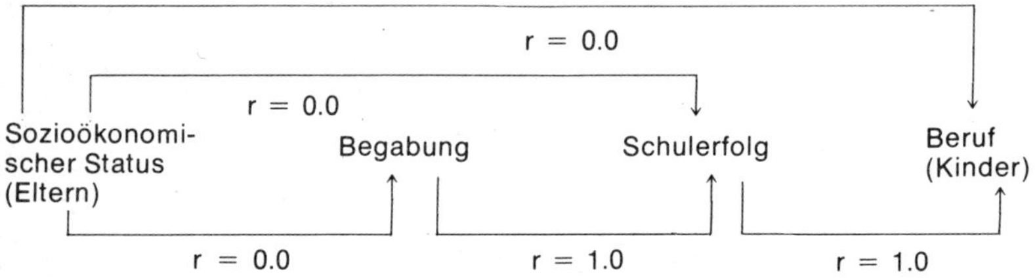

r = postulierte Korrelation

Nach diesem idealtypischen Modell wird verlangt, daß die Schule einen solchen Einfluß ausübt, daß außerschulische Einflüsse, etwa die eines unterschiedlich günstigen familiären Milieus, ausgeglichen werden. Hier wird der Schule auch die Verantwortung für ihre Auswirkungen zugesprochen. Sie hat nicht nur Lernmöglichkeiten anzubieten, sie muß auch für den Erfolg ihres Angebotes sorgen. Gleiche Chancen bedeutet hier gleiche Ergebnisse, gemessen an der *Ausgangsposition* der Schüler. Unterschichtkinder dürfen danach im Verlauf des Schulbesuchs nicht weniger gefördert werden als Kinder aus der Oberschicht. Der Eingangsunterschied darf sich nicht vergrößern (vgl. *Coleman* 1968, 16 ff.). Diese Forderung läßt sich noch verstärken: die Schule sollte dazu beitragen, daß sich die unterschiedlichen Startchancen verschiedener Bevölkerungsgruppen im Verlauf des Schulbesuchs ausgleichen. Diese Konzeption hat *Coleman* vertreten. Er spricht davon, daß der *Einfluß außerhalb der Schule divergent* sei, d. h. er führt zu immer größeren Ungleichheiten unter Menschen. Demgegenüber müsse der *Einfluß der Schule konvergent* sein, d. h. zu einer Verringerung von Ungleichheiten führen. Dies ist nur dann möglich, wenn der schulische Einfluß relativ größer ist als der außerschulische. Ein solcher Zustand wäre erreicht, wenn die Kinder etwa durch Heime völlig dem Einfluß der Eltern entzogen würden. Da dies nicht möglich sein wird und auch nicht ohne weiteres wünschenswert ist, dürfte unter den gegenwärtigen Bedingungen — selbst bei kompensatorischer Erziehung, objektiven Leistungstests und schichtspezifischem Schulangebot — nur eine Annäherung an das ideale Modell möglich sein. Die Annäherung ergibt sich jedoch nicht durch eine Gleichheit des Angebotes, sondern nur durch die Intensität des schulischen Einflusses im Vergleich zum divergenten außerschulischen Einfluß.

Dieses Modell lag der obigen Kritik implizit zugrunde. Es repräsentiert zwar am besten den gegenwärtigen Stand der Diskussion, ohne jedoch deren Abschluß anzudeuten.

Eine wichtige Annahme in diesem Modell blieb nämlich bisher unangetastet. Der Begriff der Chancengleichheit enthält die Forderung nach gleichem Zugang (nach einem universalistischen Kriterium) zu unterschiedlichen Lebenschancen. Er enthält somit nur die *Forderung nach gleichen Chancen im Zugang zu Ungleichheiten.* Jeder soll dieselbe Chance haben, mehr zu haben als die anderen. Es könnte hier somit der nicht unberechtigte Verdacht auftauchen, durch gleiche Zugangschancen werde die soziale Ungleichheit gerechtfertigt. Wenn zudem die Gesellschaft alles tut, diese Gleichheit der Zugangschancen zu schaffen, dann kann bei Ungleichheiten nur der einzelne schuld sein, wenn er nicht denselben Status erreicht hat wie die anderen.

Eine Fortentwicklung des Modells der Chancengleichheit muß konsequent zu einem gesellschaftstheoretischen Modell der *sozialen Gleichheit* (s. *Müller* 1973, 229 ff.) führen.

Diese Forderung läßt sich in einem ersten Schritt aus einer konsequenten Weiterführung des Modells der Chancengleichheit im Sinne des nur leistungsbedingten sozialen Aufstiegs ableiten. Das Modell der Chancengleichheit impliziert in der letzten Konsequenz, daß alle milieubedingten Leistungsunterschiede ausgeglichen werden und jeder entsprechend seiner optimalen Leistungsfähigkeit im Schulsystem aufsteigt. Das würde aber heißen, daß Menschen entsprechend den ihnen angeborenen Eigenschaften (hier: Intelligenz) sozial belohnt werden. Damit stünden wir vor der Absurdität, daß das Auswahlkriterium (Intelligenz) für schulischen Aufstieg wieder in die Gruppe jener Kriterien fällt, die im Modell der Chancengleichheit abgelehnt wurden: angeborene Eigenschaften wie Geschlecht, Rasse und individuell nicht beeinflußbare Kriterien wie soziale Herkunft. Der einzige Unterschied bestünde darin, daß hohe schulische Leistungen nicht automatisch aus guten Erbanlagen entstehen, sondern nur über individuelle Anstrengung und Motivation. Aber auch diese Faktoren lassen sich durch Umwelteinflüsse verändern. Nichtsdestoweniger würde man bei der zentralen Berücksichtigung des Leistungskriteriums die Kombination individueller Anstrengung und genotypischer Intelligenz belohnen. Dann ist jedoch schwer einsehbar, warum schwere körperliche Arbeit oder eine aufreibend-eintönige Fließbandarbeit schlechter entlohnt und damit schlechter sozial belohnt werden sollte als eine komplexe geistige Tätigkeit.

Wenn man die Annahmen, die im Begriff der Chancengleichheit enthalten sind, in der obigen Weise hinterfragt, dann wird man unwillkürlich auf das

Problem der sozialen Gleichheit und damit auf das Problem der Rechtfertigung der sozialen Ungleichheit der Menschen gestoßen. Eine Diskussion dieses Problems könnte sich auf die Frage konzentrieren, unter welchen Bedingungen die soziale Selektivität des Schulsystems reduziert werden kann (vgl. auch *Nunner-Winkler* 1971). Folgende Punkte schienen mir dazu ein langfristiges Rahmenprogramm zu bilden:

— Die Ausbildung aller Schüler soll zu einem solchen Niveau angehoben werden, daß eine qualitativ gleichwertige Teilnahme am sozialen, kulturellen und politischen Leben einer Generation ermöglicht wird. In dieser Forderung wird der Gedanke aufgenommen, daß Chancengleichheit durch ein allen zugängliches Ausbildungsprogramm gefördert werden kann.
— Die Ausbildungskarriere soll so gestaltet sein, daß an möglichst vielen Stellen und auch noch zu späten Zeitpunkten eine Änderung der Schullaufbahn möglich ist. Dieser Forderung könnte sowohl durch Gesamtschulen als auch durch ein ausgebautes Programm der Erwachsenenbildung näher gekommen werden. Sie könnte als Beitrag zum Abbau schulischer Barrieren verstanden werden.
— Ungleichheiten werden durch kompensatorische Programme und spezielle Förderungsprogramme aktiv ausgeglichen.
— Unterschiedliche Ausbildungswege und unterschiedliche Abschlüsse führen nicht zu einer strengen Hierarchie von sozialen Positionen, die üblicherweise mit unterschiedlichen sozialen Belohnungen im Sinne von Einkommen, Prestige und Macht gekoppelt sind. Das Ausmaß der vertikalen Differenzierung ist gering. Sie ergibt sich aus einem Gesamtwert der Lasten, die mit einer beruflichen Tätigkeit im Vergleich zu anderen verbunden ist. Es überwiegt die horizontale Differenzierung, d. h. die Differenzierung nach Arbeitsbereichen, die durch den jeweiligen Stand der Arbeitsteilung und Arbeitsorganisation erzwungen wird. Diese horizontale Differenzierung soll für eine soziale Differenzierung von geringer Bedeutung sein, da sie nicht zu kraß unterschiedlichen Lebenschancen über ein höheres Einkommen und eine bessere Bildung führt.
— Je geringer die soziale Ungleichheit in einer Gesellschaft ist, desto mehr tritt die soziale Selektionsfunktion des Schulsystems in den Hintergrund. Eine hohe Mobilität in einer Gesellschaft ist danach nicht nur ein Gradmesser für ihre „Offenheit“, sondern auch ein Zeichen für die Größe der Spannweite zwischen niedrigen und hohen sozialen Positionen und damit für das Ausmaß an Ungleichheit. Wenn wir die Mobilität preisen, die das Schulsystem ermöglicht, dann loben wir gleichzeitig die Ungleichheiten

und Diskriminierungen, auf deren Hintergrund die Mobilität nur leuchten kann.

Eine solche Konzeption wird sich den Utopie-Vorwurf gefallen lassen müssen. Vor allem zwei Einwände sind zu erwarten. Einmal könnte vorgebracht werden, daß die bestehende soziale Ungleichheit nur ein oberflächlicher Ausdruck der tiefergehenden Herrschaftsstrukturen einer Gesellschaft ist. Wer bereits mehr hat, der will auch mehr behalten. Wer wenig hat, der möchte mehr bekommen. Dazu muß nur noch erwähnt werden, daß die Ressourcen knapp sind und daß es deshalb notwendig für viele wenig, für wenige jedoch viel geben kann. Es gibt bisher kaum Fälle in der Geschichte, die die Hoffnung stärken, daß den Privilegierten ohne Gewalt Privilegien abgenommen werden können oder daß sie gar freiwillig auf sie verzichten.
Neben diesen Herrschaftsinteressen müßte man ökonomische erwähnen. Wenn Profitmaximierung das oberste Prinzip des Wirtschaftens bildet, dann breitet sich ein Zwang zur Ökonomisierung und Rationalisierung aller Produktionskräfte aus. Zu letzteren zählen auch die Arbeitskräfte, die zu solchen erst ausgebildet werden müssen. Diese Ausbildung soll nach den Gesetzen der Profitmaximierung möglichst wenig kosten. Angesichts dieser bestehenden Zwänge auf eine möglichst kurze Ausbildung und auf eine Ausbildung, die vornehmlich auf spezielle berufliche Fertigkeiten ausgerichtet ist (vgl. die Kompressionstendenzen S. 88), scheint eine sozialpolitisch ausgerichtete Bildungspolitik, die über das Schulsystem zu größerer sozialer Gleichheit beitragen will, wenig aussichtsreich. Offen muß an dieser Stelle bleiben, welche Rolle der Staat in diesem Prozeß spielen könnte.

2.4 *Zur Integrations- und Legitimationsfunktion des Schulsystems*

Diese dritte Reproduktionsfunktion ist sowohl die am schwersten beschreibbare als auch die für die Sozialisationsforschung wichtigste. Wenn von der Schule als „Herrschaftsinstrument“ oder von ihren Anpassungsleistungen gesprochen wird, dann wird vage auf diese Funktion Bezug genommen.
Die Legitimationsfunktion der Schule wird jedem deutlich sichtbar, der etwa den Geschichtsunterricht, den Sozialkundeunterricht oder den Deutschunterricht danach untersucht, wie das jeweilige politische System dargestellt wird. Er dürfte kaum ein Lehrbuch finden, in dem die eigene Gesellschaftsverfassung negativ gezeichnet wird. Fast alle Geschichtsbücher enthalten latent oder manifest Rechtfertigungen des gegenwärtigen politischen Systems. Die Helden der Geschichte sind Vorkämpfer der derzeitigen politischen Verhält-

nisse. Freunde und Feinde sind nach ihrem Beitrag zu dem geschieden, was es heute zu erhalten gilt.

Diese direkte politische Sozialisation durch die Schule über die jeweils vermittelten Inhalte wird uns hier weniger beschäftigen. Wir wollen uns mehr auf weniger durchschaubare Legitimationsprozesse der politischen und gesellschaftlichen Ordnung konzentrieren, die aber gerade deshalb, weil sie schwer zu durchschauen sind, besonders wirksam sind.

Die Legitimationsfunktion der Schule soll in einem ersten Schritt dadurch näher beschrieben werden, indem wir sie von den bereits beschriebenen Funktionen der Qualifikation und Selektion abheben.

Wenn wir von der Qualifikationsfunktion der Schule sprechen, dann stellen wir eine Beziehung zwischen den Systemproblemen im Produktionsbereich und dem Ausbildungsbereich der Gesellschaft her. Was durch die Schule geschaffen wird, hat wichtige Konsequenzen für den Produktionssektor. Deshalb lassen sich auch umfangreiche Bemühungen feststellen, diese Beziehung zu verbessern (s. Bildungsökonomie und Curriculumforschung).

Wenn wir von der Selektionsfunktion der Schule sprechen, dann konstruieren wir eine Beziehung zwischen der sozialen Position eines Schülers im Schulsystem, der sozialen Position des Vaters und der späteren sozialen Position des Schülers. Wir erstellen somit einen Zusammenhang zwischen der schulinternen und der schulexternen Sozialstruktur.

Die unterschiedlichen schulischen Abschlüsse führen über die damit verbundenen Berechtigungen dazu, daß jemand einen Beruf ergreift, der hohes oder niedriges Prestige verleiht, der zu einem geringen oder hohen Einkommen führt und der damit die Lebenschancen wesentlich mitbestimmt.

Die Konstruktion eines solchen Zusammenhanges zwischen dem Schulsystem und einem schulexternen Bereich fällt für die Behauptung, die Schule habe eine Integrationsfunktion, nicht leicht. Wir wollen, kommenden Ausführungen vorausgreifend, einen Zusammenhang zwischen *Schulen und dem politischen System* einer Gesellschaft behaupten. Dieser Zusammenhang ist dann relativ leicht belegbar, wenn unter dem politischen System die verfassungsmäßig festgelegten und institutionalisierten staatlichen Verhältnisse verstanden werden. Die mit dem Begriff der Integrationsfunktion behauptete Beziehung wird dann unschärfer, wenn unter dem politischen System die *Gesamtheit der Herrschaftsverhältnisse* in einer Gesellschaft verstanden wird. *Die Integrationsleistung des Schulsystems bestünde im ersten Fall dann darin, die Schüler in einer Weise zu beeinflussen, daß sie die bestehenden politischen Verhältnisse erkennen, sie akzeptieren und sich ihren Forderungen gemäß verhalten lernen.* Damit ist gleichzeitig eine Legitimierung der bestehenden Machtverhältnisse verbunden, so daß durch das Schulsystem Anpassungsleistungen vollbracht werden.

Das Schulsystem leistet somit einen wichtigen Beitrag zu jenem zentralen Systemproblem der Gesellschaft, das in der Stärkung ihrer normativen Grundlagen liegt, welche zur Legitimierung der bestehenden Sozialverhältnisse beitragen.

Diese Funktion wird nicht so sehr *neben* den Qualifikations- und Selektionsprozessen über eigene Mechanismen erfüllt; wohl lassen sich solche eigenen Mechanismen finden — z. B. der Gemeinschaftskunde-Unterricht und der Geschichtsunterricht —, wichtiger sind jedoch jene Werte, Normen und Interpretationsmuster, die gewissermaßen als Nebenprodukte der Qualifikations- und Selektionsprozesse gelernt werden.

Folgerichtig sind wir bereits bei der Darstellung der Qualifikationsfunktion und der Selektionsfunktion auf Sachverhalte gestoßen, die in den Bereich der Integrationsfunktion des Schulsystems verweisen.

Bei der Qualifikationsfunktion haben wir davon gesprochen, daß in der Schule nicht nur fachliche (z. B. Mathematik, Naturwissenschaft) Qualifikationen erworben werden, sondern gleichzeitig *überfachliche oder außerfachliche wie Genauigkeit, Verläßlichkeit, Sorgfalt, Ordentlichkeit, „Betragen"*. *Dahrendorf* hat diese Qualifikationen „extrafunktional" genannt. *Offe* nennt sie normative Orientierungen. Zwei Untergruppen können dabei unterschieden werden: die erste umfaßt Tugenden im Umgang mit Produktionsmitteln (Sorgfalt, Ordentlichkeit, Sparsamkeit), die zweite bezieht sich auf die Sozialverhältnisse, in denen produziert wird: auf Pünktlichkeit, Verläßlichkeit, Anerkennung von Autorität und widerspruchsloses Befolgen von Befehlen. Diese Sozialisationseffekte des Schulsystems sind vielleicht wichtiger als konkrete Fertigkeiten; auf jeden Fall sind sie für die Stabilisierung der Herrschaftsverhältnisse zentral (vgl. *Hanss* 1973).

Im Zusammenhang mit der Selektionsfunktion sind wir darauf zu sprechen gekommen, daß das Schulsystem auf unterschiedlich hohe soziale Positionen vorbereitet. Es führt die Schüler damit auf *soziale Ungleichheiten* hin, es erzeugt und bekräftigt eine Herrschaftsstruktur. Mit dieser Ungleichheit wird gleichzeitig eine *Ideologie zu ihrer Legitimierung* mitgeliefert, die sich in Begriffen wie *Chancengleichheit* und *Leistungsgesellschaft* kristallisiert. Mit der Ideologie der Chancengleichheit ist ein Wertsystem und Meinungssystem gemeint, dessen zentraler Inhalt darin besteht, daß eine Zuordnung zu unterschiedlich hohen sozialen Positionen nur dann als gerecht empfunden wird, wenn sie auf der Basis unterschiedlicher Leistung erfolgt und nicht nach einem fixierten Kriterium wie Geschlecht, Rasse oder Herkunft. Diese Zuordnung soll in einem System erfolgen, in dem alle die gleiche Chance haben, Leistungen zu erbringen und in dem alle denselben Bewertungskriterien ausgesetzt sind. Als solches System gilt die Schule.

Normen, Werte, Interpretationsmuster, wie sie die oben erwähnten norma-

tiven Orientierungen und die Leistungs- bzw. Chancengleichheitsideologie darstellen, bilden eine wichtige Grundlage der gesellschaftlichen Stabilität. Es ist der meist unausgesprochene Auftrag der Schule, sie in der nachkommenden Generation zu erzeugen. Wir nennen diese Aufgabe und diese Wirkung des Schulsystems „Integrationsfunktion".
Wir haben oben erwähnt, daß es nicht leicht ist, die Integrationsfunktion der Schule präzise zu fassen. Das liegt einmal daran, daß die Herstellung von Beziehungen zu außerschulischen Bereichen nur dort genauer zu leisten ist, wo man sich auf das konkrete politische System einer Gesellschaft beschränkt, etwa auf Regierung, Parteien, Parlament, Rechtsstaat usw. Die Zuordnung wird vager, wo auf allgemeine Herrschaftsstrukturen in der Gesellschaft Bezug genommen wird.
Das zweite große Hindernis für eine genaue Fassung liegt in der Schwierigkeit, die Normen, Werte und Interpretationsmuster, die für die Stabilität oder Veränderung der bestehenden Herrschaftsverhältnisse wichtig sind, anzugeben und inhaltlich zu beschreiben. Wir werden global von *normativen Orientierungen* sprechen und meinen damit in der Sprache der Sozialisationstheorie Normen, Werte und Interpretationssysteme. Ihr Inhalt bezieht sich auf die sozialen Verhältnisse und auf die eigene Stellung im gesellschaftlichen Rahmen. Man könnte z. B. vermuten, daß die zentrale Legitimationsbasis hochindustrialisierter Gesellschaften aus einem *Wohlstands- und Leistungsbewußtsein* besteht, dem u. a. folgende Annahmen, Überzeugungen und Ziele zugrunde liegen:

— Die Gesellschaft wird als gerecht empfunden, da in ihr jeder die gleiche Chance hat, hochzukommen. Nach oben zu kommen oder unten zu verbleiben ist das *individuelle Verdienst* des einzelnen und gehört deshalb entsprechend belohnt oder bestraft.
— Der Staat wird als *Rechtsstaat* angesehen, der dem einzelnen gegenüber Verpflichtungen übernimmt und deshalb auch Forderungen stellen kann.
— Es herrscht ein Gefühl der *relativen Zufriedenheit,* da der einzelne kontinuierlich kleine Fortschritte im Beruf (Gehaltserhöhungen) und damit im sozialen Aufstieg erlebt.
— Ein zunehmend höheres Einkommen ermöglicht eine graduelle Steigerung der *Konsummöglichkeiten.* Die Grenzen der Steigerung werden kollektiv erlebt (den Nachbarn geht es gleich) und deshalb als gerecht empfunden.
— Der einzelne glaubt, seine Interessen zumindest teilweise in seiner gewählten Partei vertreten zu sehen.
— Gesetze werden als bindend angesehen, da sie von legitimierten Gremien beschlossen werden.
— Legitimität wird durch demokratische Verfahren erreicht.

— Der einzelne erlebt sich als Mitglied der Gesellschaft, indem er von sich das Bild des ehrlichen, strebsamen und arbeitsamen Bürgers aufgebaut hat.
— Als dominante Kultur wird die der Wissenschaft erlebt und angesehen, die rationale Problemlösungsstrategien zur Verfügung stellt.

Diese Annahmen, Meinungen, Werthaltungen und Ziele muß der einzelne nicht explizit formulieren können; sie können trotzdem latent seine Handlungen mitbestimmen und sein Bild von sich und der Gesellschaft formen. Die Schule ist nun ein idealer Kontext, um sie entstehen zu lassen, da gerade die Schule eine Miniatur der gesellschaftlichen Verhältnisse zu sein versucht. Nur wird hier nicht von Arbeit, sondern von Lernen, nicht von Lohn, sondern von Noten, nicht von Konsum, sondern von sozialer Anerkennung gesprochen.
Diese letzten Formulierungen führen uns zur Suche nach jenen schulischen Einrichtungen, durch die die Integrationsleistungen erbracht werden sollen. Hier stoßen wir auf eine erneute Schwierigkeit, die sich bei der Qualifikationsfunktion und der Selektionsfunktion nicht in dem Maße stellt. Die Qualifizierung wird durch organisierten Unterricht in Fächern oder Curricula erreicht. Die Selektion erfolgt weitgehend durch das Prüfungssystem, die Notengebung und die Verleihung von Berechtigungen. Für die Untersuchung der Integrationsfunktion gibt es höchstens die explizite Unterweisung in der Gemeinschaftskunde, der Sozialkunde oder der Gesellschaftslehre als abgrenzbare schulische Bereiche. Diese Fächer bilden jedoch nur einen kleinen Ausschnitt aus den sozialen Erfahrungen, die zu den Normen, Werten, Interpretationssystemen und Kompetenzen führen, welche gesellschaftliche Verhältnisse stabilisieren. Entscheidend ist hier die Einsicht, daß alle schulischen Vorgänge potentiell die Wirkung haben können, zur Integration der Gesellschaft beizutragen oder sie zu erschüttern. Die Integrationsfunktion wird nicht *neben* dem qualifizierenden Unterricht oder den selegierenden Prüfungen erfüllt, sondern im Verbund mit ihnen. Darüber hinaus gibt es zusätzliche schulische Bereiche, die Integrationsleistungen vollbringen: z. B. die Einstellungen der Lehrer, die Normen des täglichen Schullebens und die gesamte soziale Situation im schulischen Kontext. Als Schlüsselbegriff zur Zusammenfassung der schulischen Aktivitäten, die zur Förderung der gesellschaftlichen Integration führen, soll im folgenden der Begriff der *sozialen Kontrolle* dienen.
Diese Aktivitäten tragen dazu bei, daß im Schüler solche Bewußtseinsstrukturen und Interessenlagen aufgebaut werden, die für Stabilität oder Wandel schulinterner und schulexterner sozialer Verhältnisse relevant sind. Im engen Sinne geht es um die Stabilisierung des politischen Systems, d. h.

um die Anerkennung und Unterstützung des Staates. Im weiteren Sinne geht es um das Hineinwachsen in eine politische Kultur und in gesellschaftliche Herrschaftsverhältnisse. Damit sind hier *Probleme der politischen Sozialisation im engen und weiten Sinne* angesprochen.
Diese Bestimmung der Integrationsfunktion des Schulsystems ist bisher insofern noch ungenau, als entscheidende Begriffe ungeklärt sind, insbesondere die der Integration, der Herrschaftsstrukturen und des politischen Systems.

2.4.1 Der Begriff der Integration

Um den Begriff der *Integration* bzw. um dessen Gegenteil, um den Begriff des *Konflikts,* gruppieren sich die zentralen soziologischen Theorien über die Bedingungen von sozialer Ordnung und Stabilität bzw. um die Bedingungen für sozialen Wandel und Fortschritt. Die Bevorzugung des Begriffes Integration vor dem des Konflikts legt die Gefahr nahe, als Anhänger bestimmter soziologischer Theorien, insbesondere jener von *Parsons,* apostrophiert zu werden. Um diese Vorentscheidung zu vermeiden, schlagen wir vor, immer im Begriffspaar Integration-Konflikt zu denken. Danach könnte die Integrationsfunktion des Schulsystems auch als Funktion der *Konfliktvermeidung und Konfliktbewältigung* verstanden werden. So wird sie auch im Rahmen politökonomischer Analysen häufig definiert (*Offe* 1972). In marxistischer Sicht versucht der Staat über das Schulsystem u. a. jene *Krisen* zu bewältigen, die sich aus den inneren Widersprüchen der kapitalistischen Gesellschaftsordnung ergeben, z. B. die Probleme der *Überproduktion* (vgl. *Koneffke* 1969). Die Verlängerung der Schulzeit ist in dieser Sicht ein Mittel, um überschüssige Arbeitskräfte zu absorbieren. Zum anderen soll das Schulsystem die *Massenloyalität* zur bestehenden politischen und ökonomischen Ordnung schaffen und bekräftigen.
Der Begriff der Integration hat in der Geschichte der Soziologie erstmals bei *Durkheim* eine zentrale Bedeutung erlangt. Hier sind es die Begriffe der *mechanischen und der organischen Solidarität,* die zur Erklärung der gesellschaftlichen Ordnung und Stabilität dienen. Mit „mechanischer Solidarität" meint *Durkheim* den Zusammenhalt, der in einer Gesellschaft durch ein gemeinsames Werte- und Meinungssystem zustandekommt. Diese Werte und Meinungen sind im „kollektiven Gewissen" repräsentiert und internalisiert, das Personen und Gruppen eine wirksame Kooperation ermöglicht.
Bei „organischer Solidarität" erfolgt die Integration durch die gegenseitige Abhängigkeit, die *Durkheim* vor allem als Produkt der fortschreitenden Arbeitsteilung in industriellen Gesellschaften sieht. Aus der Kooperation von Spezialisten folgt nicht nur der ökonomische Vorteil erhöhter Produktivität,

sondern auch der moralische Anspruch legitimer gegenseitiger Erwartungen hinsichtlich der Qualität der Arbeiten, der Verläßlichkeit, gegenseitigen Anerkennung und gesellschaftlicher Belohnungen. Die Basis der Integration ist hier nicht der *Konsensus*, sondern die *Interessenverschränkung*, wie *Homans* sagen würde oder die Komplementarität von Rollenerwartungen, wie es *Parsons* formuliert hat.

Parsons' Vorstellungen über die Bedingungen der Stabilität sozialer Systeme sind stark von jenen *Durkheims* beeinflußt. Soziale Integration liegt nach ihm dann vor, wenn die zentralen Elemente des kulturellen Systems, d. h. wenn das gemeinsame Wertsystem in wichtigen Elementen des sozialen Systems institutionalisiert ist. Zu diesen wichtigen Elementen zählen die komplementären Rollenkomplexe, etwa die Geschlechtsrollen und die Berufsrollen. Wenn in diesen Rollen gemeinsame Werte durch Sanktionen abgesichert sind, dann ergibt sich in der Komplementarität der Erwartungen ein stabiles soziales System. Diese Thesen haben *Parsons* den Vorwurf eines *„normativen Integrationismus"* eingebracht. Damit wird *Parsons* unterstellt, er sehe Ordnung und Stabilität in einer Gesellschaft nur als moralisches Problem, ohne auf die materielle Basis des normativen Überbaus zu rekurrieren. Bei *Parsons* sind beide Elemente der Integration, die schon bei *Durkheim* auftauchen, enthalten: das Element des Konsensus und das Element der Komplementarität von Erwartungen und Interessen. Letzteres impliziert ein zunehmendes Ausmaß der Spezialisierung und damit auch ein zunehmendes Ausmaß gegenseitiger Abhängigkeit.

Diese Vorstellungen von *Parsons* sind vielfach kritisiert worden. Zwei Argumente sollen hier kurz erwähnt werden. Das eine stammt von *Dahrendorf* (1969), einem bekannten Vertreter der Konflikttheorien. Er weist darauf hin, daß das integrationistische Modell unfähig ist, sozialen Wandel und das Weiterbestehen der Gesellschaft bei großen Interessenkonflikten einzelner Herrschaftsverbände zu erklären. Das zweite Argument entstammt der marxistischen Gesellschaftstheorie. Es postuliert den immanenten Widerspruch als entscheidendes Strukturelement kapitalistischer Gesellschaften, z. B. den zwischen kollektiver Produktion und privater Aneignung oder den zwischen der Entwicklung der Produktivkräfte (dem Stand der Technologie) und den Verwertungsinteressen des Kapitals, der zum dauernden Problem der Überproduktion führt. Die Wert- und Meinungsmuster der Gesellschaft werden in dieser Analyse zum ideologischen Überbau, der die grundlegenden Widersprüche verdeckt und die bestehenden Verhältnisse legitimiert.

Diese Kritiken richten sich gegen eine Konzeption der Integration, die im Rahmen der funktionalistischen Theorien im Sinne von *Parsons* vertreten wird. Der Funktionalismus betrachtet die Gesellschaft als System interdependenter Teile (*Davis* 1959). Diese Konzeption impliziert eine sinnvolle

Beziehung zwischen verschiedenen Institutionen in der Gesellschaft, z. B. zwischen dem Schulsystem und dem Wirtschaftssystem. Zwischen diesen Bereichen können funktionale Beziehungen bestehen, d. h. der eine Bereich leistet einen Dienst für den anderen oder umgekehrt. Handelt es sich um angestrebte Dienste, dann erscheinen die Funktionen als Aufgaben, sind die Dienste bereits realisiert, dann hat die Funktion die Erscheinungsform der Auswirkung des einen Bereichs auf den anderen. Sind die einzelnen Bereiche gut aufeinander abgestimmt, dann gelten sie als integriert. *Angell* (1968) nennt diese Form der Integration die *funktionale Integration*. Normative Funktionalisten — *Parsons* wird zu ihnen gezählt — glauben, daß diese Integration vor allem durch ein gemeinsames und institutionalisiertes Wertsystem zustande komme. Marxisten hingegen meinen, daß grundlegende Widersprüche die gesellschaftlichen Verhältnisse im Kapitalismus besser kennzeichnen und daß einzelne Subsysteme, z. B. der Staat und das Schulsystem der Bewältigung jener Probleme dienen, die durch diese Widersprüche erzeugt werden. Zu solchen Problemen gehört u. a. die *Legitimierung* einer kapitalistischen Gesellschaftsform.

An dieser Stelle wird deutlich, daß mit dem Begriff der Integration der Sachverhalt gemeint ist, daß Teile eines sozialen Systems zum gegenseitigen Nutzen oder zum Nutzen des Ganzen zusammenhängen. Liegen solche Zusammenhänge nicht vor, dann kann von Widersprüchen oder von dysfunktionalen Beziehungen gesprochen werden. Die jeweilige Wortwahl verrät jedoch ein unterschiedliches gesellschaftstheoretisches Modell über Ursachen und Bedingungen von Zusammenhängen oder Widersprüchen von gesellschaftlichem Wandel oder von gesellschaftlicher Stabilität.

Unser Thema ist der Beitrag des Schulsystems zu schulexternen Bereichen, zum ökonomischen Sektor, zur Sozialstruktur und zum politischen System. Nach der obigen Problemstellung müßten wir danach fragen, wie das Schulsystem in die Gesellschaft integriert ist, d. h. welchen Beitrag es zum Funktionieren der gesamten Gesellschaft leistet.

Dieses Thema erweist sich als mehrdeutig. Einmal geht es darum zu zeigen, wie das Schulsystem zur *Integration der Gesellschaft*, zur Bewältigung manifester oder latenter Krisen beiträgt. Zum andern sollen Mechanismen der *Integration des Individuums in gesellschaftliche Bezugsgruppen* nachgewiesen werden. Unser Ziel ist es zu zeigen, wie beide Funktionen gleichzeitig erfüllt werden: *wie über die Integration des Individuums in die Gesellschaft, die durch das Schulsystem geleistet wird, ein Zustand der Integriertheit oder Nicht-Integriertheit der Gesellschaft entsteht.* Hier konkretisiert sich damit wieder die Doppelfunktion des Sozialisationsprozesses. Allerdings erweist sich hier der Begriff der Integration als vieldeutig. Diese Vieldeutigkeit zwingt uns zu einer formalen Bestimmung des Begriffes Integration.

Eine Präzisierung verlangt die deutliche Festlegung der Einheiten, die zueinander in Beziehung stehen. Dies können Individuen, Kleingruppen, Institutionen und große gesellschaftliche Bereiche sein.

	INDIVIDUUM	PRIMÄRGRUPPE	INSTITUTION	GESAMTGESELLSCHAFT
INDIVIDUUM		A	B	C
PRIMÄRGRUPPE		D		
INSTITUTION			E	G
GESAMTGESELLSCHAFT				F

Wie das obige Schema zeigt, kann mit Integration je nach der gewählten Einheit sehr Unterschiedliches gemeint sein. Einmal geht es um die Integration des Individuums in soziale Einheiten verschiedener Größenordnung und Struktur (A, B, C). Zum andern kann mit dem Begriff der Integration der Zustand einer sozialen Einheit selber charakterisiert werden (D, E, F). In der Funktionalismus-Konzeption geht es meist um die Integration von Institutionen in das gesamte gesellschaftliche System (G).

Inhaltlich bedeutet Integration je nach den latenten oder manifesten Zielen der sozialen Einheiten etwas anderes. Ein wichtiges latentes Ziel von *Primärgruppen* besteht z. B. in der gegenseitigen Anerkennung und der Befriedigung emotionaler Bedürfnisse. Ein Individuum ist in sie dann integriert (A), wenn es sozial akzeptiert ist, mit anderen ausreichenden Kontakt hat und sich emotional sicher fühlt.

Das Verhältnis des Individuums zu *Institutionen* (B) ist ein anderes. Deren Ziel ist meist instrumentaler und weniger emotional diffus. Im schulischen Kontext geht es z. B. um Leistungen. Ein Schüler könnte dann als integriert bezeichnet werden, wenn er Leistungsnormen internalisiert hat, schulische Ziele für wichtig hält und für schulische Belohnungen sehr empfänglich ist.

Bei einer Charakterisierung der sozialen Einheiten als „mehr oder weniger integriert" (D, E, F) könnte man auf die Merkmale ihrer Mitglieder zurückgreifen und diese zu Merkmalen sozialer Einheiten aggregieren. So könnte man davon ausgehen, wieviele Schüler sich gerne in einer Clique aufhalten und sich in ihr anerkannt fühlen, um von diesen Daten aus dann die Gruppe als „integriert" oder „desintegriert" zu bezeichnen. Ähnliches wäre mit Institutionen oder umfassenden gesellschaftlichen Sektoren möglich. Man könnte allerdings auch Merkmale der sozialen Einheiten formulieren, die sich nicht aus den Eigenschaften der Individuen ergeben, z. B. die soziometrische Struktur in Kleingruppen und die Mitbestimmungsmöglichkeiten in einer Institution.

An dieser Stelle können wir einen neuen Anlauf nehmen, um die Integrationsfunktion der Schule zu präzisieren. Es geht bei dieser Aufgabe bzw. bei diesen Konsequenzen schulischer Beeinflussung darum, daß in Schülern solche Bewußtseinslagen und Interessen formiert werden, die sie in eine bestimmte Beziehung zum politischen System der Gesellschaft bzw. zu deren umfassenden Herrschaftsstruktur bringen. Diese Beziehung wird häufig kritisch als „Anpassung" bezeichnet. Die angepaßten oder kritischen Beziehungen der ehemaligen Schüler zum politischen System können dazu benützt werden, um das politische System selber als „integriert" zu charakterisieren. In einer abgekürzten Redeweise kann davon gesprochen werden, daß das Schulsystem zur *Integration des politischen Systems* beiträgt. Ergibt sich ein hoher Integrationsgrad des politischen Systems vornehmlich daraus, daß es von seinen Trägern als legitim angesehen wird, dann kann wieder abkürzend formuliert werden: das Schulsystem trägt zur Legitimation gesellschaftlicher Machtverhältnisse bei, indem es seinen Trägern das Bewußtsein vermittelt, die bestehenden Verhältnisse seien „natürlich", „berechtigt" und nicht veränderungsbedürftig. Die Integrationsleistung des Schulsystems besteht somit primär in der Vermittlung von Legitimationen für bestehende politische und soziale Verhältnisse.

2.4.2 Integration, Legitimation und Herrschaft

Nach diesen begrifflichen Vorklärungen können wir wieder zu inhaltlich interessanteren Fragestellungen kommen. Solche beginnen dort, wo danach gefragt wird, welche Beziehungen des Individuums zum politischen System der Gesellschaft für dessen „Integriertheit" und für sozialen Wandel besonders wichtig sind.

Wir können dafür hinsichtlich der *kognitiven Ebene* die Tradition von *Durkheim* und *Parsons* aufgreifen, und auf die Bedeutung des *Konsensus* zu sprechen kommen. Die Schule würde damit dann eine Integrationsleistung erbringen, wenn sie in zentralen Fragen einen Konsensus in der Interpretation historischer Situationen und in der Beurteilung von Institutionen erzeugt. Sie könnte z. B. den Schülern die Überzeugung vermitteln, zum „Freien Westen" zu gehören und damit in einer zum „unfreien kommunistischen Osten" vergleichsweise günstigen Region zu leben. Sie könnte die Meinung vermitteln,

daß das Parlament eine unentbehrliche Einrichtung ist und daß die Kirchen achtungswertere Ziele verfolgen als die Gewerkschaften.
Die Schule ist ein wichtiges Instument der Gesellschaft, um einen solchen Kanon von Grundüberzeugungen zu vermitteln (s. S. 176f.), der dem politischen System seine Legitimität verleiht.
Auf motivationaler Ebene können die Integrationsleistungen vielfältiger Art sein. *Parsons*' Konzeption des gemeinsamen Wertsystems beruht auf Vorstellungen über die *Internalisierung zentraler Normen und Werte*, die in Rollenerwartungen institutionalisiert sind. Sie bilden sozusagen den „moralischen Überbau", der sich in einer Ethik des „kommunistischen Menschen" oder des „freien Bürgers" verkörpern kann. Hier ist auch noch der Einfluß des Begriffes „kollektives Gewissen" von *Durkheim* wirksam. Die Ebene der *Interessenverschränkung* als Ansatz für die Integration des Individuums in gesellschaftliche Herrschaftsverhältnisse repräsentiert die pragmatische Tradition in der Sozialwissenschaft, die u. a. von *Homans* (1968) vertreten wird. Jemand akzeptiert nach diesem Prinzip ein soziales System, weil es seine persönlichen Interessen befriedigt. So stützt jemand Arbeitsverhältnisse, weil er mit der Entlohnung und den dafür zu erbringenden Arbeitsleistungen einverstanden ist.
Die Geschichte totalitärer Staaten lehrt uns, daß ein politisches System auch durch *Zwang* zumindest zeitweise bestehen kann. Wenn eine Gesellschaft von inneren Widersprüchen durchzogen ist, wie es marxistische Interpretationen von der kapitalistischen Gesellschaft behaupten, dann wird Zwang und Manipulation notwendig sein, um die bestehenden Herrschaftsverhältnisse aufrecht zu erhalten. Die Gesellschaft wird in einer solchen Situation auch das Schulsystem in seine Dienste nehmen. Im Falle der lateinamerikanischen Diktaturen oder des spanischen Faschismus dürfte dies einsichtiger sein als am Beispiel der eigenen Gesellschaft.
Wir werden zu untersuchen haben, welche Formen der Manipulation und Indoktrination das Schulsystem anwendet, um der Gesellschaft eben solche Integrationsdienste zu leisten. Dabei werden wir neben den oben erwähnten kognitiven und motivationalen Aspekten der Beziehung zum politischen System noch eine dritte Beziehungsform zu beachten haben: die *soziale*. Bei der Stabilisierung sozialer Systeme geht es auch darum, *Identifikationen* und *Loyalitäten* zu schaffen. Diese Identifikationen und Loyalitäten werden häufig über direkten Kontakt mit Vertretern der Herrschaftsverhältnisse und mit Trägern des politischen Systems aufgebaut. Eine besondere Stellung nimmt hier der *Nationalismus* ein, der durch die Beeinflussung der Heranwachsenden in der Schule gefördert werden kann, wie historische Beispiele aus dem Dritten Reich eindrucksvoll belegen.
Über die Erzeugung solcher Beziehungen des Individuums zum politischen

System wird ein Zustand des sozialen Systems hergestellt, den wir mit dem Begriff der *Legitimität* charakterisieren wollen. Die Explikation dieses Begriffes zwingt uns, jene Probleme zu erläutern, die mit Begriffen wie „gesellschaftliche Herrschaftsstrukturen“ oder „politisches System“ impliziert sind. Damit stoßen wir in die zentralen Probleme der politischen Soziologie vor (vgl. *Stammer* und *Weingart* 1972).

Wir gehen hier davon aus, daß es sehr unwahrscheinlich ist, daß in einem Schulsystem gegen die herrschende politische Kultur oder gegen das herrschende politische Regime erzogen wird. Die Schüler in den privaten höheren Schulen Spaniens werden vermutlich keine Propaganda gegen das Franko-Regime über den offiziellen Lehrplan erleben. Im Sozialkunde-Unterricht der Schulen Uruguays wird wenig Negatives über den Feudalismus und die Herrschaft der Großgrundbesitzer im eigenen Lande stehen, genauso wenig, wie die Schüler Moskaus eine antikommunistische Erziehung erfahren werden.

In unserem eigenen Lande scheinen die diesbezüglichen Probleme größer zu werden. Der klare Antikommunismus der Nachkriegszeit hat heftige Kritik erfahren; trotzdem bestehen auch hierzulande deutliche Versuche, vom Schulsystem kommunistische Strömungen fernzuhalten.

Was wir für andere Länder, etwa für kommunistische oder für faschistische Regimes klar sehen, wird für den eigenen Bereich gern geleugnet: daß das Schulsystem zur Legitimierung gesellschaftlicher Machtverhältnisse beiträgt. Ob die Träger und Theoretiker des Schulsystems wollen oder nicht, das Bildungswesen wird in seinen Konsequenzen in hochindustrialisierten Gesellschaften unweigerlich diese Funktion haben. Die entscheidende Frage kann dann nur sein, welche Machtverhältnisse man für legitim hält und welche nicht.

Die legitimierende Funktion des Schulsystems ist in bezug auf die konkrete Staatsform am deutlichsten. Diese Staatsform bildet jedoch nur einen Ausschnitt aller Herrschaftsverhältnisse einer Gesellschaft, wie eine Klärung des Begriffes „Herrschaftsverhältnisse“ zeigt, die wir im Anschluß an *Max Weber* und *Dahrendorf* vornehmen wollen (*Dahrendorf* 1969, 115 f.).

Nach *Max Weber* besitzen alle sozialen Systeme ein Bedürfnis nach einer gewissen Legitimierung und trachten danach, sich aus einem Bestand faktischer Machtverhältnisse in einen „Kosmos erworbener Rechte“ zu verwandeln. Unter „Macht“ bzw. „Herrschaft“ versteht *Max Weber* bekanntlich:

„*Macht* bedeutet jede Chance, innerhalb einer sozialen Beziehung den eigenen Willen auch gegen Widerstreben durchzusetzen, gleichviel, worauf diese Chance beruht. *Herrschaft* soll heißen die Chance, für einen Befehl bestimmten Inhalts bei angebbaren Personen Gehorsam zu finden; *Disziplin* soll heißen die Chance, kraft ein-

geübter Einstellung für einen Befehl prompten, automatischen und schematischen Gehorsam bei einer angebbaren Vielheit von Menschen zu finden."
(*Weber* 1956, 38).

Diese Bestimmung enthält nach *Dahrendorf* folgende Elemente:

„1. Herrschaft bezeichnet ein Verhältnis der Über- und Unterordnung.
2. Der übergeordnete Teil macht dem untergeordneten Teil Verhaltensvorschriften von der Form eines Befehls oder Verbots.
3. Der übergeordnete Teil hat das Recht, solche Vorschriften zu machen; Herrschaft ist ein legitimes Verhältnis der Über- und Unterordnung; Herrschaft besteht nicht auf Grund persönlicher oder situationeller Willkür, sondern ist eine Erwartung, die sich an gesellschaftliche Positionen knüpft.
4. Das Recht zur Herrschaft ist auf bestimmte Inhalte und angebbare Personen begrenzt.
5. Nichtbefolgung der Vorschriften wird sanktioniert; ein Rechtssystem (beziehungsweise ein System quasirechtlicher Gewohnheiten) wacht über der Effektivität der Herrschaft. Diese Bestimmung der Herrschaft erlaubt die Identifizierung des Ministers, des Unternehmers, des Parteisekretärs als Träger von Herrschaftspositionen — im Gegensatz etwa zu dem Syndikus eines Industriellenverbandes oder dem Demagogen, die beide die dritte der erwähnten Bedingungen nicht erfüllen."

(*Dahrendorf* 1969, 115).

Hier wird deutlich, daß aus der legitimierten Macht Herrschaft entsteht (Punkt 3). Herrschaftsverhältnisse sind normierte und sanktionierte Machtverhältnisse[41]. Wodurch wird nun diese Legitimität geschaffen, wie trägt die schulische Sozialisation dazu bei? Auch für die Beantwortung dieser Fragen ist ein Rückgang auf *Max Weber* sinnvoll. Er schreibt:

„§ 7. *Legitime* Geltung kann einer Ordnung von den Handelnden zugeschrieben werden:
a) kraft *Tradition*: Geltung des immer Gewesenen;
b) kraft *affektuellen* (insbesondere: emotionalen) Glaubens: Geltung des neu Offenbarten oder des Vorbildlichen;
c) kraft *wertrationalen* Glaubens: Geltung des als absolut gültig Erschlossenen;
d) kraft positiver Satzung, an deren *Legalität* geglaubt wird.
Diese Legalität kann als legitim gelten
a) kraft Vereinbarung der Interessenten für diese;

---

41 Diese Normierung (Legalisierung) von „roher Gewalt" bildet ein Grundschema von Wildwest-Filmen.

b) kraft Oktroyierung auf Grund einer als legitim geltenden Herrschaft von Menschen über Menschen und Fügsamkeit."
(*Weber* 1956, 26).

Aus diesen verschiedenen Legitimitätskriterien hat *Weber* seine Herrschaftstypen abgeleitet:

„Es gibt drei *reine* Typen legitimer Herrschaft. Ihre Legitimitätsgeltung kann nämlich primär sein:

1. *rationalen* Charakters: auf dem Glauben an die Legalität gesatzter Ordnungen und des Anweisungsrechts der durch sie zur Ausübung der Herrschaft Berufenen ruhen (legale Herrschaft), — oder
2. *traditionalen* Charakters: auf dem Alltagsglauben an die Heiligkeit von jeher geltender Traditionen und die Legitimität der durch sie zur Autorität Berufenen ruhen (traditionale Herrschaft), — oder endlich
3. *charismatischen* Charakters: auf der außeralltäglichen Hingabe an die Heiligkeit oder die Heldenkraft oder die Vorbildlichkeit einer Person und der durch sie offenbarten oder geschaffenen Ordnungen (ruhen) (charismatische Herrschaft).

Im Fall der satzungsmäßigen Herrschaft wird der legal gesatzten sachlichen *unpersönlichen Ordnung* und dem durch sie bestimmten *Vorgesetzten* kraft formaler Legalität seiner Anordnungen und in deren Umkreis gehorcht. Im Fall der traditionalen Herrschaft wird der *Person* des durch Tradition berufenen und an die Tradition (in deren Bereich) gebundenen *Herrn* kraft Pietät im Umkreis des Gewohnten gehorcht. Im Fall der charismatischen Herrschaft wird dem charismatisch qualifizierten *Führer* als solchem kraft persönlichen Vertrauens in Offenbarung, Heldentum oder Vorbildlichkeit im Umkreis der Geltung des Glaubens an dieses sein Charisma gehorcht."
(*Weber* 1956, 159).

Max Weber betont in seiner Gesellschaftskonzeption jene Herrschaftsverhältnisse, die auf einer als legal anerkannten sozialen Ordnung beruhen. Damit ist er zu einem wichtigen Staatstheoretiker geworden. Die Bedeutung dieser Position wird noch klarer, wenn man sie von der marxistischen Konzeption abhebt, nach der Herrschaft als sozio-ökonomischer Sachverhalt anzusehen ist. Nach *Hofmann* (1969, 30) soll unter Herrschaft „... ein Grundverhältnis der Gesellschaft, das gekennzeichnet ist durch die Aneignung fremder Arbeitsleistung durch Nichtarbeitende, und zwar auf Grund von Herrengewalt an den entscheidenden Wirtschaftsmitteln ..." verstanden werden. Dieses zunächst sozio-ökonomisch zu bestimmende Verhältnis zwischen Produzenten und Nutznießern werde durch ein System außerökonomischer (politischer, militärischer, rechtlicher etc.) Herrschaftssicherung ergänzt. Die legale Herrschaftsordnung, auf die *Max Weber* das Schwergewicht legt, wird in dieser Konzeption zu einem bloßen *Instrument* der Herrschaftssicherung.

Wenn Herrschaft vornehmlich als sozio-ökonomischer Sachverhalt dargestellt wird, dann ergibt sich daraus eine andere Typologie von Herrschaftsformen, als sie *Weber* dargestellt hat. Nach *Hofmann* lassen sich folgende geschichtliche Hauptarten von sozio-ökonomischer Herrschaft unterscheiden.

„I. Herrschaft kraft Verfügung über die Person des Arbeitenden selbst:
1. vollständige Verfügung: Sklaverei
2. unvollständige Verfügung: Leibeigenschaft

II. Herrschaft kraft Verfügung über den Boden: Feudalismus

1. Direkte Aneignung durch den Herrn: Patriarchalische Oikoswirtschaft; Eigenwirtschaft der Tempel, der weltlichen Grundherren, auch der Krone	Aneignung fremder Arbeit unmittelbar: Fronarbeit
2. Vermittelte und gestufte Aneignung:	Aneignung fremden Arbeitsprodukts:
a) Feudalistische Statthalter- und Beauftragtenordnung	direkt: Naturalabgaben
b) Lehensordnung	indirekt: Geldabgaben

III. Herrschaft kraft Verfügung über Geld: Wucher, Schuldknechtschaft

IV. Herrschaft kraft Verfügung über Kapital: moderner Kapitalismus (Verfügung über Boden + Produktionsinstrumente + Geld)".

(*Hofmann* 1969, 39).

Entgegen der obigen Konzeption, daß das politische System bereits in der Definition von Herrschaftsverhältnissen lediglich als instrumental für die Sicherung sozio-ökonomischer Herrschaftsverhältnisse angesehen wird, soll hier *politische Herrschaft* begrifflich unabhängig von *sozio-ökonomischer Herrschaft* eingeführt werden[42]. In welchem realen Verhältnis die sozio-ökonomischen Herrschaftsverhältnisse zu den politischen Herrschaftsverhältnissen stehen, muß als gesondertes Problem behandelt werden. Es ist dies das Problem der Autonomie oder der Abhängigkeit des Staates von sozio-ökonomischen Grundverhältnissen.

Hier gilt noch festzuhalten, daß Herrschaftsverhältnisse im sozialen Leben als unterschiedliche Durchsetzungschancen von Interessen erscheinen. Dies gilt sowohl für die Chancen, die eigenen Interessen zum zentralen Problem zu erheben als auch für die Chancen, die gewünschten Lösungen von Konflikten zu erzielen. Herrschaft erscheint somit alltäglich als *Macht* oder *Ohnmacht*.

Das Schulsystem ist als rechtlicher Teil des Staates ein Teil der politischen Herrschaftsverhältnisse. Es steht somit vordergründig in einer direkten Bezie-

---

42 Der sachliche Zusammenhang wird bei der Analyse des Verhältnisse zwischen kapitalistisch verfaßter Wirtschaft und dem Staat zum zentralen Problem werden (s. S. 223 ff.).

hung zu den politischen Herrschaftsverhältnissen, indem es deren Legitimität von Generation zu Generation reproduziert. Über die Schule wird nicht direkt die Verfügung über Produktionsmittel reproduziert. Dies geschieht vielmehr über Vererbungsgesetze. Die Schule kann jedoch die Legitimität unterschiedlicher Verfügungsgewalten über die soziale Beeinflussung und Kontrolle der Heranwachsenden mitbestimmen und in diesem Sinne indirekt zur Reproduktion sozio-ökonomischer Herrschaftsverhältnisse beitragen.

In der hier vertretenen Fassung der Integrationsfunktion des Schulsystems steht die Reproduktion politischer Herrschaftsverhältnisse über den Aufbau des Glaubens an deren Legitimität bei den Heranwachsenden im Vordergrund. In dem Maße, in welchem die sozio-ökonomischen Herrschaftsverhältnisse rechtlich abgesicherte Tatbestände bilden und damit Teil des politischen Systems sind, können sie im Gefolge der Reproduktion politischer Herrschaftsverhältnisse mitreproduziert werden, indem sie ebenfalls als legitim erfahren werden[43].

Diese Integrationsfunktion des Schulsystems als konkreter *politischer Funktion* ist kein naturgegebenes Beiprodukt der Existenz von Schulsystemen, sondern das Ergebnis einer historischen Entwicklung. Für die deutschen Verhältnisse ist dabei der Sachverhalt kennzeichnend, daß die Entstehung des allgemeinbildenden und öffentlichen Schulsystems Teil des Prozesses der Herausbildung des Staates aus partikularen Herrschaftsverbänden war und damit auch historisch zu einem zentralen Träger der staatlichen Legitimität wurde. Dadurch hat sich aus historischen Gründen in unserem Schulsystem eine ausgeprägte Tendenz zur Legitimierung staatlicher (früher: obrigkeitsstaatlicher) Ansprüche herausgebildet.

2.4.3 Das staatliche Schulsystem und die Entstehung der politischen Zentralgewalt[44]

Um die oben aufgestellte Behauptung zu belegen, daß das staatliche Schulwesen eine wichtige Rolle in der Entstehung des deutschen Staates gebildet hat, greifen wir auf die Schulgesetzgebung seit der Reformation im 16. Jahr-

---

43 Eine kapitalistisch verfaßte Wirtschaftsordnung ist in der BRD nach dem Grundgesetz kein notwendiger Bestandteil der politischen Verfassung. Eine Aufkündigung der Loyalität gegenüber der kapitalistisch verfaßten Wirtschaftsordnung ist somit möglich, ohne daß der demokratisch-freiheitlichen Ordnung die Loyalität gekündigt wird.

44 Hier referieren wir in abgekürzter Form eine Darstellung von *Roeder* und *Leschinsky* 1972.

hundert zurück. Diese Schulgesetzgebung ist als Teil der Bemühungen der politischen Zentralgewalt zu verstehen, innerhalb eines vom Landesherrn bestimmten Kirchenrechtes ihre Ziele gegenüber partikularen Gewalten und Privilegien durchzusetzen (vgl. *Roeder* und *Leschinsky* 1972).

Diese Entwicklung vollzog sich — abgesehen von vielen Neben- und auch Rückentwicklungen — in folgenden historischen Abläufen.

Zur Zeit der Reformation bildete der „reformierte Glaube" die zentrale Basis für die Landesherren, Einheit im Bewußtsein der Bevölkerung zu stiften. Die Folge war eine enge Verknüpfung von Kirchenrecht und Staatskirchenrecht (eius regio cuius religio). Schulordnungen erschienen deshalb als Teil der Kirchenordnungen. *Die Religion selber hatte politische Legitimationsfunktionen.*

Allmählich trat jedoch das Interesse an der öffentlichen Ordnung in den Vordergrund, so daß die weltlich-öffentliche Ordnung gegenüber der Kirche als autonom erschien. So wurden auch die Schulordnungen nach einiger Zeit unabhängig von kirchlichen Ordnungen erlassen. Die landesherrliche Macht beanspruchte zudem, daß durch die Gesetzgebungspraxis *alle* erfaßt wurden. Mit diesem Anspruch trat sie in Konkurrenz mit den partikularen Interessen und Herrschaftsverbänden der Stände, des Adels und der Städte.

Viele Rechte konnte die landesherrliche Gewalt nur durch Abmachungen oder Kämpfe mit diesen Gruppen durchsetzen. Die staatliche Schulhoheit war lange Zeit nur programmatischer Natur. In ihrer Durchsetzung war sie auf die Gutsherren, auf die Stände und auf den Adel angewiesen. Ihre Ansprüche setzte sie vielfach im Bunde mit der Kirche durch, der die Schulaufsicht lange oblag. Diese Herrschaftsgruppen wurden von der Zentralgewalt häufig in ihren Dienst genommen, indem ihnen wohl Rechte übertragen, aber als von der Zentralgewalt abgeleitet interpretiert wurden. Diesen Stand dokumentiert schon das General-Landschulreglement aus dem Jahre 1763, in dem der staatliche Überwachungsanspruch gutsherrlicher Schulverwaltungsfunktionen unmißverständlich zum Ausdruck kommt. Im Programm fordert das Allgemeine Landschulreglement jene Verhältnisse, die bis zu Beginn des 20. Jahrhunderts langsam Realität wurde. Die Realisierung wurde unterstützt durch das langsame politische und ökonomische Erstarken des Bürgertums und dessen politischer Philosophie von der Freiheit des Individuums und der Gleichheit aller, die erst Gesellschaft in einem modernen Sinne zu definieren erlaubt: als Inbegriff sozialer Beziehungen, deren Subjekte letzten Endes natürliche Personen sind, nicht aber privilegierte Kooperationen oder Gruppen. Indem sich der dritte Stand zum Ganzen erklärte, konnte sich der Staat als jene politische Institution herausbilden, die der Idee nach Inhalt und Grenzen der Individualrechte dem Ganzen gegenüber sichert und mit den Interessen des Ganzen vermittelt.

Diese politische Entwicklung spiegelt sich in der Schulgesetzgebung. Sie gibt interessante Aufschlüsse darüber, welchen historischen und politischen Stellenwert die darin intendierten Sozialisationsprozesse haben.
Gottesfurcht und *Disziplin* sind die Schulziele, die in den Schulordnungen — meist als Kirchenordnung erlassen — des 16. und 17. Jahrhunderts die größte Priorität haben. Interessant ist dabei die Kombination der Ziele. Mit Gottesfurcht ist der in der Reformation wichtige Komplex des christlichen Glaubens umrissen. Der Begriff Disziplin besagt viel mehr als heute. Damit ist der Inbegriff aller Haltungen zur öffentlichen Ordnung, insbesondere zur Obrigkeit gemeint. In diesen beiden Schulzielen zeigt sich die entscheidende Koppelung zwischen landesherrlicher Gewalt und der Kirche. Das General-Landschulreglement faßt die Regelungen und Edikte der vergangenen Epoche zusammen, vereinheitlicht sie und legt nochmals die Rangfolge der schulischen Lernziele fest. Beherrschende Inhalte bleiben der Katechismus und einige darüber hinausreichende Kenntnisse der Grundlagen des christlichen Glaubens. Die Schule unterstützt die Funktionen und Anliegen der Kirche. Dies hat in der durch den Landesherrn regierten Staatskirche zugleich eine eminent wichtige politische Funktion: Glaube und kirchliches Leben sind das die Bevölkerung eines Territoriums einigende geistige und soziale Band. Sie rechtfertigen die Herrschaft der von Gott gesetzten Obrigkeit. Die dogmatische Reinheit der Religion, auf deren Wahrung auch die Schule immer wieder verpflichtet wird, ist die wichtigste innere Garantie für die politische Einheit des Territoriums.
An zweiter Stelle in der Rangfolge der Schulziele steht die Erziehung zur Disziplin, d. h. primär zur Achtung vor der Autorität der Eltern, der Obrigkeit, zu Demut, zum Brechen des Eigenwillens und zur strikten Bindung an die nicht zuletzt in den Kirchen- und Schulordnungen kodifizierten Verhaltensmaximen und -regeln.
Unter den schulischen Lernzielen im engeren Sinne steht in erster Linie das Lesen. Nur dadurch konnte der Landesherr seine Intentionen der gesamten Bevölkerung unmittelbar mitteilen. Schreiben, das die Kommunikation zum Landesherrn ermöglichen würde, wurde nicht als so zentral erachtet. Dasselbe gilt für Rechnen.
Es ist bemerkenswert, daß eine explizit ökonomische Begründung für die Notwendigkeit der gemeinen Schule in den untersuchten Schulordnungen der Epoche fehlt, obgleich der Gedanke daran dieser Zeit keineswegs völlig fremd war. Dies deutet darauf hin, daß die Masse der Landbevölkerung nicht als Subjekt wirtschaftlicher Entwicklung, sondern als Objekt fürstlicher Wirtschaftspolitik gesehen wird. Um sie zu ermöglichen, genügen Disziplin, Gewöhnung an Arbeit und Lesen. Das heißt, soweit eine ökonomische Begründung für die Schule vorhanden ist, ist sie in der Auffassung impliziert,

der Schulunterricht sei „zur erhaltung ... guter Pollicey auffs hoechst von noethen". (*Froese/Krawietz* 1969, 69).
Es scheint, daß die Schule eine geringe Rolle bei der Vermittlung ökonomisch verwertbarer Kenntnisse und Fertigkeiten gespielt hat, eine zumindest viel geringere Rolle als die Familie und der Betrieb.
Im 19. Jahrhundert hat sich die oben angedeutete Integrationsfunktion der Schule nicht wesentlich geändert. Charakteristisch ist das explizite Bemühen, den Elementarschullehrer und seine Schüler von zu viel Wissen, „vom Übel der Überbildung" fernzuhalten. Fertigkeiten wie Lesen, Schreiben und Rechnen bekommen eine etwas größere Bedeutung, doch die beabsichtigte staatstragende Funktion der Elementarschule ist nicht zu verkennen, wie etwa folgendes Zitat belegt.

„Die Schule erzieht durch den Unterricht, ja sie übt nur in dem Maße erziehliche Kraft, in welchem sie diesen ernstlich betreibt, aber all ihr Unterricht verliert den besten Theil seines Werthes, wenn er nicht erziehlich wirkt. Dazu jedoch, daß er Das vermöge, ist erforderlich, daß Ordnung und Pünktlichkeit in der Schule herrsche, daß jeder Zögling bezüglich der Treue, mit welcher er seine Pflichten erfüllt, geprüft werden könne, daß der Vortrag des Lehrers alle Schüler erreiche und allen Etwas biete, vorzüglich aber, daß sich eine persönliche Beziehung zwischen dem Lehrer und seinen Schülern bilde ... Nur wenn die durch den Unterricht gewährte intellektuelle Erkenntnis auf religiös-sittliche Grundlage gestellt, wenn sie geschützt wird und durch gesteigertes Pflichtgefühl durch angewöhnten und anerzogenen Sinn für Pietät, für Achtung vor dem Gesetz und der staatlichen Rechts- wie der sittlichen Weltordnung, kurz, nur wenn die geistige Schulung durch religiös-sittliche Erziehung die höhere Weihe erhält und dem höheren Wissen ein geschärftes Gewissen beigestellt wird, — nur dann hat die Schule ihre Aufgabe gelöst, der Unterricht versittlichend gewirkt. Und in dieser Richtung vornehmlich bewegen sich die Ziele unserer preußischen Volksschule; darin liegt unbedingt der Schwerpunkt des Volksschul-Unterrichts." (A. Petersilie, Preußens öffentliche Volksschulen. In: Zeitschrift des königlich preußischen statistischen Bureaus. 23 (1883). S. 45—89, S. 61 — Z. T. wiederholt in: Das gesamte Volksschulwesen im preußischen Staate im Jahre 1891. (Im Auftrage des Herrn Ministers der geistlichen, Unterrichts- und Medicinal-Angelegenheiten, bearb. vom Königlichen Statistischen Bureau, Berlin 1893 (Preußische Statistik Heft 120, Teil I, S. 133).

Hervorstechende Merkmale der Schulpolitik bezüglich der Elementarbildung im 19. Jahrhundert waren die einseitige Akzentuierung von Disziplin, Unterordnung, Ausdauer, die bewußt niedrig gehaltenen Bildungsziele und die bis zur Abwehr gesteigerte Skepsis gegenüber weitergreifenden schulpolitischen Eigeninitiativen der Volksschullehrer. Letztere beweist die Grenzen des Interesses, das der absolutistische Staat dem öffentlichen Bildungswesen entgegen brachte. Die Sozialisation eines *Untertanen-Bewußtseins,* das dürfte den

Kern der mit der Elementarschule verfolgten Ziele treffen: die Erziehung des Untertanen, also einer Persönlichkeit, die sich dem souveränen Staat unterwirft und sich dem Staat durch Pflichten verbunden fühlt. Die wichtigste Hilfe für den Staat kam dabei von der Kirche.

Die Entstehung des modernen Bildungswesens setzt also mit dem landesherrlichen Bestreben ein, die vielfachen autonomen Herrschaftsbeziehungen einzuschränken und die einzelnen Landesbewohner in ein unmittelbares Objekt-, Pflichten- und Gehorsamsverhältnis zur Zentralgewalt zu bringen. Diese Entwicklung stößt dort auf den Widerstand der landesherrlichen Gewalt, wo die Schule dem Fortschritt zum Staatsbürger, der selbständig seine Freiheitsrechte und die Mitwirkung an der staatlichen Willensbildung beansprucht, Vorschub zu leisten droht[45].

2.4.4 Staatliche Legalität und gesellschaftliche Legitimität

Bisher haben wir uns mit der engen Fassung der schulischen Integrationsfunktion befaßt: mit der Legitimierung staatlicher Herrschaftsansprüche. Diese Fassung der Legitimierung politischer Gewalt entspricht in etwa der Fassung von Politik und Staat bei *Max Weber*:

> „Politischer Verband soll ein Herrschaftsverband dann und insoweit heißen, als sein Bestand und die Geltung seiner Ordnungen innerhalb eines angebbaren geographischen Gebiets kontinuierlich durch Anwendung und Androhung physischen Zwangs seitens des Verwaltungsstabes garantiert werden. *Staat soll ein politischer Anstaltsbetrieb heißen, wenn und insoweit sein Verwaltungsstab erfolgreich das Monopol legitimen physischen Zwanges für die Durchführung der Ordnungen in Anspruch nimmt.*"
> (*Weber* 1956, 39).

Das Legitimitätsproblem schrumpft in dieser Perspektive zum Legalitätsproblem (vgl. *Kirchheimer* 1967, 7—30 und 122—151), d. h. zum Problem der Anerkennung *legaler Verfahren* und *legaler Gewalt.*

Gesellschaftliche Integration bedeutet — wie bereits öfters betont — mehr als nur staatliche bzw. politische Legalitätsvermittlung. Die Erweiterungen ergeben sich einerseits aus der Vielfalt gesellschaftlicher Herrschaftsverhältnisse und andererseits aus der Vielfalt von Legitimierungsformen.

Neben den politischen Herrschaftsverhältnissen müßten jene im Bereich der

---

45 Dieser forschreitende Kampf um die Mitwirkung an der Willensbildung und um die Durchsetzung individueller Freiheitsrechte im Sinne einer partizipatorischen Demokratie wäre das nächste Kapitel in der Darstellung der politischen Funktionen der Schule.

Produktion mit besonderer Aufmerksamkeit analysiert werden. Bereitet das Schulsystem die ausführende Klasse der Arbeiter und Angestellten darauf vor zu gehorchen und die widerspruchslose Entgegennahme von Befehlen für normal und für legitim zu halten und erzeugt sie Eliten, deren Rolle es ist, zu führen? Die Herstellung der Legitimität kapitalistischer Produktionsverhältnisse scheint zur Zeit eine der wichtigsten latenten Effekte der Schule zu sein. Sie kann diese Legitimität schon dadurch erzeugen, daß sie nie die Frage nach der Legitimität aufkommen läßt.

Herrschaftsverhältnisse finden sich auch im *religiösen Bereich*, der meist jedoch nur sekundäre Integrationsfunktionen, also Funktionen im Dienste eines anderen Systems, leistet. Die politische Wirkung der Religion kann die der Ablenkung sein, indem sie die Aufmerksamkeit und die Anstrengung auf die Erreichung außerirdischer Ziele richtet. Sie kann zudem alle Legitimitätsprobleme und moralischen Anstrengungen der Heranwachsenden an sich binden, indem sie ein Netz von Geboten errichtet, das Verfehlungen unausweichlich macht. Die wichtigsten Knoten dieses Netzes bestehen aus der kirchlichen Sexualmoral. Hier sind Verfehlungen am schwersten zu vermeiden, insbesondere in jener Jugendphase, in der auch das erste Mal reflektiertere Wertbildungsprozesse erfolgen. Die Kirche kann nun in dieser Phase die Energien des Jugendlichen für Reflexion und Wertbildung durch den Rhythmus von Verfehlung und Heilsvermittlung an sich binden. Auf die „Verfehlung" folgen Schulgefühle, die reduziert werden können, wenn der Jugendliche seine Verfehlung bereut. Die Reue impliziert die Anerkennung der Gebote, die die Voraussetzung der Verfehlung sind. Es entsteht dadurch eine spiralenförmig sich steigernde Bindung an die Kirche und damit an ihre potentiellen Herrschaftsintentionen. Je nach der Verbindung von Thron und Altar entsteht dann eine Gleichzeitigkeit von religiöser und politischer Sozialisation.

Sozialbeziehungen im *familiären Primärbereich* oder im Zusammenhang mit der *Geschlechtsrolle* implizieren ebenfalls Herrschaftsverhältnisse, die über die schulische Beeinflussung — natürlich im Zusammenhang mit außerschulischen Faktoren — zu einer in ihrem historischen und gesellschaftlichen Charakter nicht mehr durchschauten Selbstverständlichkeit werden können. Daß die „Primärrollen" politische Konsequenzen haben können, zeigt das inzwischen fragwürdig gewordene Bild der „unpolitischen" Frau, die dem Manne Gehorsam zu leisten und ihm nachzufolgen hat.

Eine Ideologie, die im engen häuslichen Kreis das „eigentliche Glück" des Menschen lokalisiert, hat in ihrer unpolitischen Absicht doch politische Funktionen. Sie reduziert die Bedeutung des Menschen auf den unpolitischen Privatmenschen und macht ihn damit indirekt zum Befürworter des politischen Status quo.

Die Legitimitätsproblematik wird heute besonders in bezug auf die soziale Ungleichheit, wie sie sich im *Klassencharakter der Gesellschaft* repräsentiert, deutlich. Die Legitimierung sozialer Ungleichheit über eine Ideologie der Chancengleichheit und über eine Leistungsideologie wird uns noch zentral zu beschäftigen haben. Sie bildet einen Kernpunkt des schulischen Sozialisationsprozesses.

Die Legitimation der Sozialstruktur wird von einer Konzeption her einsichtiger, die *Bolte* et al. (1967) vertreten. Hinter der Sozialstruktur stehen danach *Wertungen von Menschen durch Menschen.* Ein Arbeiter schätzt einen Ingenieur beruflich höher ein als sich selber, ein Krankenpfleger den Arzt und ein Lehrer den Schulinspektor. Die Sozialstruktur der Gesellschaft enthält damit eine subjektive Komponente im Sinne der Zuordnung höherer oder geringerer sozialer Wertschätzung zu verschiedenen sozialen Positionen.

Hinter dieser Herstellung einer Rangordnung von Wertschätzungen steht nach *Bolte* et al. das Bemühen, sich und jene, mit denen man Umgang hat, in ein Verhältnis zu den zentralen „Werten" der Gesellschaft (d. h. zu den Konzeptionen vom letztlich als wünschenswert und erstrebenswert Erachteten) zu bringen. „Soziale Wertschätzungen erscheinen damit also als Inbegriff des einem Menschen zugeordneten Grades der Teilhabe an den vom Betrachter internalisierten (übernommenen und geglaubten) gesellschaftlichen Werten" (*Bolte* et al. 1967, S. 259).

Diese Konzeption enthält bereits den Modus, über den eine Legitimierung der Sozialstruktur der Gesellschaft erfolgt: über die Internalisierung zentraler Werte, die sich in einer Anerkennung von Symbolen (Auto, Wohnung, Kleidung) und in einer Bereitschaft zur demütigen Unterordnung äußern kann.

Die Legitimität solcher Herrschaftsverhältnisse und im weiteren Sinne von Sozialverhältnissen beruht auf Einstellungen, internalisierten Normen, Wertsystem und Interpretationsmustern der Träger des jeweiligen sozialen Systems. Wenn also in der Schule Normen und Interpretationsmuster vermittelt werden, wird dadurch potentiell eine Legitimierung von Herrschaftsverhältnissen geschaffen.

Diese Legitimität kann allerdings auf unterschiedliche Weise zustande kommen, wie bereits *Max Weber* festgestellt hat. Der Gehorsam oder die Konformität kann auf bloßer *Gewöhnung* beruhen oder auf einem *persönlichen Verhältnis zum Herrschenden* aufbauen, wie bei der traditionalen Herrschaft, wo die „Dienertreue" und die Einstellung des „Untertanen" eine große Rolle spielen. Bei legaler Herrschaft entsteht das *Bewußtsein der Rechtmäßigkeit* von Anweisungen und damit von Über- und Unterordnungsverhältnissen aus der Einsicht, daß sie absichtsvoll gesatzt sind und im Rahmen eines anerkannten Verfahrens durchgesetzt wurden. Der Vorgesetzte folgt selber den Regeln einer unpersönlichen Ordnung, an welcher er seine Anordnungen orientiert.

Von diesen Vorstellungen *Max Webers* aus besteht nur ein kurzer Weg zu *Parsons'* Definition eines sozialen Systems als Rollengefüge, das seinerseits aus dem Kodex von Rechten und Pflichten besteht. Die Definition der Sozialisation als Prozeß des Erlernens von Rollenerwartungen ist dann konsequenterweise ein Prozeß der Legitimierung von Herrschaftsverhältnissen. Bei *Parsons'* Konzeption ist jedoch die Gefahr nicht auszuschließen, daß dieser Aspekt der Herrschaftssicherung unterschlagen wird und das Problem der Legitimierung nicht als explizites Problem in Erscheinung tritt. Wenn wir vom Erwerb von Bewußtseins- und Motivationslagen im Rahmen des Schulsystems sprechen, wenn wir den Erwerb von überfachlichen Orientierungen und nicht den von konkreten Berufsqualifikationen in den Mittelpunkt stellen, dann müssen wir uns der Legitimationsfunktion dieses Sozialisationsprozesses bewußt sein. Da die Schule selber — wie jede Sozialisationsinstanz — als Herrschaftsverband anzusehen ist, kann vermutet werden, daß mit der Legitimierung der eigenen schulischen Verhältnisse analoge außerschulische Verhältnisse, etwa solche im Produktionssektor, gerechtfertigt und damit stabilisiert werden können.

2.4.5 Demokratischer Staat oder kapitalistische Gesellschaft?

Wir müssen bereits an dieser Stelle einen wichtigen Einwand gegen unsere Darstellung der Legitimationsfunktion des Schulsystems erwähnen. Er lautet so: Oben sind einzelne Herrschaftsverbände und Herrschaftsverhältnisse additiv aneinander gereiht worden. Zu kritisieren ist dabei insbesondere, daß Staat und Wirtschaft nebeneinander gestellt wurden, ohne die Zusammenhänge analytisch zu erfassen. Wenn dies geschähe, dann könnte sich herausstellen, daß das Schulsystem nicht einem demokratischen Staat Legitimität verschafft, sondern kapitalistische Gesellschaftsverhältnisse stabilisiert. Dies wäre dann der Fall, wenn der Staat als Agent der kapitalistisch verfaßten Wirtschaftsverhältnisse handeln würde und wenn der politische Bereich in einer solchen Abhängigkeit vom wirtschaftlichen stünde, daß eine Loyalität mit dem Staat unweigerlich eine Loyalität mit kapitalistisch verfaßten Wirtschaftsverhältnissen bedeutete.
Nach diesen Einwänden müßte man den gesellschaftlichen Totalzusammenhang analysieren, um von daher den Stellenwert einzelner gesellschaftlicher Bereiche, u. a. den des Schulsystems, zu beschreiben. Dies ist eine schwierige Aufgabe und ein Problem, das gerade zur Zeit heftig diskutiert wird. Da wir gerade das Verhältnis von Staat und Wirtschaft als Kernpunkt in der Argumentation ansehen (vgl. dazu *Müller* und *Neusüß* 1970, *Altvater* 1972 und *Offe* 1972), werden wir darauf noch zu sprechen kommen, um zumindest die Grundzüge der derzeitigen Problemlage darzustellen (s. S. 228 ff.). Diese Frage

ist deshalb von so entscheidender Bedeutung, weil die Loyalität mit dem Staat heute deshalb nicht mehr fraglos ist und weil er an Glaubwürdigkeit (Legitimität) gerade in seinen von wirtschaftlichen Belangen als unabhängig deklarierten Anliegen zu verlieren droht. Dadurch rückt auch die hier angesprochene *politische Sozialisationsfunktion der Schule* in ein kritisches Licht.

2.5 Zusammenfassung: Probleme der funktionalen Analyse des Bildungssystems

(1) Der multifunktionale Ansatz

Aus der allgemeinen Einsicht heraus, daß interne Vorgänge im Schulsystem nur schwer verständlich sind, wenn man ihre Bedeutung für außerschulische Bereiche nicht berücksichtigt, haben wir einen *multifunktionalen Ansatz* zur Darstellung der schulischen Reproduktionsfunktionen gewählt. Die Qualifikations-, Selektions- und Legitimationsfunktionen stehen dabei nicht unverbunden nebeneinander. Die Legitimationsfunktion hat eine übergeordnete Bedeutung, da sie u. a. die Rechtfertigung schulischer Qualifizierungs- und Ausleseprozesse liefert. Als Kernpunkte dieser Rechtfertigung dienen die Ideologien der Leistungsgesellschaft und der Chancengleichheit. Da die Schule soziale Ungleichheiten reproduziert, muß sie diese Ungleichheiten rechtfertigen. Dies geschieht dadurch, daß der Schüler täglich erlebt, daß den Ungleichheiten unterschiedliche Leistungen zugrundeliegen; jeder hat aber formell die gleiche Chance, diese Leistungen zu erbringen. Realisiert ein Schüler diese Chance nicht, so ist er selber dafür verantwortlich zu machen. Diese *individuelle Attribuierung* von Erfolg und Mißerfolg bei einer damit eingeschlossenen Anerkennung der Gerechtigkeit des Systems bildet den Kern schulischer Legitimationsbemühungen dafür, daß mit unterschiedlichen Qualifikationen auch unterschiedlich hohe soziale Positionen verbunden und damit Ungleichheiten reproduziert werden.
Nicht der Sachverhalt als solcher, daß das Schulsystem die genannten Reproduktionsfunktionen hat, ist Gegenstand der Kritik. Alle hochentwickelten Gesellschaften werden sich des Schulsystems zu den obigen Zwecken bedienen müssen. Kritikwürdig und der Rechtfertigung bedürftig ist vielmehr die konkrete inhaltliche Fassung der jeweiligen Reproduktionsfunktion: daß Qualifizierung nur unter dem Gesichtspunkt der profitorientierten Verwertung erfolgt, daß Allokation unter dem Gesichtspunkt der Reproduktion sozialer Ungleichheiten erfolgt und daß Integration in ein individualistisches

Konkurrenzsystem erfolgt und Züge der Manipulation und Verschleierung zeigt.

(2) Soziale und personale Funktionen des Schulsystems

In dieser soziologisch orientierten Darstellung haben wir uns auf die *sozialen Funktionen des Schulsystems* konzentriert. Wir haben uns nur mit den Effekten der schulischen Beeinflussung für schulexterne Gesellschaftsbereiche beschäftigt und die Effekte für die Persönlichkeit des Individuums außer acht gelassen. Dies muß für solche Pädagogen befremdend wirken, die gewohnt sind, nur in Konzeptionen der Bildung der Persönlichkeit, der Lebenshilfe für das Individuum und der Herstellung seiner Handlungsfähigkeit zu denken.
In unserem allgemeinen theoretischen Rahmenkonzept der Sozialisation haben wir betont, daß der Sozialisationsprozeß jeweils eine *Doppelfunktion* hat. Er dient sowohl der Herstellung der Handlungsfähigkeit, der Selbststeuerungsfähigkeit und sozialen Teilhabefähigkeit des Individuums als auch der Reproduktion sozialer Verhältnisse, insofern sich diese auf solche personalen Merkmale von Individuen gründen.
Lehrer sind gewohnt, ihre Handlungen und Aktivitäten durch den Bezug auf die Hilfsbedürftigkeit und Lernbedürftigkeit des Individuums zu rechtfertigen. Dieser Bezugspunkt ist selbstverständlich legitim, wenn die damit gekoppelten sozialen Konsequenzen nicht unterschlagen werden. Der schulische Sozialisationsprozeß löst sowohl Probleme sozialer Systeme in einem herrschaftsgebundenen Kontext als auch Probleme der individuellen Handlungsfähigkeit. Eine Person wäre ohne die *Kompetenzen und Orientierungen,* die sie in der Schule erwirbt, weder zu sozialer Teilhabe noch zu individueller Autonomie noch zu solidarischen Einstellungen für kollektive Veränderungen fähig. Dies gilt prinzipiell, wenn auch im einzelnen die jeweiligen Kompetenzen und Orientierungen zu rechtfertigen sind.

(3) Funktionsanalyse und historische Herrschaftsanalyse

Eine Funktionsanalyse enthält die Vorstellung, daß eine Institution einen Beitrag zur Lösung von Problemen eines übergeordneten Systems leistet. Diese Vorstellung ist nur dann vom Verdacht freizuhalten, sie enthalte bereits die Rechtfertigung jeglicher Form von Problemlösung, wenn deutlich gemacht wird, welche *Interessen* hinter verschiedenen inhaltlichen Formen der Problemlösung, d. h. hier der inhaltlichen Gestaltung von Reproduktionsproblemen, stehen. Aus diesem Grunde ist es so bedeutsam, den jeweiligen histori-

schen Herrschaftskontext darzustellen und dessen materielle und normative Basis zu erläutern.
Wenn dies geschieht, dann wird auf jeden Fall nicht verborgen bleiben, daß Schulen Instrumente der Herrschaftssicherung und Orte der sozialen Kontrolle sind.
Hier muß jedoch deutlich darauf hingewiesen werden, daß eine befriedigende Beweisführung für solche Thesen auf historische und gesellschaftsvergleichende Darstellungen zurückgreifen muß. Erst am historischen Wandel von gesellschaftlichen Herrschaftsstrukturen und Formen des Schulsystems lassen sich solche makrosoziologischen Zusammenhänge ablesen.

(4) Externe Funktionen und Eigenfunktionen des Schulsystems

Eine Funktionsanalyse setzt immer ein theoretisches Modell über das Funktionieren eines Systems voraus, wobei dieses System Sollwert-reguliert ist. In unserem Fall waren zumindest rudimentäre Vorstellungen darüber notwendig, welche Rolle die Schule im Reproduktionsprozeß der Gesellschaft spielt und wie bedeutsam dieser Reproduktionsprozeß selber ist, damit soziale Verhältnisse über Generationen hin erhalten bleiben. Das Ergebnis einer solchen Analyse kann vom Selbstverständnis der Träger dieser Institution stark abweichen. Wenn man diese Abweichung nicht einfach als „falsches Bewußtsein“ charakterisiert und damit auch abqualifiziert, sondern als zu erklärenden Sachverhalt betrachtet, dann stellt sich die Frage, ob es so unvermittelte instrumentale Beziehungen zwischen dem Bildungssystem und der Gesellschaftsstruktur gibt. Wäre dies der Fall, dann müßte an den innerschulischen Aktivitäten jeweils abgelesen werden können, welchem Zweck sie dienen.
Wenn der Lehrer in der Klasse Ruhe verlangt und sich durchsetzen will, dann müßte daran abgelesen werden, daß er Herrschaft als Prinzip internalisieren hilft und damit direkt außerschulische Herrschaftsverhältnisse reproduziert. Fragt man den Lehrer nach seinen Absichten, dann wird er sagen, daß er unmöglich unterrichten könne, wenn es in der Klasse sehr laut ist. Wenn in einem anderen Fall ein Lehrer die Rechtschreibkenntnisse der Schüler prüft, dann müßte davon direkt abgelesen werden, daß über die im Hintergrund stehende Selektion die Klassenstruktur der Gesellschaft reproduziert wird. Fragt man den Lehrer, dann wird er vielleicht angeben, daß er prüft, um den Kenntnisstand der Schüler kennenzulernen, der die Basis für seine weiteren unterrichtlichen Aktivitäten bildet. Diese Prüfungen können dann auch dazu dienen, Leistungsgruppen für Rechtschreiben zu bilden oder spezielle Förderkurse einzurichten.
Ein anderes Beispiel: Wenn in der Schule versucht wird, einen effektiveren

Unterricht zu gestalten, d. h. den Schülern in kürzerer Zeit mehr beizubringen, dann müßte das bei der Unterstellung einer streng instrumentalen Beziehung zwischen Schulsystem und externen Bezugsgruppen als Trend zur Instrumentalisierung der Qualifikationsbildung in der Schule verstanden werden, da das Denkmuster der Rationalisierung vom wirtschaftlichen Verhalten auf das Lehrverhalten übertragen wird. Die Lehrer, welche an solchen Versuchen beteiligt sind, könnten darauf verweisen, daß sie durch effektivere Methoden nur versuchen, dem vorgeschriebenen Lehrstoff in kürzerer Zeit gerecht zu werden.

Durch diese Beispiele sollte folgendes Allgemeine angedeutet werden: Wenn man die Träger der Institution Schule, insbesondere die Lehrer, nach Begründungen ihrer Aktivitäten fragt, dann rekurrieren sie selten auf die Erwartungen schulexterner Bezugsgruppen, etwa auf Erwartungen der Wirtschaft, auf die Klassensituation der Gesellschaft, die reproduziert werden muß usw. Sie argumentieren meist mit Erfordernissen des Schulsystems, mit den Erfordernissen der Aufrechterhaltung von Unterricht. Der Unterricht verlange eine pädagogische Autorität, er verlange Leistungskontrolle, um die Schüler nach Leistungsfähigkeiten einzuteilen und dementsprechend zu unterrichten, der Unterricht verlange die Vermittlung von Inhalten, die eine bessere Lebensbewältigung ermöglichen usw.

Diese Argumentationen sind keine bloße Ideologie ohne reale Basis. Eine solche Basis besteht darin, daß sich aus den allgemeinen Reproduktionsfunktionen eine Reihe von Folgeproblemen ergibt. Diese Folgeprobleme ergeben sich, wenn die Reproduktionsfunktionen tatsächlich realisiert werden sollen: Folgeprobleme im Zusammenhang mit Lehre, mit der Organisation von Lehre für große Schülermassen, mit der Aufrechterhaltung des Schulbetriebs usw. Man kann solche Folgeprobleme als „Systemprobleme" von Bildungsinstitutionen bezeichnen.

Hier kommt es uns auf folgende Einsicht an: Ein einmal etabliertes Schulsystem kann seine Aktivitäten dadurch begründen, daß es auf die Aufrechterhaltung des eigenen Betriebes hinweist. „Lehre erfordert ...", das wäre der stereotype Beginn von Begründungen der Funktionen der *Selbstreproduktion* des Schulsystems oder der *Eigenfunktionen.*

Die drei genannten Reproduktionsfunktionen wären in Abhebung von diesen Eigenfunktionen *externe Funktionen.*

Bourdieu und *Passeron* (1971) stellen die These auf, daß im Schulsystem der Trend besteht, externe Funktionen in Eigenfunktionen umzudeuten. Dadurch entsteht ein kompliziertes Verhältnis der gleichzeitigen Erfüllung verschiedener Funktionskomplexe: der Eigenfunktionen und der externen Funktionen.

Die weitere These über den funktionalen Zusammenhang zwischen Schulsystem und Gesellschaft lautet nun: *Indem die Schule die Eigenfunktionen in bestimmter Weise erfüllt, erfüllt sie gleichzeitig externe Funktionen.* Dieser Rekurs auf die Eigenfunktionen hat gleichzeitig den Zweck zu verschleiern, daß das Schulsystem in einem funktionalen Verhältnis zu gesellschaftlichen Strukturen steht, etwa zur Klassenstruktur. Bestünde diese Verschleierung nicht, dann wäre die Erfüllung der externen Funktionen nicht in dem Maße möglich, wie es tatsächlich der Fall ist.

Aus diesen Überlegungen leiten *Bourdieu* und *Passeron* die These der *relativen Autonomie* des Schulsystems ab, die ein bestimmtes Verhältnis von Eigenfunktion und externer Funktion behauptet. Sie lautet, daß ein Schulsystem Entscheidungsmöglichkeiten zugebilligt bekommt, um sich an den Eigenfunktionen orientieren zu können, also an der Organisation von Lehre und sozialer Beeinflussung, an der Organisation der Bewahrung eines kulturellen Erbes, an der Aufrechterhaltung innerschulischer Ordnung und Disziplin usw. Dieser Orientierung sind jedoch in der jeweiligen historischen Situation Grenzen gesetzt. Die Grenzen ergeben sich daraus, in welchem Ausmaß das Schulsystem durch die Orientierung an den Eigenfunktionen gleichzeitig die externen Funktionen erfüllt.

Ein Zitat kann noch genauer belegen, was gemeint ist. Es bezieht sich auf die Erfüllung externer Funktionen (Reproduktion der Klassengesellschaft) durch die Orientierung an Eigenfunktionen:

„Wenn Kultur und Bildung, die zu lehren, zu bewahren und durch die pädagogische Autorität und den Lehrvorgang zu legitimieren die objektive Funktion des Bildungswesens ist, sich tendenziell auf eine Einstellung zu Kultur und Bildung reduzieren, welche als Monopol der oberen Klassen soziale Unterscheidungsfunktion besitzt, ist der pädagogische Konservatismus, der in seiner Extremform kein anderes Ziel des Bildungswesens kennt als das identischer Selbsterhaltung, der beste Verbündete des sozialen und politischen Konservatismus: denn er trägt unter dem Vorwand, die Interessen einer besonderen Berufsschicht und die autonomen Ziele einer besonderen Institution zu verfechten, in seinen direkten und indirekten Auswirkungen zur Erhaltung der Sozialordnung bei. Die Illusion, das Bildungswesen besitze gegenüber allen äußeren Anforderungen und besonders den Interessen der herrschenden Klassen absolute Autonomie, herrschte niemals so vollkommen wie in Zeiten, in denen zwischen seiner eigentlichen pädagogischen Funktion, seiner Funktion der Bewahrung der Kultur und seiner Funktion der Erhaltung der Sozialordnung eine so vollständige Übereinstimmung bestand, daß seine Abhängigkeit von den objektiven Interessen der herrschenden Klassen in der glücklichen Ahnungslosigkeit prästabilierter Harmonie unbemerkt bleiben konnte. Solange diese Harmonie nicht gestört wird, kann sich das System gleichsam der Geschichte entziehen und sich in der Produktion seiner Reproduzenten wie in einem Kreislauf ewiger Wiederkehr abkapseln, da es paradoxerweise dann am wirkungsvollsten zur Reproduktion der Sozialordnung beiträgt, wenn es jede andere Forderung als die seiner eigenen Reproduktion ignoriert."
(*Bourdieu* und *Passeron* 1971, 213/214).

Aus der These der relativen Autonomie leiten die Autoren eine für uns noch wichtigere Behauptung ab: die These von der *funktionalen Duplizität.* Sie besagt, daß die externen Funktionen über die Orientierung an den Eigenfunktionen erfüllt werden. Diese Orientierung an den Eigenfunktionen hat gleichzeitig den Zweck der Verschleierung der externen Funktionen.
Diese externen Funktionen könnten nicht so leicht gerechtfertigt und nicht so leicht erfüllt werden, wenn sie explizit genannt und nicht durch „innerschulische Notwendigkeiten" getarnt werden könnten.
Funktionelle Duplizität besagt bei *Bourdieu* und *Passeron* zweierlei: einmal die Erfüllung der externen Funktionen über die Erfüllung der Eigenfunktionen und zum anderen Legitimation der externen Funktionen durch den Rekurs auf die Eigenfunktionen. Wir werden uns speziell auf die erste Bedeutung konzentrieren.
Die These der funktionellen Duplizität ermöglicht erst eine adäquate Analyse der Beziehungen zwischen strukturellen Eigenschaften des Schulsystems und gesellschaftlichen Strukturen. Die Beziehung ist nicht einfach instrumental oder spiegelbildlich. Sie ist komplizierter und doppelbödiger. *Je nachdem, wie die innerschulischen Systemprobleme gelöst werden (Eigenfunktion), werden gleichzeitig externe Funktionen erfüllt, d. h. Systemprobleme externer Bezugsgruppen gelöst (z. B. die Stabilisierung von Herrschaftsstrukturen über ihre Legitimation).*
Das interessanteste Phänomen ist dabei, wie es möglich ist, daß die schulischen Ausleseprozesse auch von den negativ Betroffenen als legitim angesehen werden, obwohl Untersuchungen zeigen, daß Faktoren wie soziale Herkunft, Geschlecht, regionale Wohnlage, sprachliches Ausdrucksvermögen viel entscheidender sind als die von der Schule zur Legitimation angeführten Leistungskapazitäten. Das Ergebnis einer solchen Analyse ist, daß das Schulsystem bürgerliche Privilegien reproduziert, aber es gleichzeitig erreicht, diesen Reproduktionsprozeß zu verschleiern und die aktuellen Vorgänge der Reproduktion (Prüfungssystem) zu legitimieren. In ihrer Zusammenfassung skizzieren *Bourdieu* und *Passeron* jenes Bewußtsein, durch den ein solch widersprüchlicher Sachverhalt entstehen kann.

„Der Erbe bürgerlicher Privilegien kann sich nicht auf das Recht der Geburt berufen — das seine Klasse der Aristokratie historisch aberkannt hat —, noch kann er sich auf das Naturrecht berufen — diese früher gegen aristokratische Unterscheidung gerichtete Waffe könnte sich nur allzu leicht auch gegen die bürgerliche „Distinktion" richten —, ebensowenig kann er sich auf die asketischen Tugenden berufen, die den Unternehmern der ersten Generation erlaubten, Erfolge durch Verdienst zu rechtfertigen. Er kann sich also nur auf seine Schulerfolge berufen, die zugleich seine Fähigkeiten und seinen Verdienst bescheinigen, das heißt auf eine gebildete Natur, Bildung gewordene Natur, Gnade, die Verdienst und Verdienst der Gnade ist, auf

einen nicht erworbenen Verdienst, der das unverdiente Erworbene rechtfertigt. Die widernatürliche Vorstellung einer angeborenen Bildung setzt voraus und produziert Blindheit für die Funktionen der Bildungsinstitution, die die Rentabilität des Bildungskapitals garantiert und seine Weitergabe legitimiert, indem sie verschleiert, daß sie diese Funktion wahrnimmt. In einer Gesellschaft, in der der Erwerb sozialer Privilegien immer enger vom Besitz eines akademischen Diploms abhängt, hat das Bildungswesen nicht nur die Funktion, auf diskrete Weise die Erbfolge bürgerlicher Rechte, die man nicht mehr direkt und offen weitergeben kann, abzusichern. Als privilegiertes Instrument der bürgerlichen Soziodizee, das den Privilegierten jenes höchste Privileg verschafft, nicht als Privilegierte zu erscheinen, überzeugt sie die Unterprivilegierten um so leichter davon, daß ihr soziales Schicksal und ihr Bildungsschicksal auf ihrem Mangel an Fähigkeiten oder Verdienst beruhen, als absolute Besitzlosigkeit im Bereich der Bildung das Bewußtsein der Besitzlosigkeit ausschließt."
(*Bourdieu* und *Passeron* 1971, 227/228).

Die Schule steht vor dem Zwang, ihre eigenen Aktivitäten — z. B. die Auslese innerhalb des Schulsystems — zu legitimieren. Indem sie es erreicht, diese eigenen inneren Zustände zu legitimieren, legitimiert sie gleichzeitig eine soziale Ordnung außerhalb der Schule. Dies ist nur deshalb möglich, weil die schulinternen Strukturen in einer Beziehung zu schulexternen stehen, d. h. in diesem Fall konkret: die Höhe des Schulabschlusses steht in einer Beziehung zur beruflichen Stellung. Die berufliche Stellung ist wiederum mit bestimmten Privilegien verbunden. Auf Grund dieser Zusammenhänge kann man so absurd erscheinende Sätze formulieren wie den, daß durch Prüfungen zukünftige Privilegien in der Gesellschaft — eine Klassenstruktur — reproduziert werden. Der tiefere Grund für diesen Zusammenhang liegt darin, daß das Schulsystem ähnliche sozial-strukturelle Züge wie die Gesellschaft (z. B. Leistungshierarchien) aufweist.
Zusammenfassend kann gesagt werden, daß die Schule sehr wohl ihre Normen, Werte, Sanktionen und Einrichtungen durch den Bezug auf die Notwendigkeit der Organisation von Lernprozessen rational rechtfertigen kann. *Die konkret-historische Formbestimmtheit dieser Organisation von Lernprozessen aber verrät, daß diese Organisation von Lernprozessen* (z. B. Dreigliedrigkeit des Schulsystems, Selektivität des Schulsystems) *auch schulexternen Interessen, z. B. der Reproduktion sozialer Klassen, dient.*

(5) Funktion und Kontrolle

Die Funktionsanalyse birgt die Gefahr, daß ein Automatismus zwischen einer Institution und einem gewünschten gesellschaftlichen Zustand angenommen wird. Daß die Gesellschaft ein Legitimationsbedürfnis besitzt, hat nicht automatisch zur Folge, daß das Schulsystem der Erfüllung dieser Bedürfnisse reibungslos dient. Dem Schulsystem wird die Erfüllung der Legitimationsfunktion durch gesellschaftliche Kontrolle und Einflüsse aktiv „aufgeherrscht". Die Annahme des Automatismus ist ein Zeichen dafür, daß eine unausgesprochene Übereinstimmung zwischen den Auswirkungen der schulischen Beeinflussung und den Erwartungen schulexterner Bezugsgruppen vorliegt. Diese aktive gesellschaftliche Kontrolle des Schulsystems wird uns im nächsten Abschnitt beschäftigen. Jemand, der bei einer Funktionsanalyse die Darstellung der konkreten *Vermittlungen* unterschlägt, begeht den methodischen Fehler der „teleological fallacy" (s. S. 29).

Zwei Gesichtspunkte leiten uns bei einer solchen Analyse:

— Wie wird die Schule „aufgefordert" oder „gezwungen", die Legitimationsfunktion zu erfüllen?
— Welche Rolle spielt der Staat in der gesellschaftlichen Kontrolle des Schulsystems?

Diese letzte Frage ist deshalb von zentraler Bedeutung, weil durch die Renaissance neomarxistischer Theorien die Frage erneut aufgebrochen ist, *welchen Handlungsspielraum der Staat angesichts der Bewegungsgesetze kapitalistischer Produktion besitzt.*
Beide Perspektiven, die der gesellschaftlichen Kontrolle der Legitimationsaufgaben der Schule und die der grundlegenden Abhängigkeit aller gesellschaftlichen Bereiche von den Bewegungsgesetzen der kapitalistischen Produktion werfen Fragen nach der Autonomie auf; einmal nach der *Autonomie der Schule* und zum andern nach der *Autonomie des Staates.*

3 Die gesellschaftliche Kontrolle des Schulsystems

In diesem Abschnitt sollen die wichtigsten Punkte eines Programms dargestellt werden, das die Analyse der sozialen Kontrolle des Schulsystems auf dem Hintergrund der Abhängigkeits- und Herrschaftsverhältnisse in unserer Gesellschaft zum Ziel hat. *Dabei interessiert uns in erster Linie die gesellschaftliche Kontrolle solcher schulischer Faktoren, die für die Kontrolle der Legitimationsfunktion der Schule von strategischer Bedeutung sind.* Zu diesen Faktoren zählen die jeweiligen Inhalte, Personen und sozialen Strukturen in Schulsystemen, so daß wir fragen müssen:

— Wie werden die Sozialisationsinhalte kontrolliert?
  Es wäre zu untersuchen, welche Maßnahmen sicherstellen, daß solche Lehrpläne aufgestellt, solche Lehrbücher zugelassen und nur solche Studiengänge bzw. Curricula eingerichtet werden, die zum Lernen wünschenswerter Normen, Werte und Interpretationsmuster bei Heranwachsenden führen. Wir können annehmen, daß ein Kriterium des „Wünschenswerten" darin besteht, ob die entsprechenden Sozialisationsinhalte den Status quo gefährden, nicht zu erwünschtem sozialen Wandel beitragen und ob sie etwa zu revolutionären Einstellungen führen könnten.
— Wie werden die Personen kontrolliert, die abweichende Inhalte vermitteln könnten?
  Der Kontakt mit bestimmten Personen kann einen Heranwachsenden dazu führen, daß er über Identifikationsprozesse mit Lehrern ein Meinungssystem übernimmt, das nicht den herrschenden Vorstellungen entspricht. Es gilt deshalb, die Personen genau auszuwählen, die Multiplikatorenfunktion für die Verbreitung von Meinungen und Einstellungen haben und es gilt, über deren konformes Verhalten zu wachen. Eine solche Kontrolle ist umso bedeutsamer, je mehr der Kontakt der Personen an kritischen Punkten der Biographie eines Heranwachsenden liegt, etwa in der Kindheit und im Jugendalter.
— Wie werden jene strukturellen Faktoren kontrolliert, die den zukünftigen sozialen Status eines Schülers bestimmen?
  Der Schule steht eine große institutionalisierte Möglichkeit zur sozialen

Kontrolle der Schüler zur Verfügung: das Prüfungssystem. Über Prüfungen kann die Schule sozialen Aufstieg verweigern oder eröffnen; sie kann Berechtigungen für hohe soziale Positionen geben oder nehmen. Indem nun die entsprechenden gesellschaftlichen Instanzen über die Prüfungsbedingungen und Prüfungsformen wachen, kontrollieren sie gleichzeitig das Schulsystem selber. Sie können die Schule z. B. veranlassen, scharf und selektiv zu sein, indem sie viele Klausuren und unvorhersehbare Prüfungen verschreiben. Dieser starke externe Zwang bleibt nicht ohne Folgen für die politischen Einstellungen der Schüler. Er kann z. B. zu einer Anpassungshaltung führen, da die gesamte Energie für die Erfüllung der Prüfungsbedingungen investiert werden muß und politische Betätigung nur als Gefährdung der eigenen Karriere verstanden wird.

3.1 Erscheinungsformen der gesellschaftlichen Kontrolle des Schulsystems

Die Analyse der gesellschaftlichen Kontrolle des Schulsystems wurde in der pädagogischen Literatur über lange Jahre vernachlässigt. Im Gegenteil, Konzeptionen von der „pädagogischen Autonomie“, von der „pädagogischen Provinz“ und von der „pädagogischen Freiheit“ des Lehrers konnten zu einem wichtigen Ausschnitt des Selbstverständnisses der Träger des Schulsystems werden. Diese apolitische Einstellung der Lehrerschaft und der Schulverwaltung ist selber ein erklärungsbedürftiges Phänomen. Ihr liegt vermutlich eine nicht erkannte oder zumindest nicht gestörte Harmonie zwischen den schulischen und gesellschaftlichen Zielen zugrunde. Eine nicht manifeste restriktive Kontrolle bedeutet somit nicht, daß bei entsprechenden Abweichungen ebenfalls nicht mit Kontrollen zu rechnen ist. Der hohe Konsensus zwischen den Trägern des Schulsystems und den Bezugsgruppen des Schulsystems hat in der Nachkriegszeit dazu beigetragen, daß die gesellschaftliche Kontrolle des Schulsystems *latent* bleiben konnte.
Die Ereignisse der letzten Jahre haben diesen Konsensus empfindlich gestört und als Folge dieses gestörten Konsensus sind Kontrollmechanismen sichtbar geworden. Zu den am heftigsten Umstrittenen gehören jene, die mit dem Schlagwort vom „Berufsverbot“ zusammengefaßt werden. Damit sind vor allem der Beschluß der Ministerpräsidenten vom 28. 1. 1972 über „Grundsätze zur Frage der verfassungsfeindlichen Kräfte im öffentlichen Dienst“ und jene Konfliktfälle gemeint, für welche dieser Beschluß relevant geworden ist.

Der Beschluß der Ministerpräsidenten[46] ist ein deutlicher Akt der Disziplinierung der gesellschaftskritisch engagierten Studenten und besonders der Lehrer, der nicht folgenlos geblieben ist, wie z. B. die Fälle Mandel in Berlin, Holzer in Bremen und Krippendorff in Konstanz gezeigt haben[47].
Ein volles Verständnis dieses Beschlusses würde eine *Analyse der Rolle des Beamtentums als staatstragender Elite* erfordern. In der Geschichte des Beamtentums lassen sich nämlich ähnliche Maßnahmen feststellen, wie z. B. die Verfügung der Regierung zu Düsseldorf vom 26. Juni 1878 zeigt:

„Obwohl wir zu den unserer Aufsicht unterstellten Lehrern das Vertrauen hegen können, daß sie sich nicht bloß ihrer Obliegenheiten als Lehrer, sondern auch ihrer ernsten Pflichten, welche von ihnen als Staatsdienern im amtlichen und außeramtlichen Verhalten zu erfüllen sind, wohl bewußt sind, so kann doch die durch die jüngsten traurigen Ereignisse zutage getretene Erscheinung nicht unbeachtet bleiben, daß die verderblichen Lehren und Tendenzen der sozialdemokratischen Richtung jetzt auch in Kreise gedrungen sind, welche man bisher als für dieselben verschlossen

---

46 *Beschluß der Ministerpräsidentenkonferenz vom 28. 1. 1972 über „Grundsätze zur Frage der verfassungsfeindlichen Kräfte im öffentlichen Dienst":*
„Nach den Beamtengesetzen in Bund und Ländern darf in das Beamtenverhältnis nur berufen werden, wer die Gewähr dafür bietet, daß er jederzeit für die freiheitlich-demokratische Grundordnung im Sinne des Grundgesetzes eintritt, sind Beamte verpflichtet, sich aktiv innerhalb und außerhalb des Dienstes für die Erhaltung dieser Grundordnung einzusetzen.
Es handelt sich hierbei um zwingende Vorschriften. Jeder Einzelfall muß für sich geprüft und entschieden werden. Von folgenden Grundsätzen ist dabei auszugehen:
Bewerber: Ein Bewerber, der verfassungsfeindliche Aktivitäten entwickelt, wird nicht in den öffentlichen Dienst eingestellt. Gehört ein Bewerber einer Organisation an, die verfassungsfeindliche Ziele verfolgt, so begründet diese Mitgliedschaft Zweifel daran, ob er jederzeit für die freiheitlich-demokratische Grundordnung eintreten wird. Diese Zweifel rechtfertigen in der Regel eine Ablehnung des Anstellungsantrages.
Beamter: Erfüllt ein Beamter durch Handlungen oder wegen seiner Mitgliedschaft in einer Organisation verfassungsfeindlicher Zielsetzung die Anforderungen des § 35 Beamtenrechtsrahmengesetz nicht, auf Grund derer er verpflichtet ist, sich durch sein gesamtes Verhalten zu der freiheitlich-demokratischen Grundordnung im Sinne des Grundgesetzes zu bekennen und für deren Erhaltung einzutreten, so hat der Dienstherr auf Grund des jeweils ermittelten Sachverhaltes die gebotenen Konsequenzen zu ziehen und insbesondere zu prüfen, ob die Entfernung des Beamten aus dem Dienst anzustreben ist.
Für Arbeiter und Angestellte im öffentlichen Dienst gelten entsprechend den jeweiligen tarifvertraglichen Bestimmungen dieselben Grundsätze."

47 Vgl. Materialien zum Berufsverbot 1972; *Frister, Jochimsen* (Hg.) 1972; Informationsdienst des Sozialistischen Lehrerbundes 1972.

gehalten hat. Liegt doch der traurige Fall vor, daß sogar ein Lehrer wegen Beleidigung Sr. Majestät unseres Kaisers und Königs hat zur Untersuchung gezogen werden müssen. Wir nehmen hieraus Veranlassung, darauf aufmerksam zu machen, daß gegen alle auf den Umsturz der bestehenden Verhältnisse gerichteten Tendenzen, wo sie sich auch nur in den ersten Keimen zeigen sollten, mit allen zu Gebote stehenden Mitteln einzuschreiten ist. Insonderheit würde Ew. . . ., sollte wider Verhoffen wirklich in dem Ihrer Aufsicht unterstellten Personal irgendeine ähnliche Richtung bemerkbar sein und ein Lehrer es an der von ihm zu fordernden Wirksamkeit fehlen lassen, weil er selbst der Sozialdemokratie zuneigt, uns unverzüglich Anzeige zu machen haben, damit sofort die gebührende Strafe eintreten kann.
Zugleich wollen Sie Veranlassung nehmen, die Lehrer des dortigen Inspektionskreises in geeigneter Weise darauf hinzuweisen, wie es, zumal bei der Thatsache, daß ein nicht unerheblicher Teil der Volksschulkinder aus sozialdemokratischen Familien kommt, durchaus notwendig ist, daß auch schon die Volksschule an ihrem Teil dazu mitwirke, daß der Ausbreitung dieser verderblichen Tendenz gewehrt werde. Es ist daher Aufgabe der Lehrer, an den betr. Stellen sowohl des Religionsunterrichts wie des Unterrichts in der Geschichte und im Deutschen die nötigen Belehrungen in eindringlicher Weise eintreten zu lassen und auf die Kinder so einzuwirken, daß sie auch nach dem Austritt aus der Schule möglichst davor bewahrt werden, solchen ihnen selbst und dem ganzen Gemeinwesen verderbenbringenden Bestrebungen sich anzuschließen. Diese Aufgabe wird aber nur dann erfüllt werden können, wenn die Lehrer sich allzeit dessen bewußt sind, daß alles Wissen und alles Können, welches die Schule vermitteln soll, nur dann Wert hat und in dem Maße segenbringend wirkt, als es auf der Grundlage der sittlich-religiösen Gesinnung, der Ehrfurcht vor dem Heiligen und der treuen Liebe zu König und zu Vaterland beruht."
(Nach *Frister* und *Jochimsen* 1972, 9 f.).

Frister und *Jochimsen* (1972) zitieren Beschlüsse von 1933 und von 1950 ähnlichen Inhalts, die die Entfernung von Kommunisten aus dem Staatsdienste zum Ziele haben.
Der Entzug der beruflichen Arbeitsmöglichkeiten ist die schwerste Sanktion, die der Staat — abgesehen von physischer Gewalt und Folter — anwenden kann. Besonders hart trifft dies hochqualifizierte Arbeitskräfte wie Lehrer, da für sie auf Grund der großen Investitionen und auf Grund der Spezialisierung ein Berufswechsel besonders schwer fallen muß. Erwerbstätigkeiten, auf die Lehrer oder Hochschullehrer nach Abschluß ihrer Ausbildung ausweichen könnten, verschaffen im allgemeinen auch ein geringes Maß an persönlicher Befriedigung und bedingen ein niedrigeres materielles Niveau der persönlichen Lebensführung. Die Schwere der Sanktion resultiert somit daraus, daß der Staat gewissermaßen der Monopolarbeitgeber ist. Letzteres ist der Grund, den Ministerpräsidentenbeschluß als „Berufsverbot" zu charakterisieren.
Neben dem Berufsverbot haben sich in den letzten Jahren andere Konflikt-

fälle gehäuft, die zur Aufdeckung von Kontrollmechanismen beigetragen haben. Zu solchen Konfliktfällen zählen etwa die Ereignisse um die Einführung „linker Curricula“[48], die Probleme bei der Revision von Lehrplänen[49], die Bürgerinitiativen bei der Gründung neuer Schulen[50] und die Kämpfe mit staatlichen Stellen bei neuen Studiengängen, Prüfungsordnungen und Mitbestimmungsregelungen.

Dabei sind die spektakulären Fälle vermutlich nur die Spitze eines Eisberges. Der größte Teil der Konflikte wird vermutlich schon auf Schulebene, etwa durch Maßnahmen des Schulleiters oder durch die soziale Ostrazierung eines abweichenden Lehrers gelöst. Der Konflikt kann seine Kreise ziehen, wenn die örtliche Presse und die meist konservative Elternschaft sich einschalten. In der Hierarchie der Schulverwaltung können Konflikte durch Versetzungen ausgeschaltet werden. Genügt diese einfache Maßnahme nicht, dann können Dienstaufsichtsbeschwerden und Disziplinarverfahren zu schwerwiegenderen Konsequenzen führen. Die Einschaltung der Parlamente (Kleine Anfragen an den Landtag) bildet eine relativ seltene und späte Stufe der staatlichen Kontrolle (bzw. Gegenkontrolle durch die Opposition).

Konfliktfälle sind besonders prägnante Anlässe zur Analyse der gesellschaftlichen Kontrolle des Schulsystems. Dieses Problem kann auch an den alltäglichen *Entscheidungsprozessen* im Bereich des Bildungswesens studiert werden. Dazu eignen sich die Bildungspolitik (vgl. z. B. *Bühlow* et al. 1972, *Baethge* 1972, *Briese* 1972), die Personalpolitik im Bereich des Bildungswesens und die Politik hinsichtlich der Entscheidung über Lehrpläne (vgl. *Haller* 1973).

3.2 Der normative Rahmen der gesellschaftlichen Kontrolle des Schulsystems

Die Erscheinungsformen der gesellschaftlichen Kontrolle des Schulsystems können in einem ersten Schritt danach analysiert werden, welche rechtlichen Regelungen ihnen zugrunde liegen und sie steuern. Es gilt zu fragen, welche Personen oder welche Gremien welche Entscheidungsbefugnisse haben und welche formalen Verfahrensregeln dabei jeweils zu beachten sind.

---

48 Vgl. dazu den Fall *Fröndenberg*, dokumentiert in Informationsdienst 1972 und Reihe Roter Pauker 1972.

49 Vgl. *Becker* et al. 1972.

50 Vgl. dazu *Büchner* 1972.

Eine solche Analyse muß vom fundamentalen Tatbestand ausgehen, daß das Schulsystem der Bundesrepublik als *staatliches Schulsystem* staatlichen legislativen, exekutiven und jurisdiktionalen Gewalten unterstellt ist. Die Kontrolle der schulischen Sozialisationsprozesse unterliegt somit nach geltendem Recht primär dem exekutiven Teil des Staates, der Bürokratie, die die staatliche Schulaufsicht hat. Nach ihren Regelungen werden Lehrbücher zugelassen und Lehrpläne bestimmt. In Kultusministerien werden Lehrer abgelehnt und Prüfungsordnungen genehmigt.
Dies ist nicht in allen demokratischen Ländern auf gleiche Weise geregelt. Ein deutliches Gegenbeispiel bilden die Verhältnisse in den USA[51]. Hier ist die Schulverwaltung Angelegenheit der Bundesstaaten. Bei der Bundesregierung in Washington gibt es lediglich eine Erziehungsabteilung. Die Bundesstaaten erlassen Rahmengesetze, die aber den einzelnen Schulbezirken als den Selbstverwaltungsorganen und Schulträgern große Freiheit lassen. Finanziell werden die Schulen durch eine Schulsteuer unterhalten, deren Höhe die Schulbezirke selbst beschließen. In den Schulbezirken erfolgt die eigentliche Schulverwaltung durch einen gewählten Schulausschuß, das „school board", das einen Superintendenten mit seinen Mitarbeitern beruft.
Die „school boards" werden von den wahlberechtigten Einwohnern des Schulbezirks gewählt oder vom Bürgermeister ernannt. In ihren Händen liegen die Gestaltung des Unterrichtsprogramms, die Finanzierung der Schule und die Einstellung oder Entlassung sowie Besoldung der Lehrkräfte nach einem freien Vertrag. Forschungen im Mittelwesten der USA, die vor allem *Warner* u. a. (1944) und *Hollingshead* (1963) veranstalteten, belegen nicht nur die stimmenmäßige Übermacht der Mitglieder der Ober- und Mittelschicht in den „school boards", sondern auch eine handfeste Interessenpolitik der „school boards": Lehrer, die Kindern aus der Ober- und Mittelschicht Strafen auferlegten, wurden entlassen und finanzielle Mittel für Schulgebäude und Lehrmittel, die angeschafft werden sollten, um mehr Kinder aus der Arbeiterschicht in College-Vorbereitungskursen unterrichten zu können, wurden nicht gebilligt.
Brim (1963) faßt die Ergebnisse der amerikanischen Studien zu diesem Thema zusammen und vermerkt:

„Die mit der Untersuchung von Gunnar Myrdal beginnende, durch die einflußreiche Arbeit von Warner, Havighurst und Loeb . . . weitergeführte und schließlich mit dem Sammelreferat von Untersuchungen über Rassenfragen von Ashmore . . . bis in die jüngste Vergangenheit hineinreichende Forschungsarbeit hat belegen können, daß

51 Die folgenden Ausführungen wurden weitgehend von *Rolff* 1972, 145 f. übernommen.

das Ausmaß der Förderung nach der Rasse und sozialen Herkunft der Schüler variiert und daß Schulen, die von Kindern der weißen Bevölkerung der Mittel- und Oberschicht besucht werden, höhere Zuwendungen erhalten. Wo die verschiedenen sozialen Klassen und ethnischen Gruppen verschiedene Erziehungsziele haben, ist eine solche unterschiedliche Förderung legitim. Wo man sich jedoch zu der Auffassung bekennt, daß Erziehungsziele nicht nach der sozialen Herkunft, sondern, wenn überhaupt, ausschließlich nach der Begabung differenziert werden sollten, zeigen diese Untersuchungen eine diskriminierende Verteilung der der Gesellschaft zur Verfügung stehenden Mittel." (*Brim* 1963, 26).

Die amerikanische Schulverwaltung, die Eltern und Lehrern Mit- und Selbstverwaltungsrechte einräumt, ist — ungeachtet des Übergewichts bestimmter Elterngruppen — formell demokratischer organisiert als die deutsche Schulverwaltung. In der Bundesrepublik üben Schulaufsichtsbeamte die Dienstaufsicht über die Lehrkräfte aus, deren Verhalten in Dienstordnungen geregelt ist. Die Schulaufsichtsbeamten haben die Erfüllung der amtlichen Unterrichtsziele und Lehrpläne durch die Lehrer zu überwachen. Der Schulleiter hat die Schule dem Schulaufsichtsbeamten gegenüber zu vertreten. Er wird in der Regel nicht von den Lehrern gewählt, sondern von der Schulverwaltung ernannt. Ebenso sind die Schulaufsichtsbeamten nicht von den Lehrern und Schulleitern gewählt, sie werden normalerweise von den Dienstvorgesetzten dem Kultusminister vorgeschlagen und durch den Ministerpräsidenten ernannt. Der Lehrer wird besoldungsmäßig, aufsichtsmäßig und im Blick auf seine Arbeitszeit behandelt wie ein Laufbahnbeamter. Becker nannte die deutsche Schule eine „verwaltete Schule":

„Unsere Schule ist eine ‚verwaltete Schule'; während die moderne Schule, die ihre geistige Grundlegung in der Aufklärung erfuhr, zunächst noch ein Lebenszusammenhang selbständiger Menschen war, die vom Staat nur überwacht wurde, hat sie sich immer mehr zur untersten Verwaltungshierarchie entwickelt . . ." (*Becker* 1962, 148).

Die deutsche Schule ist direkt in den Vollzug der staatlichen Herrschaftsausübung einbezogen. Lehrpläne und Stundentafeln, Bildungsziele und -inhalte, Prüfungs- und Versetzungsordnungen werden von den Kultusverwaltungen im großen und ganzen vorgeschrieben. Eine demokratische Mit- oder gar Selbstverwaltung ihrer eigenen Angelegenheiten wird den Lehrern nicht zugebilligt. Die Schule „steht heute auf einer ähnlichen Stufe des Verwaltungsaufbaus wie das Finanzamt, das Arbeitsamt, die Ortspolizei und in einem deutlichen Gegensatz zur Selbstverwaltung der Ortsgemeinde." (*Becker* 1962, 148).

Die Schulaufsicht ist in der Bundesrepublik obrigkeitsstaatlich organisiert: die Kontrolle von oben nach unten überwiegt die Mitbestimmungsmöglich-

keiten von Eltern, Lehrern und Schülern auf den verschiedenen Ebenen von Schule, Schulamt und Kultusverwaltung.
Die Schulaufsicht war nicht immer so stark staatlich organisiert. Im 19. Jahrhundert lag sie fast vollkommen in geistlichen Händen, in den Händen der Kirche. Von alters her war eine große Zahl von Lehrerstellen mit dem kirchlichen Amt des Küsters verbunden[52]; im Jahre 1891 betrug der Anteil dieser Stellen an der Gesamtzahl der Lehrerstellen im gesamten preußischen Staat etwa ein Fünftel, auf dem Lande fast ein Drittel. 1906 waren von den 84 638 Stellen 14 534, also 17,2 %, dauernd mit niederen Kirchenämtern vereinigt und, ohne daß sich absolut ihre Zahl wesentlich verringert hätte, machten diese Stellen 1911 noch immer 10,8 % (16,6 % auf dem Lande) der Gesamtstellen aus.
Zusätzlich wichtig ist in diesem Zusammenhang das Faktum, daß um die Jahrhundertwende fast die gesamte unmittelbare Schulaufsicht durch Geistliche im Nebenamt ausgeübt wurde: noch 1899 war das Amt des Ortsschulinspektors unbestrittene Domäne der Geistlichkeit. Auch den Kreisschulinspektor stellten die Geistlichen: wie Zahlen aus dem Jahre 1909 belegen, zu 80 % (*Roeder* und *Leschinsky* 1972).
Die heutige rechtliche Stellung der Schule faßt *Richter* so zusammen:

„Die rechtliche Konzeption der Schulen hat sich in fünfzig Jahren nur wenig verändert.
Die öffentlichen Schulen sind — nach wie vor — als rechtlich unselbständige Anstalten in die öffentliche Verwaltung eingegliedert. Die Lehrer unterliegen als Beamte den Weisungsrechten ihrer Vorgesetzten; die Schüler besitzen den Status von Anstaltsnutzern; die Juristen wandten auch auf sie die Konstruktion eines sogenannten besonderen Gewaltverhältnisses — modernisiert auch Schulverhältnis genannt — an, das die Geltung der Grundrechte in der Schule beschränkt. Nach der „herrschenden Lehre" der Juristen kommt nämlich die Freiheit der Lehre (Art. 5 Abs. 3 GG) den Schullehrern nicht zu; die „pädagogische Freiheit des Lehrers" steht vielmehr unter dem Vorbehalt der staatlichen Weisungsrechte. Das „Recht auf freie Entfaltung der Persönlichkeit" und die „freie Wahl der Ausbildungsstätte" (Art. 2 Abs. 1 und 12, Abs. 1 GG) beschränken sich auf die vorhandenen öffentlichen und privaten Bildungsangebote; ein darüber hinausgehendes „Recht auf Bildung" wird nur von wenigen Juristen anerkannt. Nur für die Eltern hat die Verfassung in Art. 6, Abs. 2 GG eine starke Position formuliert, die ihnen auch in der Schule begrenzte Rechte verschafft. „Das gesamte Schulwesen steht unter der Aufsicht des Staates" (Art. 7, Abs. 1 GG) — die Funktionen der Elternbeiräte und der Schülermitverwaltung beschränken sich angesichts der gegenwärtigen Rechtslage prinzipiell auf Informa-

52 Alle folgenden Zahlen beziehen sich auf Preußen.

tions- und Anhörungsrechte. Entscheidungen bleiben dem Staat bzw. dem Schulträger vorbehalten."
(*Richter* 1973, 25 f.)

Die Kritik an dieser rechtlichen Stellung der Schule hat in der letzten Zeit zu einer Reihe neuer Vorschläge über „Mitwirkungsgesetze" geführt[53]. Sie zielen insgesamt auf eine Stärkung der Mitwirkungsmöglichkeiten von Lehrern, Eltern und Schülern. Dazu sollen dienen: die Schaffung der „Schulkonferenz", die Umwandlung der Eltern- und Schülervertretungen in Interessenvertretungen und die erweiterte Legitimation des Schulleiters. Die Schulkonferenz ist als oberstes Gremium konzipiert. An ihr sind in Nordrhein-Westfalen gewählte Vertreter von Lehrern, Schülern und Eltern im Verhältnis 2:1:1 beteiligt[54]. Der Aufgabenkatalog dieses Gremiums ist umfangreich, im wesentlichen jedoch auf die Unterrichtsorganisation beschränkt.
Da die Schulaufsichtsgesetze im Anschluß an diese Mitwirkungsgesetze nicht geändert werden, bleiben die Kompetenzen der neuen Gremien im allgemeinen marginal. Sie würden sich dann auf zentrale Aufgaben konzentrieren können, wenn die Schulen eine relative Selbständigkeit in ihren zentralen Funktionen, in der inhaltlichen Gestaltung des Unterrichts bekämen. *Richter* (1973) sieht in einer begrenzten curricularen Selbständigkeit den Kernpunkt der Demokratisierung des Schulsystems. Solche Bestrebungen nach einer stärkeren *Autonomisierung* der Schule bilden den Kern der heutigen Demokratisierungsforderungen (vgl. *Nevermann* 1972). Ihre Erfüllung würde eine Änderung der Verwaltungsgesetze und eine Änderung der Aufgaben der Schulaufsicht erfordern.
Solche Demokratisierungsbestrebungen lassen sich von einer grundsätzlichen Argumentationskette her begründen, die davon ausgeht, daß nach dem Prinzip der Gewaltenteilung der Verwaltungsbereich als rein exekutiver Bereich anzusehen wäre, dem keine politischen Entscheidungsfunktionen

---

53 Kultusministerium Nordrhein-Westfalen, Diskussionsentwurf für ein Gesetz über die Mitwirkung im Schulwesen — Schulmitwirkungsgesetz (SchMG) —, veröffentlicht im Informationsbrief des Kultusministeriums, Sonderausgabe August 1971; Senator für Schulwesen Berlin, Diskussionsentwurf eines Gesetzes über Mitbestimmung und Mitwirkung der Lehrer, Schüler und Erziehungsberechtigten in der Berliner Schule (Schulmitbestimmungsgesetz — SchulMBG), veröffentlicht im Informationsdienst Schulwesen 3/71; Tormin u. a. Antrag betr. Schulverfassungsgesetz, Bürgerschaft der Freien und Hansestadt Hamburg, Drucksache VII/1450 vom 29. September 1971. Die anderen Bundesländer haben bisher darauf verzichtet, die Schulverfassung zu kodifizieren, sondern sich darauf beschränkt, das Eltern- und Schülervertretungsgesetz zu novellieren.

54 Dabei handelt es sich allerdings erst um Gesetzesvorlagen.

zukämen. Nach der Demokratiekritik der letzten Jahre (vgl. *Agnoli* und *Brückner* 1968) zeichnet sich jedoch ein Funktionsverlust der legislativen Bereiche zugunsten der Ministerialbürokratie ab. Nicht nur, daß die Ministerialbürokratie in der Vorbereitung parlamentarischer Entscheidungen großen politischen Einfluß besitzt; dieser Einfluß ist bei den Folgeentscheidungen der parlamentarischen Gesetzgebung noch größer. Da die Gesetze meist einen großen Interpretationsspielraum zulassen, bedeutet Demokratisierung auf dieser Ebene die institutionalisierte Chance, als Betroffene an den Folgeentscheidungen zu partizipieren. Damit wäre auf allen Stufen der Detaillierung und Spezifizierung der Grundentscheidungen allen entscheidungsbetroffenen Gruppen ein Mitentscheidungsrecht einzuräumen. Das betrifft die Entscheidungen auf Länderebene, auf kommunaler Ebene und auf Schulebene.

3.3 Das formal-demokratische Modell und die „pressure groups"

Demokratische politische Systeme enthalten die zentrale Forderung und Voraussetzung, daß keiner Gruppe apriori partikulare Machtprivilegien zugestanden werden. Sie nehmen für sich die Legitimation aller Machtausübung in Anspruch und sehen in den vorliegenden rechtlichen Regelungen bezüglich Entscheidungsverfahren, Entscheidungsträgern und Entscheidungskompetenzen eine erschöpfende Beschreibung der institutionalisierten Herrschaftsverhältnisse.

Diese Konzeption deckt nicht die gängigen Vorstellungen über die Art, wie Entscheidungen über das Schulsystem in der „politischen Landschaft" der Bundesrepublik fallen. Wir sind dabei eher gewohnt, von einem Auseinandersetzungsprozeß zu reden, an dem die verschiedenen *Interessengruppen* beteiligt sind. Soll z. B. ein neues „Schulmitwirkungsgesetz" verabschiedet werden, dann nehmen dazu die Lehrerverbände, die Elternverbände, Schülervertretungen, die Parteien, wirtschaftliche und gewerkschaftliche Interessenvereinigungen sowie Vertreter der Wissenschaft Stellung. Der Staat erscheint demgegenüber als *Koordinationszentrum* der verschiedenen Interessengruppen, die die Anliegen ihrer Mitglieder zu deren Nutzen vertreten können, ohne daß das Gesamtinteresse ernsthaft gefährdet werden könnte.

Diese gängigen Vorstellungen legen nahe, zwischen einem *offiziellen Entscheidungsweg*, wie er oben geschildert wurde, und *Einflußprozessen* zu unterscheiden. Danach ergäbe sich die Abbildung 20:

Abb. 20: Offizielle Entscheidungswege und Einflußprozesse

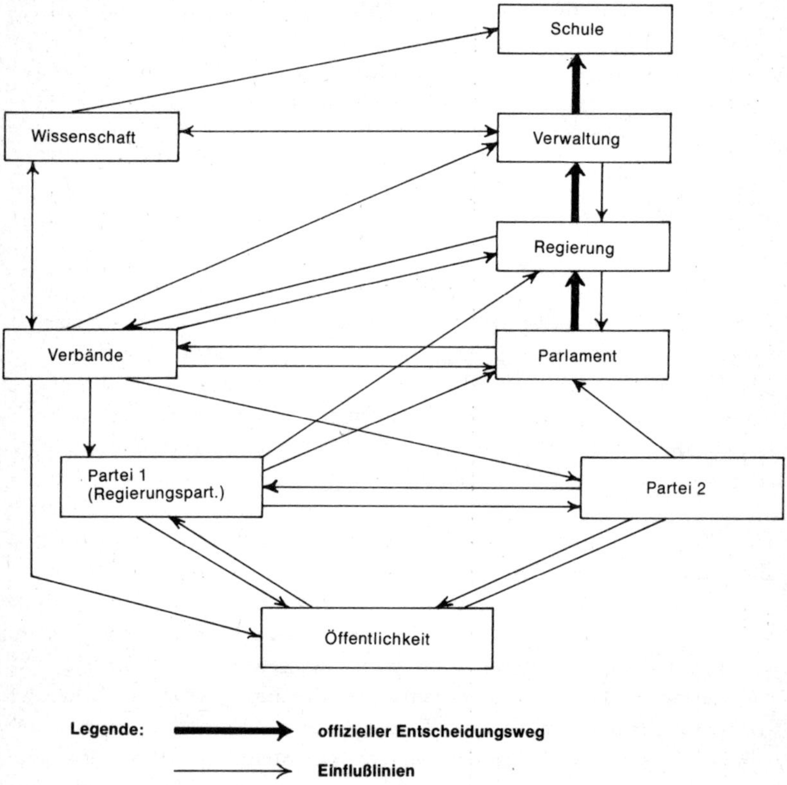

Nach: K. H. Schneider 1967

Eine deskriptive Darstellung der Kontrollprozesse des Schulsystems hätte neben den offiziellen Entscheidungswegen die verschiedenen Einflußquellen in der Form von Interessengruppen zu analysieren.

Wie komplex eine solche Analyse werden könnte, zeigt eine einfache Aufzählung möglicher Interessengruppen:

— Staat, Kultusverwaltung, Schulbehörde, Gemeinde,
— Parteien,
— Kirche,
— Wirtschaft,
— Wissenschaft,
— Lehrerverbände,
— Schülerverbände,
— Elternverbände,
— Gewerkschaften.

Die Absichten des Staates ließen sich eruieren aus Regierungserklärungen, aus den KMK-Erklärungen, aus Schulentwicklungsplänen usw. Die Interessen und Absichten der Parteien sind in Parteiprogrammen formuliert. Die Interessen der Kirchen kommen etwa in Stellungnahmen von Bischofskonferenzen zum Ausdruck. Die Interessen der Wirtschaft werden von den verschiedensten Organen (Bundesverband der Deutschen Industrie — BDI; Bundesvereinigung der Deutschen Arbeitgeberverbände — BDA; Ettlinger Kreis; Deutsches Industrieinstitut — DI; Deutscher Industrie- und Handelstag — DIHT; Stifterverband für die Deutsche Wissenschaft e. V.) vorgetragen. Die Wissenschaft versucht sich in den letzten Jahren stärker zu artikulieren und zu organisieren (Deutscher Bildungsrat, Deutsche Forschungsgemeinschaft, Westdeutsche Rektorenkonferenz, Max-Planck-Gesellschaft). Interessen der Lehrerschaft werden auf den verschiedenen Ebenen vorgetragen: Philologenverband, Gewerkschaft Erziehung und Wissenschaft, Bund Freiheit der Wissenschaft, Bund Demokratischer Wissenschaftler; Schüler und Studenten sind regional oder überregional mit eigenen Organen organisiert: Bundesassistentenkonferenz, Verband Deutscher Studentenschaften, um nur einige wichtige zu nennen.

Diesen uns sehr geläufigen Interessengruppen und unserer „common-sense"-Konzeption gesellschaftlicher Einflußprozesse entspricht die Gesellschaftstheorie des *Interessenpluralismus.* Manchmal wird auch von *„pressure-group"-Theorien* und von *Verbandstheorien* gesprochen[55].

Diese Theorien beruhen auf der Konzeption von Gesellschaft als einer Vielzahl von interagierenden Gruppen. Die zentrale Funktion der einzelnen Ver-

55 Vgl. für einführende Darstellungen *Olson* 1968, 109 ff., und *Narr/Naschold* 1971, 204—238.

bände ist dabei die *Artikulation von Interessen* im gesellschaftlichen Willensbildungsprozeß. Sie bringen diese Interessen auf einen gemeinsamen (meistens den kleinsten) Nenner und versuchen, sie im Prozeß der Auseinandersetzung mit anderen Gruppen *durchzusetzen*.
Der Durchsetzungsaspekt wird unter dem Begriff der „pressure group" zu einem Modell ausgearbeitet, das nach *Narr* und *Naschold* folgende Annahmen enthält:

„Im Pressure-Group-Modell ist der demokratische Willensbildungsprozeß vor allem durch vier grundlegende Konzepte charakterisiert. Zum ersten wird die Allgegenwart und Allmächtigkeit der Interessengruppen postuliert. Dieses im Rahmen der allgemeinen Gruppentheorie tautologische Konzept wird in den meisten empirischen Untersuchungen zu einer deskriptiven Hypothese umformuliert: Interessengruppen sind der dominierende Faktor im Willensbildungsprozeß. Eine zweite Annahme besteht darin, daß Politik als die Resultante aus dem Kräfteparallelogramm der widerstreitenden Gruppen angesehen wird. Politik ist also immer nur Ergebnis im Gruppenkampf, nie auch Determinante, d. h. unabhängige Variable. Auch dieses mechanistische Konzept wird zu einer empirischen Hypothese umformuliert: Ein starker politischer Druck einer Gruppe in eine bestimmte Richtung stimuliert einen entsprechenden Gegendruck von anderen Gruppen in die entgegengesetzte Richtung. Eine dritte Annahme besteht in dem Konzept der officiality. Es geht davon aus, daß auch staatliche Institutionen wie Legislative oder Bürokratie zunächst einmal als Gruppen aufzufassen sind. Doch bestehen gewisse Verhaltensunterschiede zwischen ‚privaten' und ‚öffentlichen' Gruppen, die darauf beruhen, daß letztere Macht ausüben. Diese Macht ist den öffentlichen Gruppen durch gesellschaftliches Einverständnis übertragen. Der Unterschied zwischen privaten und öffentlichen Gruppen liegt also in ihrem Amtscharakter. Aus dieser Annahme wird viertens die cash-register-theory für die staatlichen Institutionen entwickelt, die besagt, daß die Legislative Schiedsrichter im Gruppenkampf ist; sie ratifiziert die Gruppensiege und repräsentiert das Machtgleichgewicht der widerstreitenden Gruppen. Die Aufgabe der Bürokratie wird darin gesehen, die ratifizierten Verträge der siegreichen Gruppenkoalitionen auszuführen. Auch in ihr spiegeln sich die Machtverhältnisse der Gruppen. Aus dieser ‚Theorie' wurden in der empirischen Forschung die Hypothesen abgeleitet, daß Legislative wie Bürokratie keine autonomen Machtgebilde gegenüber den Interessengruppen darstellen und daß beide mehr passiv reagierend als aktiv initiierend sind."
(*Narr* und *Naschold* 1971, 216).

Diese Postulate der Pressure-Group-Modelle sind vielfachen, empirisch fundierten Korrekturen unterzogen worden. Sie interessieren uns hier weniger — da sie nicht Probleme der Bildungspolitik betreffen — als die Kritik an grundlegenden theoretischen Annahmen. *Narr* und *Naschold* haben letztere kurz zusammengefaßt. Sie nennen drei wichtige restriktive Bedingungen der Verbandstheorie: die Beschränkung auf Verteilungsprozesse, die weitgehende

Ausklammerung von Artikulationsprozessen bei wenig deutlichen und prägnanten Interessen und Bedürfnissen und die durchgängig gemachte Gleichgewichtsannahme.

Zur Priorität von Verteilungsprozessen:

„Verbandstheorie als Theorie von Verteilungsprozessen geht von der Annahme aus, daß in den westlichen Gesellschaften pareto-optimale Bedingungen vorherrschen, d. h. daß die Verteilungsbedingungen im allgemeinen so strukturiert sind, daß mindestens eine Gruppe einen Vorteil, keine Gruppe aber einen entscheidenden Nachteil erfährt. Diese Annahme schließt aber alle gesellschaftlichen Konflikte von einer wissenschaftlichen Untersuchung bzw. von einer adäquaten Analyse aus, welche diesen Bedingungen nicht entsprechen. In der heutigen Gesellschaftssituation sind dies im besonderen Klassen- und Statuskonflikte. Die radikalste Gegenposition zur herrschenden Verbandstheorie stellt die Klassenkampftheorie dar."
(*Narr* und *Naschold* 1971, 237).

Zur Problematik von Artikulationsprozessen:

„Der Beschränkung der modernen Verbandstheorie auf die Analyse von Verteilungskonflikten entspricht die weitgehende Ausklammerung von Artikulationsprozessen, die nicht in der fest strukturierten Form von Verbänden ablaufen. Diese Leerstelle ist auf die bei Almond und vielen anderen Systemtheoretikern gemachte Annahme der Integration zurückzuführen, d. h. auf die Prämisse, daß politische Systeme auf Grund eines gemeinsamen Wertesystems fest zusammengehalten sind. Besteht nämlich in einer Gesellschaft ein allgemein akzeptiertes Wertesystem, so sind die Normen, die Spielregeln politischer Artikulationsprozesse bestimmt und klar strukturiert. Wird diese Annahme gemacht, so werden verbreitete Prozesse der Interessenartikulation in Entwicklungsländern, die nur einen geringen Grad wertbestimmter Integration aufweisen, aus der Verbandstheorie — entgegen allen subjektiven Intentionen — ausgeklammert. Nicht berücksichtigt werden dann aber auch zahlreiche politische Bewegungen in westlichen Ländern. Die ‚politische Windstille' während der Eisenhower-Administration mag die Integrationsannahme zwar nahegelegt haben, angesichts der heutigen Studentenbewegung, der Rassenunruhen zahlreicher populist movements wird sie jedoch kaum mehr aufrecht zu erhalten sein, wenn man nicht wichtige politische Phänomene bewußt tabuisiert."
(*Narr* und *Naschold* 1971, 238).

Zur Gleichgewichtsannahme:

„In engem Zusammenhang mit der Integrationsannahme steht die Annahme gesellschaftlichen Gleichgewichts. In früheren Ausführungen ist schon kritisch auf diese Voraussetzung der modernen Verbandstheorie eingegangen worden. Jetzt ist noch

kurz auf deren Bedingungen einzugehen. Dabei ist auffällig, daß in den meisten Untersuchungen zur neueren Verbandstheorie Fragestellungen der politischen Ökonomie und Aspekte gesellschaftlicher Herrschaft nicht oder nur unzureichend berücksichtigt werden. Die vornehmlich an mikropolitischen Problemen orientierte Verbandstheorie gerät dadurch in Gefahr, an Oberflächenerscheinungen hängen zu bleiben, wenn sie gesamtgesellschaftliche Daten wie Ökonomie und Herrschaft als gegeben hinnimmt und dadurch aus der Analyse ausklammert. Solche Kritik bedeutet nicht notwendigerweise eine Rückkehr zu Mill's Verschwörungstheorie. Sie zwingt aber zur unabweislichen Forderung, daß ein gesellschaftliches Gleichgewicht nicht immer nur unterstellt werden darf, sondern sich besonders unter gesamtgesellschaftlichen Aspekten wie Ökonomie und Herrschaft empirisch als plausibel erweisen muß. Die weitgehende Vernachlässigung dieser Determinanten schränkt die Bedeutung der bisher erarbeiteten Elemente einer speziellen Verbandstheorie beträchtlich ein."
(*Narr* und *Naschold* 1971, 238).

Es gibt im deutschsprachigen Raum wenige Untersuchungen, die sich mit dem Einfluß verschiedener Interessengruppen bei bildungspolitischen Problemen beschäftigt haben. Zu den wenigen Arbeiten zählen die aus dem Zentrum für Bildungsforschung in Konstanz. Hier hat eine Projektgruppe anhand von Fallstudien eine Deskription und Analyse bildungspolitischer Entscheidungen versucht[56]. Dabei handelte es sich um zwei Gründungen von Gesamtschulen, um die Initiierung und Verabschiedung des Ausbildungsförderungsgesetzes und um die Reformpolitik in Baden-Württemberg innerhalb eines bestimmten Zeitraumes.
In diesen Untersuchungen hat sich bestätigt, daß tendenziell eine *Asymmetrie in der Interessenartikulation* besteht. Es kommen nicht alle Interessen aller Beteiligten gleichgewichtig zur Sprache, sondern tendenziell die der besser organisierten Gruppen. Bei den Schulgründungen waren dies die Lehrer. Dieser Asymmetrie der Interessenartikulation (der Definition eines Problems) entspricht eine *Asymmetrie der Durchsetzungschance.* Es scheint sich die Hypothese zu bestätigen, daß die Einflußstärke nicht von der Größe einer Gruppe abhängt, sondern von deren Organisationshöhe, z. B. von der Anzahl der hauptamtlich beschäftigten Funktionäre.

56 Vgl. die Berichte von *Briese* 1972, *Büchner* 1972 und *Hage* 1972. *Hage* hat sich um eine Analyse der inneren Struktur der Kultusbürokratie in Baden-Württemberg bemüht.

3.4 *Gewaltverhältnisse und Herrschaftsstrukturen in demokratischen Gesellschaften*

Die theoretischen Modelle zur Untersuchung von Einflußprozessen in unserer Gesellschaft, die sich um den Begriff der „Interessengruppen" gebildet haben, sind in der Soziologie nicht nur als spezifische Forschungsansätze behandelt, sondern als *allgemeine deskriptive Theorien der modernen Industriegesellschaften* verstanden worden. Sie können dann als *liberalistische Pluralismuskonzepte* bezeichnet werden, deren Mangel vor allem darin besteht, bei der Beschreibung von empirisch vorfindbaren sozialen Gruppierungen stehen zu bleiben und eine Gleichgewichtigkeit des Einflusses der einzelnen Gruppen zu unterstellen. In dieser Fassung ist das Modell geeignet, einen legitimierenden Charakter für die bestehende Gesellschaftsordnung zu gewinnen und für politische Zwecke mißbraucht zu werden.
In einer analytischen Fortführung dieser Ansätze müßte versucht werden, die *latenten Abhängigkeiten* der einzelnen „pressure groups", der Parteien, der Verbände und der Bürokratie zu untersuchen.
Welche Rolle spielt z. B. heute die Wissenschaft im Prozeß der Kontrolle und Veränderung des Schulsystems? Hat sich in den letzten Jahren eine zweifache *Abhängigkeit der Politik von wissenschaftlich fundierten Informationen* über das Schulsystem herausgebildet: die Abhängigkeit in bezug auf konkrete Planungs- und Reformprozesse sowie eine Abhängigkeit von dem Legitimationspotential der Wissenschaften, insbesondere der Erziehungswissenschaften? Eine solche Analyse von Abhängigkeiten bildet eine gute Basis, politische Einflußmöglichkeiten abzuschätzen.
Als eine analytische Arbeit im obigen Sinn kann die von *Baethge* verstanden werden. Seine zentrale These soll hier referiert werden. Er hat in seinem Buch „Ausbildung und Herrschaft" (1970) die Selbstdarstellungen und bildungspolitischen Aktivitäten der Arbeitgeberverbände analysiert. Ausgangspunkt seiner Analyse war die Annahme, daß sich eine zunehmende Interdependenz gesellschaftlicher Funktionsbereiche wie Ausbildung, Produktion und Politik gebildet hat. Mit diesem Prozeß könnte eine zunehmende Versachlichung in der Auseinandersetzung um gesellschaftspolitische Prioritäten und den adäquaten Problemlösungsstrategien sowie ein Abbau illegitimer Herrschaft von Menschen über Menschen verbunden sein. Dem stellt *Baethge* die Befürchtung entgegen, daß sich in diesem Prozeß der zunehmenden Interdependenz partielle Interessen — etwa solche ökonomischer Art — auf andere Funktionsbereiche ausdehnen und dadurch dominant werden. Dies würde heißen, daß sich in den letzten Jahrzehnten z. B. wirtschaftliche Interessen auf den Bildungssektor ausbreiten, so daß erstmals eine massive Abhängigkeit

des Erziehungswesens vom kapitalistisch verfaßten Wirtschaftssektor zustandekommt.

Baethge stellt Indikatoren fest, daß dies tatsächlich der Fall ist und daß die obige Hypothese zutreffend ist. Dafür spricht die Ausdehnung der unternehmerischen Bildungsbemühungen im Verlaufe des Industrialisierungsprozesses, die von der Intensivierung der betrieblichen Bildungsarbeit bis zum organisierten Einfluß auf die Schule und zur Forderung nach unmittelbarer Beteiligung an der staatlichen Bildungspolitik ging. Unternehmer haben in zunehmendem Maße die Abhängigkeit des wirtschaftlichen Fortschritts vom Bildungssystem gesehen und dementsprechend Einfluß zu nehmen versucht.

Diese Bemühungen stehen im Rahmen eines gesellschaftlichen Verständnisses, das wesentlich von individuellen Momenten beherrscht ist, die einst als für die kapitalistische Wirtschaftsverfassung konstitutiv angesehen wurden, wie z. B. individuelle Freiheit, Initiative, Risikobereitschaft und Einsatz privaten Eigentums. Das unternehmerische Selbstverständnis ist das einer privatwirtschaftlichen Gesellschaftsverfassung, nach der das privatwirtschaftliche Unternehmen die wichtigste gesellschaftliche Einheit bildet. Diese Ideologie dient der Erhaltung der unternehmerischen Herrschaftspositionen.

Sie hat bildungspolitisch zur Folge, daß als generelles Bildungsziel der unternehmerischen Bildungspolitik die Vermittlung eines Weltverständnisses beim Jugendlichen angestrebt wird, das von der unmittelbaren Betriebsanschauung ausgeht und möglichst in einem Betriebserlebnis erfahren wird.

„Dazu sollen Betriebspraktika, Betriebsbesichtigungen und -erkundungen . . . ebenso dienen wie die betriebliche Berufsausbildung, die schon dem fünfzehn- und sechzehnjährigen Jugendlichen die immer noch stärkste Orientierung für sein Sozialverhalten vermittelt. Eine solche, weit hinter den Erfordernissen einer zeitgemäßen Pädagogik zurückbleibende Erfahrungstheorie unmittelbarer Anschauung muß wegen ihrer ahistorischen und alle gesellschaftliche Vermitteltheit sozialer Tatbestände leugnenden Insistenz auf das Faktische dazu führen, daß der Jugendliche durch die Vermittlung eines solchen konkretistischen Bewußtseins die Chance verliert, seine soziale Situation mit zu definieren, und mit dem Verlust des Geschichtsbewußtseins auch um seine Zukunft als Aufgabe eigener Lebensgestaltung gebracht wird und somit fungibel wird für die ‚unmittelbaren' Ansprüche einer jeweiligen gesellschaftlichen Praxis.

In bezug auf die Organisation des Bildungssystems äußerte sich die unternehmerische Ideologie vor allem in der konservativen Festlegung auf das bestehende Bildungssystem . . . und in der starken Bindung der Berufsausbildung an den Betrieb, die jede fortschrittliche Bildungspolitik hindern muß und die von den sachlichen Anforderungen an eine zeitgemäße Berufsausbildung allenfalls unter einzelbetrieblichen Gesichtspunkten noch zu rechtfertigen ist. Auch in der generellen Auffassung von der gesellschaftlichen Rolle der Bildungsinstitutionen macht sich die unternehmeri-

sche Ideologie im Sinne einer statischen Bildungspolitik bemerkbar: darin nämlich, daß das Bildungssystem als eindeutig durch die bestehende Sozialstruktur, die selbst wesentlich von der Betriebsstruktur abhängt, determiniert hingestellt wird und umgekehrt dem Bildungssystem keinerlei aktive Rolle in Richtung auf eine Veränderung der Sozialstruktur zuerkannt wird."
(*Baethge* 1970, 251 f.)

Die Wirtschaft rechtfertigt ihre Ansprüche selbstverständlich nicht direkt durch Nennung ihrer Interessen: Profitsteigerung und Erhaltung der Produktionsverhältnisse. Sie argumentiert im Rahmen einer Theorie, nach der Wohlstand für alle, höherer Lebensstandard und damit höherer Konsum vor allem durch ein freies Unternehmertum zustande kommen. Der Einfluß der Wirtschaft ergibt sich wesentlich aus dem Glauben an diese Theorie, daß die gegenwärtige Wirtschaftsverfassung am besten Fortschritt ermöglicht und Wohlstand garantiert.

Baethge zieht aus diesen Analysen Schlußfolgerungen im Sinne seiner anfangs formulierten Befürchtung:

„Die im Sinne einer demokratischen Gesellschaft negativen Auswirkungen dieser mit dem realen Prozeß der Industrialisierung nicht übereinstimmenden unternehmerischen Gesellschaftsauffassung lassen sich schon jetzt zeigen, und zwar als Resultat jener Fehllenkung gesellschaftlichen Reichtums, die auf dem Primat der ökonomischen Zielsetzungen in der Gesellschaft beruht. Die Vorrangigkeit ökonomischer Ziele bewirkt, daß der gesellschaftliche Reichtum in erster Linie wieder unmittelbar in den Produktionsprozeß investiert wurde und der Ausbau der gesellschaftlichen Institutionen vernachlässigt wurde. Damit korrespondiert im individuellen Verhalten die Vorrangigkeit der Orientierung auf Konsum anstatt auf langfristige soziale Sicherheit und autonome Lebensgestaltung. Auf die in den angedeuteten Zielsetzungen sich gesellschaftlich durchsetzende unternehmerische Ideologie ist folglich zurückzuführen, daß das gesellschaftliche Bildungssystem nicht längst zu seiner historisch möglichen und auch seiner Funktion in einer industriellen und demokratischen Gesellschaft entsprechenden Verfassung gefunden hat. Die Ubiquität der vom industriellen System verlangten intellektuellen und technischen Qualifikationen und der ihnen korrespondierenden sozialen Verhaltensweisen eröffnet seit langem die Chance zu einem Bildungssystem, in dem Allgemeinbildung und Berufsausbildung vermittelt sind und das jedem Jugendlichen zur Entfaltung seiner Persönlichkeit verhilft.
Daß das deutsche Bildungssystem diese historisch mögliche Verfassung noch nicht erreicht hat, darf wohl zu Recht in Zusammenhang damit gebracht werden, daß auch die Gesellschaft nicht nach Maßgabe der Rolle, die ihre Institutionen für den Produktionsprozeß spielen, an seiner Kontrolle, der Nutznießung seiner Güter und der Verwendung seiner Überschüsse beteiligt ist. Dieser Zusammenhang wird in der zentralen bildungspolitischen Position der Unternehmer, in der beharrlich verteidigten betrieblichen Berufsausbildungsverfassung deutlich, da alle Argumente, sachlich

unhaltbar, nur der Erhaltung unternehmerischer Herrschaftspositionen und der Abschirmung des Unternehmens vor öffentlicher Kontrolle dienen.
Hier zeigt sich, daß eine zeitgemäße, d. h. ihren politischen und gesellschaftlichen Auftrag ernst nehmende Bildungspolitik nur gegen die unternehmerischen Interessen diesem Auftrag gerecht werden kann. Gegen den Rat der unternehmerischen Bildungsfunktionäre, Industrialisierung vom Einzelbetrieb her zu verstehen, hätte sie den gesellschaftlichen Charakter der Industrialisierung und die gesellschaftlichen Bedürfnisse zum Maßstab ihrer Politik zu machen.
Hier zeigt sich auch, daß die zunehmende Interdependenz gesellschaftlicher Funktionsbereiche keineswegs zum Abbau von Herrschaft führen muß, sondern im Gegenteil solange dahin tendiert, Herrschaft total zu machen, solange nicht alle gesellschaftlichen Teilbereiche in ihren Zielen von der übrigen Gesellschaft kontrollierbar sind. Die unternehmerische Bildungspolitik zeigte diesen Sachverhalt deutlich. Indem sie ideologisch an die privatwirtschaftliche Gesellschaftsverfassung gebunden bleibt, versucht sie, der übrigen Gesellschaft über das Bildungssystem den Herrschaftscharakter des Produktionsprozesses aufzuzwingen und das bestehende Herrschaftsverhältnis aufrechtzuerhalten."
(*Baethge* 1970, 253 f.)

Diese Analyse von *Baethge* macht uns vergessen, daß das Schulsystem eine Veranstaltung des Staates ist und daß dieser Staat den Anspruch erhebt, keinen Interessengruppen apriori Machtprivilegien zuzugestehen.
Für eine Darstellung der gesellschaftlichen Kontrolle des Schulsystems scheint mir eine explizite Berücksichtigung des formell-rechtlichen Rahmens ebenso unerläßlich[57] wie eine Beschreibung der bildungspolitischen Entscheidungsgremien[58], ihrer historischen Entstehung und internen Struktur[59]. Erst auf dem Hintergrund solcher detaillierter Phänomenbeschreibungen erweist sich eine analytische Darstellung latenter Abhängigkeiten als sinnvoll. *Baethge* hat sie für das spezielle Problem des Einflusses der Unternehmerverbände[60] unternommen und dabei seine Totalitätsthese von Herrschaft formuliert. Diese These hat im folgenden die Diskussion um die gesellschaftliche Kontrolle des Schulsystems wesentlich beeinflußt. Sie brachte die Frage ins Blickfeld, *in welchen Abhängigkeiten* der Staat steht und ob etwa die gesellschaftliche Kontrolle des Sozialisationsbereichs in erster Linie durch den Produktionssektor erfolgt, wobei der Staat nur als ausführendes Organ fungiert. Diese

---

57 Vgl. dazu die kurze Darstellung in *Büchner* 1972, 49—60.

58 Vgl. für die Entstehung der bildungspolitischen Entscheidungsgremien in der BRD die Ausführungen von *Briese* 1972, 25—76.

59 Für die Darstellung der Organisationsstruktur des Kultusministeriums in Baden-Württemberg siehe *Hage* 1972.

60 Vgl. dazu auch *Nyssen* 1970.

Hypothesen haben der marxistischen Analyse der Rolle des Staates bei der Kontrolle des Bildungssystems eine neue Prominenz verschafft.

3.5 Die Rolle des Staates in politökonomischen Analysen

Wir sind davon ausgegangen, daß die Darstellung des Verhältnisses von Schulsystem und Gesellschaft solange unpräzise bleibt, solange die Stellung des Staates nicht inhaltlich beschrieben und analysiert wird. Diesem Problem gilt nun seit längerer Zeit die Aufmerksamkeit sogenannter „linker" Staatstheorien.

Im Zusammenhang mit der Qualifikationsfunktion der Schule haben wir bereits die politökonomische *Subsumptionsthese* referiert. Sie besagt, daß der Sozialisationsbereich in kapitalistischen Gesellschaften unter die Verwertungsbedingungen des Kapitals gerät, d. h. daß die Arbeitskraft durch die Schule so ausgebildet wird, daß sie eine Profitsteigerung ermöglicht. Die Annahme einer direkten Subsumption ist nun kurzschlüssig, da sie den Sachverhalt nicht erklären kann, daß die Ausbildung hochqualifizierter Arbeitskräfte profitmindernde Kosten verursachen würde, für entsprechende Produktivitätssteigerungen aber unerläßlich ist. An dieser Stelle zeigt sich die besondere Rolle des Staates: er übernimmt die hohen Kosten für die Ausbildung, um die Rentabilität der Einzelkapitale zu sichern.

Die Funktion des Staates bei der Qualifikationsproduktion läßt sich im Rahmen der marxistischen Analyse verallgemeinern. In Marx' Theorie ist der Staat das Instrument, durch das die herrschende Klasse die anderen unterdrückten Klassen beherrscht. In der Periode des Kapitalismus ist der Staat das „Exekutivkomitee der Bourgeoisie"; er schützt das Eigentum der kapitalistischen Klassen und macht zu seiner Politik, was jeweils im Interesse der Bourgeoisie liegt. Zum andern ist der Staat der „ideelle Gesamtkapitalist" in dem Sinne, daß er auf die Erhaltung der Reproduktionsfähigkeit des Gesamtkapitals ausgerichtet ist. Die vielen Einzelkapitale, die untereinander in einem Konkurrenzverhältnis stehen, tendieren zur gegenseitigen Destruktion. Damit wäre aber auch die Überlebensfähigkeit des Gesamtkapitals gefährdet, indem die Existenz vieler Einzelkapitale gefährdet wäre. Zudem lassen sich nicht alle gesellschaftlichen Funktionen kapitalistisch organisieren, sei es, weil sie keinen Profit erbringen, sei es, weil die Kosten für die Einzelkapitale zu groß wären (s. das Gesundheitswesen, die Verwaltung, das Schulsystem usw.). Nichtsdestoweniger müssen diese Voraussetzungen für die Aufrechterhaltung der Produktion geschaffen werden. Es bedarf somit (1.) einer Gegenmacht gegen die Sonderinteressen der Einzelkapitale und (2.) einer Institution, die die komplementären Funktionen zum Produktionsprozeß erfüllt. Die marxistische Analyse spricht nun von der „Besonderung" des Staates, die *Altvater* (1972, 8 f.) so erklärt:

„So macht der Staat die Konstituierung der in Einzelinteressen zerfallenden Gesellschaft historisch erst möglich gerade auf Grund der Tatsache, daß er ihre Existenzgrundlage sichert (wie Erhaltung der Lohnarbeiterklasse als Ausbeutungsobjekte des Kapitals, Schaffung allgemeiner Produktionsbedingungen, Rechtsverhältnisse), die das Kapital entweder infolge seines durch die Konkurrenz aufgeherrschten Zwangs zur maximalen Kapitalverwertung immer wieder zu destruieren tendiert (vgl. Ausdehnung des Arbeitstags, verschärfte Intensivierung der Arbeit und als Antwort darauf Arbeitsschutzgesetze usw.) oder aber gar nicht zu erzeugen vermag, da die Erzeugungsbedingungen nicht-kapitalistische Produktion implizieren (wie es auf einen Großteil der allgemeinen materiellen Produktionsbedingungen zutrifft). Der Staat nimmt also Funktionen zur Erhaltung der kapitalistischen Gesellschaft wahr, und er kann sie gerade deshalb wahrnehmen, weil er als besondere Institution neben und außer der bürgerlichen Gesellschaft den Notwendigkeiten der Mehrwertproduktion nicht unterworfen ist, wie das Einzelkapital, und sei es noch so groß. Die *adäquate Form* des Staats im Kapitalismus ist demnach die gegenüber den Einzelkapitalen besondere Existenz und nicht etwa diejenige als „Instrument der Monopole". (Dies wird er erst in einem vermittelten Sinne.)
Welches sind aber die Funktionen, die der Staat innerhalb der kapitalistischen Gesellschaft wahrnimmt, da Einzelkapitale sie nicht wahrzunehmen vermögen? Es sind dies im wesentlichen vier Bereiche, in denen der Staat vor allem tätig wird, nämlich: (1.) Herstellung allgemeiner materieller Produktionsbedingungen („Infrastruktur"); (2.) Setzung und Sicherung von allgemeinen Rechtsverhältnissen, in denen sich die Beziehungen der Rechtssubjekte in der kapitalistischen Gesellschaft abspielen; (3.) Regulierung des Konflikts Lohnarbeit und Kapital und gegebenenfalls politische Unterdrückung der Arbeiterklasse und zwar nicht nur mit rechtlichen, sondern auch mit polizeilichen und militärischen Mitteln; (4.) Sicherung der Existenz und Expansion des nationalen Gesamtkapitals auf dem kapitalistischen Weltmarkt. Alle diese Funktionen sind zwar sozusagen allgemeine Charakteristika des bürgerlichen Staats, aber sie entwickeln sich auf der *historischen* Grundlage der Kapitalakkumulation."
(*Altvater* 1972, 8 f.)

Diese Interpretation der Rolle des Staates bildet den zentralen Ansatzpunkt zur Analyse der Wirtschaftspolitik des Staates. Es stellt sich die Frage, ob in analoger Weise die *Bildungspolitik* analysiert werden kann. Nach den obigen Thesen müßte die Bildungspolitik des Staates primär auf die Herstellung materieller Produktionsbedingungen ausgerichtet sein, d. h. auf die Herstellung einer solchen *Infrastruktur von Qualifikationen,* welche für die Einzelkapitale optimale Profitraten ermöglicht. Um die nicht im Interesse von bornierten Einzelkapitalen liegenden Qualifikationen herzustellen, bedarf der

Staat einer Machtposition, die ihm relative Unabhängigkeit gewährt, ohne daß aber seine funktionale Bezogenheit auf den Produktionsbereich verloren geht.

An dieser Einschätzung der relativen Unabhängigkeit bzw. Autonomie des Staates von Profitinteressen der Wirtschaft scheiden sich zur Zeit die Geister. Die differenzierteste Darstellung dieses Problems findet sich m. E. zur Zeit bei *Offe* (1972). In einer zentralen These behauptet er, daß der staatliche Bereich und damit auch das Schulsystem als staatlich kontrollierter Bereich selber nicht kapitalistisch organisiert ist, d. h. daß er nicht selber Mehrwert erzeugt und damit nicht nach Prinzipien der optimalen Kapitalverwertung organisiert ist. Die Organisationsformen und Aktivitäten des Staates lassen sich jedoch nur erklären, wenn seine funktionale Bezogenheit auf den kapitalistisch organisierten Produktionsbereich systematisch aufgeklärt wird.

Welche Gedankengänge führen zu einer solchen Einschätzung? *Offe* geht vom marxistischen Grundwiderspruch zwischen vergesellschafteter Produktion und privater Aneignung aus. Dieser Grundwiderspruch impliziert, daß die Profitmaximierung zum obersten Kriterium der Produktion wird. Profitmaximierung ist nur möglich, wenn einige Grundbedingungen der Kapitalverwertung erfüllt werden: wenn primär unter dem Gesichtspunkt des Tauschwertes — des Verkaufs von Waren auf dem Markt — produziert wird, wenn die Kosten der Produktion niedrig gehalten werden, wenn eine rasche Zirkulation der Waren zustande kommt usw. Die Produktion unter diesen Bedingungen wirft nun eine Reihe von Problemen auf, die zur Zerstörung der Produktionsbedingungen führen können:

— In der Konkurrenz tendieren die Einzelkapitale dazu, sich ihre Existenz gegenseitig zu erschweren. Um billiger produzieren zu können, erhöht sich der Ausbeutungscharakter der Produktion, was schließlich zum Zusammenbruch des Arbeitsfriedens führen kann. Härtere Akkorde, verlängerte Arbeitszeit, mehr Arbeitsunfälle können schließlich in Streik und Revolution münden.

— Die Logik der Profitmaximierung unter den Bedingungen der privaten Aneignung bedeutet, daß systematisch solche Bedürfnisse und Gruppen nicht berücksichtigt werden, die nicht automatisch von der Kapitalver-

— Um die Produktivität zu erhöhen, wären häufig langfristige Investitionen notwendig. Die Verteilung der Waren erfordert eine Infrastruktur — Straßen, Eisenbahnen, Kommunikationsnetze —, die zu schaffen, die Profitrate der einzelnen Betriebe stark mindern, ja oft gänzlich die Rentabilität zerstören würde.

wertung eingeschlossen werden[61]. Dies betrifft die menschliche Gesundheit, humane Arbeitsbedingungen, Bildung und Kunst, eine sinnvolle Freizeitgestaltung, reine Luft und Gewässer usf. Als Folge dieser systematischen Unterschlagung „allgemeinmenschlicher Bedürfnisse" entstehen benachteiligte Gruppen (Disparitäten).

Eine kapitalistische Produktionsweise erzeugt die obigen Systemprobleme, die gelöst werden müssen, wenn das System selber erhalten bleiben soll. In der Entwicklung staatlicher Institutionen sieht *Offe* die konkreten historischen Erscheinungsformen für solche Problemlösungen, die vom kapitalistischen Grundwiderspruch her erzwungen werden. Dazu gehört ein entwickeltes Instrumentarium der Wirtschaftspolitik, das die Überlebensfähigkeit des Gesamtkapitals erhöht, eine Ausdehnung des öffentlichen Bereichs zur Erzeugung einer Infrastruktur, dazu gehören sozialpolitische Gesetzgebungen, um zumindest eine minimale Befriedigung kapitalistisch nicht verwertbarer Bedürfnisse sicherzustellen (Sozialfürsorge, Altersfürsorge usw.).
Institutionelle Innovationen sind ebenfalls „... als Lösungsversuche für Probleme und Widersprüche zu interpretieren, deren Manifestation und Aktualität direkte Folge des kapitalistischen Grundwiderspruches zwischen fortschreitender Vergesellschaftung der Produktion und profitorientierter Disposition über das Produktionsergebnis ist" (*Offe* 1972, 23). Das selbstadaptive Instrumentarium der Partialkontrollen, d. h. der institutionalisierten Möglichkeiten, die Manifestationen des Widerspruchs abzuschwächen, zu verdrängen oder temporär zu umgehen, besteht primär aus (1.) der Organisation des Marktes, (2.) der Institutionalisierung des technisch-wissenschaft-

---

61 *Offe* spricht von der „institutionalisierten Nicht-Relevanz des mit der Kapitalakkumulation inkompatiblen konkreten Bedürfnisses", die aus der Kategorie der privaten Aneignung abzuleiten ist: „Selbstverständlich beschränkt sich der Begriff der privaten Aneignung nicht auf den Bereich ihrer formellen privatrechtlichen Sanktionierung, — heute weniger denn je. Auch wäre eine motivationale Interpretation des Begriffes Privatheit, etwa aus dem ‚Egoismus' oder ‚Profitstreben' der Kapitaleigner, grundsätzlich verfehlt, ebenso wie jene andere, die den Zusammenhang von Privatheit und selbstnegatorischen Tendenzen kognitiv ableitet, nämlich aus der notwendigen Borniertheit des Entscheidungsprozesses angesichts der unermeßlichen Komplexität des gesellschaftlichen Geschehens. Die Kategorie der Privatheit meint vielmehr, weit jenseits aller legalen und psychologischen Verkürzungen, den sozialökonomischen Tatbestand der strukturellen Abstraktion von Bedürfnissen, Gruppen und Klassen, die vom Basismechanismus profitabler Kapitalverwertung nicht automatisch mitberücksichtigt werden. ‚Privat' ist das Attribut einer ökonomischen Struktur, in der Gebrauchswerte nur als Begleiterscheinungen von Tauschwerten auftreten; in der gesellschaftlicher Reichtum auf der Erzeugung von Mangel beruht; in der Kapitalakkumulation von der periodischen oder permanenten Kapitalvernichtung begleitet ist, usf." (*Offe* 1972, 15).

lichen Fortschritts und (3.) der staatlichen Globalregulierung sämtlicher bestandswichtiger Variablen des Systems.

Auf eine einfache Formel gebracht: der Staat übt Komplementärfunktionen zum Produktionsbereich aus, er springt immer dann ein, wenn die Funktionsfähigkeit des Wirtschaftssystems gefährdet erscheint. Dadurch weitet sich das politisch-administrative System der Gesellschaft aus, es gewinnt zunehmende Bedeutung als gesellschaftliche Steuerungs- und Planungsinstanz. Indem seine Maßnahmen aber funktional auf die Erhaltung der kapitalistischen Produktionsweise bezogen sind, werden nicht-wirtschaftliche Bereiche vernachlässigt: es entsteht das Problem von privatem Reichtum und öffentlicher Armut.

Damit liegt auch das grundlegende Interpretationsmuster für die Einschätzung der staatlichen Bildungspolitik vor. Sie müßte danach auf die Herstellung einer Profit-ermöglichenden Qualifikationsstruktur bezogen sein. Ihr Ziel hätte ferner die Schaffung der Legitimationsgrundlagen für die bestehenden Produktionsverhältnisse zu sein. Da das wirtschaftliche und das politische System auf die Massenloyalität angewiesen sind, der Widerspruch zwischen vergesellschafteter Produktion und privater Aneignung aber ein dauerndes Legitimitätsbedürfnis schafft, liegt nach *Offe* eine der zentralen Aufgaben der staatlichen Bildungspolitik in der Herstellung dieser Loyalität. Dieser Interpretation entsprechen die bildungsökonomischen Bemühungen der ersten Phase der Bildungsreform seit 1964 recht gut. Die obigen Thesen liefern zudem ein Interpretationsmuster für das Verständnis von Maßnahmen gegen die legitimationskritischen Potentiale der Gesellschaft, gegen die Intellektuellen, Lehrer, Studenten und Schüler.

Bereits im Zusammenhang mit der Qualifikationsproduktion haben wir Zweifel angemeldet, ob die staatliche Bildungspolitik primär auf die Schaffung kapitalistisch verwertbarer Qualifikationen ausgerichtet ist. Wir haben erwähnt, daß viele Qualifikationen (s. z. B. Latein) nicht produktiv verwertbar sind, daß das allgemeinbildende Schulsystem durch erstaunliche Praxisferne charakterisiert ist, daß durch das duale Schulsystem von Allgemeinbildung und Berufsbildung die Vermittlung von Qualifikationen, die im Arbeitsprozeß erforderlich sind, von den Betrieben selber übernommen wird und daß zwei Drittel aller Hochschulabgänger vom Staat selber beschäftigt werden und nur ein Drittel in die Industrie geht.

Unter qualitativen Gesichtspunkten produziert das Schulsystem für den Produktionsbereich einen funktionslosen Überschuß und zugleich unzulängliche Qualifikationen. Allerdings dürfte nicht zu übersehen sein, daß im Schulsystem solche allgemeinen Qualifikationen vermittelt werden, die eine relativ rasche Vermittlung von konkret verwertbaren Qualifikationen erlauben.

Auch unter quantitativen Gesichtspunkten dürfte die Bedeutung des Bildungssystems für den Produktionsprozeß eher abnehmen. Dafür spricht einmal der Trend, daß immer weniger Personen im Produktionssektor tätig sind und daß immer mehr Personen im nicht kapitalistisch strukturierten öffentlichen Bereich beschäftigt werden. Man könnte sogar vermuten, daß ein expandierendes Bildungssystem eher zur Belastung für den Produktionsbereich wird, da es finanziell ja vom mehrwertproduzierenden Bereich zehrt und somit zum mehrwertzehrenden Bereich zu zählen ist.

Wie wir bereits dargestellt haben, versuchen Vertreter verschiedener bildungsökonomischer Ansätze eher nachzuweisen, daß Investitionen im Ausbildungssektor zu Produktivitätssteigerungen beitragen. Eine Reihe bildungspolitischer Initiativen — besonders im Hochschulbereich — gründete auf solchen Annahmen.

Einige politökonomische Kritiker hingegen betonen, daß der Staat mit bildungspolitischen Initiativen nicht so sehr oder zumindest nicht nur auf Produktivitätsprobleme reagiert. In der bildungspolitischen Diskussion stehen heute eher Probleme der Chancengleichheit, der Demokratisierung und der emanzipatorischen Erziehung über neue Bildungsinhalte im Vordergrund. Nun darf eine Funktionsanalyse nicht bei der Eruierung des Selbstverständnisses der Bildungspolitiker stehen bleiben; sie muß die im Hintergrund stehenden Systemprobleme zu ergründen versuchen.

Wir können davon ausgehen, daß ein politisches System nur dann dauerhaft bestehen kann, wenn sich die Massen ihm gegenüber loyal verhalten. In entwickelten Industrienationen beruht diese Massenloyalität wesentlich darauf, daß die verfassungsmäßig niedergelegten normativen Ansprüche Entsprechungen in der Realität finden. Zu solchen Ansprüchen zählen in unserer Gesellschaft egalitäre Normen, eine Fürsorgepflicht des Staates und die Einhaltung demokratischer Entscheidungsverfahren. In diesem Sinne sind die staatlichen Aktivitäten an Individualrechten (Grundrechte und Menschenrechte) orientiert. Solche normativen Ansprüche geraten nun in Konflikt mit den strukturell bedingten Tendenzen zu sozialer Ungleichheit, z. B. mit der schichtspezifischen Selektion im Schulsystem und mit den autoritären Entscheidungsstrukturen. Der größte Widerspruch ergibt sich jedoch dort, wo die Produktionsverhältnisse legitimiert werden sollen, die es einer kleinen Gruppe gestatten, kontinuierlich Vermögen anzuhäufen, während die Masse der Bevölkerung auf mehr oder weniger eng begrenzte Möglichkeiten der Selbstreproduktion fixiert wird. Da der Staat komplementäre Funktionen zum kapitalistisch organisierten Produktionsbereich übernimmt, gerät er selber in Legitimationszwang, um die durch den Widerspruch von Anspruch und Realität gefährdete Massenloyalität herzustellen. Wenn die staatliche Bildungspolitik auf solche Probleme reagiert, dann versucht sie, den Prozeß der politischen Sozialisation mit seinen legitimatorischen Konsequenzen zu beeinflussen. Der Staat versucht hier über das Schulsystem seine eigenen Probleme, vor allem Probleme der Glaubwürdigkeit zu lösen. Daß er aber gerade an jenen Punkten repressiv reagiert, wo die Legitimität der Produktionsverhältnisse in Frage gestellt wird, weckt den Verdacht, daß über die Bildungspolitik kapitalistische Verhältnisse stabilisiert werden sollen. Damit wäre der Staat wieder eine Agentur des Kapitalismus.

Diese letzte Behauptung gilt allerdings nur im Sinne einer Funktionsbestimmung, d. h. der Staat übt nach der marxistischen Staatstheorie über das Bildungssystem Komplementärfunktionen für die Aufrechterhaltung der Funktionsfähigkeit des Gesamtkapitals aus. Eine solche Funktionsbestimmung enthebt nun nicht der Notwendigkeit, die *Mechanismen* darzustellen, über die diese Funktionen erfüllt werden. Durch welche gesellschaftlichen Kontrollprozesse wird gesichert, daß die Qualifikationsproduktion und die Legitimationsproduktion in der erwünschten Richtung laufen?

Bei *Offe* findet sich eine kurze Zusammenfassung gängiger Konzeptionen über dieses Problem:

„1. Einflußtheorien. Diese Position geht davon aus, daß der Staatsapparat, d. h. seine gesetzgebenden exekutiven und rechtsprechenden ebenso wie die repressiven Kompetenzen und Funktionen, ein Instrument der herrschenden Klasse als Gesamtheit der institutionellen ‚Träger' des Verwertungsprozesses sei. Diese instrumentalistische Interpretation stützt sich auf eine Reihe von empirischen Argumenten, die hier nur kurz skizziert werden sollen.

a) Einzelne Kapitalblöcke oder Industriegruppen haben auf Grund von institutionalisierten Einflußchancen die Möglichkeit, innen- und außenpolitische Entscheidungen, effektive Besteuerungsverhältnisse, Entscheidungen über Subventionen und Privilegierungen usw. in ihrem Sinne zu beeinflussen; dies insbesondere auch dadurch, daß ihre starke Marktstellung ihnen erlaubt, durch Drohungen und Erpressungen auf die Förderung ihrer Interessen hinzuwirken. Zahlreiche Beispiele aus der Rüstungs-, Erdöl-, Bergbau, chemischen, elektronischen und anderen Industrien illustrieren diesen Zusammenhang.
b) Einzelne Kapitalgruppen und Industrieverbände haben die Möglichkeit, die ihnen aus politischen Gründen auferlegten Kontrollen und regulativen Eingriffe in der Weise zu unterlaufen, daß hoheitliche Gewalt praktisch privatisiert wird und Kontrolleure und Kontrollierte identisch werden.
c) Durch die Möglichkeit des ‚Investitionsstreiks' können die Einzelkapitale ‚indirekten Einfluß' ausüben: die faktisch bestehende und eines ausdrücklichen Hinweises gar nicht bedürftige Drohung, daß die Produktion eingeschränkt oder ins Ausland verlagert werden könnte, zwingt die Instanzen des Staatsapparates, immer in Antizipation solcher Möglichkeiten zu agieren.
d) Die politische Meinungsbildung vollzieht sich unter der direkten Kontrolle kapitalistisch organisierter Massenmedien (Zeitungen, Verlage, Film usw.), so daß die

Artikulation anti-kapitalistischer Interessen und die Durchsetzung kapital-feindlicher Strategien auch auf diesem Wege weitgehend unterdrückt werden kann.

e) Schließlich bestehen Möglichkeiten zur direkten und indirekten personellen Einflußnahme auf die Besetzung von Positionen des politischen Systems darin, daß durch gezielte Wahlfinanzierung, Einflußnahme auf die Kandidatenauswahl und persönliche Kontakte Abhängigkeitsverhältnisse hergestellt werden können, so daß eine grundsätzliche ideologische Affinität zwischen den Interessen des Kapitals und den politischen Eliten besteht.

2. Die andere Gruppe von Theorien, die hier als ‚Constraint-Theorien' bezeichnet werden sollen, betonen praktisch nur die Kehrseite der von den Einflußtheorien benutzten Argumentationsfigur. Sie insistieren auf dem Tatbestand der strukturell begrenzten Handlungsmöglichkeiten, des Souveränitätsmangels politischer Institutionen und Prozesse, und weisen — z. B. unter dem Stichwort der ‚Sozialstaatsillusion' — auf die Unwirksamkeit von Regulierungs- und Interventionsmöglichkeiten hin.

Während die Einflußtheorien die strikte Instrumentalisierung des Staatsapparates auf Verwertungsinteressen hin hervorheben, gehen die Constraint-Theorien davon aus, daß die Institutionen des politischen Systems jedenfalls nicht zum Instrument irgendeines nicht-kapitalistischen Interesses effektiv werden können. Diese beiden komplementären Blickrichtungen unterscheiden sich allenfalls in der Einschätzung der Bedeutung der Staatstätigkeit für die Reproduktion der kapitalistischen Ökonomie. Beide Male aber ist die Annahme der Neutralität des Staatsapparates als eines Instruments impliziert, das seiner inneren Struktur nach prinzipiell auch zur Durchsetzung anderer Interessen benutzt werden könnte."

(*Offe* 1972, 66—68)

Offe hält diese Theorien für unbefriedigend, da sie bei der Feststellung äußerer Determinationsverhältnisse stehen bleiben und einem pluralistischen Modell der politischen Analyse verhaftet sind. Im Bereich der Bildungspolitik ist es auch nicht überzeugend gelungen (s. *Nyssen* 1970 und *Baethge* 1970), den direkten Einfluß von Unternehmergruppen auf die Bildungspolitik nachzuweisen.

Demgegenüber vertritt *Offe* die These, daß nicht nach äußerer Beeinflussung zu suchen ist, sondern nach jenen Organisationsformen des Staatsapparates, nach jenen rechtlichen Regelungen und Prozeduren, die die Artikulierung und Durchsetzbarkeit von Initiativen und Interessen gewährleisten, die sich aus dem Verwertungsprozeß ergeben. Die Aufmerksamkeit *Offe*s gilt der Binnenstruktur des politischen Systems. Er definiert die staatlich organisierte Herrschaft als ein „... selektives ereignis-erzeugendes Regelsystem, als einen Sortierprozeß" (*Offe* 1972, 74). Durch dieses Regelsystem werden Ereignisse ausgeschlossen und Ereignisse erzeugt. Mit dem Begriff der Selektivität ist eine Konfiguration von Ausschließregeln gemeint, eine nicht-zufällige (d. h. systematische) Beschränkung des Möglichkeitsraumes. Durch eine Geschäftsordnung wird z. B. vermieden, daß dominante Persönlichkeiten immer reden. Das Strafrecht schließt aus, daß Folterungen angewendet werden, um Geständnisse zu erpressen. Die Vertretung liberaler Freiheitsrechte macht es unmöglich, daß bestimmte Probleme überhaupt erst „politikfähig“ werden können.

Nach diesem Konzept der Selektivität müßte nachgewiesen werden, daß sich besonders solche Interessen im staatlich organisierten Herrschaftsbereich durchsetzen können, die (a) auf die Entstehung eines positiven Klasseninteresses ausgerichtet sind, die also die partikularen Interessen der Einzelkapitale eindämmen zugunsten des Überlebens des Gesamtkapitals (Schutz des Kapitals gegen sich selber). Zum anderen wäre zu erweisen, daß (b) die Selektivität in der Abschirmung des Gesamtkapitals gegen antikapitalistische Interessen und Konflikte besteht (Staat als Repressionsorgan). Neben der Favorisierung solcher Interessen muß nachgewiesen werden, daß andere eine geringere Chance der Formulierung und Durchsetzbarkeit haben — ein schwieriges methodisches Problem, da es auch die Berücksichtigung der „nondecisions“ erfordert, der Entscheidungen und Initiativen, die nicht zustande gekommen sind, nicht zustandekommen konnten. Diese Selektivität erweist sich nach *Offe* nur dann in überzeugender Weise, wenn durch eine politische Praxis die Aufhebung der oben erwähnten staatlichen Funktionen angestrebt wird.

Im Bereich des Bildungswesens könnte der Testfall darin liegen, ob es durch die Bildungspolitik gelingt, nicht verwertungsfähigen Qualifikationen im Schulsystem, z. B. Fähigkeiten zur Selbst- und Mitbestimmung, ein Übergewicht zu verschaffen und ob es möglich sein wird, daß ein Bild von der Gesellschaft vermittelt werden kann und darf, das nicht implizit oder explizit die Legitimation der kapitalistischen Ökonomie beinhaltet. Von der Durchsetzbarkeit solcher Ziele könnte die Einschätzung des Staates als Agentur der polit-ökonomischen Verhältnisse oder als an *Individualrechten orientierter Rechtsstaat abhängen.*

Diese letzte Formulierung verweist auf eine Charakterisierung der Rolle des Staates, nach der diese Institution primär an ihrem eigenen, verfassungsmäßig festgelegten Anspruch gemessen wird. Danach sind die staatlichen Einrichtungen letztlich an der Verwirklichung der Menschenrechte, z. B. des Rechtes auf Bildung und auf Nicht-Diskriminierung ausgerichtet. Selbst eingedenk der möglichen Verkürzungen einer Interpretation, die auf das Selbstverständnis einer Institution rekurriert und deren objektive Funktionen nicht berücksichtigt, scheint es doch erforderlich, die expliziten Zielorientierungen ernster zu nehmen, als es in marxistischen Staatstheorien üblicherweise geschieht. An der Zustimmung zu explizit vorgetragenen Zielvorstellungen hängt schließlich die Macht einer Regierung, die auf die Stimmen bei Wahlen angewiesen ist. Diese Orientierung an den Wählerstimmen könnte zudem einen Grad an Selbständigkeit und Autonomie des Staates zur Folge haben, der den objektiven Zwang zur Orientierung an der Aufrechterhaltung der Verwertungsbedingungen des Kapitals mindert. In der Bildungspolitik könnte dies heißen, daß die Vermittlung von Qualifikationen zur optimalen Entfaltung der Persönlichkeit und sozialen Teilhabe ein Übergewicht zu arbeitsbezogenen Qualifikationen bekommt, daß die Herstellung einer sozialen Gleichheit über das Schulsystem und der Abbau von Chancenungleichheiten ein politisch erreichbares Ziel wird und daß die Legitimation der politischen Herrschaft die Legitimation eines demokratischen Systems und nicht notwendigerweise kapitalistischer Verhältnisse bedeutet.

Daß dies möglich ist, ist bisher weder theoretisch zwingend nachgewiesen noch praktisch erprobt. An diesen Punkten wird sich deshalb die Diskussion weiter entzünden.

3.6 Reproduktion oder Veränderung der Gesellschaft durch das Schulsystem?

Die zentrale Frage, die die vielen Analysen des Verhältnisses von Schulsystem und Gesellschaft bewegt hat, dreht sich um die Rolle, die das Schulsystem und sein Träger, der Staat, im Prozeß des sozialen Wandels einnehmen kann. Sind Änderungen des Schulsystems immer nur Folgeerscheinungen von Änderungen in anderen gesellschaftlichen Bereichen? Hat der vielfach behauptete „cultural lag" zwischen Schule und Gesellschaft eine unaufhebbare Unausweichlichkeit? Kann man durch das Schulsystem eine neue Gesellschaft schaffen? Kann man durch das Schulsystem den neuen, „mündigen" und „emanzipierten" Menschen hervorbringen? Sind die derzeitigen Bemühungen um die Schulreform nur Versuche, Modernitätsrückstände aufzuholen oder haben die angestrebten gesellschaftlichen Konsequenzen eine Chance auf Realisierung?

Hinter solchen Fragen verbergen sich Hoffnung und Defaitismus, Utopismus und Traditionalismus. Ihre Beantwortung scheint mehr eine Frage des Glaubens als eine Frage der Analyse zu sein. Wenn man letztere trotzdem versucht, dann muß man als erstes davon ausgehen, daß eine umfassende Beantwortung nicht weniger erfordern würde als eine Analyse der impliziten theoretischen Modelle des sozialen Wandels. So weit können und wollen wir hier nicht gehen. Zur Orientierung müssen wir hier aber einige Grundpositionen, die im Zusammenhang mit dem Bildungssystem immer wieder vertreten werden, diskutieren.

3.6.1 Der politökonomische Determinismus

In Zeiten, in denen die Reform des öffentlichen Bildungswesens kein zentrales Thema bildete, konnte die Frage, ob durch das Schulsystem die Gesellschaft verändert werden könnte, nur als theoretische Frage auftauchen. Seit einigen Jahren sind in der BRD jedoch intensive Bemühungen um die Reform des Bildungswesens im Gang. Sie zielen nicht nur auf „Modernisierung", sondern ihr Anspruch ist weitergehend: durch das Bildungssystem soll die Gesellschaft verändert werden. Die Frage konzentriert sich damit darauf, wie aussichtsreich solche Bemühungen sind, ob ihnen pädagogische Illusionen und soziale Utopien zugrunde liegen. Dies dürfte der Grund sein, warum von „linken Kritikern" in der letzten Zeit nicht so sehr die Schulrealität als die Bemühung um ihre Reform kritisiert wird. Erst an diesen Bemühungen zeigen sich deutlich die Grenzen und Möglichkeiten des sozialen Wandels über das Schulsystem.

In dieser Perspektive schrieben *Bühlow* et. al. (1972) eine Analyse der Gesamtschulreform, um „. . . die vor allem von der Sozialdemokratie verbreiteten Illusionen über die Veränderbarkeit der Gesellschaft durch Bildungsreform zu zerstören" (S. 135).

Die Antwort fällt hier relativ eindeutig aus: zwischen dem Ausbildungssektor und dem Produktionssektor einer Gesellschaft bestehen solche Abhängigkeiten, daß Änderungen im Ausbildungssektor immer nur Versuche darstellen, die funktionalen Beziehungen zum Produktionssektor zu vergrößern. Am Beispiel der Gesamtschule glauben die Autoren, dies nachweisen zu können.

Um diese Konsequenz zu verstehen, muß man einige Grundtheoreme der politökonomischen Analyse kennen. Ein solches besteht z. B. in der Bewertung von Bewußtseinsstrukturen (von Meinungen, Wertsystemen) als treibende Momente sozialen Wandels. Sie sind nach marxistischer Analyse eher Epiphänomene der politökonomischen Basis und dienen zu deren Verschleierung und Stabilisierung. Ihnen selber kommt keine treibende Kraft im sozialen Wandel zu. Da das Schulsystem von seiner Funktion her primär auf die Veränderung von Bewußtseinsstrukturen und Interessen ausgerichtet ist, kann es keinen sozialen Wandel produzieren.

Ein zweites wichtiges Theorem besteht in der Theorie der Revolution, die ihre Ursachen in den sich verschärfenden Grundwidersprüchen (zwischen Arbeit und Kapital, zwischen gesellschaftlicher Produktion und privater Aneignung) hat. Wenn die Schulreform zum sozialen Wandel beitragen kann, dann nur über die Verschärfung dieser Grundwidersprüche, die, indem sie manifest werden, auch überwunden werden können. Das ist auch die Hoffnung, die *Bühlow* et al. mit der Gesamtschule verbinden: daß sie zu einer solchen Verschärfung beiträgt. Sie glauben nämlich erkennen zu können, daß sich dafür einige Anzeichen finden.

- — In Gesamtschulen wird der Widerspruch zwischen den Orientierungen und Verhaltensweisen von Arbeiterschicht und Bourgeoisie manifester.
- — Die Forderung nach höheren und formaleren Qualifikationen birgt die Möglichkeit, zu besseren Einsichten in die eigene Klassenlage zu gelangen.
- — Die Verwissenschaftlichung der Ausbildung enthält tendenziell die Möglichkeit, auf die Analyse des sozialen Systems ausgedehnt zu werden, so daß die eigene Situation ebenfalls bewußter wird.
- — Unter eingeschränkten Bedingungen ist im Bildungssystem immer noch die Entwicklung von Fähigkeiten möglich, die am Arbeitsplatz aus Verwertungsinteressen unterdrückt werden.
- — Die neuen Produktionsbedingungen fordern Kooperation im Arbeitsprozeß, jedoch Vereinzelung auf Grund kapitalistischer Produktionsverhältnisse.

Diese Chancen der Schule — hier sind nur einige beispielhaft angeführt — führen nicht von selbst zur Aufhebung der Grundwidersprüche des kapitalistischen Systems. Sie bedürfen der Interpretation und der kollektiven Durchsetzung.

Diese Analyse läßt sehr wenig Raum für aussichtsreiches und geplantes Eingreifen in die Änderung der Gesellschaft. Sozialer Wandel vollzieht sich eher notwendig aus inneren Widersprüchen heraus. Eine solche Analyse gerät in eine gefährliche Nähe zu theoretischen Selbsteinschüchterungen und praktischem Defaitismus, wenn sie bei der Aussage stehenbleibt, daß „der kapitalistische Verwertungsprozeß in wachsendem Maße den gesamten Ausbildungssektor determiniert" (*Becker* und *Jungblut* 1972, 9).

Diesem Modell scheint eine Schwierigkeit innezuwohnen, die aufzudecken zusätzliche Perspektiven eröffnet. Die Analyse der Beziehungen zwischen dem Ausbildungssektor und dem Produktionssektor ist in der hier referierten Fassung primär eine *funktionale.* Es werden bestimmte Bedingungen *postuliert,* die erfüllt sein müssen, damit bestimmte Soll-Werte realisiert werden. Optimale Profitmaximierung ist nur möglich, wenn .... Die kapitalistischen Verwertungsbedingungen verlangen .... Solche Sätze haben sich häufig wiederholt. Diese Analyseform enthält in sich jedoch keine Angaben über die Vermittlungsmechanismen von funktionalen Beziehungen. Im Kapitel über die gesellschaftliche Kontrolle des Bildungssystems hatten wir versucht, solche Mechanismen aufzuzeigen. Wird diese Analyse vollzogen, dann sind die konkreten Entscheidungs- und Auseinandersetzungsprozesse um die Bildungsreform zu verfolgen. Wir hatten damals mit kritischen Einschränkungen von den verschiedenen Interessengruppen gesprochen, die an der Bildungspolitik beteiligt sind, untereinander jedoch in unterschiedlichen Abhängigkeiten stehen. Auf dem Hintergrund einer solchen Analyse müßte man fragen:

— Gibt es gesellschaftliche Gruppen mit relativer Selbständigkeit vom Produktionsbereich und von den angeblichen Produktionszwängen, die über genügend Macht besitzen, um der Dominanz bestimmter ökonomischer Zielsetzungen und der implizierten Funktionalisierung des Menschen für den Produktionsbereich gegensteuern zu können?
— Lassen sich in der derzeitigen bildungspolitischen Auseinandersetzung Zielsetzungen feststellen, die eher auf die Schaffung einer größeren Autonomie des Menschen, größerer Emanzipation und besserer Lebensqualität über den Erziehungssektor ausgerichtet sind?
— Kann man den sozialpolitischen Zielsetzungen der größeren sozialen Gleichheit eine relative Selbständigkeit von ökonomischen Produktionszwängen zubilligen?

Man könnte der Ansicht sein, daß einerseits die Konzentration des Schulsystems auf seine Eigenfunktionen erhebliche Schwierigkeiten bereitet, den Ausbildungssektor in der unterstellten Weise zu funktionalisieren. Ferner wäre zu prüfen, ob z. B. Koalitionen zwischen einer sozialpolitisch bewußten Gewerkschaft mit einer kritischen Lehrerschaft, einer politisch bewußten Wissenschaft, einer programmatischen Partei und entschiedenen Regierung auf einer sicheren Mehrheit nicht sozialpolitische Zielsetzungen durchsetzen könnte, die mittelfristig eine Verringerung ökonomischer und kultureller Ungleichheiten bewirken könnte und langfristig zur demokratisch vollzogenen Durchsetzung der Abschaffung kapitalistischer Grundwidersprüche in der Lage wäre.
Der Begründung eines solchen Ansatzes müßte eine konkrete historische Analyse der Machtkonstellationen und der zugrundeliegenden Abhängigkeiten vorausgehen. Nur so kann man der Gefahr einer naiven Pluralismuskonzeption entgehen. Nur so kann man vermeiden, sich über die Identifikation mit staatlichen Zielsetzungen zum ungewollten Anwalt kapitalistischer Interessen zu machen. Diese Gefahr ist besonders in der folgenden Position enthalten.

3.6.2 Der idealistische Indeterminismus

Eine genaue Beschreibung dieser Position zu geben würde heißen, einen Großteil der Ideengeschichte der bürgerlichen Pädagogik zu referieren. Ein

Grundmuster dieser Konzeption bildet der Glaube, daß es bei der Erziehung nur um die Veränderung des Individuums, insbesondere seiner geistigen Haltungen und Wertstrukturen geht und daß diese Veränderung durch direkte erzieherische Beeinflussung — unabhängig von der sozialen und ökonomischen Lebenssituation — erfolgen könne. Sie hat ihr Pendant in der Konzeption der Schule als „autonomem Lebensraum" und als „pädagogische Provinz". In der Didaktik entspricht ihr eine Konzeption von Unterricht, bei dem es um die isolierte Vermittlung von Kenntnissen, Fertigkeiten und Haltungen geht (vgl. *Huisken* 1972). Auch die Sozialisationstheorie ist von solchen latenten Grundannahmen nicht frei. Wohl ist sie vom Verdacht frei, die gesellschaftliche Abhängigkeit von Persönlichkeitsstrukturen zu ignorieren. Sie kann aber doch in der Verkürzung befangen sein, diese gesellschaftliche Abhängigkeit auf die Internalisierung von Normen, Werten und Interpretationsmustern zu reduzieren und damit zweierlei nicht zu berücksichtigen: Einmal den Sachverhalt, daß Normen, Werte und Interpretationsmuster — kurz die „ideellen Strukturen" — einen sinnvollen Teil in einem größeren Lebenszusammenhang bilden. Die Erziehungswerte der Eltern können z. B. funktional für das Bestehen in unterschiedlichen beruflichen und gesellschaftlichen Situationen sein (vgl. *Kohn* 1969). Ein individualistisches Konkurrenzdenken ist eine „sinnvolle" Einstellung in einem aufstiegsorientierten, kompetativen Berufsfeld. Bewußtseinsstrukturen haben also eine bestimmte Funktion in einem größeren sozialen Zusammenhang, die es erschwert, diese Bewußtseinsstrukturen ohne Rücksicht auf die soziale und ökonomische Situation der Betroffenen zu ändern.

Zum andern berücksichtigt eine idealistische Sozialisationskonzeption zu wenig den Sachverhalt, daß mit der Internalisierung normativer Strukturen gleichzeitig soziale Verhältnisse reproduziert werden. In der Konzeption von der Doppelfunktion des Sozialisationsprozesses haben wir darauf ausdrücklich Bezug genommen.

Solche idealistischen Vorstellungen gehen meist Hand in Hand mit *individualistischen Konzeptionen,* die sozialen Wandel als das Ergebnis des individuellen, von Ideen getragenen Einsatzes sehen. Sie bauen — in marxistischer Terminologie ausgedrückt — ausschließlich auf die Kraft des Überbaus, ohne dessen Funktion als Legitimierungsbasis und dessen Abhängigkeit von ökonomischen und sozialen Strukturen zu sehen.

Daß eine solche Konzeption nicht haltbar ist, dürften die bisherigen Ausführungen gezeigt haben. Sie provoziert jedoch zur Analyse, welche Bedeutung Prozesse der Bewußtmachung, Aufklärung, der Interpretation historischer Situationen und Ideologien im sozialen Wandel haben können. Vermutlich befreien gerade solche Prozesse von der direkten Verhaftetheit an soziale und ökonomische Zwänge und schaffen Alternativen.

Beide hier genannten Konzeptionen erzeugen unterschiedliche Hoffnungen, über das Schulsystem die Gesellschaft zu ändern. Im ökonomischen Determinismus scheint dies unmöglich, im idealistischen Indeterminismus gibt es Hoffnungen, insbesondere wenn es gelingen sollte, einen von der Gesellschaft abgeschiedenen Erziehungsraum zu schaffen (*Fichte, Rousseau*).

Die Frage nach dem gesellschaftsverändernden Potential der Schule läßt sich nicht eindeutig mit ja oder nein beantworten. An die Stelle der allgemeinen Frage müßte die Analyse der konkreten historischen Chancen propagierten sozialen Wandels treten, z. B. die Analyse der Chancen, über das Schulsystem größere Gleichheit in der Gesellschaft zu schaffen und die Gefahren von Aggressivität, Kriminalität und Krieg abzubauen. Die allgemeine Frage ist jedoch heuristisch nützlich: sie fordert dazu auf, Grundmuster offen zu legen. Danach stehen wir vor folgender Situation.

Prinzipiell ist es möglich, über die Veränderung des Bewußtseins, der Werthaltungen und Verhaltensweisen von Heranwachsenden ein soziales System zu verändern. Diese Möglichkeit entspringt der Auffassung, daß gesellschaftliche Wirklichkeit teilweise aus solchen Bewußtseinsstrukturen, Werthaltungen und Verhaltensweisen besteht. Die Möglichkeit, die hier eröffnet wird, erfährt seine Realisierungsgrenzen besonders durch zwei Sachverhalte: erstens durch die unterschiedlich große Funktionalität solcher individueller Bewußtseinsstrukturen für unterschiedliche Lebenssituationen. Ein Bauarbeiter ist mit einer humanistischen Bildungskonzeption schlecht bedient, ebenso ein Unternehmer mit dem Fatalismus unterprivilegierter Schichten. Die zweite Begrenzung ergibt sich aus dem beschriebenen Sachverhalt, daß die Veränderung des Individuums, die Beeinflussung der Heranwachsenden einer strengen gesellschaftlichen Kontrolle unterliegt.

Die Schaffung einer neuen Gesellschaft über die Beinflussung der heranwachsenden Generation erscheint nach einer solchen Analyse unter einer Bedingung möglich: wenn es gelingt, die heranwachsende Generation von der bestehenden Gesellschaft, insbesondere auch von politökonomischen Zwängen zu isolieren und sie in einem geschlossenen Lebensraum zu erziehen. Dies ist als generalisiertes Modell nicht durchführbar, obwohl es auch heute noch viele Annäherungen, etwa in der Internatserziehung, gibt.

Eine zweite Lösung besteht darin, nach Freiräumen in der gesellschaftlichen Abhängigkeit des Schulsystems zu suchen, die für Innovationen auszunützen wären. Dieser Konzeption liegen Annahmen bezüglich der relativen Autonomie des Schulsystems zugrunde, die Raum für sozialen Wandel gegen herrschende ökonomische Interessen schaffen könnte. Vor allem wäre zu fragen, wie sich Lehrer Kontrollen entziehen können und wie dies Schüler können. In diesem Fall würde man den Trägern der Institution Schule die Hauptlast aufbürden — eine utopische Konzeption, wenn man den Handlungsdruck der

Praxis und die Schwierigkeiten der theoretischen Reflexion unter solchen Bedingungen bedenkt. Zudem birgt diese Konzeption die Gefahr, daß man in den Bemühungen um sozialen Wandel in sekundäre Bereiche abgedrängt wird.

Die einzig adäquate Konzeption scheint darin zu bestehen, die konkreten Abhängigkeiten des Schulsystems von den gesellschaftlichen Kontrollinstanzen zu analysieren und auf dieser Basis nach Koalitionspartnern in der Durchsetzung sozialpolitischer Ziele, die über das Schulsystem erreicht werden können, zu suchen. Hier kehrt sich die Fragestellung um: in welchem Ausmaß sind schulexterne Bezugsgruppen auf das Schulsystem in der Durchsetzung ihrer Ziele angewiesen? Hier wird nicht vom Subsystem der Schule aus die Gesellschaft geändert, sondern schulexterne Bezugsgruppen, etwa das politische System und die Wissenschaften versuchen, über das Schulsystem sozialen Wandel zu provozieren. Daß sie dabei sehr erfolgreich sein können, hat etwa die Bedeutung erwiesen, die das Schulsystem nach der russischen Revolution gehabt hat. Ein mächtiges politisches System kann über das Schulsystem viele retardierende Einflüsse ausschalten, etwa konservative Einflüsse bürgerlicher Elternhäuser oder wirtschaftlicher Interessengruppen.

In solchen Koalitionen scheint auch heute die zentrale Chance zu liegen. Der Staat hätte auch heute genügend relative Selbständigkeit von ökonomischen Interessen, um über das Schulsystem sozialen Wandel zu provozieren. Er könnte in dem doch großen Bereich des öffentlichen Dienstes, der nur bedingt nach kapitalistischen Gesetzmäßigkeiten strukturiert ist, in weit größerem Maße Modelle des sozialen Zusammenlebens schaffen, die in der Lage sind, die Widersprüche im privatwirtschaftlich organisierten Sektor bewußt und unerträglich zu machen. Dies erfordert entschiedene politische Prioritäten, die den Faktoren des Wirtschaftswachstums, der Preisstabilität und der Vollbeschäftigung gegenüber sozialpolitischen Zielsetzungen einen sekundären Stellenwert zumessen. Ansonsten besteht die Koalition mit dem Schulsystem einzig darin, über diese Institution den technologischen Wandel zu forcieren, um international wettbewerbsfähig zu bleiben. Damit wäre der Staat aber auch ein enger Koalitionspartner der kapitalistisch verfaßten Wirtschaft. Sozialer Wandel über das Schulsystem würde damit abgedrängt zu technologischem Wandel. Es würde erwartet, daß das Erziehungssystem nur Wandel im technologischen und materiellen Bereich stimuliert und zur selben Zeit das kapitalistische System konserviert, daß es demonstriert, daß für Kriege immer der Feind verantwortlich ist, daß die Regierung nicht in die Wirtschaft eingreifen soll, daß traditionelle Muster des sozialen Zusammenlebens bewahrt werden, daß Respekt vor Privateigentum erworben wird und daß die Mittelklasse geschützt wird durch den Glauben, daß Unterschichtleute von Natur aus faul, dumm und aggressiv sind.

Mit anderen Worten: es besteht die Gefahr, daß gerade die normativen Grundlagen der Sozialverhältnisse bewahrt werden, so daß das Schulsystem über die Vermittlung überholter Normen, Werte und Interpretationsmuster einen konservativen Einfluß ausübt.
Mit den letzten Bemerkungen haben wir den unumgänglichen Schritt von der Darstellung der gesellschaftlichen Funktionen des Schulsystems zum Problem der Rechtfertigung seiner gesellschaftlichen Aufgaben vollzogen. Er konnte hier nur mehr angedeutet und nicht mehr voll ausgeführt werden. Die Bildungspolitik und die wissenschaftliche Diskussion werden sich weiter mit Problemen zu beschäftigen haben, die sich aus den hier genannten Reproduktionsfunktionen des Schulsystems ergeben. Sie lassen sich in einigen abschließend formulierten Fragen zusammenfassen:

— Wie kann eine flexible Zuordnung von schulischen Abschlüssen und Qualifikationen und der Beschäftigungsstruktur geschaffen werden, ohne daß ein Qualifikationsüberschuß entsteht, der individuell zu enttäuschenden Lebensbiographien führt? Diese Frage muß unmittelbar im Zusammenhang mit der Bedeutung einer nicht berufsqualifizierenden Bildung gesehen werden, die sozial und kulturell teilhabefähig macht.
— Wie läßt sich eine solche Reduzierung der sozialen Ungleichheiten in unserer Gesellschaft erreichen, die in der Lage ist, die schulische Selektionsfunktion zu mildern, indem die Schule primär auf eine horizontale Differenzierung nach unterschiedlichen Berufsqualifikationen hinarbeitet, die keine soziale Hierarchisierung und ökonomische Privilegierung nach sich zieht und die zudem durch ein ausgebautes gemeinsames Bildungsfundament ausgeglichen wird?
— Welche strukturellen Änderungen in unserer Gesellschaft sind notwendig, damit der Staat seine Glaubwürdigkeit bzw. Legitimität erhalten und mit solchen Mitteln etablieren kann, die weder politische Indoktrination noch politische Restriktion darstellen, aber auch nicht zur Selbstaufgabe demokratischer Grundstrukturen führen?
— Wie muß die Änderung gesellschaftlicher Verhältnisse mit der Änderung des Individuums synchronisiert werden, ohne daß sich das Individuum als willenloser und nicht zur Verantwortung ziehbarer Spielball gesellschaftlicher Verhältnisse fühlt, das nicht mehr zur Selbstkritik und Eigeninitiative fähig ist, und ohne daß das Individuum zur alleinverantwortlichen Instanz gemacht wird, das alle Schwierigkeiten seines Lebens als individuelle Schuld empfindet?

In einer vernünftigen Interaktion zwischen der Änderung gesellschaftlicher Strukturen und individueller Einstellungen dürfte der Kern einer Strategie liegen, die zu sozialem Wandel führt, dessen Kosten nicht den eventuellen Gewinn übersteigen.

Gewinn übersteigen. Diese allgemeine Regel harrt noch der detaillierten Anwendung auf die Änderung gesellschaftlicher Bedingungen schulischer Sozialisation.

Literaturverzeichnis

Agnoli, J. und *Brückner,* P. (1968): Die Transformation der Demokratie. Frankfurt/Main.

Alex, Laszlo et. al. (1972): Angebot und Bedarf an hochqualifizierten Arbeitskräften in der Bundesrepublik Deutschland bis 1980. Schriftenreihe Hochschule 8. Der Bundesminister für Bildung und Wissenschaft.

Altvater, Elmar und *Huisken,* Freerk (1971): Materialien zur politischen Ökonomie des Ausbildungssektors. Politladen GmbH, Erlangen.

Altvater, Elmar (1972): Zu einigen Problemen des Staatsinterventionismus. In: Probleme des Klassenkampfs, Nr. 3, 1—53.

Angeli, Robert C. (1968): Social Integration. In: International Encyclopedia of the Social Sciences. 380—386.

Arlt, F. und *Beelitz,* A. (1968): Die Hauptschule. Auswertung einer Unternehmerumfrage. Hannover.

Armbruster, Wolfgang (1971): Arbeitskräftebedarfsprognosen als Grundlage der Bildungsplanung. Eine kritische Analyse. (Studien und Berichte 23, Max-Planck-Institut für Bildungsforschung). Berlin.

Arnold, David O. (1970): The Sociology of Subcultures. The Glendessary Press, Berkeley.

Aronfreed, Justin (1969): The Concept of Internalization. In: *Goslin,* D. A. (Ed.): Handbook of Socialization Theory and Research. Rand McNally, Chicago, 263—323.

Asch, S. E. (1956): Studies of Independence and Conformity: A Minority of One against a Unanimous Majority. In: Psychological Monographs, 70, No. 9 (Whole No. 416).

Backman, Carl W. und *Secord,* Paul F. (1972): Sozialpsychologie der Schule. Beltz Verlag, Weinheim.

Baethge, Martin (1970): Ausbildung und Herrschaft. Unternehmerinteressen in der Bildungspolitik. (Studienreihe des Soziologischen Forschungsinstituts Göttingen *Sofi* 7). Europäische Verlagsanstalt, Frankfurt/M.

Baethge, Martin (1972): Abschied von Reformillusionen. In: betrifft: erziehung, 5, Heft 11, 19—28.

Bargel, Tino et al. (1971): Evaluation und Umwelt. Eine Studie zur ‚sozialen Evaluation' von Curricula im Elementarbereich: Umwelt-Taxonomie, Soziotope und Adressatengruppen, soziolinguistische Aspekte. Arbeitsgruppe ‚Umwelt-Taxonomie', Zentrum I (SFB 23) Bildungsforschung, Universität Konstanz.

Bauer, Adam (1972): Ein Verfahren zur Messung des für Bildungsverhalten relevanten sozialen Status. Deutsches Institut für pädagogische Forschung, Frankfurt/M.

Baumann, Reiner (1971): Sozialisation und Interaktion. Eine Einführung am Beispiel ‚Religiöser' und ‚Schulischer' Sozialisation. Unveröffentlichtes Manuskript, Konstanz.

Baur, Rita (1972): Elternhaus und Schule. (Bildung in Zahlen 4). Beltz Verlag, Weinheim.

Becker, Gerold (1971): Soziales Lernen als Problem der Schule — Zur Frage der Internatserziehung. In: *Schäfer,* Walter (Hg.): Probleme der Schule im gesellschaftlichen Wandel. Das Beispiel Odenwaldschule. Suhrkamp Verlag, Frankfurt/M.

Becker, H. (1962): Die verwaltete Schule. In: *Becker,* H.: Quantität und Qualität. Grundfragen der Bildungspolitik. Freiburg.

Becker, H. (1971): Reform und Bildungsverwaltung. In: *Becker,* H.: Bildungsforschung und Bildungsplanung. Frankfurt, 88—146.

Becker, Helmut, *Bonn,* Peter und *Groddeck,* Norbert (1972): Demokratisierung als Ideologie? Anmerkungen zur Curriculumentwicklung in Hessen. In: betrifft: erziehung, 5, Heft 8, 19—31.

Becker, Egon und *Jungblut,* Gerd (1972): Strategien der Bildungsproduktion. Suhrkamp Verlag, Frankfurt/M.

Berger, Peter L. und *Luckmann,* Thomas (1970): Die gesellschaftliche Konstruktion der Wirklichkeit. Eine Theorie der Wissenssoziologie. S. Fischer Verlag, Frankfurt/Main.

Bernstein, Basil (1965): A Socio-linguistic Approach to Social Learning. In: *Gould,* Julius (Ed.): Penguin Survey of the Social Sciences. Free Press, New York.

Blankertz, Herwig (1969): Theorien und Modelle der Didaktik. Juventa Verlag, München.

Blau, Peter M. and *Duncan,* Otis D. (1967): The American Occupational Structure. John Wiley, New York.

Bloom, Benjamin S. (1965): Stability and Change in Human Characteristics. Wiley, New York.

Bolte, Karl Martin, *Koppe,* Dieter und *Neidhardt,* Friedhelm (1966): Soziale Schichtung (Struktur und Wandel der Gesellschaft, Reihe B der Beiträge zur Sozialkunde 4). C. W. Leske Verlag, Opladen.

Bolte, Karl Martin et al. (1967): Deutsche Gesellschaft im Wandel. C. W. Leske Verlag, Opladen. Zweite überarbeitete Auflage.

Bombach, G. (in Zusammenarbeit mit *Widmaier,* Peter) (1963): Die Vorausschätzung des langfristigen Bedarfs und der langfristigen Nachfrage nach hochqualifizierten Arbeitskräften in Beziehung zum Wirtschaftswachstum. OECD, Paris.

Bourdieu, Pierre und *Passeron,* Jean-Claude (1971): Die Illusion der Chancengleichheit. Untersuchung zur Soziologie des Bildungswesens am Beispiel Frankreich. (Texte und Dokumente zur Bildungsforschung). Klett Verlag, Stuttgart.

Briese, Volker (1972): Zentralisierung der Kulturpolitik in der BRD. Forschungsbericht 2 des Sonderforschungsbereichs 23 (Bildungsforschung), Konstanz.

Brim, Orville G. (1963): Soziologie des Erziehungswesens. (Pädagogische Forschungen). Quelle & Meyer, Heidelberg.

Brookover (1964): A Sociology of Education. American Book Company, New York.

Büchner, Peter (1972): Modellversuche als Instrument der Schulreform. Forschungsbericht 3 des Sonderforschungsbereichs 23 (Bildungsforschung), Konstanz.

Buckley, Walter (1967): Sociology and Modern Systems Theory. Prentice-Hall, Englewood Cliffs, New Jersey.

Bühlow, Gesine et al. (1971): Widersprüche in der Strukturreform des Bildungssystems am Beispiel der Gesamtschule. In: Alternative, 77. Alternative Verlag, Berlin.

Bühlow, Gesine et al. (1972): Gesamtschule zwischen Schulversuch und Strukturreform. Beltz Verlag, Weinheim.

Butschkau, Udo und *Tillmann,* Klaus-Jürgen (1972): Politische Sozialisation in der Gesamtschule. Ziele, Fakten, Strategien. Juventa Verlag, München.

Cicourel, Aaron V. (1970): Methode und Messung in der Soziologie. Suhrkamp Verlag, Frankfurt/M.

Clausen, John A. (Ed.) (1968): Socialization and Society. Little, Brown and Company, Boston.

Coleman, James (1968): The Concept of Equality of Educational Opportunity. In: Harvard Educational Review, 38, 7—22.

Coleman, James S. (1961): The adolescent society. The social life of the teenager and its impact on education. The Free Press, New York.

Correa, H. and *Tinbergen* J. (1962): Quantitative Adaption of Education to Accelerated Growth. In: Kyklos XV, 776 ff.

Daheim, H. J. (1961): Soziale Herkunft, Schule und Rekrutierung der Berufe. In: *Glass,* D. V. und *König,* R. (Hrsg.): Soziale Schichtung und soziale Mobilität. Sonderheft 5 der Kölner Zeitschrift für Soziologie und Sozialpsychologie. Köln/Opladen.

Dahrendorf, Ralf (1956): Industrielle Fertigkeiten und soziale Schichtung. In: Kölner Zeitschrift für Soziologie und Sozialpsychologie, 8, 540—568.

Dahrendorf, Ralf (1961): Über den Ursprung der Ungleichheit unter den Menschen. In: Recht und Staat, Bd. 232, Tübingen.

Dahrendorf, Ralf (1962): Gesellschaft und Freiheit. München.

Dahrendorf, Ralf (1965): Bildung ist Bürgerrecht — Plädoyer für eine aktive Bildungspolitik. Nannen Verlag, Hamburg.

Dahrendorf, Ralf (1968): Gesellschaft und Demokratie in Deutschland. R. Piper & Co. Verlag, München.

Dahrendorf, Ralf (1969): Zu einer Theorie des sozialen Konflikts. In: *Wolfgang Zapf* (Hg.): Theorien des sozialen Wandels (Neue wissenschaftliche Bibliothek 31). Kiepenheuer und Witsch, Köln, 108—123.

Davis, Kinsley (1959): The Myth of Functional Analysis as a Special Method in Sociology and Anthropology. In: American Sociological Review 24, 757—772.

Deutscher Bildungsrat (1970): Strukturplan für das Bildungswesen (Empfehlungen der Bildungskommission). Ernst Klett Verlag, Stuttgart.

Dietrich, T. und *Klink* (Hrsg.) (1964): Zur Geschichte der Volksschule. Band 1 (Volksschulordnungen 16. bis 18. Jahrhundert). Bad Heilbrunn, Obb.

Dietze, L. (1970): Zur Mitbestimmung in der Schule. Gutachten im Auftrag des Gesamtelternbeirates der Stadt Mannheim. Mainz.

Die Zeit, Nr. 50 (15. Dezember 1972).

Dreeben, Robert (1968): On what is learned in school. Addison-Wesley Publishing Company, Massachusetts.

Edding, F. (1963): Ökonomie des Bildungswesens. Lehren und Lernen als Haushalt und Investition. Freiburg.

Eisenstadt, S. N. (1964): From Generation to Generation. Age Groups and Social Structure. The Free Press, Glencoe.

Fend, Helmut und *Messner*, Rudolf (1970): Traditionalismus, Technokratie und kritische Technologie. Konzepte universitärer Organisation als Hintergrund hochschuldidaktischer Reformen. In: IBB-Bulletin, Bildungsforschung und Entwicklungshilfe 1970, 4. Kurt Wedl Verlag, Wien, 47—62.

Fend, Helmut (1969): Sozialisierung und Erziehung. Julius Beltz, Weinheim.

Fend, Helmut (1971): Schulorganisation als Makroorganisation von Lernprozessen. In: *Messner*, Rudolf und *Rumpf*, Horst (Hrsg.): Didaktische Impulse. Studientexte zur Analyse von Unterricht. Österreichischer Bundesverlag, Wien, 197—238.

Fend, Helmut (1971): Konformität und Selbstbestimmung. Julius Beltz Verlag, Weinheim.

Fend, Helmut (1972): Theoretisches Rahmenmodell für einen Forschungsschwerpunkt „Institutionelle Sozialisationsforschung" im Rahmen des Sonderforschungsbereiches Bildungsforschung, Universität Konstanz.

Fend, Helmut (1972): Lernsteuerungssysteme und Schulorientierungen. Forschungsbericht 6 des Sonderforschungsbereichs 23 (Bildungsforschung) der Universität Konstanz.

Festinger, Leo (1954): A Theory of Social Comparison Processes. In: Human Relations, 7, 117—140.

Flitner, Wilhelm (1966): Allgemeine Pädagogik. Klett Verlag, Stuttgart.

French, J. R. P. Jr. and *Raven*, B. H. (1959): The Bases of Social Power. In: *Cartwright*, D. (Ed.): Studies in Social Power. University of Michigan Press, Ann Arbor, 118—149.

Freytag, Hans Ludwig u. a. (1969): Schulwahl und Schulsystem. Modelltheoretische Entwürfe — Verlaufsstatistische Analysen. Julius Beltz Verlag, Weinheim.

Frey, Hans-Peter (1971 a): Sozialisation als makrosoziologischer und als mikrosoziologischer Prozeß. (Sonderforschungsbereich 22, Sozialisations- und Kommunikationsforschung, Forschungsbericht 4.) Unveröffentlichtes Manuskript, Nürnberg.

Frey, Hans-Peter (1971 b): Zum Problem der Präzisierung des Sozialisationskonzeptes. (Sonderforschungsbereich 22, Sozialisations- und Kommunikationsforschung, Forschungsbericht 11.) Unveröffentlichtes Manuskript, Nürnberg.

Frister, Erich und *Jochimsen*, Luc (Hrsg.) (1972): Wie links dürfen Lehrer sein? Unsere Gesellschaft vor einer Grundsatzentscheidung. Rohwolt, Reinbek.

Froese, Leonhard und *Krawietz*, Werner (1969): Deutsche Schulgesetzgebung. Beltz Verlag, Weinheim.

Fromm, Erich (1944): Individual and Social Origins of Neurosis. In: American Sociological Review, Vol. 9, 380—384.

Geiger, Theodor (1967/1932): Die soziale Schichtung des deutschen Volkes. Ferdinand Enke Verlag, Stuttgart.

Gerstein, Hannelore (1972): Erfolg und Versagen im Gymnasium. Beltz Verlag, Weinheim.

Gesamtschul-Informationen 2/1971: Tabellarische Übersicht über die Entwicklung von Schulverfassungen in Gesamtschulen.

Glass, David E. und *König*, René (Hrsg.) (1961): Soziale Schichtung und soziale Mobilität. (Sonderheft 5 der Kölner Zeitschrift für Soziologie und Sozialpsychologie). Westdeutscher Verlag, Köln und Opladen.

Goodman, Leo A. (1969): How to Ransack Social Mobility Tables and Other Kinds of Cross-Classification Tables. In: American Journal of Sociology, 75, 1—40.

Grieger, D., *Heintz*, M., *Schleith*, B., *Schweikert*, K., *Sutter*, W. und *Vollet*, H. (1972): Quantitative Trends im Schulwesen. Eine Verlaufsanalyse (Bildung in Zahlen 2; Schriftenreihe der Arbeitsgruppe für empirische Bildungsforschung.) Beltz Verlag, Weinheim.

Habermas, Jürgen (1968): Thesen zur Theorie der Sozialisation. Frankfurt/Main. Vorlesungsmanuskript.

Habermas, Jürgen (1970): Zur Logik der Sozialwissenschaften. Materialien. Suhrkamp Verlag, Frankfurt/M.

Habermas, Jürgen (1971): Vorbereitende Bemerkungen zu einer Theorie der kommunikativen Kompetenz. In: *Habermas*, J. und *Luhmann*, N.: Theorie der Gesellschaft oder Sozialtechnologie. Was leistet die Systemforschung? (Theorie-Diskussion). Suhrkamp Verlag, Frankfurt/M.

Habermas, Jürgen und *Luhmann*, Niklas (1971): Theorie der Gesellschaft oder Sozialtechnologie — Was leistet die Systemforschung? (Theorie-Diskussion). Suhrkamp Verlag, Frankfurt/M.

Hage, Peter (1972): Bildungspolitik im Zielkonflikt. Forschungsbericht 4 des Sonderforschungsbereiches 23 (Bildungsforschung), Universität Konstanz.

Haller, Hans-Dieter (1973): Prozeß-Analyse der Lehrplanentwicklung in der BRD. Dissertation, Konstanz.

Halsey, A. H. (1967): The Sociology of Education. In: *Smelser*, Neil J. (Ed.): Sociology. An Introduction. John Wiley, New York, 381—434.

Hanss, Peter (1973): Vergleichende Darstellung der außerfachlichen Qualifikationen des Auszubildenden (Lehrlinge), wie sie im Lesebuch, in Gemeinschafts- und Wirtschaftskundebüchern der Berufsschule beschrieben werden. Unveröffentlichtes Manuskript, Konstanz.

Heckhausen, Heinz (1972): Die Interaktion der Sozialisationsvariablen in der Genese des Leistungsmotivs. In: *Graumann*, C. F. u. a. (Hrsg.): Sozialpsychologie (Handbuch der Psychologie, 7. Bd., 2. Halbband.) Hogrefe, Göttingen, 955—1019.

Hempel, Carl G. (1959): The Logic of Functional Analysis. In: Llewellyn *Gross* (ed.): Symposium on Sociological Theory. Harper, New York.

Hentig, Hartmut (1969): Allgemeine Lernziele der Gesamtschule. In: *Deutscher Bildungsrat:* Lernziele der Gesamtschule (Gutachten und Studien der Bildungskommission, 12). Klett Verlag, Stuttgart.

Hess, Franz, *Latscha,* Fritz und *Schneider,* Willi (1966): Die Ungleichheit der Bildungschancen. Soziale Schranken im Zugang zur höheren Schule. Walter-Verlag, Olten.

Heydorn, H. J. (1969): Ungleichheit für alle. In: Das Argument 1969, 54.

Hielscher, Hans (Hg.) (1972): Die Schule als Ort der sozialen Selektion. Quelle und Meyer, Heidelberg.

Hinrichs, D. (1969): SMV im Umbruch. Hannover.

Hirsch, J. (1970): Wissenschaftlich-technischer Fortschritt und politisches System. Suhrkamp Verlag, Frankfurt/M.

Hofmann, Werner (1969): Grundelemente der Wirtschaftsgesellschaft. Ein Leitfaden für Lehrende. Rohwolt, Reinbek.

Hollingshead, A. B. (1963) (3. Aufl.): Elmtown's Youth. New York.

Homans, George Caspar (1968): Elementarformen sozialen Verhaltens. Westdeutscher Verlag, Köln und Opladen.

Horkheimer, Max (1936): Autorität und Familie (Allgemeiner Teil der Studie über Autorität und Familie). Paris.

Huffschmid, Jörg (1970) (4. Aufl.): Die Politik des Kapitals. Konzentration und Wirtschaftspolitik in der Bundesrepublik. Suhrkamp Verlag, Frankfurt/M.

Huffschmid, Joachim et al. (1970): Die Widersprüche des westdeutschen Kapitalismus und die Wirtschaftspolitik der SPD. In: Kursbuch 21. Kursbuch Verlag/Wagenbach, Berlin.

Huisken, Freerk (1972): Zur Kritik bürgerliche Dialektik und Bildungsökonomie. List Verlag, München.

Informationsdienst des Sozialistischen Lehrerbundes (1972): Zwei Schulkonflikte. Eine Dokumentation. Ausgabe 9, Offenbach.

Inkeles, Alex (1968): Society, Social Structure and Child Socialization. In: John A. *Clausen* (Ed.): Socialization and Society. Little, Brown and Company, Boston, 73—129.

Institut für staatsbürgerliche Bildung in Rheinland-Pfalz (o. J.): Modell einer demokratischen Schulverfassung. Sonderdruck, Mainz.

Jaeger, Rolf (1969): Eine quantitative Analyse des baden-württembergischen Schulsystems. In: *Jaeger,* Hans Ludwig u. a.: Schulwahl und Schulsystem. Beltz Verlag, Weinheim, 115—226.

Janossy, F. (1969): Das Ende des Wirtschaftswunders. Frankfurt.

Janowitz, M. (1958): Soziale Schichtung und Mobilität in Westdeutschland. In: Kölner Zeitschrift für Soziologie und Sozialpsychologie, Bd. 10, H. 1, 1—38.

Jones, Edward E. and *Gerard,* Harold B. (1967): Foundations of Social Psychology. John Wiley, New York.

Kämpfe, Nikolaus und *Peisert,* Hansgert (1970): Statistische Analysen des vorzeitigen Abgangs von den Gymnasien Baden-Württembergs 1954—1968. Manuskript, Konstanz.

Kemmler, Lilly (1967): Erfolg und Versagen in der Grundschule. Dr. C. J. Hogrefe, Göttingen.

Kienzle, Richard (1969): Schülerbeobachtungen und Schülerbeurteilungen. Schneider, Esslingen.

Kiesler, C. A. and *Kiesler*, Sara B. (1969): Conformity. Menlo Park.

Kirchheimer, Otto (1967): Politische Herrschaft. Fünf Beiträge zur Lehre vom Staat. Suhrkamp Verlag, Frankfurt/M.

Kirfel, Bernhard (1970): Schulstruktur und Bildungschancen. Deutsche und belgische Schulen im ländlichen Raum. Schroedel, Berlin.

Kleining, Gerhard (1971): Struktur- und Prestigemobilität in der Bundesrepublik Deutschland. In: Kölner Zeitschrift für Soziologie und Sozialpsychologie 23, Heft 1, 1—33.

Klingler, Josef (1972): Vor dem Schulsystem sind alle Kinder gleich? Zur gewaltsam geschaffenen Gerechtigkeit von Leistungsmessung und Auslese. Habilitationsschrift, Klagenfurt.

Knörzer, Wolfgang (1972): Das Konzept der Emanzipation in der Pädagogik und seine mögliche Realisierung im Arbeitslehreunterricht. Magisterarbeit in Erziehungswissenschaft, Universität Konstanz.

Köckeis, Eva (1972): Zum Wertkonflikt zwischen Arbeitersubkulturen und der Schule. In: *Seidl*, Peter (Hrsg.): Ausleseschule oder Gesamtschule? Beiträge zu einer Reform des Sekundarschulwesens. Tyrolia Verlag, Insbruck.

Kohn, Melvin L. (1969): Class and Conformity. A Study in Values. The Dorsey Press, Homewood, Ill.

Koneffke, G. (1969): Integration und Subversion. Zur Funktion des Bildungswesens in der spätkapitalistischen Gesellschaft. In: Das Argument 1969, 54., 389 ff.

Krafft, A., *Sanders*, H., *Straumann*, R. (1971): Hochqualifizierte Arbeitskräfte in der Bundesrepublik Deutschland bis 1980. Schriftenreihe Hochschule 6. Der Bundesminister für Bildung und Wissenschaft.

Krappmann, Lothar (1969): Soziologische Dimensionen der Identität. Strukturelle Bedingungen für die Teilnahme an Interaktionsprozessen. (Texte und Dokumente zur Bildungsforschung). Ernst Klett Verlag, Stuttgart.

Kress, Gisela und *Senghass*, Dieter (Hg.) 1969: Politikwissenschaft. Eine Einführung in ihre Probleme. Europäische Verlangsanstalt, Frankfurt/M.

Krippendorf, E. (1968): Die Rechte in der Bundesrepublik — Zehn Thesen. In: *Duve*, F. (Hg.): Die Restauration entläßt ihre Kinder oder Der Erfolg der Rechten in der Bundesrepublik. roro-aktuell, Reinbek. 157 ff.

Kuhlmann, Caspar (1970): Schulreform und Gesellschaft in der Bundesrepublik Deutschland (1946—1966). (Texte und Dokumente zur Bildungsforschung). Klett Verlag, Stuttgart.

Lepsius, M. R. (1966): Aspekte der Ungleichheit. Tübingen.

Levy, Marion J. Jr. (1954): Comparative Analysis of Societies in Terms of Structural-Functional Requisites. In: Civilisations 4, Nr. 2; 191—197.

Liebel, M. und *Wellendorf*, F. (1969): Schülerselbstbefreiung. Frankfurt.

Lockwood, David (1969): Soziale Integration und Systemintegration. In: Wolfgang *Zapf* a. a. O., 124—137.

Lütkens, Charlotte (1968): Die Schule als Mittelklassen-Institution. In: *Heintz*, Peter (Hrsg.): Soziologie der Schule. Sonderheft 4 der Kölner Zeitschrift für Soziologie und Sozialpsychologie (5. Aufl.). Köln/Opladen, 22—39.

Lupri, Eugen (1970): Statuskonsistenz und Rechtsradikalismus in der Bundesrepublik. Westdeutscher Verlag (Kölner Zeitschrift für Soziologie und Sozialpsychologie), Opladen.

Marcuse, H. (1957): Eros und Kultur. Stuttgart.

Materialien zum Berufsverbot (1972): Arbeitsgemeinschaft Lehrerkonflikte, Sozialistischer Lehrerbund, Sozialistisches Büro. Reihe Roter Pauker, Offenbach.

Mayer, Karl Ulrich und *Müller*, Walter (1971): Trendanalyse in der Mobilitätsforschung. Eine Replik auf Gerhard Kleinings „Struktur- und Prestigemobilität in der Bundesrepublik Deutschland". In: Kölner Zeitschrift für Soziologie und Sozialpsychologie, 23, 761 ff.

Mayer, Karl Ulrich und *Müller*, Walter (1972): Die Analyse von Mobilitätstrends: Anmerkungen zu einer Kontroverse über Forschungsdesigns und Datenanalyse. In: Kölner Zeitschrift für Soziologie und Sozialpsychologie, 24, Heft 1, 132—139.

Mayntz, Renate (1958): Soziale Schichtung und soziale Mobilität in einer Industriegemeinde. Stuttgart.

McClelland, David (1967): Motivation und Kultur. Bern und Stuttgart.

McGuire, A. (1969): The Nature of Attitudes and Attitude Change. In: *Lindzey*, G. und *Aronson*, E. (Ed.): The Handbook of Social Psychology, Vol. III, Reading, 136—319.

Memorandum der Gesamtschule Frankfurt-Nordweststadt mit einer entschiedenen Kritik an den Arbeitsbedingungen. In: Gesamtschul-Informationen 1971, 2.

Merton, Robert K. (1949/1957): Social Theory and Social Structure: Toward the Codification of Theory and Research. Rev. ed., Free Press, Glencoe, Ill.

Mollenhauer, Klaus (1968): Sozialisation und Schulerfolg. In: *Deutscher Bildungsrat:* Begabung und Lernen. Gutachten und Studien der Bildungskommission. Klett Verlag, Stuttgart.

Moore, Harriett und *Kleining*, G. (1960): Das soziale Selbstbild der Gesellschaftsschichten in Deutschland. In: Kölner Zeitschrift für Soziologie und Sozialpsychologie, Bd. 12, Heft 1, 86—119.

Müller, Walter (1973): Soziale Mobilität. Strukturen und Prozesse der Statuszuweisung. Dissertation, Konstanz.

Müller, Wolfgang und *Neusüss*, Christel (1970): Die Sozialstaatsillusion und der Widerspruch von Lohnarbeit und Kapital. In: Sozialistische Politik, II, 6/7 (Juni 1970), 4—67.

Nagel, Ernest (1961): The Structure of Science: Problems in the Logic of Scientific Explanation. Hartcourt, New York.

Narr, Wolf-Dieter und *Naschold*, Frieder (1971): Theorie der Demokratie. (Einführung in die moderne politische Theorie, Band III). Kohlhammer, Stuttgart.

Nevermann, K. (1970): Vorlage für die konstituierende Sitzung des Ausschusses ‚Organisation und Verwaltung im Bereich des Bildungswesens'. Nov. 1970, Berlin. Hektografiert.

Nevermann, K. (1972): Autonomisierung und Partizipation. In: Neue Sammlung, Heft 3, 230—242.
Nunner-Winkler, Gertrud (1971): Chancengleichheit und individuelle Förderung. Ferdinand Enke Verlag, Stuttgart.
Nyssen, Friedhelm (1970): Schule im Kapitalismus. Der Einfluß wirtschaftlicher Interessenverbände im Felde der Schule. (Sammlung Junge Wissenschaft). Pahl-Rugenstein Verlag, Köln.
Nyssen, Friedhelm (Hrsg.) (1971): Schulkritik als Kapitalismuskritik. (Paedagogica). Vandenhoeck & Ruprecht, Göttingen.
Oevermann, Ulrich (1969): Schichtenspezifische Formen des Sprachverhaltens und ihr Einfluß auf kognitive Prozesse. In: *Roth,* Heinrich (Hrsg.): Begabung und Lernen. (Deutscher Bildungsrat, Gutachten und Studien der Bildungskommission 4). Klett Verlag, Stuttgart, 297—356.
Offe, Claus (1970): Leistungsprinzip und industrielle Arbeit. Mechanismen der Statusverteilung in Arbeitsorganisationen der industriellen „Leistungsgesellschaft". Europäische Verlagsanstalt, Frankfurt/M.
Offe, Claus (1972): Strukturprobleme des kapitalistischen Staates. Suhrkamp Verlag, Frankfurt/M.
Olson, Mancur (1968): Die Logik des kollektiven Handelns. J. C. B. Mohr (Paul Siebeck), Tübingen.
Parsons, Talcott (1968/1964): Sozialstruktur und Persönlichkeit. Europäische Verlagsanstalt, Frankfurt/M.
Paulsen, Friedrich (1921): Geschichte des gelehrten Unterrichts. Dritte, erweiterte Auflage, zweiter Band. Walter de Gruyter & Co., Berlin und Leipzig.
Peisert, Hansgert (1967): Soziale Lage und Bildungschancen in Deutschland. Piper, München.
Peisert, Hansgert und *Dahrendorf,* Ralf (1967): Der vorzeitige Abgang vom Gymnasium. (Schriftenreihe A zur Bildungsforschung, Bildungsplanung und Bildungspolitik, Bildung in neuer Sicht 6). Neckar Verlag, Villingen.
Peisert, Hansgert, *Kämpfe,* Nikolaus, *Wunberg,* Manfred: Regionale Strukturen der Bildungsbeteiligung. In: *Sonderforschungsbereich* 23: Antragswerk 1974—1976. Universität Konstanz.
Pettinger, Rudolf (1970): Arbeiterkinder und weiterführende Schule. (Marburger Pädagogische Studien, Neue Folge Band 6). Beltz Verlag, Weinheim.
Pressel, Alfred (1970): Sozialisation. In: Erziehung in der Klassengesellschaft. List Verlag, München, 124—151.
Preuß, Otmar (1970): Soziale Herkunft und die Ungleichheit der Bildungschancen. Eine Untersuchung über das Eignungsurteil des Grundschullehrers. Beltz Verlag, Weinheim.
Preuss-Lausitz, U. (1970): Emanzipation der Schüler. Von der SMV zum Schülerkollektiv. In: Blätter für deutsche und internationale Politik, 1970, 2.
Preuss-Lausitz, U. (1970): Die Schülerschule? Zur Reform der Schülermitverwaltung. In: Vorgänge 1970, 10.
Pross, Helge (1965): Manager und Aktionäre in Deutschland. Frankfurt/M.
Richter, Horst-Eberhard (1969): Eltern, Kind, Neurose. Klett Verlag, Stuttgart.

Richter, I. (1969): Die Schule auf dem Boden des Grundgesetzes. In: Recht der Jugend und des Bildungswesens. 1970, 1—3.

Richter, I. (1973): Zwischen staatlicher Allmacht und schulischer Ohnmacht. Zur Kritik der Entwürfe von Schulverfassungsgesetzen. In: betrifft: erziehung, Nr. 2, 25—31.

Ries, Heinz (1971): Soziale Struktur des Bildungssystems und Sozialisation von Talenten. Ferdinand Enke Verlag, Stuttgart.

Riese, Hajo (1967): Die Entwicklung des Bedarfs an Hochschulabsolventen in der Bundesrepublik Deutschland. Wiesbaden.

Robbins-Report (1963): Committee on Higher Education: Higher Education. London.

Robinsohn, Saul B. (1967): Bildungsreform als Revision des Curriculum. Neuwied.

Roeder, Peter-Martin (1961): Zur Geschichte und Kritik des Lesebuchs der höheren Schule. In: *Helmers,* Hermann (Hrsg.) (1969): Die Diskussion um das deutsche Lesebuch. (Wege der Forschung). Wissenschaftliche Buchgemeinschaft, Darmstadt. 44—72.

Roeder, P. M. und *Leschinsky* (1972): Ziele, Normen und Bedürfnisse als Voraussetzungen der Erziehung (Arbeitstitel eines Montageteils des Fernstudienlehrganges Erziehungswissenschaft). *Diff,* Unveröffentlichtes Manuskript, Tübingen.

Rolff, Hans-G. und *Nyssen,* Elke (1972) — 5. Aufl.: Sozialisation und Auslese durch die Schule. Gesellschaft und Erziehung, Teil VII. Quelle & Meyer, Heidelberg.

Rumpf, Horst (1966): Die administrative Verstörung der Schule. 3 Kap. über den beamten Erzieher und die verwaltete Schule. Neue deutsche Verlagsanstalt, Essen.

Scharmann, Theodor (Hg.) (1966): Schule und Beruf als Sozialisationsfaktoren. Der Mensch als soziales und personales Wesen, Band II. Ferdinand Enke Verlag, Stuttgart.

Schelsky, Helmut (1957): Schule und Erziehung in der industriellen Gesellschaft. Würzburg.

Scheuch, Erwin K., unter Mitarbeit von *Daheim,* Hansjürgen (1961): Sozialprestige und soziale Schichtung. In: D. V. *Glass* und René *König* (Hg.): Soziale Schichtung und soziale Mobilität, Westdeutscher Verlag, Köln und Opladen, 65—103.

Schmidt, Monika (1972): Der „mündige" Gesamtschüler — Ein Mündel des Kapitals? In: betrifft: erziehung 1972, Heft 8. Beltz Verlag, Weinheim.

Schneider, H. K. (1967): Zielbestimmung für die Wirtschaftspolitik in der pluralistischen Gesellschaft. In: *Besters,* H. (Hrsg.): Theoretische und institutionelle Grundlagen der Wirtschaftspolitik. Berlin.

Schulentwicklungsplan Baden-Württemberg (1968): Verwirklichung des ersten Abschnittes — Grundschule, Hauptschule, Sonderschule, Realschule, Gymnasium (Schriftenreihe A zur Bildungsforschung, Bildungsplanung, Bildungspolitik — Bildung in neuer Sicht, 12). Neckar Verlag, Villingen.

Sears, Robert T. et al (1957): Patterns of Child Rearing. Evanston, Ill.

Secord, Paul F. and *Backman,* Carl W. (1964): Social Psychology. McGraw-Hill, New York.

Seidl, Peter (Hg.) 1972: Ausleseschule oder Gesamtschule? Tyrolia Verlag, Innsbruck.

Sewell, William H. and *Hauser*, Robert M. (1972): Causes and Consequences of Higher Education: Models of the Status Attainment Process. I. S. A. Research Committee on Social Stratification, Rome, Conference. Vervielfältigtes Manuskript.

Sherif, M. (1948): An Outline of Social Psychology. Harper and Row, New York.

SMV-Erlasse bis März 1972. Eine tabellarische Übersicht. In: blickpunkt 2000. März 1971.

Sommerlatte, D. (1970): Gesamtschule aus der Sicht der beteiligten Lehrer. In: Berliner Lehrerzeitung. 1970, 9.

Spiro, Melford (1961): Social Systems, Personality, and Functional Analysis. In: *Kaplan*, Bert (Ed.): Studying Personality Cross-Culturally. Evanston, Ill., 93—127.

Stammer, Otto und *Weingart*, Peter (1972): Politische Soziologie (Grundfragen der Soziologie 14). Juventa Verlag, München.

Statistisches Bundesamt Wiesbaden: Bevölkerung und Kultur, Reihe 10 Bildungswesen, V. Studenten an Hochschulen, Wintersemester 1970/71. Verlag Kohlhammer, Stuttgart.

Steinbuch, Karl (1968): Falsch programmiert. Über das Versagen unserer Gesellschaft in der Gegenwart und vor der Zukunft und was eigentlich geschehen müßte. Deutsche Verlagsanstalten, Stuttgart.

Strukturplan des Deutschen Bildungsrates (1970): Zwischen realistischer Planung und politischer Utopie. Jg. 2 (B), 3.

Strzelewicz, Willy, *Paapke*, Hans-Dietrich und *Schulenberg*, Wolfgang (1966): Bildung und gesellschaftliches Bewußtsein. Eine mehrstufige soziologische Untersuchung in Westdeutschland. Ferdinand Enke Verlag, Stuttgart.

Stubenrauch, H. (1971): Protokolle der Arbeitsgruppe 'Beratung und Begleitung und Teacher-training'. In: Tagung über wissenschaftliche Begleitung und Beratung von Gesamtschulen. Arbeitsgruppe Gesamtschulen (Hg.). Kurzinformationen/Arbeitspapiere 1971, 3, PZ Berlin, 19—26.

Tent, Lothar (1969): Die Auslese von Schülern für weiterführende Schulen. 2., durchgesehene Auflage, Dr. C. J. Hogrefe, Göttingen.

Teschner, Wolfgang-P. (1971): Was leisten Leistungskurse? Klett Verlag, Stuttgart.

Thibaut, J. W. and *Kelley*, H. H. (1969): The Social Psychology of Groups. John Wiley & Sons, New York.

Waller, Willard (1965/1932): The Sociology of Teaching. John Wiley & Sons, New York.

Warner, W. L., *Havinghurst*, R. J. and *Loeb*, M. B. (1944): Who shall be educated? New York.

Warner, W. L. and *Abegglen*, J. C. (1955): Big Business Leaders in America. New York.

Watkins, M. H. (1963): The West African „Bush" School. In: *Spindler*, G. D. (Hrsg.): Education and Culture. New York.

Weber, Max (1956): Wirtschaft und Gesellschaft. Grundriß der verstehenden Soziologie. Mohr, Tübingen.

Weinert, Franz (1972): Schule und Beruf als institutionelle Sozialisationsbedingungen. In: *Graumann*, C. F. u. a. (Hrsg.): Sozialpsychologie (Handbuch der Psychologie, 7. Bd., 2. Halbband). Hogrefe, Göttingen, 825—885.

Widmaier, Hans Peter (1966): Bildung und Wirtschaftswachstum. Modellstudie zur Bildungsplanung. Reihe: Bildung in neuer Sicht. Neckar Verlag, Villingen.

Wissenschaftsrat (1970): Empfehlungen zur Struktur und zum Ausbau des Bildungswesens im Hochschulbereich nach 1970. 3 Bände o. O.

Woelfel, Joseph and *Haller*, Archibald O. (1971): Significant Others, the self-reflexive Act and the Attitude Formation Process. In: American Sociological Review, 36, 1, 74—87.

Yasuda, Saburo (1964): A Methodological Inquiry into Social Mobility. In: American Sociological Review, 29, 1 (February), 16—23.

Young, Michael F. D. (Ed.) 1971: Knowledge and Control. New Directions for the Sociology of Education. Collier-Macmillan, London.

Zapf, W. (1965): Wandlungen der deutschen Elite. Ein Zirkulationsmodell deutscher Führungsgruppen 1919—1965. München.

Zigler, Edward and *Child*, Irvin L. (1969/1954): Socialization. In: *Lindzey*, G. and *Aronson*, E. (Ed.): The Handbook of Social Psychology, Vol. III, Reading, 450—589.

Nachtrag:

Nach Abschluß der Redaktion dieses Buches sind einige wichtige Arbeiten zu den hier diskutierten Problemen erschienen, die hier nur mehr erwähnt werden sollen, um den Leser auf den neuesten Stand der Diskussion hinzuweisen.

Zum Problem der *Qualifikationsproduktion* sind einige neue bildungsökonomisch orientierte Arbeiten zu erwähnen, die sich mit dem Problem der „Überproduktion" von hochqualifizierten Arbeitskräften beschäftigen:

P. *Heindlmeyer*, U. *Heine*, H. J. *Möbes*, H. *Riese:* Berufsausbildung und Hochschulbereich. Eine quantitative Analyse für die Bundesrepublik Deutschland. Pullach bei München 1973 (Hochschulplanung 13, hrsg. vom Hochschul-Informations-System GmbH.).
Siehe zu dieser Diskussion auch die entsprechenden Nummern der Zeitschrift „Analysen".

Die Diskussion der *Selektionsfunktion* der Schule kann durch die Lektüre folgender Arbeiten vertieft werden:

Jencks, Christopher u. a.: Chancengleichheit. Rohwolt, Reinbek, 1973.
Kämpfe, Nikolaus: Soziale und institutionelle Faktoren beim Übergang auf weiterführende Schulen. In: Zeitschrift für Pädagogik, Heft 6, 1973.
Wunberg, Manfred: Zur Entwicklung der Bildungsbeteiligung in Baden-Württemberg 1961—1970. In: Zeitschrift für Pädagogik, Heft 6, 1973.

Die in der letzten Zeit erschienene Arbeit von J. *Habermas*, „Legitimationsprobleme im Spätkapitalismus" (Suhrkamp 1973) erscheint mir die wichtigste bei der Diskussion der *Legitimationsfunktion* der Schule.

UNIVERSITÄT KONSTANZ

Zentrum I Bildungsforschung
Sonderforschungsbereich 23

Forschungsberichte

1 Koch, Jens-Jörg	Lehrer - Studium und Beruf. Einstellungswandel in den beiden Phasen der Ausbildung. Ulm: Süddeutsche Verlagsgesellschaft 1972
2 Briese, Volker	Zentralisierung der Kulturpolitik in der Bundesrepublik Deutschland. Reformen zwischen Ökonomie und Ideologie. Konstanz: 1972
3 Büchner, Peter	Modellschulversuche als Instrument der Schulreform. Zur Empirie und Theorie schulpolitischer Planungs- und Entscheidungsprozesse. Konstanz: 1972
4 Hage, Peter	Bildungspolitik im Zielkonflikt. - Funktion, Organisation und Planung der Bildungsreform in Baden-Württemberg am Beispiel des Schulentwicklungsplanes I. Konstanz: 1972

5 Müller-Fohrbrodt, Gisela	Persönlichkeitsmerkmale von Lehrerstudenten und jungen Lehrern. Eine empirische Überprüfung von Thesen über die typische Lehrerpersönlichkeit. Konstanz: 1972
6 Fend, Helmut	Lernsteuerungssysteme und Schulorientierungen. - Bericht über eine Untersuchung an 300 Konstanzer Gymnasiasten. Konstanz: 1972
7 Haeberlin, Urs	Wortschatz und Sozialstruktur. - Theoretische und empirische Untersuchungen zu sozialbedingten Unterschieden in Wortkenntnis und Wortgebrauch. Konstanz: 1973
8 Garlichs, Ariane	Präferenzen für Lernziele der Elementarerziehung. - Konstanz: 1973
9 Briese/Büchner/Hage	Grenzen kapitalistischer Bildungspolitik. - Analysen von Reformstrategien für den Ausbildungssektor. Frankfurt/Main: Athenäum Verlag 1973

10 Haller, Hans-Dieter

Prozeßanalyse der Lehrplanentwicklung in der BRD. - Bericht über eine empirische Untersuchung der Lehrplankommissionen in der BRD, unter Berücksichtigung vergleichbarer angelsächsischer Analysen.

Konstanz: 1973

11 Briese, Volker

Abiturienten in die Wirtschaft ! - Ideologiekritische und bildungsökonomische Untersuchung von "Reform"-tendenzen im tertiären Bereich des Ausbildungswesens.

Konstanz: 1973

12 Fend, Helmut

Gesellschaftliche Bedingungen schulischer Sozialisation. - Soziologie der Schule I.

Weinheim und Basel: Beltz Verlag 1974